新闻传播学通用教材

严三九 王 虎 编著

通用教材 ◆ 通用教材 ◆ 通用教材 ◆

复旦大学出版社

目　　录

文化产业创意与策划

第一章

文化产业创意与策划概述

　　文化产业的快速发展和激烈竞争,促使人们比过去更加重视创意和策划。文化产业创意不仅体现在文化产品设计方面的灵感和创造力,更重要的是对本民族文化资源利用的巧思新意,从而以文化创意来激发全民族的文化创造力。而文化产业策划是文化产业市场化运作中极为重要的前期工作,策划的好坏直接关系到文化企业能否真正把握市场机会、规避投资风险、取得理想的经济效益和文化传播效果。如果说文化产业创意注重意象的关联和重组,强调创新思维和瞬间的灵感凸现,那么文化产业策划则更注重严谨、敏锐的思维触角,强调逻辑思维和整体感觉。

　　文化产业的创意与策划共同铸就了文化产业的灵魂,它们贯穿于文化产业发展的全过程,包括文化项目的开发、文化活动的构想、文化产品的设计,以及文化内容、文化服务、文化产业经营方式的创新等等。如果缺乏优秀的创意和策划,文化产业的市场战略就难以体现,文化产品也只能沦为让消费者忽略甚至厌恶的空架子。在今天的文化产业领域,各种创意和策划异彩纷呈、各具特色,但从总体上观察又具有一些共同特点,把握这些特点和规律是保障文化产业顺利运作的基础,也是文化产业从业者的基本素质要求。

　　本章主要介绍文化产业创意与策划的系统理论问题,在分析文化产业创意的内涵及其思维方法的基础上,重点探讨文化产业策划的原则和途径。

第一节　文化产业创意的含义

一、什么是创意

　　仅从字面上来理解,创意是一种思维活动,是指具有创新的意识和思想,常含有“好点子”或“好主意”的意思。其实“创意”最早是根据英文“creative”翻译过来的,在西方也可直译为"创造"。"创造"观念最早产生于古希腊时期,它所蕴涵和所要表达的,是与客观世界、万物实存不同的,关于人的精神与思维能力的另一类含义和意蕴①。那时的人们已初步意识到:世界永存,能量守恒,而"创造"则是人所独具的能力,是精神优于客观事物,比万物通灵、聪慧和卓越的表现;人的精神不再附赘在万物之后,而是可以有所发明、创新的。柏拉图认为:"创作的意义是极为广泛的。无论什么东西从无到有,中间所借助的手段都是创作,所以一切技艺的制造都是创作,一切手艺人都是创作家。"②维柯认为,"因为能凭想象来创造,他们就叫做'诗人','诗人'在希腊文里就是'创造者'。"③到了现代,奥斑恩则认为"创造等于艺术"④。

根据上述创意或创造概念的溯源,我们可以得到这样一个较笼统的认识,创意(创造)是人的一种创造性的、并对个体活动与实践具有指导意义的思维活动,它具有以下几个特点:

一是抽象性。创意的抽象性表明创意是一种超常规的思路和思想,是一种创新思维。从思维的特点来看,创意的形成是一种发散性思维和收敛性思维共同作用的过程。它往往是从某一事物或要素发散出去,得出许多新的构思,再从中选择出最优的方案。因此,创意往往是对于我们司空见惯的事物或思维定式的打破,是一种超越常识而又合乎逻辑的整合。灵感是创意常见的表现形态,创意属于灵感思维,是一种纯主观的思维活动,是意识与潜意识互相转化的过程。创意的产生,要求意识高度集中与纯化,要处于一种和谐有序的状态,如"雨后生灵感"、"梦中生灵感"、"气功入定生灵感"等。

二是广泛性。创意所涉及的范畴是广泛的,它不仅仅是文化产业理论与实践活动中才存在的概念,在经济、社会、科学等几乎所有涉及人类思维活动的领域,都离不开创意。创意不仅可以体现在商品、宣传上,还可以体现在组织的发展规划、战略上以及组织之间的关系等方面。所以,创意体现在人类生产、生活领域中的每一个细节中。

三是组合性。意大利社会学家巴瑞多在其《人与社会》一书中,认为人主要分为两种类型:一种是"收租者"类型,一种是"重建者"类型。收租者类型的人一般作风保守,做法老套,不愿冒险,凡事墨守成规,心甘情愿受投机者类型的人操纵,没有想象力,属于保守型。而重建者类型的人,喜爱冒险,乐于更新,反对因循守旧,是经常全神贯注于新的组合的可能性的一种人。思想家、科学家

---

① 吴满意:《广告文化》,中国经济出版社1995年版,第50页。

② 柏拉图著:《柏拉图文艺对话集》,朱光潜译,人民文学出版社1980年版,第263页。

③ 维柯:《新科学》,人民文学出版社1987年版,第162页。

④ 德西里厄斯·奥斑恩:《艺术的含义》,学林出版社1985年版,第7页。

和艺术家、政治家等多属于这一类型，他们往往充满活力，不安于现状，勇于创新和突破，在政治、经济、知识、艺术等多方面不断进行新的组合。正是这种"组合"，被巴瑞多认为是一种创意，他们具有"创意的特质"。这种把组合称为创意的理论，后人称为"巴瑞多理论"。美国广告专家韦伯·扬也认为："创意是一个新的组合。创造新的组合这种才能，可由观察事物关联性的才能予以提高。"①爱因斯坦在谈到他自己的思维过程时写道："在我的思维机构中，书面的或口头的文字似乎不起任何作用，作为元素的心理的东西是一些记号和有一定明晰程度的意象，它们可以由我'随意地'再生和组合……这种组合活动似乎是创造性思维的主要形式。"②创意的组合性，要求我们把收集到的资料或事实反复以不同的方式、角度进行观察和审视，并进行叠加、组合，从而寻找不同配置下所可能产生的创新认识。

理解创意的内涵，我们应注意以下两点：

一方面，创意与创新不同。创新不仅指思想和观念上的创新，还包括更为广泛的技术、物质等所有层面的创造和更新。而创意是人的创新思维能力的具体体现，是比宽泛意义上的创新更深一层的思想创新或理念创新，它是一切创新活动得以展开的前提和基础，一切有形无形的创新过程及其结果最终都可溯源到某一创意。

另一方面，创意也不同于策划。创意是指创造出新的思想点或意义点，它注重意象的关联和重组，强调创新思维和瞬间的灵感凸现。而策划是人们围绕某一特定问题而进行的构思、规划、设计、论证、比较等一系列行为过程，它更注重严谨、敏锐的思维触角，强调逻辑思维和整体感觉。创意又与策划紧密相关，一切策划活动都是由许许多多的新颖创意组成，人们依据某些客观规律和原则，把这些创意采用相应的手段和科学方法组织起来以完成某一目标。缺乏好的创意，策划活动难以实现预想的实施效果；离开了策划提供的科学严谨的事实和构架，创意也就无法体现自身的价值。

进入 21 世纪，我们迎来的是一个创意的时代。世界的生存法则已经发生了重大变化，工业经济时代的生产方式将不再决定一切，而靠创造力、脑力创新的知识密集型经济则发展迅猛，一个优秀的创意可以给企业带来丰厚的利润，甚至能够使濒临破产的企业起死回生。现代社会对创意的需求甚至已经改变了企业的组织结构和人们的工作、生活方式。从某种意义上说，是创意开启了新经济时代的大门。

---

① 倪宁、陈绚：《广告精点——创意策略导引》，中国建材工业出版社 1996 年版，第 60 页。
② 克雷奇等著：《心理学纲要》上册，周先庚、林传鼎等译，文化教育出版社 1981 年版，第 210 页。

二、创意与文化创意

对于文化，由于研究的方法不同，加之表述方式的差别，自然就有许多不同的理解。比如，"文化渐进论"者认为，文化一般是以整齐渐进的方式由低级阶段向高级阶段演化的过程；"文化传播论"者认为，文化是由一个或几个中心向外传播的高度文明；"功能主义"者着眼于各种文化特质是怎样满足个人或社会需要的；"结构主义"者关心种种文化表象下面的深层人类心态模式；"文化生态"学者力图揭示文化与自然环境和社会环境的关系；而"社会生物学"者则运用生物进化的原理来考察人类社会的文化概念……梁漱溟则认为，所谓文化不过是一个民族生活的种种方面，总括起来不外三个方面：一是精神生活方面，如宗教、哲学、科学、艺术等；二是社会生活方面，我们对于周围的人——家族、朋友、社会、国家、世界——之间的生活方法，以及社会组织、伦理习惯、政治制度、经济关系等都属于文化；三是物质生活方面，如饮食、起居种种享用，人类在自然界中求生存的各种方式①。

梁漱溟先生所描述的是我们通常意义上所理解的广义的文化概念，它是指人类在社会历史实践过程中所创造的物质财富、社会财富和精神财富的总和。在这里，我们不妨从社会结构和社会发展的角度来看，将文化理解为人们精神领域的社会实践活动及其一切成果，它是某一国家、民族"特定社会或社会的传统思维方式和行为特征"②，既与社会结构的物质生产方式、制度存在方式这两大基本层次密切相连、互相渗透，又具有自己相对独立的形态和特点，包括各种意识形态和生活方式，以及教育、科技、新闻出版、文学艺术等具体门类，是语言、思维方式、价值习惯、风俗制度等构成的复杂整体。

在文化哲学的层次上，文化是科学与艺术的统一。文化必须以现实的文化商品或文化服务为依据，而不能凭空杜撰或无中生有地炮制出所谓的创意；但文化又不能作为"复印机"，因为"艺术并不是对一个现成的即予的实在的单纯复写。……它不是对实在的摹仿，而是对实在的发现。"③在文化的科学性和艺术性之间起桥梁作用的，便是两者的纽带——创意，而创意本身又透露和流淌着浓重的文化意蕴。

因此，文化与创意存在着千丝万缕的联系。我们可以这么认为，文化创意是为了满足人们的精神需求，以文化产品、文化服务、文化活动的创新为指向的创意行为。文化创意的涵盖面极为广阔，既指文化公益事业活动，也指文化产

---

① 梁漱溟：《中国人：社会与人生》，中国文联出版公司1996年版。
② 恩伯：《文化的变异——现代文化人类学通论》，辽宁人民出版社1988年版。
③ 卡西尔：《人论》，上海外文出版社1985年版，第182页。

业经营,同时包括其他产业生产经营中提升文化附加值在内的各种创意活动。文化创意通常要根据社会文化领域中的现实情况以及文化表达的要求来进行创新。文化主题的创意如果陈旧老套,就不会引人入胜,难以取得理想的传播效果;有时创意虽然新奇,但如果与文化主题和文化语境不相协调,往往也会转移人们的注意力,削弱文化主体的内涵。

三、文化产业创意

文化产业(国外亦称创意产业、文化创意产业、创意文化产业)虽然源于国外,但在中国的产生还是具有自己的特殊语境。过去我们只是单纯地将文化看作事业的范畴,一味强调文化的意识形态性,漠视文化的商品性质和产业功能,因而限制了文化发展的生机和活力。2002 年,美国文化产业增加值已占 GDP 的 10％,而我国文化产业增加值仅占 GDP 的 1％左右。文化产业作为当代人类社会新的财富创造形态及其所产生的巨大乘数效应,也已逐步引起我国各方面的普遍关注与重视,正成为冉冉上升的"朝阳产业"。

为贯彻落实党的十六大关于文化建设和文化体制改革的要求,全面加强社会主义文化建设和深化文化体制改革,建立科学的文化产业统计体系,2003 年7 月由中共中央宣传部牵头成立了"文化产业统计研究课题组",以国家统计局的名义发布一个认同度较高的、法定的"文化产业"概念:"文化及相关产业是指为社会公众提供文化、娱乐产品和服务的活动,以及与这些活动有关联的活动的集合。"[①]

国家统计局还对文化及相关产业分类作了详细的说明。将文化产业主要分为三层,即文化产业核心层、文化产业外围层、文化产业相关层。

文化产业核心层主要包括新闻、书报刊、音像制品、电子出版物、广播、电视、电影、文艺表演、文艺演出场馆、文物及文物保护、博物馆、图书馆、群众文化服务、文化研究、文化社团、其他文化等;涉及四类服务,即:新闻服务、出版发行和版权服务、广播电视电影服务和文化艺术服务等。

文化产业外围层主要包括互联网、旅行社服务、游览景区文化服务、室内娱乐、游乐园、休闲健身娱乐、网吧、文化中介代理、文化产品租赁和拍卖、广告、会展服务等;涉及三类服务,即:网络文化服务、文化休闲娱乐服务和其他文化服务。

文化产业相关层主要包括文具、照相器材、乐器、玩具、游艺器材、纸张、胶片胶卷、磁带、光盘、印刷设备、广播电视设备、电影设备、家用视听设备、工艺品

① 向勇、喻文益:《区域文化产业研究》,海天出版社 2007 年版,第 27 页。

的生产和销售等。涉及文化及相关产品的生产、文化及相关产品的销售。

从我国文化产业的现实发展结构看,传统的以提供新闻、出版发行、广播影视、文化艺术等服务产品的核心层仍是文化产业的主体,近年来发展较快的以提供网络文化、文化休闲等服务产品的外围层也已具备一定规模。可见,文化产业生产的主体是精神性的意识形态产品,它在获取丰厚经济效益的同时,还要提升人的人文素质,影响人的思想道德水平,塑造丰富而健康的心灵,获取更大的社会效益,这一内容生产的本质决定了创意在文化产业中的核心地位。

文化产业创意是从市场和产业的角度,针对文化生产和文化服务的思维创新和观念创新活动,它是文化产业的先导,也是发展文化产业的动力。文化产业创意包括文化项目的开发、文化活动的构想、文化产品的设计,也包括文化内容和文化服务的创新,以及文化生产活动和生产经营方式的创新。

我们应当明确文化产业创意与创意产业的区别。创意产业就是以创意为理念、为核心的总体经济活动,包括工业创意、农业创意、文化产业创意等内容。创意产业本身是跨行业的,涉及的行业和门类较宽泛。文化产业创意是创意产业的重要组成内容之一,它是以创意为核心,向大众提供文化、艺术、精神、心理、娱乐产品的新兴产业,是文化产业的高端,也是文化产业中最具创造性和先导性的核心组成部分。文化产业创意具有如下特点:

第一,创意为王。文化产业是以创意为核心,将抽象的文化直接转换成具有高度经济价值的产业形态,它将原创性、变化性带入具有丰富内涵的文化,使其发挥产业的功能。这种创造产值的活动改变了过去必须要有实体才能生产与制造的概念,将一个抽象的、无形的产品当做产业链的一环,其特殊生产方式为那些具有文化内涵的传统产业提供了无限发展的潜力。

第二,文化产业创意是文化产业的高端。文化产业创意的重要性使得现代文化产业更加注重创意源头的作用,更加注重上游产业链的意义,强调其产业的经济价值主要由文化创意的价值来决定。如今在全球范围内,这一点已经被越来越多的领先企业所共识,这就是文化产业创意这一概念之所以能够流行的主要原因。

第三,文化产业创意具有与科技、资本、经济相融合的特征。文化产业创意融合了文化产业与创意产业这两个概念于一身,创意对象涵盖了更为广阔的文化经济活动,甚至"越界"促成了不同行业、不同领域的重组与合作。现代科技的飞速发展是文化产业创意的支撑,丰富的文化资源是文化产业创意的宝贵源泉,资本的大量介入是文化产业创意得以最终实现的保证。

第四,文化产业创意具有知识产权化、品牌化特性。多数情况下,文化产业是知识密集型产业,它的创意是集体智慧的结晶,创意的成功需要很多人付出

大量的脑力劳动。因此,文化产业创意与知识产权息息相关,离开了知识产权的有效保护,文化产业创意将会失去发展的动力。而品牌就是一个创意,因为知识产权、技术等等,最终都靠文化品牌增加附加值。

第五,文化产业创意源于市场和消费的推动。我们已经进入全球化消费时代,文化传播与文化市场的全球性,文化需求的多元化、个性化,文化消费的符号化、时尚化、浪潮化,从根本上改变了过去僵化的文化生产模式,而代之以不断变动的创意策划、创意设计、创意营销、创意消费。文化产业创意要不断关注市场,从而创造文化消费惯例、涵养文化消费人群、引导文化消费时尚潮流[①]。

第二节　文化产业创意的思维特点

思维是指人类思考问题的过程,是人脑对客观现实的概括和间接的反映,它揭露事物的本质特征和内部联系,是认识的高级形式。人们在解决问题的多种可能办法中,选择与创造出最新、最好的办法,这种具有主动性和独创性特点的思维就属于创新思维。因此,"创新思维是思维活动的高级层次,它是对于事物新的认识、新的判断,或者是设计出解决问题的新方案、新途径的思考问题的方式。"[②]

文化产业创意的核心就是一种创新性思维活动。一项文化产品的推广能否深入人心,必然要求具有独具一格、独特新颖的创意。因此,创新思维之于文化产业创意比其他思维更为重要,它需要创意人员及时掌握最新信息和潮流,发挥想象力和分析能力,把握时机,出奇制胜。从这个意义上讲,文化产业创意也是属于思维学科范畴的,它具有一定的形式和规律,可以不断加以认识和把握。

一、文化产业创意的思维特点

1. 创造性

创造是事物得以发展的动力,是人类赖以生存和发展的主要手段。文化产业创意思维首要的、最本质的特征就是创造性,它揭示出思维的破旧立新的过程。好的创意应当如同我国唐代的李翱所言:"创意造言,皆不相师。"诗人歌德更是说得贴切:"现代最有独创性的作家,原来并非因为他们创造出了什么新东

---

① 北京市邓小平理论和"三个代表"重要思想研究中心编:《科学发展观的理论探讨与实践创新》,红旗出版社 2006 年版,第 498 页。

② 谭天、王甫:《电视策划学》,中国国际广播出版社 2001 年版,第 29 页。

西,而仅仅是因为他们能够说出一些好像过去还从来没有人说过的东西。"①

创意思维的创造性主要体现在:①积极的求异性,创意思维往往表现为对常见的现象和权威理论持怀疑、分析的态度,不盲从和轻信;②敏锐的洞察力,在观察过程中,分析事物的相似和相异,发掘事物间的必然联系,从而作出创造性的发明;③创造性的想象,这是创意思维的重要环节,它不断创造性地提出新设想,且赋予抽象思维以独特的形式;④全面而独特的知识结构,是创意思维的基础;⑤活跃的灵感,以此突破关键,产生意想不到的效果。

一则广告创意的好坏,往往取决于它是否有新颖、独特、耐人寻味的创意,它也直接关系到广告效果的大小与市场营销的成败。国外有这样一则啤酒广告:

景　别	画　面　内　容
远　景	风和日丽的湖边
全　景	一胖子正在全神贯注地钓鱼
特　写	鱼一条条上钩了
中　景	胖子得意洋洋地将鱼一一放入身后的鱼篓
近　景	一只野猫偷偷地步近鱼篓
特　写	野猫贪婪地吞噬着胖子的猎物
中　景	胖子全然不知,正津津有味地痛饮着一瓶啤酒
特　写	啤酒商标

在这则广告中,作者像做一般的啤酒广告那样,去大肆渲染啤酒的色泽和味道。然而,当观众看到胖子饮酒时那如入仙境、全神贯注的神态,谁都会对这种啤酒产生好感,禁不住想亲自品尝一口。这则形象有趣的广告就是运用了富有创造性的创意而获得了成功。目前,我国文化产业正处于一个大的发展时期,我们在进行创意时应该解放思想,挑战旧的观念,突破旧的模式,大胆创新,才能在各自领域中策划出新的天地来。

2. 突发性

进行创意思维时,往往会伴随着偶然性和突发性,有时会通过某一现象的启发而突然产生灵感。著名电视编导陈汉元在创作电视专题片《话说运河》时,在考虑片子的开头时一直找不到满意的创意,当他对着中国地图苦思冥想时,偶然中发现在神州大地上,长城和运河就像一个大大的"人"字横跨在祖国的版图上,一下子豁然开窍,一个绝妙的暗喻式的开篇解说词便油然而生:

---

① 参见《歌德的格言和感想集》,中国社会科学出版社1985年版,第76页。

各位观众,请仔细看一下中国地图。这是山海关,万里长城从这向西南方延伸到中国的腹地,高高低低,途经 7 个省、市、自治区。

这是北京城,京杭运河从这里伸向东南的大海之滨,深深浅浅,流经 4 个省,2 个市。

我们从地图上粗略地看,长城跟运河所组成的图形是非常有意思的,它正好是我们中国汉字里一个最最重要的字眼"人"。人类的人,中国人的人。

你看,这长城是阳刚、雄健的一撇,这运河不正是阴柔、深沉的一捺吗?长城和运河是中国人为人类所创造的两大人工奇迹。

"愚公移山"多么令人可钦可佩,但毕竟是先人编撰的故事。而万里长城和京杭运河可就不同了,它们是人类历史上由中国人设计并施工的两项最大的建筑工程[①]。

当然,这偶然的背后隐藏着必然,突发的基础是积累,它还依赖于思维者平时敏锐的观察和思考,能看到别人所没有看到的,想到别人所没有想到的,这样才能有所发现、有所创新。

3. 多元性

创意思维的多元性也就是它的多维度,是指主体处于一种开放性的思维状态,善于从事物的多侧面、多环节、多因素、多层次来进行思考,善于从不同角度考虑问题,因而它具有一种发散机制和多辐射机制。多元性并不要求我们完全依照事物的逻辑结构来思考问题,它更强调思维过程的跳跃性和敏锐性。

近年来,楼宇电视、电梯电视等新生事物的出现,突破了人们对传统电视和广告媒体的接受习惯和厌倦心理,迅速成为一种新型文化产业模式。它具有这样几个优势:有效地开发出人们在楼道或电梯里的空闲时间;写字楼是中高消费人群工作、生活的重要组成部分,可以有效区分广告受众族群,降低无谓的媒体浪费;提供了低干扰的媒体环境、高频次的广告传播。因此,只有从多个角度和层次来进行思考问题,才能取得理想的创意效果。

二、文化产业创意思维的基本形式

文化产业创意是由两种基本思维形式构成的,即发散思维和收敛思维。

1. 发散思维

发散思维又可以称为辐射性或扩散性思维,是文化产业创意思维的核心。发散思维的概念是美国心理学家吉尔福特首先提出的,是指沿着不同方向,从

---

① 陈汉元:《水淋淋的太阳:陈汉元作品选》,中国传媒大学出版社 1994 年第 1 版,第 87 页。

多角度思考问题的思维方式。发散性思维是一种开放性思维、求异思维，它要求充分发挥想象力，从不同的方向、不同的途径、不同的角度去思考，多方面探索问题的答案，体现思维的多元性、灵活性、创造性。它的思维运动轨迹呈辐射状，犹如一个灯泡发光，从中心向四面八方，光芒四射。

发散思维有它存在的客观依据，它是一事物与周围其他事物间紧密、多样、差异性联系的反映。任何一个事物与周围的其他事物之间都有着某种联系，有的联系多，有的联系少；有的紧密，有的松散，为了反映这一客观实际，就要用到发散思维方法。

发散思维具有发散度，发散思维能力的差异主要表现为发散度大小的差异，这是发散思维的重要特点。一般说来，发散思维方法要求获得最大的发散度，运用发散思维时发散度大的人，其发散思维的能力就比较强，开拓进取精神、创造性工作的能力也比较强。在文化产业运作中，要想使创意过程畅通无阻，关键是能在多维度产生出问题。科特勒在《营销管理》一书中曾引述一些有助于发散式构思的问题：

激发新产品发散构思的问题 [1]

有无其他用途？	——有使用该产品的新方法吗？
适应性如何？	——它与其他产品类似吗？还有其他构思吗？新构思与以往的构思有无相似之处？新构思的优势在哪？
是否要修改？	——有新的变动吗？改变意思、颜色、运动方式、声音、气味、形状、格式吗？还有其他变动吗？
是否要夸大？	——增加些什么？更多的时间？频率更高？强些、高些、长些还是厚些？特别的价值？增加新内容？需要复制吗？需要增殖还是夸张？
是否缩小？	——减去点儿什么？更小些？浓缩点儿？小型化？低些、短些还是轻些？省略点儿什么吗？流线型？一分为二？打折扣地报道吗？
替代品如何？	——谁可替代？替代什么？有其他成分吗？其他的材料？其他过程？其他动力？其他地点？其他途径？其他语调？
更新安排？	——交换组件吗？其他模式？其他设计？其他顺序？因果互换吗？步调改变吗？时间安排改变吗？
反向思维？	——正负互换吗？反面情况会是怎样？翻转过来会是怎样？反向角色？一双鞋左右脚换一下？
组合？	——不妨考虑一下混合物、合金、集合体？组件？组合目标？组合诉求？组合构思？

发散思维又可以分为逆向思维、侧向思维、系统思维、想象、联想、假说等具体表现形式。逆向思维即突破思维定势，从相反的方向去考虑问题。生活中人们常说的"反过来想一想"，便是逆向思维的通俗表述。由于逆向思维改变了人

① 转引自卫军英：《现代广告策划》，首都经济贸易大学出版社2004年版，第200页。

们探索和认识事物的思维定势,因而比较容易引发超常的思想和效应。为了修建一座动物园,决策者举行了一个专家会议,讨论怎样才能引来老虎。会上有位拓扑学家构思非常奇妙,他说:"不必再谈了,老虎已经捉到了!把笼子的内部变成外部,而把外部变成内部……"他的发言,乍听起来挺荒谬,但是,野生动物园的创意就是这样出来的。在这种动物园里,老虎和其他野兽在自然环境下生活,而参观者却被关进活动的"笼子"——在密封的汽车里参观。

又如,电影发行放映产业面对的是电影产品的直接消费者,而且主要是本地居民。因此院线的布局应充分结合本市各区域的人口密度、教育与消费水平、交通便利程度、周边商业繁华程度等,选择自己的位置。相关专家在建议北京的院线规划应当参考麦当劳、肯德基的选址来确定影院的选址,就是基于这种考虑。麦当劳、肯德基之类的公司有在全球数十年的运营经验,应该已经积累出成熟而丰富的选址经验,同时其消费群体恰好与影院的消费群体有重合之处。"通常我们会发现有影院的地方就有麦当劳、肯德基,但是既然国内的快餐业比影院业起步要早,我们不妨逆向思维,根据时尚餐饮业的分布来规划影院的布局。"[1]

在特定的条件下,将思维的流向由此及彼,从侧面扩展和推广,因而解决问题或产生新成果的思维方法,称为侧向思维。侧向思维与逆向思维的区别在于它是同向的,在同向的线条中寻找创意的交叉点,它的方法就是移植。随着我国电影产业的逐年复苏,对外景拍摄的需求量也越来越大,有时需要建设大规模的、富有民族和历史特色的外景基地,庞大的建设费用成为影视投资的一大难题。与此同时,一些地方准备发展当地的旅游资源,正苦于缺乏有效的题材和运作手段。因此,人们利用侧向思维的方法,将两者的需求结合起来,打造出北京大观园、浙江横店等影视基地,不仅满足了相关题材电影拍摄的场景需求,还依靠影片的宣传效应,成功地开发出文化旅游资源。

系统思维就是根据系统的基本特征来思考问题的思维方法。客观世界是由大大小小的、各种各样的系统组成的,我们把相互依存和相互影响的若干要素,为实现共同的目标所构成的具有特定功能的集合体,称为系统。系统具有较强的整体性、层次性、相关性、目的性和动态性,我们要根据这些特征来思考问题。比如,创意一部电影的推广方案,我们必须把它看作一个系统来考虑。这个系统不仅包括发行方和购买方两个环节,还包括制作方、演职员、电影院线、各类媒体等诸多要素,共同组成一个营销链条(系统),它们之间既互相关联又分工合作,最终保证电影推广的成功。

① 熊澄宇等著:《文化产业研究:战略与对策》,清华大学出版社 2006 年版,第 148 页。

2. 收敛思维

收敛思维又称为集束思维,是指从众多的事物或若干可能的解决方案中,寻求与某一个目标、条件或者可能性直接关联的某一类事物或最佳方案的思维方法,它反映了寻求不同事物之间的共性的思维过程。收敛思维是进行文化产业创意的重要环节,它具有如下两个特点:一是收敛思维的产生必须以发散思维为前提;二是收敛思维是纯理性思维。也可以这样说,收敛思维是对由发散思维提出的各种可能性,分别进行分析、综合、抽象、概括,以获取解决问题的唯一或最佳答案。在文化产业创意中,往往是发散思维在前,收敛思维在后。发散思维激发创意,收敛思维则对创意进行"理论上的评估",确定创意是否合理和可行,是否有利于策划的实施和调控。收敛思维具体表现在如下几种形式[①]:

抽象与概括。抽象是通过对事物的属性作分析、综合和比较,抽取出事物的本质属性的思维过程和方法;概括是从具有若干相同属性的事物中抽取出特有属性,推广到具有相同属性的一切事物,从而形成关于这类事物的普遍概念的思维过程及方法。抽象和概括是互相联系、相辅相成的关系。

分析与综合。分析是将对象分解成各个组成部分,然后再对它的各个部分进行考察;综合是在分析的基础上,把不同类别的事物或事物的有关组成部分,组合在一起,形成一个新的整体的思维方法。分析是综合的基础,综合常常是分析的目的。

比较与类比。比较是确定事物同异关系的思维过程和方法。比较的方法很多,有求同比较,有求异比较;有的立足在空间上,有的立足在时间上,有的立足在现象上,有的立足在本质上。比如我们创意一个电视节目,可以在节目主题、节目包装、节目播出时段等各个方面与其他电视台的同类节目进行比较,从而判别优劣,找出差异,确立自身的核心竞争力;类比是根据两个对象的某些相同属性,而推出它们的其他属性也可能相同的间接推理。荷兰物理学家惠更斯曾运用正反类比推理提出了光波的概念。光和声这两类现象具有一系列相同的性质:直线传播,有反射、折射和干扰。而声有波动性质,据此他推出结论:光可能也有波动性质。

归纳与演绎。归纳法又称归纳推理,是从特殊事物推出一般结论的推理方法;演绎法是由一般到特殊,它的主要形式是三段论:即大前提、小前提和结论。例如,"有生命的地方都有水,地球上有生命,所以,地球上有水"。

发散思维和收敛思维是文化产业创意中极其重要的思维谋略,虽然两者种类不同,但它们之间联系紧密,相互渗透,相辅相成。仅用一种思维方式思考问

---

① 谭天、王甫:《电视策划学》,中国国际广播出版社 2001 年版,第 35 页。

题是不行的,只有把发散思维与收敛思维有机联系起来,多种思维方式考虑问题,才能成功。在创意思维活动中,思维主体借助发散思维,自由联想,开阔思路,提出许多有价值的方案。而且这些要借助收敛性思维,进行权衡筛选,选取合理的思路,确定解决问题的最佳方案,从而有效地、顺畅地进行创造性活动。这种思维活动就是按照"发散—收敛—再发散—再收敛"的方式运动的,发散为收敛的首要条件,收敛是初期发散的集中,又为更高一层发散提供条件,高层发散又是为了进一步收敛。可见,发散与收敛两种思维必须紧密结合,才能取得创造性思维活动的理想效果。

三、文化产业创意思维的过程

文化产业创意思维的产生并非一刹那的灵光乍现,而是经过了一个复杂而曲折的过程。虽然我们不可否认灵感思维的作用,但必须清楚地认识到,灵感并不是凭空产生的,它也需要依赖于长期创意心智的培养、知识素材的积累与准备等。因此,了解创意思维的过程,可以更好地把握文化产业创意的发展规律,积极引导创意的产生。为了科学地阐述创意过程,我们把它划分为以下几个阶段。

1. 培养心智

在文化产业课程的学习中,最重要的事莫过于"原则"和"方法"。一些零碎、特殊的知识可能在所收集的素材资料中找到,但规律性的原则与方法却使人终生受用。比如,在文化产业创意过程中,两种不同的观察方法或思考方法将有可能产生两种截然相反的创意。所以,学习文化产业创意,最需要去了解的不是某一特定的创意,而是如何培养和训练能够生产创意的方法与心智,以及怎样领会一切创意来源的原则。

2. 提出问题

创新思维需要具有强烈的问题意识,它既可以自觉地提出问题,也可以不自觉地发现问题,后者往往来自于一种突发的直觉判断,无须经过逻辑三段式的推理。提出问题是一切创新思维的前提,虽然问题可以由直觉产生,但最终还是依靠创造主体的知识、经验和技巧的积累。

3. 收集资料

收集资料是进行文化产业创意活动的前提准备阶段。所需收集的资料分为两个部分:特定资料和一般资料。特定资料指那些与创意主题密切相关的内容,如主题的内涵与特性、目的与要求、竞争方情况或受众对象,反馈信息等等。这是创意的主要依据,创意者必须对特定资料有全面而深刻的认识,才有可能寻找创意的突破口。一般资料是指创意者个人必须具备的知识和信息,这是人们进行创作的基本条件。可以说，创意者的文化素养、知识结构、信息储备直接影响着创意的质量。一位真正优秀的文化产业创意人员，除了拥有良好的专业素质以外，还要通晓文化、经济、生活的每一个层面。

4．内心的消化与酝酿

在创意的前期阶段完成之后，便进入内心的消化与酝酿过程，这是针对问题，对资料加以筛选、分析、综合的过程。将所收集的资料用不同的方式或不同的组合进行比较、观察，反复试验它们的效果，以寻求它们之间最好的关联与配合。

如果经过绞尽脑汁的冥思苦想之后，仍得不到满意的结果，那么不妨暂且放下手中的工作，去松弛一下紧绷的神经，去做一些轻松愉快的事情，比如找朋友聊聊天、睡觉、去户外散步、听听音乐等等。事实上，大多数创意灵感都是在轻松悠闲的身心状态下产生的。这说明思维处于松弛、释放状态比处于紧张状态，更能产生创造性思维。

5．顿悟阶段

这是创意的产生阶段，即灵感闪现阶段。创意的出现往往是经过长期酝酿、思考之后，一旦遇到某些事物的刺激或触发，头脑中建立的零乱的、间断的、暂时的联系，就如同电路接通那样突然大放光明，使人恍然顿悟。

创意的准备、酝酿和顿悟三个阶段，就如同王国维先生所评论的三种境界："昨夜西风凋碧树，独上高楼，望断天涯路"，此第一境也；"衣带渐宽终不悔，为伊消得人憔悴"，此为第二境；"众里寻她千百度，蓦然回首，那人却在灯火阑珊处"，此第三境也。经此三境，创意并未完成，还必须经过第四境，即验证阶段。

6．验证阶段

验证阶段是发展与完善创意的阶段。创意刚刚出现时，可能还只是模糊的、粗糙的雏形，还只是一道十分微弱的"曙光"，其中往往含有一些不尽合理的部分，因此还需要下一番工夫仔细推敲与检查。譬如在一款网络游戏的创意完成后，要考虑到网络媒体的特殊性，以及它的制作、表现及兼容程度等等问题。当达到主观满意之后，最好交给一些同仁进行比较、审评，或进行一次验证性的调查，验证阶段会使创意不断成熟、日趋完善。

在运用创意思维解决问题的过程中，产生问题是根本前提，消化与顿悟阶段是核心。必须综合运用发散思维、收敛思维和其他各种研究方法，才能完成创意活动。

应当指出，创意思维的过程大多数情况下不是一帆风顺的，因为我们自身的知识结构会因为各种主客观因素而形成阶段性的稳定状态，这种状态被称为"定势"。当人的思维活动处于定势，即常规思维不能达到思维活动的目标,创意的思路和方案不能令人满意的时候,人的思维活动会有意无意地进入另一种状态,即试图打破思维定势,强化知识结构的信息增殖和创造能力。我们的文化产业创意过程也要遵循这一思维规律,不要总用老套路去考虑问题,要摆脱思维定势,换个角度思考问题,很多成功的创意正是从其他角度考虑问题得来的突破。

第三节　文化产业策划的特征与功能

文化产业创意明确以后,就可以此为核心,展开整个策划过程。策划运作文化产业项目的重要环节,是争取实现预期效果的起点和基础。需要说明的是,文化产业运作是一项极其复杂的系统工程,从运作动机的产生、项目的构思设计到建成投产和预期收益的取得,这一过程的每一个环节,文化产业投资者和运作者都可能面临挑战和抉择。为了减少损失,规避风险,实现目标,认真进行严谨周密的策划尤为重要。

一、文化产业策划的含义

策划,已经渗入到我们社会生活的各个领域,与各项事业的成功和发展紧密地联系在一起。《论语·述而》中"必也临事而惧:好谋而成者也"总的就是这个道理。对于"策划"一词,不少研究都会引用《哈佛企业管理》丛书中这样的论述:"策划是一种程序,在本质上是一种运用脑力的理性行为。基本上所有的策划都是关于未来的事物,也就是说策划是针对未来要发生的事情做当前的决策。换言之,策划是找出事物因果关系,衡量未来可采取之途径,以为目前决策之依据……策划的步骤是以假定的目标为起点,然后订出策略、政策,以及详细的内部作业计划,以求目标之达成,最后还包括成效的评估及回馈,而返回到起点,开始了策划的第二次循环。策划是一种连续不断的循环,因为一个组织的内在及外在环境不可能是静止不变的。"[①]

由此可见,策划是一种为达到一定目标而进行谋划、决策的程序。即人们针对某一特定问题,在有效创意的基础上,来设计、选择能产生最佳效果的资源配置与行动方式,进而形成正确决策和实施方案,并努力保障目标实现的过程。与通常理解的"计划"相比,策划的外延要广阔得多,质量要求也高得多。它不仅是目标和手段、思维和行动、主观和客观、科学和艺术的辩证统一,"最佳效果"这个质量标准还将把我们的研究引入策略的范畴,进入创新思维的领域。

---

① 转引自李东著:《广播节目创优论》,中国广播电视出版社 2003 年版,第 145 页。

所谓文化产业策划，就是对于文化产业运作过程的整体计划，是为提出、实施及评定文化产业策略而进行的预先研讨和规划。它是文化产业运作的设计蓝图，是文化产业运作之前的整体把握。文化产业策划是文化产业投资运作中极为重要的前期工作，策划的好坏直接关系到运作主体能否真正把握市场机会、规避投资风险、取得理想的文化传播效果和经济效益。文化产业策划的基本要素包括：策划的主体——策划人或决策者；策划的客体——策划过程中的客观环境和主要竞争者；策划的资源和条件——策划人或决策者的优势和条件；策划的思维方法——策划人的创新方法和手段；策划的对象和目标——策划的具体对象和想要达到的目的。按系统论的观点，以上五种要素缺一不可。

正确理解文化产业策划这一概念需要认清以下两个问题：

首先，文化产业策划作为整个文化产业活动之前的全盘规划，是一个指导性的程序，需要执行人员进行具体的实施。文化产业策划是有别于文化产品的生产、销售等文化产业步骤的，它是对于所有这些步骤的一个总体规划，是一份具有操作性的指南。文化产业策划指导着文化产业的各个环节：它决定着文化产业的整体策略，指导着文化产业的主题运作、品牌形象塑造以至流通渠道的使用等方面。因此，文化产业策划与文化产业活动的实施具有最直接的指导与被指导的关系。一般来说，真正具有价值的策划，不仅策略到位，而且具有非常高的可操作性，能够使人一目了然，按照其条款井然有序地实施。

其次，随着时代的变化和市场的发展，文化产业策划与营销策划越来越多地融合在一起，很多情况下相互交织、难以分割，文化产业实践中也出现一种将生产与营销整合的潮流。一方面，文化产业策划应该准确地反映和配合营销策划的总体构思、战略意图和具体安排；另一方面，它又要为完善营销策划提供良策，创造性地为文化产品营销目标和文化产业营销战略服务。

文化产业策划要体现营销策划的意图和安排，表现在：文化产业策划要确立与产业营销策划相配合的目标市场，通过文化产业给产品创造一个市场位置，在消费者心目中树立文化产品的特定形象；文化产业策划要体现文化产品策略的意图，体现出文化产品的个性特色，并通过文化产品生命周期来确定不同阶段的文化产业战略；文化产业策划要体现文化产业与其他营销手段的配合，考虑如何巩固品牌形象；文化产业策划还要体现出流通渠道策略的意图，要成为文化产品被推向前台的开路先锋。当然，这里面最重要的一点就是文化产业目标的确立必须与整体营销目标相联系。文化产业策划只有与营销策划的总体目标相适应，才能在营销计划的整体大框架中实现文化市场的开拓和文化产品知名度的提高。

二、文化产业策划的类型

按照运作的范围、对象、业务等标准,文化产业可划分为以下几种类型:

1. 按文化产业策划的范围划分

① 全程策划:解决文化企业或文化行业总体发展的系统策划;

② 领域策划:解决文化企业或文化行业某个领域的策划;

③ 专项或专题策划:解决文化企业或文化行业某个环节或某个专题的策划。

2. 按文化产业策划的对象划分

① 战略策划:解决文化企业或文化行业"做什么"的策划;

② 战术策划:解决文化企业或文化行业"怎么做"的策划;

③ 实施策划:解决文化企业或文化行业"如何做好"的策划。

3. 按文化产业策划的业务划分

① 调查类业务策划:解决市场现状调查、主题调查、可能性调查等策划;

② 分析、判断类业务策划:解决现状分析、问题分析、假设分析等策划;

③ 实施类业务策划:解决实施计划、方案组合等策划。

4. 按策划的频度划分

① 周期性策划:如每一年度必须进行的年度销售策划;

② 重复性策划:如面对政府、公众、社会的公关策划;

③ 一次性策划:如新闻发布会的策划。

5. 按策划的需求划分

① 委托性策划:上级安排或其他文化组织委托的策划;

② 自主性策划:也可称"先期策划",是策划人预见性的可以交易的策划。

6. 按策划的性质划分

① 处方型策划:解决已发生问题的策划;

② 开发型策划:开发面向未来的策划,类似于"自主型策划";

③ 预防型策划:防止未来问题发生的策划;

④ 改善型策划:针对现状,寻求改善、提高的策划。

三、文化产业策划的特征

文化产业策划作为一项指导性的文化产业实践活动,将科学的策划流程与特定的文化产业相结合,常常具备以下特征:

第一,策划主体的群体化。随着文化产业的发展,它所包含的因素越来越多,问题也越来越复杂。在这种市场环境中,策划这一原本属于个人的智慧活动已经满足不了文化产业的需要,而逐步表现为一种群体的行为。尤其是一些重大的整体策划,仅靠个人是不可能完成的,只能依靠群体的参与。所谓"智囊团"、"思想库"、"头脑风暴"就是这样产生的,如文化策划公司、广告策划公司等。这些专业机构往往充当"智囊"的角色,为文化生产企业乃至整个行业提供各种咨询和策划方案。

第二,策划手段的现代化。成功的文化产业策划必须建立在准确、迅速和充分搜集、分析信息的基础之上。依靠传统的人脑储存信息,运筹信息,停留在经验型的研究分析已不能适应现代策划的要求。20 世纪 40 年代出现的系统论、控制论、信息论、未来学等横断学科和综合学科为文化产业策划提供了新的理论基础,电子计算机和各种处理软件的出现又为策划开拓了新的途径。

第三,策划过程的程序化。早期策划基本属于经验直观的层面,是一种非程序、非规范性的策划活动。其成功率如何,完全依靠策划者的个人素质,因而带有很大的风险。现代的文化产业策划活动在策划科学理论指导下,结合个人的经验、阅历、智慧等因素,按照严密的逻辑推理和一定的运作程序进行,能更有效地减少策划的失误,保证策划的合理性和可行性,保证策划方案执行的计划性和完美效果。

第四,策划分析的定量化。早期策划往往以定性分析为主,这既是人们认识事物的能力和思维的特点所决定,也受定量分析技术手段的限制而形成的。在文化产业环境日趋复杂多变的现代社会中,仅凭定性进行策划是不够的,需要进行大量的数理统计和运筹分析,才能保证策划的科学准确性。

四、文化产业策划的功能

1. 促进文化产业目标的实现

任何文化产业运作都应当针对特定的文化产业目标,讲究投入产出,强调文化产业效益。文化产业策划就是为了保证目标的充分实现而进行的一种预先谋划,将传播学、营销学的原理运用到具体的文化产业运作中,按照特定文化产业的需要,充分考虑运作结果的有效性。文化产业目标既包括文化产品销售的经济效果,也包括品牌形象等方面的效果;既包括近期的即时效果,也包括远期的潜在效果。当目标发生变化时,策划方案也应该相应地作出调整。如果偏离了目标,所得出的策划方案只能流于形式,而无法解决实质问题。例如,有的文化产品策划过分追求华丽的包装宣传,利用各个媒体渠道、从各个角度对文化产品进行推广,却因为没有确立市场定位和目标受众,很难给消费者留下清晰、深刻的印象,这样的策划显然是失败的。

2. 保证文化产业运作的实效

文化产业策划将企业的长远计划和短期计划相衔接,使文化产业运作更富实效。在策划中根据文化产品生命周期的不同阶段,采用不同的市场策略,兼顾短期目标与长远利益,使整个文化产业活动的宣传效果更为显著。因为市场竞争最重要的原则就是效益第一,企业投资文化产业最直接的目的就是追求经济实效。欲达此目的,必须经过系统周密的策划。

通过策划,可以使文化产业活动自发地沿着一条最简捷、最顺利、最迅速的途径运动,可以自发地使文化产品或文化服务的特性表现得最强烈、最鲜明、最突出,也可以使市场功能发挥得最充分、最完全、最彻底,从而降低成本、减少损耗,形成市场规模效应和累积效应,确保以最少的投入获得最大的经济效益和社会效益。

3. 提高文化企业的竞争力

文化产业策划能够发现企业的优势和劣势,据此采用恰当的市场策略,从而提高市场竞争力。策划要仔细分析竞争对手的状况,知道在什么条件下可以与对手竞争,什么条件下不能与对手竞争。比如文化产品总是具有某些优点和不尽如人意的地方,经过策划可使产品扬长避短,使其长处得到充分的宣扬,避开竞争对手的锋芒,化劣势为优势。从某种意义上说,市场竞争就是策划的竞争。谁的策划更高明,谁就能赢得市场,在文化市场竞争中立于不败之地。

第四节 文化产业策划的原则

在现实工作中,文化产业策划往往不仅仅体现为一项具有指导性的策略计划,而且还是一份具有操作性的工作方案,表现了突出的应用性特征。它在长期的发展之中总结出了自己的基本策划原则,这些原则客观上反映了文化产业策划的专业特性,是保证文化产业策划科学有效的基础。

一、客观可行原则

任何一个策划,作为一种想法,开始只留在头脑中,也许只是一种设想或文字的组合,也许都只是未经实践检验的天方夜谭。这一异想天开的主意在现实中可能顺利实现,也可能遇到不可克服的困难而宣告失败。因此,文化产业策划首先应当考虑的便是其可行性。所谓客观可行原则,是指文化产业策划必须基于内外环境资源要素,从实际出发,便于操作。

在策划之初,要考察创意本身的不足或缺点,并试图进一步改进。可以先在小范围内预演,看一看是否能取得好的效果,此时需要谨慎而细心,因为是否可行开始并不十分清楚。下面以一个电影首映式的策划为例,具体的可行性思考如下:

首映式选择的城市、院线,具体是哪一家影院?

首映式该以何种形态展示?

说明准备邀请出席的演职员。

舞台应如何布置?怎样安排座位?以什么样的空间进行布置?

以哪些嘉宾、观众为对象,如何进行接待?

表演何种内容的节目?

通过何种媒体告知首映式之事?

采取何种介绍方式?

发布会结束后的媒介和院线推广渠道。

结束后,还与何种推广活动相连接?

上面只是一个简单的电影宣传策划,它对能否达到最终的电影宣传效果作出了各方面的可行性分析。可见,客观可行是文化产业策划由创意变成现实的必备条件,策划的客观可行原则包括两个方面:第一是必须从实际出发,建立在客观现实的条件基础上,而不能凭空捏造。尽管策划的创意有时带有很大的想象和偶然性,但它们必须有客观现实的依托,通过一定的努力可以达到;第二是可行性,客观是可行的前提,但客观未必都可行,二者并非因果关系。从一定意义上来说,可行是对客观的延伸,是对客观的深度反映。

如何保证文化产业策划的可行性?首先,策划的创意要被现代或传统的文化意识、国家的法律法规、社会的道德规范、受众的接受程度和消费能力等因素所允许;其次,文化产业策划不能过于超前,过于领先决策者、执行者的认知,过于领先文化市场、超越道德底线,都存在不被接受或难以接受的问题。策划必须与现实生活的客观实际相结合,必须因人而异,顺应潮流。客观可行原则的具体要求是:

第一,要进行可行性分析,选出最优方案。可行性分析包括利害分析、经济性分析、科学性分析和合法性分析四个方面。

第二,要进行可行性试验,以证明策划的可行性。可行性试验一般以局部试点方式进行,以检查策划方案的重心是否落实在最关键的现实问题上,方案的整体机构和运作机制是否合理,实施结果是否有效。

第三,要具有运行性和有效性。运行性和有效性是可行性原则的根本要求。运行性要求策划应该是可以运行的,具有一般的行为特点;有效性即收益和成功率,是指策划方案在实施过程中,能合理有效地配置企业的资源要素,达到策划的效果①。

① 周培玉:《文化产业策划管理教程》,中国经济出版社 2006 年版,第 42 页。

二、系统性原则

从文化产业策划的过程即时间角度来看,有远期和近期之分,眼前的最优不一定就是整体的最优,眼前的利益可能会损害长期的利益,所以,策划项目时都应进行全面的系统分析。文化产业的系统性原则是指文化产业活动的各个环节、各个要素在总体文化产业目标的约束下互相协调、互相依存、互相促进,各种文化产业策略系统组合、科学安排、合理运用,成为一个严密的系统。只有这样,才能防止文化产业策略之间的矛盾和冲突,才能克服文化产业运作中的随意性和盲目性,取得较好的经济效益和社会效益。运用系统性原则,要求策划人必须把握以下几个方面:

第一,将所有有利于策划的因素整合在一起,并以整体的形象尽量减少内耗,集中优势力量,确保达到策划目标。

第二,局部服从全局,以全局带动局部。为了全局有时要不惜牺牲和舍弃局部。有时虽然局部蒙受了一些损失,但从全局着眼,局部的舍弃可以换来全局的胜利。

第三,为了整体策划目标,不要被眼前利益所迷惑,要注重策划的长期性、有效性。

第四,策划的系统分内、外两个部分:内部包括功能、目标、结构、层次、元素等策划内部系统的各要素;外部包括市场、消费者、技术、文化等要素。策划要在熟悉内外要素的前提下通盘考虑。

三、随机性原则

健康的机体和系统是随机和灵活的,这种灵活反馈的机制就是随机制宜的原则。《孙子兵法》云:"凡战者,以正合,以奇胜。故善出奇者,无穷如天地,不竭如江河。……战势不过奇正,奇正之变,不可胜穷也。"在《虚实篇》中又说:"夫兵形像水。水之形,避高而趋下;兵之形,避实而击虚。水因地而制流,兵因敌而制胜。故兵无常势,水无常形,能因敌变化而取胜者,谓之神。"从中可以看出,无论是军事战略,还是各种策划思想,都没有固定的模式,都要根据变化的客观情况而随机而动,它所强调的是策划因时、因地、因人而进行。

实际上,这也是把运动变化发展的观点作为策划学的哲学根据,随机制宜就是在策划中处理好机遇与规律的关系。规律是客观的、必然的,而机遇是随机的、偶然的,二者要达到统一,既要充分发挥人的主观能动性,又要顺应客观发展规律。也就是说,在策划过程中,要善于掌握、利用、巧用规律,顺应必然规律,及时抓住机遇。

娱乐大王沃尔特·迪斯尼出生于美国芝加哥市的一个普通市民家庭,他从小喜欢绘画。沃尔特极富创新精神,对当时还不为大众所熟知的动画片投入了全部的精力。为了搞清楚动画片是怎样制成的,他充分发挥自己活泼、善交际的特长,抓住各种机遇,了解到动画片制作的全部细节。1922年沃尔特与五位漫画家、业务经理等建立了"欢笑卡通公司",并且在很短时间内完成了《金发小女孩和三只熊》、《爱丽丝梦游仙境》、《汤姆·杰顾的牙齿》等作品,引起了大家的关注。

看到了动画电影发展的曙光,沃尔特又在1924年创立了"迪斯尼兄弟制片厂",并且与环球影片公司合作生产动画影片。在遇到事业上的短暂挫折后,沃尔特又提出了要绘制一套新的、以米老鼠为主角的创意动画片。不久,第一批米老鼠系列片《疯狂飞机》、《骑快马的高卢人》制作成功,但是由于没有找到发行人而再次面临绝境。这时,有声电影刚刚问世,沃尔特看到了事业发展的契机,他大胆决定把米老鼠配声上映,结果引起了市场的极大轰动,观众对米老鼠的喜爱一度达到了狂热的程度。沃尔特·迪斯尼正是利用了这一系列市场和技术的机遇,最终构建了一个极富创意的米老鼠形象,被后人称为"米老鼠之父",成为有名的娱乐大王。

文化产业策划是一个实践性很强的创新过程,内外部各种因素随时都在变化,所以单有好的策划方案是远远不够的,还需要通权达变,灵活机动。策划的目的只有一个,那就是成功,但策划的路子很多,只要能保证策划的最终成功,策划人不应拘泥于既定的策划方案和短期的策划目标,而应在慎重权衡利弊的基础上,机动灵活地加以变动。需要注意的是,我们在坚持随机策划原则的同时,还需要正确把握随机应变的限度。对策划目标的调整或对策划方案的修正,并不是随意而为的,应有一定的限度。这种限度可从三个方面来把握:

第一,根据信息变化的可靠程度决定是否对策划进行调整和修正;

第二,根据变化的范围和幅度来决定调整和修正的限度;

第三,根据估计可能会产生的实际效益来决定调整和修正的力度。

四、价值性原则

策划和价值利益的关系十分密切。策划就是为了帮助个人或组织为达到某一特定目标而进行的活动,策划因利益而启动,价值性是策划活动的前提,也是策划成败的试金石。文化产业策划也要遵循价值性原则,这是其功利性的具体要求与体现。随着我国社会主义文化体制的逐步完善,多元化的文化产业迅速繁荣起来,文化产业策划业也必然融入这个市场氛围之中。作为具体运作的策划项目必然以价值量的形式来衡量,策划的结果都要能创造一定的价值,只有这样，策划才能体现出其价值所在。

例如，奥运会这个体育赛事在历史上一度成为赔本的买卖，1976 年蒙特利尔奥运会中政府开支达 20 亿美元，却亏损了 10 亿美元，成为体育产业史上的一大败笔。但是自第 23 届奥运会以来，奥运产业策划逐步走上正轨，奥运会不但投入渐少，而且产出越来越大。第 23 届奥运会在美国洛杉矶举办，当时，美国政府及洛杉矶市政府都表示不予提供经济援助，但是著名策划大师、美国第一旅游公司副董事长尤伯罗斯独具慧眼，坚持个人组办奥运会，采取了一系列的措施：暗炒电视转播权；以每公里 300 美元卖出火炬传递权；提升开、闭幕式的门票价格；开发奥运会商品，经销各国纪念章；裁减奥运会工作人员；借用学生宿舍作为运动员的住处。

通过一系列的精心策划，结果预算费用为 5.25 亿美元的第 23 届奥运会，不但没有亏损，反而盈利 2.5 亿美元，巨额的经济效益正是策划大师尤伯罗斯为体育产业带来的价值。

五、导向性原则

文化产业策划虽然必须遵循价值性原则，但它毕竟不同于单纯的企业营销策划，由于文化产品本身具有特定的意识形态特征，会对人们的精神世界产生巨大的影响，因此文化产业策划在实现价值性原则的同时，还要保证人们精神和意识形态的导向性。策划要以社会公众利益为出发点和归宿，这既是一条基本原则，又是一项文化职业道德准则。文化产业的策划不仅要对自身行为引起的公众利益负责，努力解决由于不良文化引起的有害于社会群体的问题，还要对解决人们共同面临的社会和精神问题负责。它要经常表现出对社会问题的关切，努力为人类造福。导向性原则既体现出文化产业的社会主义性质，又要取得社会公众支持、树立良好形象的基础保证。导向性原则要求我们在进行文化产业的策划过程中：

（1）树立公众观念。文化产业策划不违背社会公众利益，要积极倡导社会主义精神文明、丰富人们健康向上的精神生活之导向和指引。

（2）寻找主客体利益一致的热点。导向性原则要通过具体的文化产业策划和文化产品来实现，要注重在实现社会效益、公众心理效益的过程中实现自身的经济价值。文化产业策划的着眼点可以是体现时代变化的公众关注热点，并提供出有助于文化产品有效传播的策划方案，以达到社会、公众和产业利益的平衡。

譬如，随着 1992 年党的十四大确立了建设社会主义市场经济体制的路线，当代中国社会正在发生着深刻的变化。其中，城市化进程大大加快，大量农业人口流入城市,从务农转入做工、经商或服务等行业。都市市民作为一个迅速成长壮大的群体,正在从边缘阶层转变为主体阶层,形成我国的大众社会。新闻媒体怎样适应这样一种变化,显然是一个新的课题。

在这样的背景下,一大批都市报在 90 年代迅速崛起。究其原因,就在于"这些都市报的创办者深刻地把握了我国当前社会生活的最新变革,通过精心策划,找到了一条不同于机关报、传统晚报和各种行业报的办报思路,将报纸定位于综合性市民生活报,既全方位地报道市民所关心的政治、经济和文化等社会生活,又确保了党的新闻政策导向,赢得了广大读者的喜爱,从而在激烈的媒介市场竞争中脱颖而出,成为报业新锐。"①

1995 年 1 月创刊的《华西都市报》明确定位于"市民生活报",认为:"许多晚报把宗旨概括为:'宣传政策,传播知识,引导文明,陶冶情操',这都是对的。我们把宗旨定为全心全意为市民服务,是从另一角度来考虑的,那就是我们不是去对人家宣传和教训的,而是为人家服务或服从人家的。我们把位置摆得很低,不是去领导市民,而是做市民公仆。我们的创刊词标题就是:'做市民的忠实公仆'。什么公仆? 信息公仆,服务公仆!"

该报 1996 策划的"解救三陪小姐"案例中,当时的打工妹小芳身陷夜总会老板的魔掌,不交钱脱不了身。但在社会主义中国,这一事态的发展方向是小芳从夜总会中出来,回到亲人身边。无论夜总会老板怎样胡作非为,倒行逆施,他也改变不了这个最后的结局,最多只能逞威于一时。《华西都市报》看准了方向,主动出面参与公安部门解救小芳的行动,促成问题的及时解决,使事物朝着"应该这样结束"的方向发展,从而使整个报道获得了成功。可见,该报道的策划,就是研究了新闻事物发展的规律,弄清了它的发展方向,并引导它的结局向符合社会利益的方向发展。

第五节　文化产业策划的程序

文化产业运作是一项较为复杂的综合性、系统性的工作,如果在文化产业链条中的哪一个环节出现了问题,都会直接影响文化产业目标的实现。因此,文化产业运作必须进行事前的详细策划,合理安排程序,明确实施步骤。在策划中,一方面要从全局的整体利益考虑,另一方面还要考虑各子系统的有机组合,使各子系统的活动与总体目标达到最有效的协调,以适应文化市场竞争变化的需要。

① 董天策:《中国报业的产业化运作》,四川人民出版社 2002 年版,第 207 页。

文化产业创意与策划

一般来说,策划的过程大体上包括:设定目标、收集信息、设计方案、组织实施、效果评价和调整反馈等。它们是一个逻辑的、业务的综合过程,某一过程出现差错都会影响到其他部分的效果,最终将影响到策划活动的顺利实施。

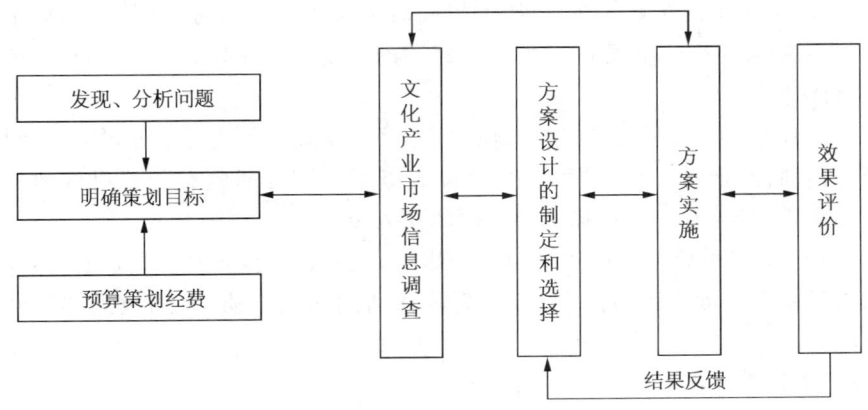

文化产业策划的一般流程

策划的程序也就是策划的步骤,它们是动态的组合体,各自并不是相互独立的。从上图可以清楚地看出策划的步骤是顺序展开的,同时各步又是对前一步的反馈。在实际策划过程中,既不能随意跳过任何一步,又要注意每一步的反馈作用。需要注意的是,策划的每一步本身也是一个策划的过程,它们是过程中的过程,这说明策划是一个复杂的动态系统,而非简单的、程式化的流水作业。

一、明确策划目标

明确策划目标,即明确此次策划活动将要达到的直接目的和最终目的。在信息时代,人们文化消费需求日益丰富多变,使得文化企业面临的策划问题也会经常发生改变。因此,每次开展的策划活动都必须解决一个最为紧迫的重大问题,如加大文化产品宣传力度问题、促进与社会环境的公共关系问题、有效的文化推广手段的组合问题等。这些都是文化产业经营所要达到的直接目标,而最终目的则是要通过有效的策划活动,使文化产业运作更加科学化、系统化和高效化,使之成为实现文化产业整体经营目标的重要保证和有机组成部分。制定策划目标可按以下步骤进行——

1. 发现、分析问题

我国当前的文化产业存在很多问题,特别是企业经营中有许多现实的问题,但不是每个课题或问题都可以通过策划解决。策划的实现会受到现实条件、策划人员能力以及资金实力等许多因素的限制,因此策划人必须有效地确定对象和问题,对不可策划或难以解决物质条件的问题要坚决回避。

2．明确策划主题

（1）要善于抓重点。即把精力放到重要的问题上来,而不要被众多问题所钳制、迷惑。在有限的资源条件下,如果想同时去实现多个目标,必然无法集中精力,到头来很可能会一事无成。所以,有经验的策划人往往只针对一个目标,坚持不懈,做深做透。

（2）细化主要问题。当有效地抓住重点后,要对问题进行细分,像麦肯锡公司做咨询那样,把每一个问题细化、分解到极限。细分问题有利于更好地发现问题的真正症结,有利于选择解决问题的切入点。

（3）学会换位思考。受思维习惯的影响,人的思维很容易僵化。有时,如果我们从另一个角度去思考问题,可能更能认清问题的本质,从而找到解决问题的方法。

3．预算策划经费

即根据策划目标的要求和具体策划步骤的安排,对可能发生的费用进行事先预算。这样既可对策划方案的经济合理性进行预先估计,同时又可作为执行方案的经费依据。

二、市场信息调查

此阶段是制定策划方案的基础,其目标是为制定实施方案准备充足的、真实的信息资料。该阶段的执行要解决以下几个问题:

（1）明确调查目标。即明确此次调查活动所应达到的目标,也就是解决搜集何种类型信息、搜集到何种程度的问题。

（2）确定调查范围和对象。即在调查经费许可的前提下,选择具有代表性的被调查群体和调查对象,切实保证调查内容的真实可靠性。调查群体的确定一般采取非随机抽样法,而调查对象的确定常常采用随机抽样的方法。

（3）确定调查方式。即对选定的调查对象采用何种方式进行调查的问题。在实际工作中可根据调查目的和性质的不同,选择访问法、观察法和实验法等。

（4）制定调查方案。即根据已确定的目标、范围和对象及调查方式制定调查方案,进一步落实调查程序和步骤。在调查方案的设计中应特别注意调查内容的关联性和相互逻辑性,从方案设计上保证调查结果的真实代表性。

（5）实施调查方案。即按照调查方案设计的步骤和要求开展实际调查。在调查过程中应注意调查问题的有效性和科学性,既做到简单明了,又能充分说明问题。同时,还要注意调查方式的灵活性,当情况发生变化时,及时调整调查内容的安排,及时发现和搜集调查方案以外的信息,并及时去除已明显不切实际的原调查项目,使调查结果更全面、科学和可靠。

(6)整理调查结果。即对已调查汇集的大量信息进行有目的的分析整理,使其能有效地说明问题。在信息整理过程中,要注意及时剔除无效信息,对信息进行科学的分类和量化处理。并注重数据规律性的观察,以便及时发现被调查问题的属性,得出结论。

三、策划方案的制定和选择

文化产业策划的核心内容就是策划方案的制定和选择。企业的文化产业策略是企业为实现其营销战略目标,综合运用各种可能的营销方式和手段,有效组合成一个系统化的营销活动整体,主要包括产品、价格、销售渠道、促销活动、广告、企业公共关系、营销要素的组合策划等内容。该阶段工作成功与否,将直接影响到整个策划方案的质量和可行性,影响到本轮策划工作的成败。同时,本阶段的工作又具有较大的难度,需要策划人员付出更大的智慧和努力。因此,科学的、严谨的工作态度是开展本阶段工作的基本指导原则。在此阶段应做好以下几项具体工作:

(1)对信息的吸收与开发。即对上一阶段所得到的信息进行充分的研究和吸收,为下一步制定具体实施细节准备数据环境。同时,还要对已有信息进行二次开发,即深入探讨已有数据之间的相互联系,把零散的、单个的数据组成一个有机系列,用这种相互联系的数据群来满足制定方案的需求。

(2)策划方案的构思。该阶段是充分利用已有的信息、知识和经验,积极发挥策划者的创造性,大范围地构思各种可行方案的过程。构思时应保证方案齐全、各具特色。针对一个问题至少要有两个以上策划方案,每个方案都要尽可能地考虑到多方面的情况。同时,还必须保证每个方案都有自己的特色,即方案的独立性。策划方案的独立性要求策划人要有不同的策划思维和策划手段,这是策划多案备选、能够成功的重要保证。

(3)方案可行性论证。即利用经验判断法、类比评判法、专家论证法和方案试行法等对诸多方案进行可行性论证,根据前述的文化产业策划的可行性原则、价值性原则、系统性原则、导向性原则等,选取最终方案。

(4)方案书形成。即将已通过方案可行性论证的策划方案用简练、具体的文字形式表达出来,写成规范的、可进行具体操作实施的策划方案书的过程。编写策划书应做到:文字简明扼要、逻辑合理清晰、主题鲜明,同时还可以辅以必要的视觉化说明,如图表、实物照片、设计模型等。

文化产业策划方案书写作的一般模式如下(具体要素可根据实际情况加以删减或变更):

第一部分：前言

概述策划的目的、进行过程、使用的主要方法、策划书的主要内容，以使客户可以对策划书有大致的了解。

第二部分：市场背景分析

Ⅰ 市场环境分析

ⅰ 市场环境中的宏观制约因素

ⅱ 市场环境中的微观制约因素

ⅲ 市场概况

Ⅱ 消费者分析

ⅰ 消费者的总体消费态势

ⅱ 现有消费者分析

ⅲ 潜在消费者

ⅳ 目标消费者

Ⅲ 产品分析

ⅰ 产品特征分析

ⅱ 品牌形象分析

ⅲ 产品定位分析

Ⅳ 企业和竞争对手的竞争状况分析

ⅰ 企业在竞争中的地位

ⅱ 企业的竞争对手

ⅲ 企业与竞争对手的比较

Ⅴ 总结（SWOT 分析）

第三部分：市场策略分析

Ⅰ 推广目标

ⅰ 知名度目标

ⅱ 说服力目标

ⅲ 销售目标

Ⅱ 市场定位策略

ⅰ 现有定位分析

ⅱ 新定位表述

Ⅲ 市场策略及实施方案

ⅰ 策略内容及周期

ⅱ 推广内容

ⅲ 推广形式

第四部分：策划效果评估

四、实施策划方案

此阶段的核心就是如何将策划任务书落实在具体的文化产业运作中。实施策划方案应制定相应的实施细则,要求有明确的组织保证、人员保证、财务保证和措施保证,还要有明确的实施程序和规则,以保证目标实现过程的顺利进行。

（1）要有监督保证。为了有效实施策划方案,从上到下各环节的责、权、利必须明确,为此要制定监督保证措施,使各环节不出差错或出了差错也能及时改进。

（2）要有防范措施。在策划方案实施过程中,存在着许多不确定的因素,无论制定方案时考虑得多么周到,无论在选择方案时作过何种论证和修订,仍然会发生主观愿望和客观现实的矛盾,有时甚至不得不停止执行原方案。所以,必须有防范意识和防范措施,必须有备用方案。

（3）要有评估措施。策划人员应及时对各项措施的执行效果进行评估。由于策划中的主客观不一致,策划方案在实施过程中出现偏差是难免的,因而需要对执行情况及时进行评估,以便对方案进行必要的调整或修正。

（4）要有反馈修正。就策划过程来说,当策划方案实施并得到结果时,策划即告结束。但对策划人来说,这并不意味着策划结束。策划结果出来后,一方面,策划人要对策划结果和经过,进行分析和检讨,总结经验和教训,为下一次策划提供借鉴;另一方面,策划人应做出一份策划总结报告书,及时提交给上级或委托方。其中,最重要的是必须报告预测与结果的差异。

通常情况下,策划的预测与结果产生差异的原因主要有确定性原因、推断性原因、不确定原因等三种。对于确定性原因如可去除,在下次策划中要避免;对于推断性原因如有可能发生,在下次策划中要去除;而对于不确定性原因则应多下工夫进行分析,尽量修正。

五、效果评价与信息反馈

文化产业策划的目标就是要通过科学的策划过程全面提高文化企业业绩。但是,往往会由于主客观的差距,致使策划方案在实施过程中出现偏差,因而需要对执行效果及时进行评价,以便迅速形成反馈,对方案进行必要的调整或修正,对后续工作进行借鉴和指导。常用的效果评价方法有:

（1）前后对比法。即通过实施文化产业策划方案前后传播效果和经营业绩的对比来确认策划方案的效果。

（2）单因素变动法。即通过对影响文化产业业绩的诸多策划因素进行单因素的对比实验分析,来测定文化产业策划方案的实施效果。

因此,策划方案的实施并不是一次性任务,而是一个连续的,甚至是循环往复的过程。文化企业在执行策划方案时，必须根据策划前后在企业资源、竞争对手、消费者以及宏观环境等方面的整体变化，建立及时有效的反馈机制，灵活变通地运用市场策略，彻底贯彻"随机制宜"的作战思想，这也是通常所说的"市场弹性"。

日本企业对市场弹性的概念相当敏锐，他们不局限于寻求一种进入或渗透市场的最佳方式，即使他们发现了某种有效的方式，他们也并不固守于此。如日本索尼公司就擅长根据市场情况，灵活地运用产品、价格、渠道、广告等多种营销武器，对国际市场实施有效的渗透和占领。在初期的市场渗透中，他们主要采取低价策略，并向经销商提供可观的利润，从而迅速抢占市场，随着索尼产品的逐渐成熟逐渐积累起丰富的营销经验，他们的营销策略重点也有了转变。这时，品牌经营开始变得重要起来，并着手建立自己的销售网络。当发现自己与美国竞争对手直接抗争已明朗化时，他们又将重心移至产品创新和优质服务上。总之，他们根据市场环境的变化适时调整营销策略，这种对市场的弹性反应保证了索尼随时争取主动，成功的概率也高得多。

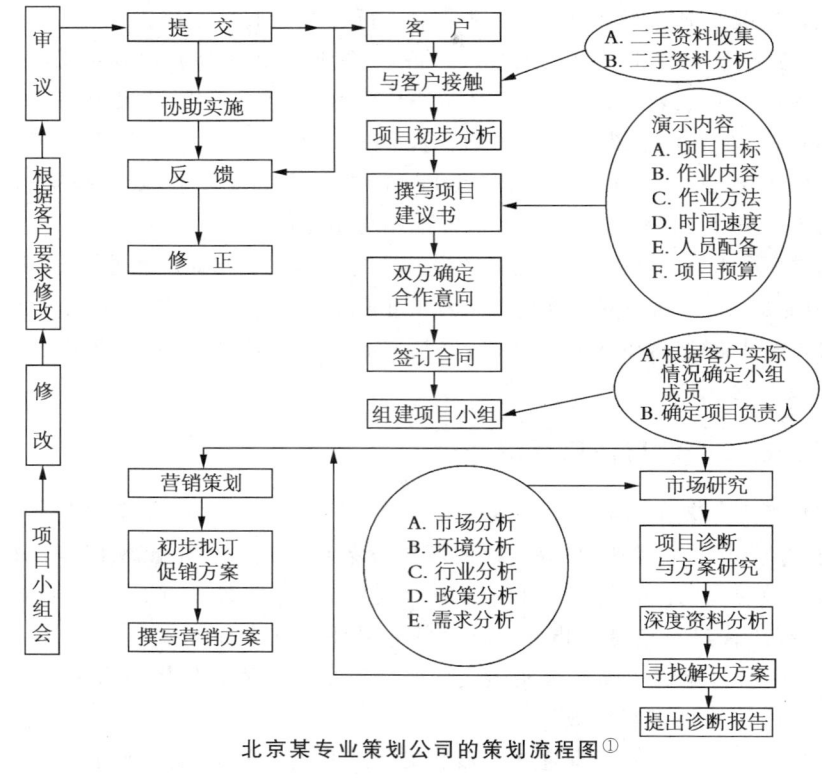

北京某专业策划公司的策划流程图①

文化产业创意与策划

30

---

① 周培玉：《商务策划管理教程》，中国经济出版社 2006 年版，第 148 页。

第二章

文化产业市场策略的创意与策划

　　在市场经济条件下,文化兼具商品的属性,市场化经营本应是顺理成章的。但是在我国,由于长期的计划经济,人们一直在强调文化的事业属性,根本不承认其经济性质和产业功能,它的产品当然也就不能进入市场,所谓文化产业的市场策略也就无从谈起。

　　1978 年以前,我国的文化产业市场基本上处于一种空白状态,从 1980 年开始,我国试行文化成果有偿转让,文化产品才作为一种特殊商品进入流通领域,这标志着我国文化市场的萌发。近二十多年来,特别是随着社会主义市场经济体制的建立,我国的文化市场已初具雏形。但是,长期形成的计划经济的思维方式和运作模式仍然普遍存在于文化市场的某些方面,制约了该市场的进一步发展。因此,面对国际文化市场飞速发展的巨大压力,我国必须加快文化领域的市场化、产业化的进程,对文化产业的市场策略进行有效的创新和策划。

　　文化产业的市场策略是在分析和判断文化市场消费特征的基础上进行市场细分,从而确立文化产品的准确定位,最终设计出符合特定文化产业发展特点的市场营销方案。市场策略的制定是文化产业策划的核心任务。既然文化产业离不开市场,那么具体文化市场的消费特征如何? 企业以什么方式去开拓市场? 开拓哪个方面的市场,才能以较低的成本获取较大的经济利益? 正确而切实可行的市场策略,可以帮助文化企业把握有利时机,创造最佳业绩。为此,我们必须格外重视对文化产业市场策略的研究。

第一节　文化产业的市场消费特征

　　文化产业策划就是通过对于文化产业运作过程的整体计划与实施,满足人们各种各样的文化消费需求。这种文化消费与普通的物质消费类似,都是以欲望、意向等形式表现出来,所不同的是,人们的文化消费多是寻求精神层面的满足,具有较高的审美层次。因此,对文化市场中消费者的心理以及行为决策特征的研究,将对文化产业市场策略的创意和策划提供决策依据。

一、文化消费的心理需求动机理论

心理学家提出了许多有关研究人类动机的理论,通过这些理论的分析,可以发现文化消费需求的一般规律。其中较为有代表性的是西格蒙德·弗洛伊德(Freud Sigmund,1856—1939)的"潜意识学说"和亚伯拉罕·马斯洛(Abraham H. Maslow,1908—1970)的"需求阶梯"理论[①]。

1. "潜意识说"与文化消费

弗洛伊德认为,人在成长和接受社会规范的过程中有很多欲望是受到抑制的,这些欲望既无法消除也无法完善地控制,它们会在梦境中脱口而出或出现在神经质的行为里[②],个人不可能真正了解自己的动机。他的这一理论被称为"潜意识"学说。该理论有三个基础:本我、自我和超我。本我(id)是心理体系中最原始的、与生俱来的、无意识的结构部分,它包含要求得到眼前满足的一切本能的驱动力,就像一口沸腾着本能和欲望的大锅。本我按照快乐原则行事,急切地寻找发泄口,一味追求满足。自我(ego)是从本我中分化出来将本我的盲目冲动引入社会认可的轨道并得到发展的那部分,代表理性和机智,具有防卫和中介职能,按照现实原则来行事,监督本我并给予适当满足。超我(superego)代表良心、社会准则和自我理想,是人格的高层领导,它按照至善原则行事,指导自我,限制本我。对于本我和自我的关系,弗洛伊德有这样一个比喻:本我是马,自我是马车夫。马是驱动力,马车夫给马指方向。自我要驾驭本我,但马可能不听话,二者就会僵持不下,直到一方屈服。对此弗洛伊德有一句名言:"本我过去在哪里,自我即应在哪里。"

将弗洛伊德的"潜意识"学说用在文化需求的消费分析上,通常是依据潜意识动机来解释文化商品购买情况,主张通过推销、促销等手段对影响消费者的"本我",刺激消费行为的发生。因为就消费者的意识层面来看,除了由感觉、知觉、表象、概念、判断、推理等组成的显意识层面外,还有处于显意识以外的潜意识层面。根据消费者的潜在需求进行相应的创意和策划就显得尤为必要[③]。

近年来,"病毒式营销"策略被越来越多的企业所运用。这种营销方式就是

文化产业创意与策划

---

① 蔡嘉清:《文化产业营销》,清华大学出版社 2007 年版,第 139 页

② 〔美〕菲利普·科特勒等著:《市场营销管理》,郭国庆等译,中国人民大学出版社 2002 年版,第 170 页。

③ 蔡嘉清:《文化产业营销》,清华大学出版社 2007 年版,第 140 页。

通过设计物质诱惑、娱乐吸引、美学语境等方式,以激活消费者的购物潜意识,从而使产品或服务像病毒一样、深入人体、植入大脑,快速复制并广泛传播,将信息在短时间内传向数以千万计的受众。

病毒式营销是一种概念,没有固定模式。比如通过传播知识、开展娱乐活动或提供审美等方式等来进行消费者引导,当然最直接、最有效的方式就是许以利益;比如提供一个共享软件、一种免费服务、一篇文章、一本电子书、一张优惠券、一个祝福卡、一则幽默、一个游戏程序等等。

国内知名的杀毒软件金山毒霸就是采用这种营销策略打开市场的。金山毒霸的试用版可以免费让网络用户甚至盗版商随意下载和网站转载,免费和开放的政策吸引了大量的试用用户,从而也造就了一大批间接传播者,同时通过定期通知用户升级版本或购买正式版的形式,提醒试用用户其使用的是金山毒霸这个品牌,还一再强调试用版和正式版的区别,陈述正式版种种好处,诱惑消费者购买。但这种购物欲望只是一种潜意识,必须通过后期营销活动来激活,这也就是传统营销活动中所谓的"临门一脚"。在病毒式营销进行到一定阶段,金山毒霸就用低价策略这一传统营销手段激活了消费者的购买欲望,实现了"购买潜意识"到"购买行动"这一过程的跳跃。

2. "需求层次论"与文化消费

美国心理学家马斯洛的"需求层次论"是研究人的需求结构的一种理论,这种理论的构成根据三个基本假设:人要生存,他的需求能够影响他的行为,只有未满足的需求能够影响行为,满足了的需求不能充当激励工具;人的需求按重要性和层次性排成一定的次序,从基本的(如食物和住房)到复杂的(如自我实现);当人的某一级的需求得到最低限度满足后,才会追求高一级的需求,如此逐级上升,成为推动继续努力的内在动力。马斯洛提出需求的五个层次如下:

(1)生理的需要。这是人类维持自身生存的最基本要求,包括饥、渴、衣、住、性的方面的要求。马斯洛认为,生理需要是推动人们行动的最强大的动力,只有这些最基本的需要满足到维持生存所必需的程度后,其他的需要才能成为新的激励因素。

(2)安全的需要。这是人类要求保障自身安全、摆脱失业和丧失财产威胁、避免职业病的侵袭、解除严酷的监督等方面的需要。马斯洛认为,整个有机体是一个追求安全的机制,人的感受器官、效应器官、智能和其他能量主要是寻求安全的工具,甚至可以把科学和人生观都看成是满足安全需要的一部分。

(3)社交的需要。这一层次的需要是指希望给予或接受他人的友谊、关怀和爱护,得到某些群体的承认、接纳和重视的需要,如结交朋友、交流情感、表达和接受爱情,即亲情、友情、爱情的需要。

（4）尊重的需要。有内部尊重和外部尊重两种形式：内部尊重是指一个人希望在各种不同情境中有实力、能胜任、充满信心、能独立自主；外部尊重是指一个人希望有地位、有威信，受到别人的尊重、信赖和高度评价。马斯洛认为，尊重需要得到满足，能使人对自己充满信心，对社会满腔热情，体验到自己活着的用处和价值。

（5）自我实现的需要。指通过自己的努力，实现自己对生活的期望，从而对生活和工作真正感到很有意义。马斯洛认为，人在自我实现的创造性过程中，会产生出一种"高峰体验"的情感，这个时候是人处于最激荡人心的时刻，是人的存在最高、最完美、最和谐的状态，这时的人具有一种欣喜若狂、如醉如痴、销魂的感觉。

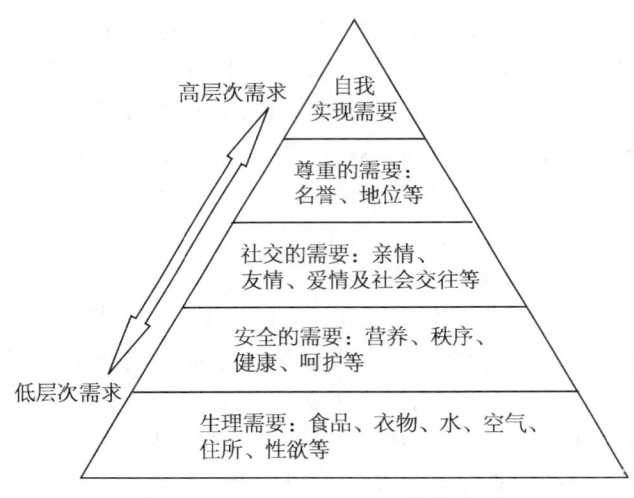

马斯洛的"需求层次论"

在上述五个层次需求中，前两层次的需求主要是较低层面的生活物质需要，后三个层次的需求主要是较高层面的心理精神需要。文化产品作为商品，主要是满足消费者较高层次的需要。比如，人们的社交需要的满足很大部分依靠文化消费。剧场、影院、文化宫等都是很重要的社交场所，扩大这些文化设施的功能，尤其是社交功能将会吸引更多的人。希望受人尊敬的需要也很强地表现在文化产品的消费上。许多人觉得，到著名的剧场去听听交响乐、歌剧，看看芭蕾舞是一种很高雅的行为，能表明自己的文化修养高。尤其是一些有名望的表演团体的演出更是许多人热衷的消费对象。自我实现的需要或者称实现理想的需要是离不开文化消费的。人们对于美的追求，人们审美理想的实现，是一种高层次的需要。当人们具备了这样的心理动机，又有了适当的消费对象，消费欲望就会十分执著、高涨。文化产品是人类精神文明的结晶，人们为了实现事业上的理想必须从中汲取必需的精神营养。因此,对于学术研究上必备的书籍、资料等信息载体,人们是不惜费精力、出高价去购买的。

马斯洛的"需求层次论"说明,文化产业应该尊重人们需求的多元化和特殊化特点,根据不同的细分市场来适应不同人的差异化需求。如电影市场曾一度由崇尚英雄主义的武打片一统天下,当生活在快节奏的现代都市人群希望通过电影来舒缓紧张情绪时,一大批轻松幽默、充满欢笑的情景剧转而进入了人们眼帘。在诠释人与人之间的亲情、友情和爱情的同时,这些文化产品由消费者的个性、素养、道德观、价值取向等自我评价,以及希望得到他人赞誉和提升公众形象认可的社会评价,改变着消费者利益关注点的选择与排序。

心理学动机理论对于分析消费者的购买动机,指导文化创意策划的心理策略,具有十分积极的理论意义和实践意义。在现实社会,人们几乎都是在一定动机驱使下完成购买行为的。受性格特点、兴趣爱好、生活习惯、价值观念、审美情趣等因素的影响,消费者的最终购买行为有着十分微妙的变化。人们对文化产品的接受是感知、情感、想象和理解等多种心理活动交织渗透、彼此推移的过程,并同时受到外部刺激以及内部感知的影响。内部感知影响主要包括消费者个人的需求和动机,消费者认知的范畴、消费者的学习方式和消费者所保持的兴趣等;外部环境刺激包括消费者的家庭、社会结构及文化等。消费者对外部信息的认知过程经由各种物理信息的刺激,到生理过滤层产生感觉,继而形成心理过滤层面的情感,逐渐定型为对文化产品信息的感知认识,通过记忆库建立认识档案,保持并创造形成对文化信息新的认知①。

二、文化消费的心理特征

文化消费的内容主要包括文化消费者了解信息所需的报纸、广播、电视、互联网、手机的媒介需求;为丰富知识、陶冶情操或娱乐消遣所需的书刊、音像、游戏、演出、会展、旅游等的需求。与普通的物质消费不同,文化产品和文化服务本身具有强烈的精神属性,它极易受到消费者个人的知识结构、情趣爱好、心理素质乃至一时的情绪和态度的影响,主要表现为消费心理的认同性、趋新性和可塑性等。

1. 认同性:文化消费的惯性心理

所谓认同,是指在文化消费的过程中,消费者倾向于选择和接受那些与自己的知识结构、经验系统、趣味和需求模式一致或相似的产品,表现出一种"爱同憎异"的消费趋向。这种趋向带有一定的惯性,是消费者在长期的社会和审

---

① 蔡嘉清:《文化产业营销》,清华大学出版社 2007 年版,第 142 页。

美实践中形成的同化文化对象的心理经验和能力。在文化消费中所表现的认同心理特征，是一种自然而然地、不自觉地流露出来的意识指向，是一种带潜意识的趋向作用，是一种心理惯性作用，而不是一种外力的强制作用。

文化消费认同的根源是个体对于事物的惯性心理，即由"早先的经验和像需要、情绪、态度和价值观念这样一些重要的个人因素"决定的知觉的准备状态，也就是"我们倾向于看见我们以前看过的东西，以及看见只适合于我们当前对于世界所全神贯注的和定向的东西"①。因此，文化产品中那些消费者的生活经历和情感经历类似的内容，往往容易为消费者所认同。而且，个体"早先的经验"愈丰厚，他在这一方面所形成的心理惯性也就愈显著，他对于与该需要有关的文化产品的现实的文化消费需求也就愈加强烈。惯性心理作为消费者对于文化产品的刺激所做的认同状态，是消费者对文化产品的一种积极能动的选择，由于这种选择的作用，消费者的注意力就可能集中于某些文化产品或文化服务的某些因素上面。

一切形式的文化消费都是从消费者对于文化产品的认同开始，而"共鸣"则是消费者对文化产品的认同所达到的最佳状态。没有消费者的认同，情感共鸣就不能发生。例如，电影《暖春》通过宝柱爹顶住儿女的压力收养孤儿小花的感人故事，使观众对爷孙俩的境遇产生强烈的情感共鸣，就典型地反映了这种情况。文化消费中如果不能形成认同和使认同深化，文化产品就不可能实现它的价值，消费者也就不能获得美感享受，消费欲求就不能得到满足。

2. 趋新性：文化消费的逆反心理

趋新，是指消费者不满足于眼前的文化产品而追求新的消费对象，或追求对现有的文化产品的新发现和新体验。这种"喜新厌旧"或"以旧为新"的现象亦是文化消费的趋新心理的具体表现。因此，趋新乃是对于消费惯性的一种逆反心理，是消费者的主体性日益增长和审美趣味逐渐多元化的鲜明表现。

这种逆反心理从本质上说是消费者自觉地突破已有的心理定式和平衡状态，寻找新的审美心理效应的过程。虽然认同心理是消费者与一定的文化对象所构成的消费系统暂时处于一种平衡稳定的状态，但是这种平衡和稳定是不会长久的。如果系统内部各要素、外部环境乃至文化生产方式发生变化，这种平衡和稳定就可能遭到破坏。例如，随着生活方式的变革和数字信息通信技术的不断发展，人们已经不满足于只在家里或工作场所获得信息的需要，而是要求有一种更加私人化、个性化，并且能够随时随地获取信息、与人交流、享受娱乐的新的媒介形式，于是，手机媒体的功能日益强大，手机上网、手机电视、手机炒

① 克雷奇等著：《心理学纲要》下册，周先庚、林传鼎等译，文化教育出版社1981年版，第78页。

股等多种服务形式，使得手机已经由单一的通讯工具向多媒体信息终端的方向发展。

现代心理学把这种趋向于"张力的增强"的心理动机称为"丰富性动机"，即"满足和寻求刺激的动机"，它包含"经验享乐、获得满足、理解和发现、寻找新奇、有所成就和创造"[①]等等欲望，并且认为"完全确定的情境（无新奇、元惊奇、无挑战）是极少引起兴趣或维持兴趣的"[②]。在文化消费中，惯性心理无疑会对消费个体满足多样化的需求造成一种内在阻滞，因此，必须寻找新的文化产品（新的刺激）才能改变这种"习惯化"的心理状态，使"丰富性动机"获得新的兴趣和满足。文化消费的趋新对于文化产业的生产主体有极为重要的作用和意义。在文化产业策划中，应当学会观察、了解消费者的兴趣点，通过各种创意手段激发和扩大文化消费的需求，增强消费者对文化产品的兴趣。

3. 可塑性：文化消费的随机心理

文化消费心理在总体上存在某些必然规律，但同时也带有很大的可塑性。这是因为，在文化产品经过流通呈现给文化消费者的过程中，必然会在主客观领域中出现许多偶然性因素，从而使消费者的消费心理脱离一定的规范，呈现出较强的可塑性。

例如，消费者在不同的时空下，会由于情绪和心境的即时性变化而引起消费心理变异，继而影响自身的消费行为。例如同是一首《春江花月夜》，在心境闲适的时候可能感到它的恬静和优美；相反，如果在苦闷的心境下，却可能听出一丝忧郁和伤感的滋味；而在情绪烦躁、心境不宁的情况，则可能得不到任何审美感受，甚至还会加深这种烦躁和不安的程度。之所以会出现这种情况，是因为当消费者为某种特定的情绪和心境所支配的时候，也就意味着这种情绪和心境是作为一种"即时的定势"因素影响消费者对文化产品的感受和知觉，从而使消费者对于对象的知觉也进入类似的心境或染上相近的情绪色彩。

正因为如此，在一定的时空下，由于随机性因素的影响而形成的消费者的特定的情绪和心境，常常会改变由那些稳定性的心理因素所决定的心理定势，从而使消费者的文化消费心理出现"反常"和"变异"。文化产业运作恰好可以利用这一点，在广告、促销、推广等营销中采取相应的创意和策划组合，以此来强化或改变消费者的心理定势，最终影响其消费决策和消费行为。

三、文化消费的行为决策模式

"消费行为就是指人们为满足需要和欲望而寻找、选择、购买、使用、评价及

---

① 克雷奇等著：《心理学纲要》下册，文化教育出版社1981年版，第385页。

② 同上书，第383页。

处置产品和服务时介入的过程和活动。对许多产品和服务来说,购买决策包括一个广泛的信息搜集、品牌对比和评价,以及其他活动在内的长期、细致的全部过程。"[1]因此,在掌握消费者的消费心理的基础上,充分了解消费者的行为决策过程,并有针对性地采取相应的市场策略,是文化产业市场策划的重要内容。

蔡嘉清指出,对消费者行为了解的程度决定着策划成功几率的大小。文化产业的策划主体不仅需要知道顾客企图满足的特别需要,以及他们如何将这种需要转换成购买标准,而且需要了解消费者如何搜集各种信息并且利用这种信息在竞争品牌中进行挑选,甚至需要了解顾客如何作出购买决策、喜欢到哪儿买东西、在购买关头又如何受营销刺激的影响等[2]。他认为,消费者的购买决策大体分为确定动机—信息调研—选择评价—购买决策—购后评价等阶段,在消费价值取向上还都持有求实、求新、求美、便捷、从众等特点。正是这些心理活动影响着消费者购买的最终决策。

1. 确定动机

消费者在行为决策中首先应当确定消费动机。即消费者意识到一种需求并且有一种解决问题的冲动,才会有后续的决策过程。消费动机是由消费者自身的理想状态与现实状态间的差距所诱发的,这些诱因有时还可能受到外部因素的影响。2003 年我国旅游业在经历"非典"时期的萧条后重新启动。这时,人们的旅游观念已经发生了很大的变化,"看到什么"、"去过哪里"不再是人们选择旅行产品的重要标准,而休闲度假、亲近自然和放松身心的"体验型"和"享受型"旅游项目成为新宠:从注重旅游经历转变为注重旅游体验,从追求线长、点多、价廉的服务项目转变为讲求旅行品质、讲求享受服务的消费观念,从急行军式的观光旅游转变为驻停式的休闲健身旅游。

还需要指出,多数文化产品消费是建立在消费者较高的需求层次基础上的,如观看一部电影、欣赏一场音乐会等。动机的产生往往受到消费者知识结构、文化素养、个人喜好等内部因素的制约,有时还受到广告、人际传播等外部因素的影响,带有较强的可塑性和随机性,并不主动地表现出十分强烈的消费动机。因此,在市场策略的创意和策划中需要确认消费者真正的心理需求。

2. 搜集信息

一旦消费者意识到一个需要可以通过某种产品或服务的购买得到解决,他们便开始搜集制定购买决策所需的信息。信息的内部来源通常是对储藏在大脑记忆中的信息进行扫描,回忆有关各种购买经验和相关知识,对于重复性购

---

① 〔美〕乔治·E·贝尔奇、麦克尔·A·贝尔奇著:《广告与促销——整合营销传播展望》,张红霞、李志红译,东北财经大学出版社 2000 年版,第 139 页。

② 蔡嘉清:《文化产业营销》,清华大学出版社 2007 年版,第 130 页。

买和惯例消费品,如低值易耗的文化用品、到街头报摊随处可购买的报纸等,往往都是凭借储藏在记忆里的过去信息,对于作出购买决定轻而易举。如果内部搜寻没有产生足够的信息,消费者便会通过外部途径搜寻追求另外的信息,如周围的朋友、亲戚或同事,或者是媒介来源,如报纸、电视、互联网上的广告、相关报道等。

消费者决定利用哪些外部信息来源取决于以下因素:购买决策的重要性,获取信息所需的努力,过去相关经验的积累,同购买相联系的察觉到的风险程度,以及可支配的时间等。假定要挑选一部周末想看的电影,只需在网上查一下展映预告。而如果是决定大宗购买或是更复杂的购买行为,也许就要借助于大量信息来源的参考。

3. 购前评价

在获得决策信息后,消费者便进入到评价阶段。在这一阶段,消费者将搜集到的各种信息加以比较,为购买决策的制定提供依据。消费者通常对文化产品或服务项目的实际结果进行功能性评价和心理性评价。功能性评价是指有形的、且为消费者直接经历的文化产品或服务用途的具体功能。心理性评价大多为不可捉摸的、主观的以及个性化的抽象评价,例如,不少消费者会从一个独特品牌上体验到文化产品和服务项目带来的消费享受。

4. 作出决策

消费者可以根据选择购前评价的结果,发展出购买某种产品的购买意图或倾向。购买意图一般以品牌的属性或特征为基础,包括购买者的动机、知觉、态度形成的整合。购买决策同真正的购买行为有时并不一致,尤其对个人计算机和其他耐用消费品等购买情况更是如此。而对于非耐用商品,购买决策与其购买行为的间隔时间可能就会短一些,因为消费者已经形成对一种独特品牌的偏爱,营销商会竭力在消费者中发展并维持品牌忠诚,使用提醒式广告帮助消费者记忆,并在突出的货架上定期更换促销广告以防止消费者转换品牌。

5. 购后评价

消费者决策过程并不会随着购买过程的结束而结束。一种情况是,在使用过产品或服务后消费者会将其实际效果同期望水平进行对比,体会到满意或不满意。这种使用产品得到的真实感受会影响其未来的购买行为,积极表现意味着该品牌增大了再次购买的可能性,消极结果可能导致消费者减少再次购买的可能性。另一种情况是,可能结果是在作出某项艰难的购买选择之后所产生的怀疑感觉。在这种情况下,既可以从其他人那里寻找借鉴性意见,降低对未选方案的态度或看法,或寻找支持他们选择的信息,也可利用广告来巩固消费者对购买决策的肯定,开通咨询电话,包括提供更广泛的回报、退货政策、延长保质期，以确保消费者满意①。

由于文化消费的特殊性，导致消费者产生购买行为的心理因素和决策过程非常复杂，但在寻找、购买、使用和评价能满足需要的物品和服务的过程中，还是有一定规律可循的。消费行为是从形成需要开始的，既然需要，就说明存在着生理、心理上的意识与认知。凡已被意识到的需要是显在需要，都有可能成为激发购买行为的动机。凡未被意识的需要是潜在需要，它虽然并不一定都会产生购买行为，但也会为购买行为提供前提。这就需要我们在市场策略的策划过程中，有效地区分消费者的显在需求，挖掘消费者的潜在需求，保证文化产业市场目标的实现。

第二节　文化市场的细分与定位

一、文化市场的细分

所谓市场细分，就是在消费者的消费行为和消费特征的基础上，将其划分为若干不同的购买群体，并界定它们的特征与个性，然后将若干细分市场按照不同的标准进行聚合，基于一个或者几个准备进入的聚合市场进行市场定位②。对消费者市场进行分析和细分，目的就在于锁定目标消费者的位置，明确策划目标和市场定位方向。它一般呈现出一种两步式战略：首先，在较大的文化市场中拆分出具有某些共同需求和特征的人群，然后根据他们对文化产品或服务的共同兴趣，再将这些群体重新聚合成稍大的细分市场。市场细分可以使文化企业确立与自身发展相适应的市场规模和消费群体，为后续市场策略的创意与策划打下良好基础。

一个市场往往由许多小的细分市场构成，文化企业也许会针对每个细分市场策划出不同的市场策略，但更多地会只针对一个或几个细分市场集中策划活动。当国内的省级卫视都鼓足劲做一个大而强的综合性频道时，湖南卫视却将矛头转向了喜欢追求时尚、刺激、竞争，同时又具有相当购买方和消费需求的年轻受众群体，电视湘军一档档的娱乐节目在中国的媒体市场上掀起了阵阵旋风。湖南卫视的成功告诉我们，文化企业的成功不能一味地"做大做强"，必须建立在完善的消费者分析基础上，集中自己的优势资源有针对性地选择市场。这里我们主要探讨如何识别并划分文化消费市场。

在现实的文化市场中，消费者的需求、欲望和记忆总会留下一些"蛛丝马

① 蔡嘉清：《文化产业营销》，清华大学出版社 2007 年版，第 130 页。
② 饶德江：《广告策划与创意》，武汉大学出版社 2003 年版，第 53 页。

迹"——那些可以揭示他们家住何处、购买何物以及如何休闲的信号,而策划者则可以通过跟踪这些蛛丝马迹来发现并锁定具有相似需求和欲望的消费群体,进而针对他们策划市场策略,并在恰当的时间和恰当的地点向他们进行市场推广。细分市场的目的就是要找到特定的"位置",或者说市场定位,这正是文化产品或服务要去填充的位置。数据库营销就是建立在这一特征基础上的。如许多网上图书购买平台,系统会自动将某一注册用户的浏览习惯、购买行为、在线时长等信息记录在数据库中,并根据一些规则进行数据统计和分析,得出这名消费者的购买取向,定期、自动地向该消费者发送相关图书产品的最新信息和促销计划,以激发他的购买欲望。

1. 文化市场细分的原则

从文化产业策划的角度看,并非所有的市场细分都有意义。在细分市场时,必须认真分析、测定是否具备从事有效策划的条件,所选择的细分市场必须遵守下述原则:

(1) 可衡量性。即说明该细分市场消费者的资料必须能够加以衡量和推算,否则将不能作为细分市场的依据。比如在我国的图书出版市场上,在重视内容质量的情况下,有多少人更注重价格,有多少人更重视包装,有多少人更注重时效,或兼顾几种特性。当然,将这些资料予以量化是比较复杂的过程,必须运用科学的市场调研方法。

(2) 可实现性。即文化企业所选择的细分市场是否易于进入,推广策划工作是否具有可行性,企业的市场策略通过适当的销售途径能否达到目标市场等。譬如,通过适当的分销渠道,文化产品可以进入所选中的目标市场;通过适当的媒体可以将产品信息传达到目标市场,并使有兴趣的消费者通过适当的方式购买到产品等。

(3) 可盈利性。即所选择的细分市场有足够的需求量且有一定的发展潜力,以使企业赢得长期稳定的利润。

(4) 可区分性。指在不同的细分市场之间,在概念上可清楚地加以区分。比如女性杂志市场可依据年龄层次和收入等变量加以区分[①]。

2. 文化市场细分的标准

在市场营销理论中,一般将消费者按照地理、人口、行为和消费心态分类,以此来标明和细分文化消费市场。这一目的具有双面性:第一,识别出有可能作出反应的人;第二,对这些人作出充分的描述,更好地了解他们,针对他们形成市场策略,最终对其进行有效的传播。通常情况下,大约有 20 个基础变量和

① 郭国庆:《市场营销学通论》,中国人民大学出版社 2007 年版,第 148 页。

行为变量对市场进行细分：

变　　量	典　型　分　类
1. 地理因素	
地区	东北、华北、华东、华中、华南、西北、西南
省市	北京、上海、广州、武汉、成都、西安……
城市规模	特大型、大型、中型、小型城市、农村
属性	南方、北方
气候	严寒/干燥；亚热带/季风性；……
经济发达程度	东部地区、中部地区、西部地区
2. 人口因素	
年龄	6 岁以下，6—11，12—19，20—34，35—49，50—64，65 岁及以上
性别	男/女
家庭生命周期	青年，单身；青年，已婚，无子女；青年，已婚，最小子女不到 6 岁；青年，已婚，最小子女 6 岁及以上；中年，已婚，与子女同住；中年，已婚，子女不住在身边；中年，单身；其他
家庭月收入	800 元以下；800—1 500 元；1 501—2 500 元；2 501—4 000 元；4 001—6 000 元；6 001 元以上
职业	专业技术人员、管理人员、普通职员、学生……
教育程度	小学及以下、初中、高中、中专、大专、大学及以上
3. 心理因素	
社会阶层	下下、下上、中中、中上、上下、上上
生活方式	简朴型、时尚型、奢华型……
个性	被动、爱交际、命令型……
4. 行为因素	
使用率	从未使用、偶尔使用、经常使用
追求的利益	质量、服务、经济
使用状况	从未用过、以前用过、有可能用过、初次使用、经常使用
品牌忠诚度	无、一般、较强、非常强
对产品态度	热情、积极、关心、漠然、否定、敌视
准备程度	未知晓、知晓、有兴趣、准备购买

　　地理细分是细分市场最简便的方法，也是大多数企业进行市场细分的主要方法。企业在分析地理资料时，会按地区、国家大小、城市大小、特定位置以及媒介类型等因素来研究其文化产品的推广，有些产品在特定区域相当好推广，但范围再扩大就不好推广，反之亦然。这些信息对制定文化产业市场策略非常重要，因为预算和时间总是有限的，文化产品只有向潜力最大的市场进行推广，才会获得最大的利益。例如，东方卫视将自身定位于"依托长三角、打造跨区域强势媒体"，与 17 个长三角城市电视台联手打造《城际连线》，针对城市台"上天无路"的困境，为其提供上星通道，提供外宣平台，这样的结果是各城市台愿意

与其联手策划、打造重点城市话题，甚至愿意无偿为东方卫视提供当地新闻。有了这个针对性的区域协作机制，上海东方卫视有效地做到了跨省整合新闻资源，成功地打造出"长三角新闻联播"。

人口统计细分常常与地理细分相结合，以便选择目标市场，这种做法又称为地理人口细分。二战以后，美国的婴儿出生率迅速提高，到 60 年代，战后出生的一代已成长为青少年。加之美国这个时期经济繁荣，家庭可支配的收入增加，所以，定位于青少年市场的产业及产品都获得了成功，举世闻名的迪斯尼乐园就是成功的典范。但是到了 70 年代后期，受美国经济不景气的影响，出生率迅速下降，到 80 年代中期几乎所有原来定位于婴幼儿和儿童市场的产品市场都出现了不同程度的萧条，这必然使得许多企业重新策划经营方略。如迪斯尼集团除了继续以青少年为对象外，还特地增加了成人游乐项目，并涉足经营酒店、高尔夫球等业务，使企业在新的市场环境下得到了高速可持续发展。

地理资料和人口资料能提供有关市场的信息，却很难提供有关个体心理方面的信息。企业希望到达现有或潜在的顾客，但即使处于同一人口或地理细分市场的人也具有全然不同的产品偏好和电视收视习惯，因此单凭人口标准一项很难说明人们的购买行为，人们又开始了对于消费心理细分的研究。在消费心理细分方面，对于某些产品，顾客更容易受情感诉求或文化价值观诉求的影响而改变自身的行为，消费心态法是依据人们的心理因素——价值观、态度、个性和生活方式，将消费者归类，把人视为有感情、有倾向的个体，并按照他们的感觉、信仰、生活方式以及他们所使用的产品、服务和媒介进行划分。

对于文化产业来说，按消费者的购买行为划分市场是一个非常有效的办法。文化企业可以根据购买时机、利益追求、用户身份和使用率等变量来对消费者进行行为细分。比如：

（1）按照受众身份变量，我们可以将消费者分成六大类：专一品牌用户、半专一品牌用户、折扣用户、知晓而未尝试用户、尝试而拒绝用户和泛产品用户。

专一品牌用户最具有品牌忠实性，无需进行大量的宣传推广；

半专一用户使用 A 品牌，但如果一时无法得到 A 品牌，或替代品牌正在打折扣促销，他们可能会选择替代品牌；

折扣用户虽然对 A 品牌印象颇佳，但他们不会以全额购买，很乐意在 A 品牌打折时购买；

知晓而未尝试用户指同类产品用户并非出于 A 品牌的信息而购买产品。因此，不同的广告信息亦会发生作用；

尝试而拒绝用户指的是处于 A 品牌的推广期购买了产品，事后发现并不喜欢该产品。此时，推广策划再多也无济于事，只有对 A 品牌进行重组才能招回这批顾客；

泛产品用户认为两种或更多品牌具有优越特性，乐意用全额购买这些产品。他们是品牌转换的主流，最易因自己变幻不定的欲望而受产品推广的影响，是品牌广告的主要诉求对象。

（2）按照使用率变量，消费者可以分为：重度使用者、中度使用者和轻度使用者。

一般来讲，让重度使用者增加使用量比让轻度使用者增加使用量来得更容易，因为我们常常看到的情形是 20% 的人口消费 60% 的产品，所以我们要找到的正是这 20% 的人口。策划者若能发现自己产品的重度使用者的共同特点，便可以确认产品的差异，进而更有效地进行市场推广活动。

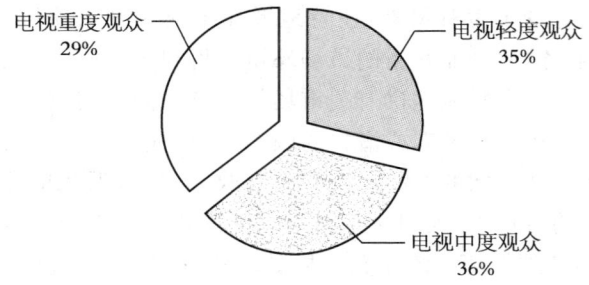

各类观众在收看体育节目观众中的比例①

对电视体育节目的消费调查显示，电视观众的消费特征表现为：在收看体育节目的观众中，电视中度观众（即平均每天收看电视约 3—4 小时）和电视轻度观众（即平均每天收看电视约 3 小时以下）的比例较大，虽然重度观众（即平均每天收看电视约 5 小时以上）的比例较低，但是他们同样对体育文化消费品的忠诚度和购买力都远远大于前两者。

以上细分方法都各有其优缺点，但重要的是企业必须了解和掌握自己的顾客，这有助于他们选择正确的目标市场，有助于策划有效的市场策略，使自身的产品属性和形象能与消费者的需求相符。策划者一旦认清并确定了消费者具有共同特点的产品大类市场，那么市场细分的下一步便是进行市场聚合，即首先选择对产品用途具有相同兴趣的人群，然后根据他们的购买潜力和利润潜力，将他们重新聚合成稍大的细分市场。这时的细分市场便将成为策划的目标市场。

---

①　年鉴编委会：《IMI 消费行为与生活形态年鉴 2004～2005》，华夏出版社 2004 年版，第 157 页。

二、文化产业市场的定位策略

市场细分是为制定市场策略服务的,同时也是策划者对文化产品进行准确市场定位的依据。文化企业在进行文化市场细分的基础上,应当正确评估市场资源、了解目前市场容量、辨别潜在市场方向、明确市场定位,即选择有足够利润吸引力或市场潜力的特定消费群,将其聚合为企业的目标市场,并针对该目标市场进行策略的组织策划。

1. 确立目标市场

市场细分是将整个市场划分为若干个由具有相同需求性质所组成的较小市场,通过各品牌的不同定位,只有策划出文化企业进入市场的最佳时机。只有针对目标市场进行专门的产品核心价值的提炼,或利用现有产品的隐性差异重新树立一个能够打动消费者的营销策划,才能真正锁定目标市场。

为了确定市场策略,建立产品形象,使消费者产生特殊偏好,从而获得稳定销路和市场占有率,文化经营企业应根据文化市场的竞争形势和自身实力来制定相应的市场目标,如销售额目标、利税率目标、市场占有率目标等;亦可按近期目标、中期目标和远期目标进行战略选择。在制定市场目标时应注意以下问题:如何找到取得潜在竞争优势的来源? 可运用哪些主要的差异特征? 如何在文化市场上进行有效的产品定位? 如何向市场传播自己的定位信息?

2. 找准切入点

任何产品只有在满足人们的某种需要和使用价值时才能实现其交换价值,确定切入点就是要明确打动消费者的诉求点,回答"当做什么来卖"和"怎么卖"。找准切入点的有效方式就是寻找市场空隙,找到尚未被占领或具有竞争性的市场空间。文化企业经营者应当适时审视本企业的市场扩张应当走多远?向什么方向继续扩张? 通常情况下,可以在市场调查的基础上,通过绘制产品特性空间图来标示本企业产品的市场方位,尽量找出市场空隙。

3. 整合优势资源

文化企业应当围绕市场的切入点和策划主题,整合企业内部资源和外部优势资源,着力进行突破。只有整合了优势资源,文化企业才能在激烈的市场竞争中保持竞争优势,并逐渐形成自身的核心竞争力,为企业的进一步扩张奠定基础。

4. 把握营销势头

企业的发展势头可以理解为冲力、冲量、进取、扩张。它是企业密切关注且倾力促成的一种营销态势,一旦丧失发展的大好势头将会给企业带来不可估量的损失。势头的关键是在消费者的心中树立起一个看上去总是欣欣向荣、蒸蒸日上的获胜者形象。要树立这一形象,必须有配套的营销组合:使拳头产品保持优势,使销售渠道保持畅通,使企业信誉常在,使媒介发挥作用,使人际关系和谐,使公关得以制胜。

2002 年 9 月 30 日,广州市文化局和旅游局联合开发了首条"文化艺术一日游"旅游专线,通过参观艺术场馆与观看文艺表演,为游客提供动静结合、丰富多彩的艺术享受。该旅游专线推出后,一时成为广州旅游业的驰名品牌,引起社会各方面的广泛关注和好评。那么该文化旅游项目是基于何种运作背景,又是如何进行市场定位的呢?

广州是一个老牌的旅游城市。2002 年接待游客 7 910.41 万人,全市旅游业总收入 504.9 亿元,其中仅旅游外汇收入就达到 18.9 亿美元。相关部门调查发现,前往广州旅游的游客当中,有相当一部分人具有良好的知识素养和文化水平,他们对广州的文化艺术特色也有着浓厚的兴趣。因此,广州市准备锁住这一群体,有针对性地开发旅游文化市场。

实际上,广州也是一个文化艺术资源十分深厚的城市,艺术门类众多,具有鲜明的地方特色。有广州粤剧团、红豆粤剧团、歌舞团、芭蕾舞团、话剧团、杂技团和广东音乐曲艺团、广东木偶剧团等八个市属专业艺术团体;有广州艺术博物院、广州画院、广州雕塑院、广州市艺术学校、红线女艺术中心以及省属的广东美术馆、星海音乐厅等文化单位;还有一批文化艺术名人,其中的杰出代表是享誉海内外的粤剧艺术家红线女。广州的一些艺术门类已达到国内同行业先进水平,在国内外享有较高的知名度。

但是,长期以来广州的文化艺术与旅游结合不够紧密,两种资源未能得到充分利用和整合。文化艺术团体以创作为中心,缺乏对演出市场的开拓和培育,剧目生产与市场需求严重脱节。这些团体除到专业剧场演出政府组织的节目外,很少有机会与市民和游客见面。而以往开发的旅游线路,大多是以自然景观和历史文化为主,对现代的鲜活的文化艺术却很少涉及。

广州市正是看到了这一市场"缝隙",巧妙地寻找到两者的结合点,并以此切入,将丰富的文化资源与老牌的旅游资源进行有机整合,进行产业化运作,利用旅游的优势推进广州文化产业的发展,使旅游成为文化宣传的重要载体。

市场定位的思路确立以后,就是如何将这一策划通过营销的方式迅速推向市场。

一方面,广州市将这一项目设计成"文化艺术一日游"的方式,整条旅游线路从早上 9 时至下午 5 时,各类演出掌握在 30 分钟至 1 小时左右,票价控制在 138 元(含午餐)以内,与其他广州一日游同等价格。不仅将该项目委托广州一日游的旅行社经营,还主动与省内外、国(境)内外旅行社签约,邀请他们带团前来旅游。

另一方面,在文化项目的开发上,广州市要求各有关文艺团体专门为文化艺术游创作排演了节目,文化单位按照"食、住、行、游、购、娱"的旅游要素要求,整治内部环境,提升服务水平。例如,他们把广东木偶剧团的木偶表演引入到广州艺术博物院定时进行表演,吸引了大量的少年儿童。还利用广州市杂技团的排练场为旅客表演精彩的杂技,与观众达到"零距离"的互动效果,充分展示了杂技的魅力。

广州"文化艺术一日游"项目运作的成功,就是在充分了解市场的基础上,找准自身定位进行市场营销策划的典型案例。它既宣传推介了广州的文化艺术,又促进了当地旅游业的发展,提升了城市文化的影响力。

第三节　文化产业市场策略的设计

一、差异化竞争策略

差异化竞争是市场经济条件下企业的基本竞争策略之一。它是根据不同细分市场的策划目标,设计差异化的产品或流通渠道,突出宣传产品的特殊功效,确定其在市场中占据有利位置、以增强市场竞争力的一种策略。例如,喝过星巴克咖啡的人都知道其消费不低,但是星巴克照样备受人们的青睐,原因是它所实行的差异化策略,即通过营造独特的文化氛围和"第三方空间"为消费者带来的独特感受。

成功的差异化竞争战略大多运用了独特的销售主张——USP理论。USP由英文"Unique Selling Proposition"的首写字母组成,最初由R·雷斯于20世纪50年代提出,后由达彼斯公司重新审视,在继承和保留其精华思想的同时,发展成一套完整的市场策略模型。其基本要点是:提出一个其他产品未能提供或尚未被提供的给消费者的最终利益,而且要使消费者坚信这个最终利益是最佳的;USP最好能够与消费者的需求直接相连,确保有足够的说服力和感染力来吸引新的消费群或将消费者从其他竞争对手处争取过来,并导致消费者最终作出购买决定;USP必须对目标消费者作出一个清楚的、令人信服的利益承诺,而且这个利益承诺是独特的;USP不仅是传播产品信息,更主要的是要激发消费者的购买行为,一旦被消费者所接受,就会给该产品带来持久的好处。

珠三角聚集着国内一流的办报精英,拥有国内一流的办报环境和办报机制。珠三角的报业竞争格局是中国整个报业竞争的缩影,不论是《广州日报》的市民化定位、《南方都市报》的城市青年目标读者群定位、还是《羊城晚报》与日报的差异化定位等,都是以报纸定位的差异化为思考原点。如果认真分析处于三足鼎立之势的《广州日报》、《羊城晚报》和《南方都市报》三份报纸各自的定位特征,就会发现一个有趣的现象:在综合类日报中《广州日报》与《南方都市报》的风格迥异,《广州日报》大气、沉稳,而《南方都市报》新锐、创新。这种具有差异的定位使两者有力地抓住了自己的读者群,而《羊城晚报》则是通过晚报与日报的发行时间差异来获得自己的市场空间的。

一旦确定了报纸的差异化竞争战略,每个环节都必须紧密围绕这一战略进行策划和推广。如果是针对白领阶层的报纸,其内容就应该围绕白领的学习、工作、生活需要进行策划,报道白领关注的事件,可以策划白领读者沙龙、赞助白领联谊会等公关活动。发行重点区域可以集中在写字楼、高尚住宅区,甚至报纸的价格可以适当高于普通大众报纸……广告创意也要新颖独特,能够反映读者所感兴趣的白领生活。报纸媒体与普通产品的策划的不同之处在于:作为传媒,报纸需要保持自己的活跃形象以及影响力,因此除了常规的硬性广告、公关活动的策划以外,与内容密切结合的专题策划尤为重要。此外,不仅要善于抓热点,还应该善于制造热点,以引起巨大的反响和关注,争取固定订阅用户。差异化竞争战略无论是建立市场区隔的有力手段,还是使文化产业具有独特性的有效方法。

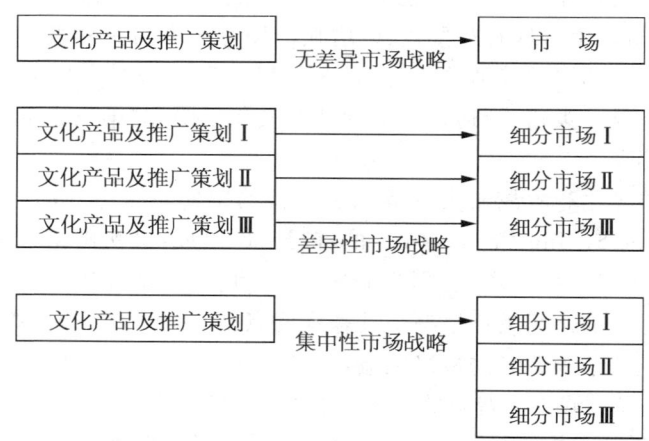

二、市场渗透策略

市场渗透是避开锋芒,在不知不觉中扩大市场影响的一种战略策划方法。以蚕食的方式推进,"随风潜入夜,润物细无声"式的市场争夺,成为实现文化产业市场渗透战略的重要手段。

我国迅速增长的电视传媒产业现在都靠自身的经营取得生存的权利,大多是靠广告经营来发展的。目前,国内有3 000多个电视频道,频道之间的竞争越来越激烈。安徽卫视在上有央视、下有地市台、中间还有几十个省级卫视的竞争环境中,几大剧场全国收视率份额连续三年位列省级卫视前列。安徽卫视的渗透战略就是依靠影视剧的全天候覆盖战略。20世纪90年代中后期,各种影视制作公司的组建和体制外节目提供商的活跃,使电视剧的运作逐渐成熟。购买电视剧,尤其是已经过了热播期的电视剧,不仅操作简易,而且成本也不高。同样的电视剧虽然比别家电视台晚播,但安徽卫视的投入产出比率却非常惊人。一方面是针对细分人群的收视特点进行针对性的节目编排,以获得特有人群的最大化占有;另一方面是通过避开黄金时段进行密集播放来实现高收视率。比如每天上午,中青年观众都在上班或上学,而女性中老年观众又忙于买菜、做家务无暇收看电视,男性中老年观众成为最大的收视群体。因此,上午开设男性剧场,专门安排男性中老年观众喜爱看的电视剧,中午设置青春剧场,下午则开辟女性剧场。现在,安徽卫视每日的八大剧场各有偏重,黄金剧场、雄风剧场(男性剧场)、女性剧场、青春剧场、海外剧场、动画剧场、青少年剧场、周末大放送等,几乎24小时全天候覆盖各类人群,在满足人们精神生活的同时,也为广告的投放创造了条件,取得了巨大的经济效益和社会效益。

三、市场拓展策略

文化产业的市场拓展策略主要是在保持自身文化艺术风格和特点的前提下,通过在文化领域中的积极拓展,来扩大目标市场、塑造文化企业形象的一种策划方法。在经济全球化这个大碰撞、大分裂、大融合的特定时期,开放和拓展已成为竞争的决定要素。

市场拓展策略的策划依赖于文化市场本身的特征、各个市场的联系、市场竞争状况以及企业所具备的实力等条件。所以,企业在选择目标市场拓展策略时应该作深入、细致、全面的分析。目标市场拓展策略适用于下列两类情况:一是市场增长率和相对市场占有率都高的文化企业,由于增长迅速,企业必须投入巨资以支持其发展;二是市场增长率高,相对市场占有率低,前途未卜,也可能是投入市场时间较短的业务。下面以我国旅游产业对日本市场的拓展策略为例加以说明。

在我国入境旅游市场上,日本一直遥遥领先,以年送客量158万人的市场规模占来华外国人总量的21.3%。然而,由于东南亚金融危机和韩国经济动荡的负面影响,1997年日本来华市场出现明显减速。全年除2月份增长12.9%,各月的增长幅度均在7%以下。传统的黄金周也没有热起来,我国第一大客源市场曾经一度亮起了红灯。基于这种情况,我国旅游产业积极调整市场策略,向日本的老年和青年女性市场积极地进行拓展。

首先是拓展日本老年目标市场。日本现有1 100万人超过退休年龄,他们大多是被称为"婴儿潮"的战后出生的那代人，在人口中占较大的比重。他们中大多是带着怀旧心情故地重游，而且比上一代更有家庭观念、更爱旅游，所以是一个很有潜力的市场。要开拓老年市场，就得很好研究老年人的特点和旅行习惯。而我国目前的旅游形式是以观光为主的旅游，停留型和目的型旅游形式仍是日本旅华市场的主流。我国 60 个主要旅游接待城市中，1995 年海外游客平均停留 4 天以上的只有 6 个。可以说外国游客在中国旅行基本上属于"跑马观花"式，所以短期内访问多个城市，旅途劳累，对老年人是不适宜的。另外老年游客大多是度假旅游、外出散心，这种形式以休息为主，停留时间长，有的可在一地待上 10 天 8 天，同时度假者主要为换换环境，喜欢去污染少、宁静而又气候温和的地方。针对日本老年游客追求安全、舒适、便利的心理，我国新开辟出大量的度假村式的旅游地，还策划出一些健身购物活动，以有竞争力的价格和各种优惠措施，开发老年人专用旅游产品，从而使度假者停留时间变长，提高了再访的可能性。有些地方还针对日本老年人对中国的历史较感兴趣的特点，结合《水浒》等影视剧在日本的热播，开发出一些新的景点、路线，如南宋农民起义军大秤分金、大碗喝酒的根据地——梁山，以及当年梁山好汉行侠仗义、打虎上山的梁山泊、景阳冈、祝家庄、狮子楼……突出重点人物、重点事件，从而吸引了大量日本老年团的"中国历史游"。

其次是对日本女青年目标市场的积极拓展。日本有工作的未婚女青年约为 500 万以上，她们被认为是国民中最自由、最富有的阶层，人们称之为"青年贵族"。她们一有钱，二有时间，同时没有家庭羁绊，购买力很强。一个受过高等教育的女青年的年收入在 200 万日元以上，每年出国一次，经济上不成问题，日本的未婚女青年成为一个令人瞩目的旅游者阶层。针对这一情况，国家旅游局从 1992 年上半年便着手对日本青年市场进行开拓，并把重点放在开发针对日本女青年的旅游产品上，以期抓住这一客源层。自 1992 年起国家旅游局先后策划出"友好观光年"、"山水风光游"、"文物古迹游"、"民俗风情游"、"度假休闲游"等主题活动。针对日本市场，1997 年我国又推出一大批著名的旅游景点、旅游专线和旅游节庆活动，以期针对女青年市场树立悠久历史与现代文明相结合的轻松欢快的目的地形象。推出了精选旅游专线——长江三峡游、黄河风情游、丝绸之路游、孔子故乡行、江南水乡游、黄山之游、民族风情游等，同时开展以香港回归为主题的各项反映团结和共同繁荣的游乐节活动。1998 年我国以"华夏城乡游"为主线，提出了"现代城乡、多彩生活"和"中国：改革开放二十年"两大主题，让游客从旅行中的所见所闻中，切实感受华夏大地昔日灿烂的历史以及改革开放以来的巨大成就突出办好体现主题的旅游节庆。同时，针对新时代日本女性喜欢深入到民间去了解当地历史文化和风土人情的特点，各地又相应策划出了以田园风光（如上海入境连接江苏的周庄、同里等地）和自然风光（如昆明入境地）为主的轻松旅行，古村、古镇、古城，小桥、流水、人家……这些既年轻又古老的城市和乡村深深吸引了她们。

可以说，中国旅游业面对日本旅游市场的现实变化情况，针对老年和青年女性市场创意、策划出许多适销对路的产品，保证了我国旅游市场的健康可持续发展[①]。

四、社会责任策略

文化产品一方面满足了受众的精神文化需求，另一方面也对社会文明和风气起到重要的引导作用。文化生产的这种特殊性要求我们，在进行创意和策划时不能急功近利、一味地追求经济效益，而要保持一种高度的社会责任感，把自身的生存与社会的发展结合起来，承担应有的社会责任，这将是文化产业腾飞的动力和支柱。

什么是文化产业的社会责任呢？文化产业所承担的社会责任，是指文化企业把社会整体发展目标作为自己发展的首要目标，把解决社会问题作为自己的首要任务，并将其纳入市场发展战略，指导计划实施，判定实施效果的社会义务。从长远来看，一个好的社会责任战略也是企业打造自身品牌形象、获得持续增长和盈利的重要保证。

社会责任战略对于传媒文化产业发展的重要作用尤为突出。拉扎斯菲尔德和默顿在《大众传播的社会作用》（1948）一书中写道："大众媒介是一种既可以为善服务，又可以为恶服务的强大工具；而总的来说，如果不加以适当的控制，它为恶的可能性更大。"当下，中国正处在各种大转变的历史阶段，价值多元，观念纷繁，一些媒体的低俗之风几成一种社会公害。"明星取代了模范，美女挤走了学者，绯闻顶替了事实，娱乐覆盖了文化，低俗代替了端庄"，有些媒体漠视苦难，轻薄死者，缺少人文关怀。比如前些年俄罗斯别斯兰人质事件中的短信竞猜事件；广州 30 余人因酷暑死亡，某媒体竟戏说为"广州酷毙三十余人"；南京一行人死于车祸，当地一家媒体的标题竟然是"骑车人'中头彩'惨死"。这些缺乏社会责任感的低俗之风已严重污染了社会主义社会的文化环境。正如浙江大学教授邵培仁指出的，中国媒体必须在这个特定的历史阶段肩负起更大的社会责任，履行更崇高历史使命，而不能感情用事，不能跟着感觉走，也不能肤浅片面地理解媒体的使命与责任[②]。

---

① 邓亚萍：《论日本旅华市场态势与拓展战略》，载《桂林旅游高等专科学校学报》1999 年第 3 期，第 58 页。

② 邵培仁：《媒体的当下使命及社会责任》，载《中国广播电视学刊》2006 年第 6 期，第 5 页。

打造传媒产业乃至整个文化产业的社会责任战略,必须做到以下两点:

首先,必须确立自己的社会身份。重新认识和确定当下媒体的社会身份和属性,要从社会主义荣辱观的教育、和谐社会的建设、核心价值的建构、舆论导向的确立、加强媒体素养等方面,进行主动设计和重新定位,从而确立起媒体正向、健康、和谐、统一的能够适应社会变化和时代趋势的身份特征。

其次,必须坚持自己的原则。胡锦涛同志说,在我们的社会主义社会里,是非、善恶、美丑的界限绝对不能混淆,坚持什么、反对什么,倡导什么、抵制什么,都必须旗帜鲜明。现代中国社会总体上是开放和宽容的,但在一些基本问题上依然有自己的底线和准则[①]。面对现代社会生活多样性和众多新闻事件,每一个媒体人自然有选择自己生活方式的自由和进行客观报道的权利。但不论怎样进行选择和报道,都不能离开做人的底线和报道的原则,都不能颠倒是非,以丑为美,以恶为善,以耻为荣,编造谎言,捏造事实,攻击诽谤。因此,在我们从传统社会向现代社会转型时,中国媒体在传播信息、报道新闻当中,不仅要坚持真实、客观、公正的报道原则,还应该树立正确的社会价值观和个人人生观,积极、主动地将社会主义荣辱观包括"八荣八耻"等内化在社会共识、做人准则和媒体伦理之中,使其成为衡量和评估媒体传播信息、报道新闻的重要依据[②]。

五、服务经营策略

市场经济发展到今天,产品价格的竞争已全面转向产品价值和附加值的竞争,附加值的最大化表现在服务的内涵上,服务文化已成为市场策略的一个重要组成部分。《世界知名企业成功秘诀》一书中,一篇题为《优质服务是赢得顾客的不二法门》的文章介绍了波士顿的福鲁姆咨询公司所作的一项调查的两个结果:一是在《幸福》杂志列出的 500 家世界大公司的 611 名高级经理人员中,86％的人认为"顾客服务质量"对他们的公司"是极为重要的",比包括生产率和公司信誉在内的其他 10 个调查项目都重要。二是由一家公司转向与之竞争的另一家公司的顾客,10 人中有 7 人是因为前者的服务差,而不是因为价格或质量的缘故。据马萨诸塞州瑟尔沃姆市一家销售咨询公司计算,公司的服务质量(诸如交货可靠程度、完成订货时间等可衡量因素)每提高 1％,销售额也能增加 1％。

文章认为,各个公司日益重视为顾客服务的原因很简单:他们愈发懂得低劣的服务会失去顾客。市场经济的发展不但增强了企业的竞争能力,也把消费者锻炼得更加成熟,他们的消费行为也更加理性化。因此,企业以产品为核心

---

① 王义堂:《"八荣八耻"是非明》,载《人民日报》2006 年 3 月 7 日。
② 邵培仁:《媒体的当下使命及社会责任》,载《中国广播电视学刊》2006 年第 6 期,第 5 页。

的营销策略已经不能适应这一变化，要想生存，就必须把企业的发展战略核心转移到服务策略上来。从文化市场的特性来看，其交易形式以及交易规模等与传统的市场不同。文化产品是信息本体和信息载体的结合体，信息本体和信息载体的可分离性决定了文化产品交易的复杂性。文化产品是一种信息商品，其交易活动是一个复杂的过程，它包括信息开发、信息转让、信息咨询、信息服务以及其他活动。文化产品交易又是一个长期的合作过程。由于文化产品技术含量或知识含量很高，所以，在文化产品交易前有一个知识的普及阶段，即引导性服务阶段。由于文化产品的生命周期短，在文化产品的交易完成后，还需要继续为消费者提供服务。由于文化产品的技术含量或知识含量很高，其专业化程度也就高，消费者对文化产业的依赖性也就大，这样，文化产业提供服务的必要性也大。

服务经营策略的实质是重视情感的作用，也就是说利用无微不至的服务为消费者提供更多美好的体验。文化产品作为科技发展的产物，为人们的工作和生活创造了诸多方便。因此，情感作用在文化产业的营销中优势尤为明显。目前在我国，文化产业已被公认为服务性行业，但是怎样向受众或向消费者提供有效服务，其服务内容是什么？经营者并不十分清楚。为了深化对文化产业服务经营的研究，制定出有效的服务经营策略，我们提供一些传统产业的服务经营策略，作为我们研究文化产业服务经营策略的参考。传统的服务策略大都按售前、售中、售后划分，执行起来也大都有一套固定的程序，这样的服务往往给人一种机械、生硬的感觉。日本的武田哲男提出，服务经营应以"人或人心"为出发点，为消费者提供"人性化的服务"，这种服务包括 SERVICE 七个要素：

S(sincerity,speed,smile)：就是所谓的"销售 3S"（诚意、迅速、微笑）；

E(energy)：就是精神振奋、活泼有力的样子；

R(revolutionary)：是"创新与突破"，也就是经常加入新鲜且革新的要素；

V(value)：就是服务必须是"有价值之物"；

I(impressive)：就是服务必须是"令人感动"的东西，如果对方没有喜悦、感动或感激，服务就会显得无力；

C(communication)：就是服务必须以彼此沟通为原则；

E(entertainment)：就是服务必须以亲切的态度对待。

每一个文化产品应该都是文化产业的经营者向消费者提供的"人性化的服务"。文化产业的服务经营策略可分为消除消费者不满意的服务和增加消费者满意度的服务两部分。

增加消费者满意度的服务，关键在于文化产业经营者心里要有消费者，多进行换位思考，从消费者的角度和立场出发，多问"假如我是消费者，那么希望文化产业提供什么样的服务"一类的问题。一方面，必须充实消费者的显性满意，即至少要让消费者感到与他所期望的大体差不多，这是增加消费者满意度工作的最起码的要求；另一方面，努力提升消费者潜在的满意度，即努力使消费者感到比自己想象的还好，这是增加消费者满意度服务的最理想状况。

要做到这一点，文化产业的经营者必须与消费者保持紧密的联系。在看似没有必要的情况下给消费者打个电话或寄封信，征求一下他们对产品的意见和建议是非常必要的。通过这类方式，可以加深文化产业经营者与消费者之间的沟通和理解。做到这一点后，凝聚两者关系的就不再是产品，而是情感。消除消费者不满意的服务也是非常重要的。因为一旦出现不满意的状况，处理不好，会形成负面影响。消费者的不满意存在显在和潜在两种状态，要消除不满意首先要了解消费者不满意的原因，看他们是对产品不满意还是对服务不满意等；其次要了解消费者表达不满意的方式，是沉默、抱怨、索赔还是其他等。

第三章

文化产品的创意与策划

　　文化产品的创意和策划是指运用创新性思维,针对人们文化生活的物质和精神需要,通过对各种形态的文化产品内容和文化服务形式进行反复提炼和精心策划,将满足人们各种文化需求的产品符号转换成消费者认同的形象或意念的过程。在"内容为王"的文化产业领域,文化企业如果不能生产出满足文化消费者的精神、心理需要的文化产品,就必然会在激烈的市场竞争中遭受失败。因此,进行文化产品的创意与策划,是文化产业策划的最基本的组成部分,是文化企业得以顺利运作的基础。

　　与欧美日韩等国家相比,中国的文化产业还处于相对较低的发展水平,阻碍该产业发展的关键是具有创新性内容的文化产品严重不足。就动漫产业的发展来说,与国际上文化产业发达的国家相比,我国动漫产品仍存在"制造"大于"内容"、重"引进"轻"原创"的现象[①]。其实,我国的动漫制作水平堪与世界一流媲美,中国已经成为好莱坞、迪斯尼的重要动漫加工基地。但在动漫产业链中,我国时常扮演"世界工厂"的角色,在北京、上海、深圳等城市的动漫基地,目前规模最大、效益最好、员工收入最高的动漫公司,几乎无一例外都在为国外客户做加工。由海外客户下订单,提供故事、剧本、制作要求以及资金等,国内动漫公司只是负责加工环节。由于缺乏原创产品,只能为海外做加工,处在价值链的最低端,获得的只是少量的加工费,"拿一流的技术赚点廉价劳动力的钱"。

　　动漫产业发展暴露出的问题在我国文化产业领域中并不鲜见。统计数字表明,虽然 2006 年我国核心文化产品进出口规模进一步扩大,年增长率达到了23%,比 2001 年增长了 2.9 倍。但从文化产品出口构成来看,以电子游戏机、雕塑品及装饰品、图书等印刷品为主;从贸易方式来看,68.2% 的文化产品出口是

[①]　车晓蕙、崔峰:《文化产业制造大于内容》,《瞭望新闻周刊》,2007 年 9 月 18 日。

以加工贸易的方式实现的,也就是为海外公司做"来料加工"。而具有原创性和高附加值的电影、音像、广告等,在我国服务贸易出口中还占不到1‰[①]。

那么,如何有效地创意和策划出真正具有原创性内容,又被消费者乐于接受的文化产品? 这是文化产业创意与策划的核心环节,也是关系到我国文化产业发展的命脉所在。文化产品的创意与策划是一个复杂的系统工程,需要在文化产品的设计导向、包装、产品组合乃至产品价格等诸多环节上加以分析。

第一节 文化产品的含义

一、文化产品的含义

文化产品亦称文化商品,是指通过人们的劳动(包括脑力和体力如肌肉的消耗)创造出来、用以满足人们精神文化需要的产品[②]。理解文化产品的定义,关键在于弄清它与一般物质产品的关系,我们将其分为以下几个方面进行表述:

第一,文化产品和其他物质产品一样,都具有一般商品的属性。而商品首先是用来满足人们的需要的。马克思在《资本论》中指出:"商品首先是一个外界的对象,一个靠自己的属性来满足人的某种需要的物。这种需要的性质如何,例如是由胃产生还是由幻想产生,是与问题无关的。"[③]由幻想产生的需要就是精神的需要,满足这种需要的"物"就是文化产品。因此"一本《圣经》和一杯牛奶相交换,《圣经》和牛奶没有区别,它们都是商品"。

第二,与物质产品用使用价值满足人们衣食住行的需要有所不同,文化产品虽然在形式上也能被消费,但它却直接作用于人的精神,主要是促进和提高人们的思想境界,改善人的精神状态,培育人们的道德情操,着眼于全面提高人的素质[④]。人和动物的区别不仅在于人能够生产出文化产品来,还在于人具有文化需要,人能够进行精神文化消费。当然,有的人买文化产品主要是为了价值增值,但这并不否认文化产品最后还是为了满足人的文化需要这个目的,如果它没有满足人的文化需要的功能,它也就不会增值。

第三,文化产品的范围与一般物质产品不同。文化产品分为两大类,一类是指看得见、摸得着、以物质形态呈现出来的文化产品,它一般有一个和生产

① 彭勇、吴俊:《中国文化产业在奋争中迎来新春》,新华网(http://www.xinhuanet.com),2007 年 5 月 20 日。

② 李贺林、曹振刚:《社会主义文化市场概论》,北京出版社 1998 年版,第 89 页。

③ 马克思:《资本论》第 1 卷,人民出版社 1972 年版,第 47 页。

④ 欧阳友权:《文化产业通论》,湖南人民出版社 2006 年版,第 79 页。

者、消费者不同的独立形式,能够在生产和消费之间一个间隔的期间内保持下来,如书报刊、影像带、美术品、文物、邮品等;而另一类是看不见、摸不着的文化产品,这类文化产品也可以叫做产品化的文化服务。这类文化产品的特点是产品和生产行为不能分开,马克思曾举例说,一切演奏艺术家、演说家、表演家、教师、医生、牧师等都是这样。由此,文化产品的概念可分为广义和狭义两种。狭义的文化产品是指文化艺术工作者通过有目的的艺术劳动创造出来的产品,能够满足人们精神和心理的需要;而广义的文化产品不仅仅指文化产品实体本身,它还指通过市场交换能够满足消费者某种精神需求和利益的有形物体与非物质性的无形服务的总和[①]。

第四,文化产品的内涵和外延是随着历史的发展而不断变化的。就狭义的文化产品而言,历史上最初出现的是商品化了的书画,晋代画家顾恺之画了一幅维摩诘画像而赚了几万钱。书法也成了产品,历史上就有王羲之"书成换白鹅"的故事。在五代时,后梁画家厉归真曾经卖画沽酒,画家颜平原卖画求米。到了近代,报刊、音像制品、电子出版物等相继出现,历史上的文物以及纪念邮票、特种邮票、首日封等邮品,直至作家的手稿也成了买卖的对象,成了文化商品。就更广义的文化产品而言,历史也在日益扩大着它的外延。当初,歌舞弹唱是商品,一些女子靠卖艺维生,司马迁在《史记·货殖列传》里就记载了中山一带的这一文化经济现象。自汉代之后,表演艺术如舞蹈、杂技、武术、幻术有了很大发展。在宋代,演出剧种日益增多,有杂剧、杂技、说书、傀儡戏、鼓子词、剑舞、舞旋等。到了近代,昆曲、京剧和各种地方剧也都商业化了。电影、电视的出现,成了文化产品家族的新成员。随着现代科技的发展,动漫、网络游戏也成了文化服务的重要内容,并已商品化、产业化。随着人们生活方式的改变,文化旅游成为新的消费热点,旅游服务也加入了文化产业的洪流。

二、文化产品的结构

从文化产业的视角观察,文化产品的概念可以划分为三个层次,即核心产品、有形产品和外延产品,它们共同组成了文化产品的整体概念。最内层的是核心产品,即顾客购买文化产品所追求的基本效用和利益,也就是文化产品的使用价值。文化产品的使用价值能够满足人们文化生活的需要,使人们增添生活乐趣,获得精神上的快慰,以丰富自己的情感,激励工作和生活的热情。中间一层是有形产品,指核心产品借以实现的形式或目标市场对某一需求的特定满足形式,包括文化产品的品牌、包装、样式和质量,满足不同形式的消费利益。

---

① 方明光:《文化市场营销学》,上海交通大学出版社 1996 年版,第 127 页。

最外层是延伸产品,指消费者购买文化产品时所得的除产品实体和基本效能以外的服务和利益,如售后服务、送货上门和维修保证等,以满足消费者更广泛的要求,使其得到更多的利益。

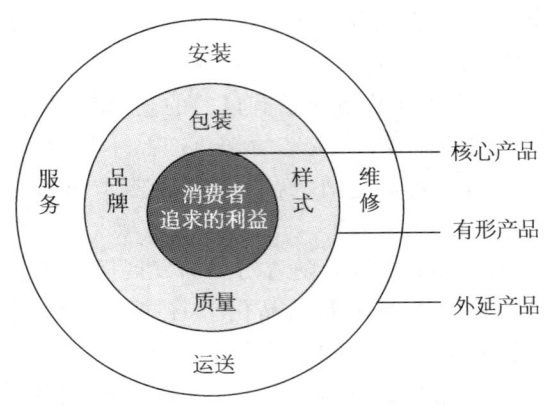

文化产品的结构层次

文化产品的结构层次说明,在文化产业活动中,文化企业必须树立文化产品的整体概念。文化企业通过市场交换是要用文化产品的使用价值去实现文化产品的价值,文化消费者则是为了获得文化产品的使用价值。在商品经济的条件下,衡量文化产品价值高低的往往不是生产产品的文化企业,而是文化消费者。他们购买文化产品,首先是为了满足精神文化的需要,但除此基本需求之外,人们往往还对文化产品的质量、造型、品牌、产地、商标等因素十分挑剔,文化产品的相关服务也是消费者关注的重要因素。如果有任何一种因素让文化消费者不满意,都有可能影响文化消费者的购买行为。

因此,在文化市场竞争激烈的前提下,文化企业更应树立文化产品的整体概念,不仅要提供具有一定质量的文化产品的核心部分,满足文化消费者对文化产品的基本使用价值的要求,还要满足消费者对产品形体和服务等附加值方面的要求,使他们拥有消费满足感。所谓"附加值",是指通过产品的深加工、降低物耗、提高效率、改进设计和包装、开发产品新的使用功能等途径,提高产品的知识含量、艺术含量乃至"魅力价值",使原有产品增值的一种创造结晶。美国著名学者菲利浦·科特勒认为,未来竞争的关键不在于工厂能生产什么产品,而在于其产品所能提供的附加值:包装、服务、广告、用户咨询、购买信贷、及时交货和人们以价值来衡量的一切东西。

在迪斯尼诞生 50 周年时,"希望给世界一个惊喜"的香港迪斯尼乐园的开业无疑是一份大礼。香港迪斯尼是世界上唯一完全按照加州迪斯尼总部模式修建的"迪斯尼乐园",同样有让人产生幻觉的主题场景,让人流连忘返的可爱的卡通形象,让人应接不暇的丰富的游乐项目,让人终身难忘的浓厚的家庭氛围。香港迪斯尼由四大主题公园构成:温馨怀旧的"美国主街",以亚洲和非洲的热带丛林和野生动物为背景的"探险世界",让艾丽丝、睡美人、米老鼠等童话形象活起来的"幻想世界",以及具有高科技、太空和未来主义风格的"明日世界"。为了更好地满足人们对娱乐的需求,香港迪斯尼想尽办法,推出了许多地域化、人性化的服务举措:在建筑设计上考虑到香港雨水多的地理环境,园内相当部分景区和大部分户外餐厅都有遮盖。所有园内工作人员都掌握"两文三语"——中文、英文、广东话、普通话、英语,文字说明也采用繁体中文、简体中文和英文三种语言标示;允许亚洲特有的美食进入园内,是全球唯一拥有中国餐厅的迪斯尼乐园;除了家喻户晓的迪斯尼经典故事及游乐设施外,还配合香港的文化特色策划了一些专为香港乐园而设的游乐设施、娱乐表演及巡游,比如专为香港迪斯尼设计的"幻想世界"中的"梦想花园"中就建造了五座中式风格的观景亭,穿梭其中的米老鼠等经典卡通形象也都换穿了"唐装"。除了主题公园以外,香港迪斯尼乐园还提供各类旅游纪念品,如制作精良、神形兼备的卡通形象填充玩具、迪斯尼文化衫、设计感极强的钥匙链、纯银手链、个性手表、手袋、水晶米奇雕像以及各式各样的迪斯尼纪念章等。

可见,在文化产品的创意设计和整体策划中,只有着眼于文化产品的整体概念,才能真正地实现以消费者为中心,实现产品价值,扩大市场规模,塑造品牌形象,从而增强文化企业的活力和竞争力。

三、文化产品的特点

1. 文化产品的双重属性

文化产品的双重属性,指的是其商品属性和精神属性。文化产品具有商品属性,是指它同物质商品一样,是为交换而生产的劳动产品,是价值和使用价值的统一。然而从价值形态看,文化产品同其他精神产品一样,无法计算社会必要劳动时间,即使同一门类的不同艺术家,创造一部作品的必要劳动时间也难以精确比较。从使用价值形态看,一般商品的使用价值,在满足不同消费者的需求时,应当起同样的作用,因而所有消费者对它才有同一的衡量标准,商品之间也才能进行平等的竞争;而文化产品的使用价值的实现则与消费者的主观因素密切相关。这就是说,文化产品有其特殊的精神属性。当一部文学作品成为出版物时,不论是以平装本还是以精装本的形式出现,根本价值都是一样的,并不因精装而使作品的价值得到提高,也不因平装而使它降低。精神内容低劣的文化产品,无论物质上如何包装,也改变不了它低劣的品质。以物质产品形式出现的文化产品,如印刷品、音像制品、工艺品等,具有精神与物质双重因素。

精神因素始终占据主导地位,物质的外壳是使精神内涵得以呈现和传播的实体形式。

文化产品的精神内容还具有社会意识形态的性质。由于消费者的立场、观念以及文化素质的不同,对其使用价值的衡量和态度会很不相同。如同样是读一部《红楼梦》,有人读出其中揭示了社会发展的规律和封建社会兴衰的历史,有人从中学习谈情说爱的技巧,也有人把它当淫书来读。文化产品的意识形态大多是社会生活的反映,尤其对于那些抒发内心情感的作品,作者的情感来自于现实生活的感受。贝多芬的《第五交响曲》所表现的情感,是作者长期同黑暗社会进行不屈斗争的产物,它反映了当时新兴资产阶级反抗封建统治的意志。

文化产品的双重属性,决定了其在创作和生产过程中必须追求经济效益与社会效益的统一。文化产品的商品属性,使它要面对市场,就不能不讲求经济效益,但是,作为社会主义的文化生产和经营,又必须重视精神产品价值的导向,应当在创造最佳的经济效益的同时,创造良好的社会效益。在我国现阶段,文化产品的社会效益和经济效益时常会有相背离的一面,这主要表现在社会效益的好坏与经济效益的大小并不成正比,有时甚至呈逆反的状况。一些审美价值高而社会效益好的作品发行量小,其经济效益低甚至赔钱。而一些审美价值极低,有的甚至是内容宣扬暴力、淫秽的精神鸦片,却发行量大,能赚大钱。在这种情况下,其生产者的收益与社会效益是相背离的,生产者的收益越大,则对社会的危害越大。它要求文化产品的生产者应该在注重经济效益的同时,还要注重其社会效益,注重精神文化产品的文化品位和思想内涵,为社会提供积极健康的文化产品和文化服务,自觉抵制有毒有害的"文化产品"。

2. 文化产品的创意性

文化产品虽然同普通的物质产品一样,都要以商品的形式进入流通领域,但是它们之间的差别也是明显的:物质生产是社会化、现代化的大生产,它的产品必须规格化、标准化,追求功能化和实用性;而文化产品生产大多凝聚着作家、艺术家的创新思维活动,它的市场消费价值主要取决于创意效果,取决于产品的技术研发能力,文化产品的创意往往会决定其产品的市场命运和文化企业的生存与发展,因而文化产业也常被称作"创意产业"、"创意经济"。特别是那些艺术价值含量高的文化产品如电影、艺术表演、文学作品等,还有那些技术含量高的产品如网络游戏、软件研发等,它们的创意性效果不仅决定其内容,而且决定其价值,决定其市场效果。

例如,电影作为一门综合艺术形式,需要许多文艺工作者合作,但他们不像工人在流水线上作业。电影的创作不但凝结着创作者的全部生活体验、知识积累和艺术功力,还渗透着创作者的人格力量,并受创作时生活状况、身体状况、心理态势和具体生活环境的制约,体现出极大的创造性和独特性。张艺谋在执导电影20年后,又转而对舞台艺术进行创新探索,根据他的同名电影创作了舞剧《大红灯笼高高挂》。与电影不同的是,张艺谋创造性地把许多令人瞩目的中国元素都运用到了芭蕾舞剧当中:从京剧中借鉴了水袖,动作用芭蕾舞来演绎,人们还在舞剧中看到了灯笼、旗袍、麻将、窗棂、照壁,听到了唢呐、锣鼓、二胡、笙和响板,这种艺术表达上的糅合和创新赋予作品浓郁的民族色彩。

3. 文化产品价值的特殊性

首先,文化产品在计算价值的标准方面具有特殊性。一般作为商品进入市场交换的产品,其价值量是由生产它的社会必要劳动时间来决定的。但是,有些文化产品的劳动量差异极大,往往难以计算必要劳动时间。曹雪芹作《红楼梦》,"批阅十载,增删五次",直到去世也没有完稿;达·芬奇绘制《最后的晚餐》花了六年工夫。当然也存在不少"一挥而就"的传世之作,如舒伯特作曲的《摇篮曲》就是即兴完成的,但是创作背后所需要的艺术和生活体验上的准备却是难以估量的。一般来说,艺术精品比一般的文化产品更难以实现等价交换。文学、艺术和学术产品的市场价值,通常主要是以物质载体的价值来确定的。一部小说的出版,书的定价主要是根据它所需要的物质资料(纸张、印刷、装帧方式和印数等)和与此相关的劳动量来计算的。这实际上把它作为物质产品来对待了。当然,付给作者的稿酬也会计算在成本之内,但这并不是决定市场价值的主要因素。因此,文化产品本身的价值,也可以说是使用价值,往往不能体现在市场价值上。两种价值有时甚至成为反比例,即艺术、思想和学术价值很高而面临曲高和寡,因而销售量少,市场价值低。所以,市场行为一般奉行的等价交换原则,在文化产品中是不能一概而论的,应当按照具体情况来对待。

其次,文化产品的价值普遍具有延伸性的特点。一个文化产品的传播和消费过程完成后,其使用价值往往不会随之消失,而是会出现精神价值的存留或延伸。比如观众看了一部电影后,一次消费过程完成了,但影片中精彩的情节、人物、故事、画面,乃至某些台词,可能会长期留存在自己的脑海中,甚至会对他产生深远的影响。文化产品的延伸性还表现为,许多文化产品的消费都可以是多次性的。一部优秀的电视剧不会因为播放了一次而不能再次使用,有些剧目甚至会因为重播而再次引发观众的收视热,这与物质产品的消费是完全不同的。文化产品的价值延伸性不仅作用在产品上,而且出现在产品的循环过程中,如一部小说随着社会的高度评价而提高了其文化价值,同时也提升了它的作者的知名度,很自然也会提高该作者其他作品的社会关注度。反过来说,读者通过阅读作品,提高自己的文化品位,又会激发了新的艺术文化需求,这是一个生生不息的循环链。

再次,文化产品的价值延伸能够形成文化资源增值。其表现大体可分成两个层次:其一,文化产品的消费能提高所利用的文化资源的文化蕴涵。旅游景点的开发就属于这一类,张家界、黄山等并不因为接纳了大量的旅游者而损耗了其旅游资源,恰恰相反,正是这些游客的到来,才使得它们名扬中外,并且不断丰富着其中的文化内涵。其二,一种文化产品可以成为其他产品的资源,增加社会的文化资源总量,人类文化成果的不断积累和增长正是这样一个循环往复的过程。比如,民间故事和传说可以被加工成长篇小说,而该长篇小说可以成为影视产品的资源,这些影视产品又可能成为广告产品的创意源泉。民间关于唐僧取经的故事被吴承恩加工成小说《西游记》,而《西游记》又促成许多其他文化产品的诞生,如动画片《大闹天宫》、《哪吒闹海》,电视连续剧《西游记》等。这些对《西游记》的不断改编也成了网络小说《大话西游》的创意源泉,而《大话西游》里那些"无厘头"台词又刺激了许多广告语的灵感……文化产品的价值随着消费和传播过程的传递不但增加了自身的价值,而且也增加了整个社会文化资源的价值和总量[①]。

第二节　文化产品的设计导向

产品设计是文化产品生产的起点,也是产品竞争取胜的关键。一种文化产品的功能、结构、外形等特点,是在产品设计过程中确定的,文化企业要想使其设计出来的产品赢得消费者的青睐,并最终影响其消费决策,就必须在设计中明确产品设计的基本导向。

一、个性化导向

"学我神者生,似我形者死",这是著名国画大师齐白石先生的一句名言。它告诉我们:完全模仿他人的东西是没有出路的,只有在吸取他人长处的基础上加以创新,创出自己的独特风格来,才能大有可为。在我国画坛上,郑板桥的竹、齐白石的虾、徐悲鸿的马,之所以众口皆碑,无不因其有独特的风格。因此,文化企业在开发设计产品时也需要创建自己独特的风格,体现自己独一无二的个性。产品个性是市场的"通行证"。因为不同的消费者有不同的个性,对产品的需求也自然不同,而消费者的购买动机一般是受其个性影响的。因此,产品的设计除考虑产品的共同要求(功能、品质、结构等)以外,还要考虑产品的独特个性,以满足不同个性购买者的心理需求。一般来说,产品的个性是通过产品

① 欧阳友权:《文化产业通论》,湖南人民出版社2006年版,第53页。

的象征性心理功能而起作用的。产品的象征性功能是由人的想象、比拟、联想等心理作用而产生的,并表现在社会地位、年龄、性别、现代生产生活节奏快速高效等的象征性上。

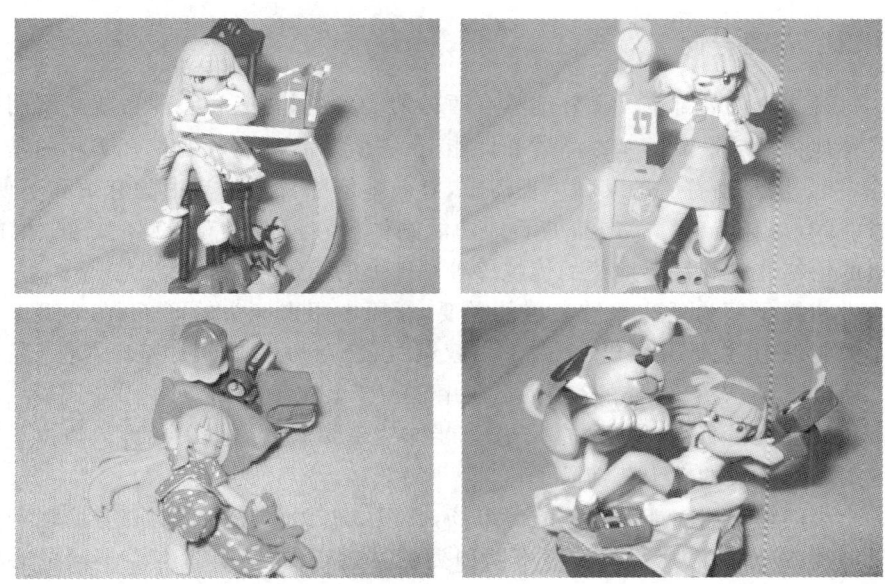

　　1967 年,日本宝物公司推出了一种超凡脱俗的玩具丽卡娃娃。为了区别于众多的玩偶式的冷冰冰的、没有生命的玩具形象,设计者别出心裁地给娃娃编排了身世:"丽卡娃娃,本名香山丽卡,5 月 3 日生,血型 O,小学五年级女生,成绩中上,喜欢上语文课和音乐课,讨厌算术,母亲从事服装设计工作,父亲是法国人,是一个乐团的指挥,经常去国外旅行演出。丽卡娃娃有一个孪生妹妹,两个人在一起经常谈论在放暑假的时候到国外找爸爸玩。"

　　经过如此策划,丽卡娃娃神奇般地有了生命,极为切合日本儿童的心理。她的家庭出身既不高贵,也不低俗,正是大多数孩子生活的普遍型家庭。"爸爸是法国人",又增添了孩子想到新鲜事的浪漫色彩;"在暑假里去法国旅游",则是小朋友急切期待的共同愿望;"有个孪生妹妹",则是他们可望而不可即的乐事;"喜爱音乐,讨厌算术",是小学生常见的情况。这一切都编排得煞有介事,活灵活现,而且有极大的普遍意义,使得孩子们认为丽卡娃娃是他们的一个真实伙伴。

　　更为有趣的是,丽卡娃娃的生活环境和交友等因素,也在随着形势的发展和顾客需求的变化而不断地更换内容,如"她又结识了一个新朋友","她同妹妹一起到国外爸爸那里去了","丽卡又换了一件新衣服"等等,公司同时还推出了与之有关的组合玩具和系列玩具,使儿童常玩常新。二十多年来,丽卡娃娃玩偶随同种种趣闻逸事一直流行于日本,经久不衰。仅 1986 年,宝物玩具公司就卖出了 98 万个丽卡娃娃,连同她的妈妈、妹妹、朋友、同学等配角,则超过了 150 万个,再加上换穿的衣服、用具及其他有关联的产品,总营业额高达 58 亿日元。

二、心理导向

每种文化产品都毫无例外地具有两种功能:实用功能和心理功能。实用功能具体地体现在产品的基本品质和性能上,它使产品对消费者具有实际的基本用途,例如满足消费者的某种生理需求,有效地解除日常生活中的麻烦和不便,节省时间,减轻劳动等。产品的心理功能则体现在消费者获得感官上的快乐,积极的情绪体验和社会地位的优越感等心理上的满足。

常州篦子厂为适应旅游发展的需要,对原本用来梳头的篦子,在造型上进行了大胆创新,设计开发出"金陵十二钗"、"沉鱼落雁"和"闭月羞花"等产品形象。活泼生动、花色多样的篦子,集使用、工艺、装饰于一身,使得美国影片《星辰女娇娃》的女主角竟将常州篦子作为装饰挂于胸前,影片放映后,常州篦子立刻成为风靡欧美的女士装饰品了。

小小的篦子居然能够进入欧美市场,其根本原因就在于它们有着令消费者一见钟情的心理魅力。其实,对不同种类的文化产品,消费者有着不同的心理期望,产品能否满足消费者的心理期望,直接影响其购买动机。文化企业必须细致地捕捉消费者心理信息,从他们的言谈、举止、表情、神态及反馈等各种表现,来判断他们的心理活动和心理期望,然后有针对性地开发生产适合消费者心理需求的产品。

三、灵活性导向

在文化产业领域,人们的消费方式、消费意识正在发生着巨大的变化,消费的选择性明显增强,即使对于优秀品牌产品,市场需求也不是一成不变的。据统计,2004 年国产电视剧数量达到约 12 000 集,但最终能够播出的大约只有5 000 集。现在每年中国电视剧制作公司总投资约 50 亿至 60 亿元人民币,但市场回收也就 20 亿元左右,造成约 30 多亿元人民币的亏损。虽然每年都有几部热播剧,但比之巨大的产量和消费市场无疑是杯水车薪,大部分剧作都淹没在时代的洪流中。面对当前电视剧市场的窘境,一些电视人总是抱怨国外电视剧的"入侵",制作成本的上升,以及电视台收购的价格垄断。其实,导致这一现象的本质原因还在于电视剧内容的缺失。现代观众尤其是年轻观众的欣赏口味、审美水平早已发生了改变,而有些电视剧投资方、制作方依然闭门造车、我行我素,要么是模仿国外剧作的创作风格,要么就是陷入到三角恋、香车别墅的僵化创作模式中,都没有按照现实生活的逻辑和观众审美的变化灵活地进行创作,观众"不买账"也就在情理之中了。

目前在我国文化市场上确实存在着这样一种现象:一旦某种文化产品走俏,企业便纷纷闻"俏"而动,竞相生产,真可谓"一马奔腾,万马齐追",然而万马奔腾的结果又怎么样呢?供过于求,产品销售由俏变滞,造成大量积压,生产企业陷入困境。电视娱乐节目的同质化正是说明了这一点。这犹如千军万马过独木桥,最后落得桥断马翻人落水。

事实上,消费潮流的不断变化,消费者的个性化趋势,消费结构的层次化和周期变化日益缩短等诸多因素,对企业的灵活生产提出很高的要求,无论是哪一种文化产品都不会经久不衰,过去那种以不变应万变的传统的经营观念势必要把企业引入死胡同。此时,"灵活生产"既是文化市场竞争的重要手段,又是衡量企业竞争实力的重要标志之一。如果一个企业没有灵活生产的意识与措施,那么就很难在激烈的市场竞争中立足,当然就更谈不上进一步地发展壮大了。日本东芝公司为适应多变的国际市场,已经建立起了"灵活生产体系",从设计、技术创新和装备销售,完善了整个"灵活生产"过程,实现了产品的小批量、多品种、快销售。

四、优势化导向

扬长避短,发挥优势,不仅是文化产业市场竞争的重要策略,也是文化产品创意与策划的重要导向。事实证明,企业只有从现实需求出发,根据各自的不同特点,认真比较分析,真正发现并最大限度地发挥自己的长处和优势,才能确保在激烈的市场竞争中取胜。

美国有线电视网 CNN 就是采用优势化导向走向成功的。当时,美国三大电视网全国广播公司、美国广播公司和哥伦比亚广播公司在电视领域打得头破血流,如果 CNN 想从中分得一杯羹,几乎等于白日做梦。CNN 总裁特纳分析了这种情况后,决定另辟蹊径,以自己的优势资源——有线电视作为突破口,以全天 24 小时新闻为特色,逐渐站稳脚跟。海湾战争期间,CNN 以其快速、高质量的新闻轰动了全世界,并以此为契机走上了快速发展的轨道。

市场竞争中的优势不是绝对的,而是相对的。企业无论大小、强弱,皆有其优势和劣势。弱小企业,在总体上是处于劣势,但若能认真分析市场,善于捕捉经营战机,就可以形成自己的优势。

五、民族化导向

中国的文化企业要进军国际市场,参与国际市场的竞争和角逐,就有必要把文化产品和中国的优秀民族文化相结合,这也是文化产品自身的性质决定的。中国文化源远流长,产品与文化结合,在历史上造就了多次商业鼎盛时期。陶瓷、丝绸、茶叶、酒、漆器等,都是极富文化附加值的产品,这些产品在国际市场上甚至成为中华民族的象征和代名词。

我国企业在设计文化产品时,不仅要运用国外最先进的技术,而且也应该注意汲取中国民族文化的精华,使产品富有民族情趣,符合民族心理。童话大王郑渊洁曾将其创作的童话人物皮皮鲁和鲁西西、舒克和贝塔的形象设计进自己的产品,代表产品形象,并以此向美国的米老鼠和唐老鸭、日本的圣斗士公开叫板。这些产品因其富有民族情趣,迎合了民族心理,备受消费者喜爱,由此可见,民族化与国际化并不矛盾,因为民族差异是普遍存在的客观事实,越有民族特色的事物越具有世界意义,"民族的就是世界的",打上中华民族文化烙印而又迎合时代要求的文化产品,必将日益显示出东方文化的魅力,提升我国文化产业的竞争力。

第三节 文化产品包装的创意与策划

随着文化产业市场竞争的日趋激烈,产品包装的角色已经从消极的产品保护变为积极的自我推销,成为文化产品"忠实、沉默的推销员"。小到一张门票、一件玩具,大到影视剧、旅游项目,精心设计和制作的包装,往往能够迅速吸引消费者的注意力,给消费者以感官上的享受,从而激发其购买欲望。

成功的包装策划,还可以增加文化产品的附加价值,树立起良好的品牌形象。精心策划包装的文化产品,或是风格独特,或是装潢漂亮,或是具有象征意义,或是便于携带和使用……这就使产品价值在消费者心目中得到了提高,消费者往往愿意以高于普通包装的价格购买,以满足某种心理需求。如此一来,不仅会产生附加价值,文化企业的知名度和美誉度也会随之提升。

因此,如何通过包装与竞争者一较高下,展现自己的风姿,就成为摆在产品策划者面前的一项重要任务。

一、文化产品包装策划的要求

"三分人才七分打扮",打扮是为了给他人看的,因此要符合人们普遍的欣赏要求。对文化产品而言,产品是要推销给消费者的,那么包装策划就应以吸引消费者注意力、刺激其产生购买行为为前提。具体来说,包装策划的基本要求主要表现在以下五个方面:

1. 通过包装帮助消费者识别产品

这是包装策划的最基本要求。包装之于产品如同姓名之于人一样,它可以帮助消费者借以认识和区别其他同类产品的标志。因为一种产品的包装，一般都有相对固定的材料、色彩、图案显示其独特性，以区别于其他同类产品。

一般来说，消费者可以通过对产品包装的感知、认识和记忆，了解厂商、产品规格、款式等，在日后的购买活动中，只要接触到该包装物，就可以分辨出不同厂家生产的不同种类产品，如此就可以直接促发消费者购买的心理活动，节约选购时间。高明的产品包装策划者，往往使自己的产品在一段时间内固定下来，以便于消费者识别。

2. 通过包装给消费者以指示

文化产品包装应以图案、文字显示包装物内所装产品的种类、规格、型号、式样以及产品的性能、特点、使用方法等内容。如电视机的包装箱上，必然有产品的名称、品牌、型号、屏幕尺寸、电压等一系列说明；一张电影海报也要标上电影名称、演员介绍、剧情简介、放映时间等，以告之观众。消费者在接触文化产品的包装物时，可以通过它获得特定信息，对产品各方面的情况有所了解，从而在脑海中形成对产品的认识，帮助自己迅速作出抉择。包装的指示功能不仅可以指示消费者，而且还可以起到广告宣传的作用。

有些文化产品从生产到最终到达消费者手中往往要经过运输、储存、上架等多个环节。在这一过程中，包装的指示作用会起到便于运输、便于保管、便于消费者携带和使用的作用。另外，一些包装上还印有使用说明，帮助消费者正确操作和使用产品，给消费者带来方便。

3. 通过包装美化产品

消费心理学认为，凡是美的事物都可以给消费者带来良好的情绪体验。在良好心态的笼罩下，人们就常会乐于接受能够带来愉悦感受的事物。包装作为文化产品的外观，应当起到美化产品、改进产品外观形象的作用。如果能通过包装策划使产品显得美观大方，具有艺术性，给人美不胜收的印象，就容易使消费者产生"爱屋及乌"的心理，从而刺激购买。

随着人们精神生活的不断丰富，消费者对文化产品包装的艺术性、知识性、趣味性的要求也在不断提高，这具体表现在：产品造型要新颖奇特，图案要美观大方，色彩要协调鲜明。在现实生活中，将颇具美感的产品包装作为装饰物摆设起来，或作为其他物品的容器放在显眼之处，这样的消费者不乏其人。这些包装或雅致、或玲珑、或纤细、或飘逸，使消费者把它们当作艺术品一样收藏，不断地欣赏、品味，由此获得美的体验、美的感受。显然，这样一来，由表及里，消费者对包装这种形式后面产品也就自然而然地熟悉了。

4. 通过包装使消费者产生联想

好的包装不仅要比较真实地反映产品的性质和用途，而且还要间接地反映产品的潜在效果,引发消费者的种种联想,激发购买兴趣,坚定购买信心。如带有精美图案的玩具包装,妙趣横生,使小朋友爱不释手;更有一些工艺品的包装,本身就是一件精美的艺术品,购买这类产品无不给消费者带来极大的物质和精神享受。如此包装,既提高了产品的价值,又引起了购买者对身份、地位、成就的联想,成为文化产品策划中重要的环节。

5. 通过包装给消费者以信任

文化产品能否引起广大消费者的信任与喜爱,是产品实现其价值的关键。消费者在消费过程中,尽管不是仅凭产品的包装来确定购买,但是毫无疑问,好的产品包装能够增加消费者对产品的信任,尤其是一些家用视听设备、旅行社服务等,通过包装给消费者以成分、功能、服务项目等重要信息的承诺,有利于消费者获得有关知识,消除自身的疑虑。

二、文化产品包装策划的要素

1. 包装的形状与结构

这主要是从文化产品的运输、储存、陈列、销售等角度来策划包装,要求做到结构合理、运输方便、尽可能缩小体积,节约包装材料,节省仓储费用。而这些一般又都是通过产品的自然属性、用途、销售对象、包装材料、技术条件等来决定的。

2. 图案

对文化产品的主要对象及衬托主要对象的配物、配料、配色等,应作如实的描绘。一般来说,包装策划中的图案设计主要有以下几种形式:

(1)摄影图案。它既可以用逼真的产品实物来拍摄,以突出和表现产品;又可以用产品的产地风景及风土人情来拍摄,以间接表现产品,宣传产品。

(2)绘画图案。可以根据消费者的爱好和生产者对产品宣传的需要,进行艺术加工和适当组合,使画面更集中、更鲜明,从而更好地宣传产品。例如用绘画技巧,反映产品的用途,宣传产品;以古典风格的绘画,显示产品的古朴名贵;以民间风格的装饰性绘画,表现产品的地方性特色;运用现代喷笔画来表现具有强烈的时代感。

(3)抽象图案。以抽象图案为包装策划,注意形式感,讲究图案简洁、鲜明而富有个性,除了给消费者以美的感觉外,还能正确表达包装的主题,引发人们对产品心理上、逻辑上的联想。如以柔和淡雅的图形来设计女性杂志,用刚劲厚重的图案表达男性杂志,会使读者产生不同的视觉感受。

2008 北京奥运火炬的"祥云"图案及以此为蓝本的笔记本电脑的图案设计

3. 文字

文字是文化产品包装的重要组成,它不仅起装饰作用,更重要的是为了宣传和介绍产品。在文化产品的包装设计中,文字应当简练鲜明,布局位置突出,使消费者易于识别、便于记忆。用文字说明产品名称时,有时还附加关于产品某种特色的简要说明,如历史悠久、地方特色、工艺上乘、品质优良等,以便引起消费者的好感。

还有一些包装策划设计是以文字的组合与变化来装潢整个画面的。这种包装的表现手法没有图案形象或实物照片,仅靠运用一些文字的构成与组合,它根据产品的特点和销售意图,采用艺术手法,力求画面美观、文字醒目,达到更强烈的宣传效果。

4. 色彩

产品带给消费者的第一印象中最重要的就是色彩,消费心理学认为,色彩能将产品或企业的某一信息,直接通过视觉神经传递给大脑,具有快捷、刺激强烈、极易记忆的特色,加之色彩能激发人们许多微妙的心理变化,因此恰到好处的色彩设计能增强消费者对产品或企业的好感,并进而产生购买欲望。现在已经有越来越多的产品在色彩上下工夫,如可口可乐的专用色红、柯达胶卷的专用色中黄,雪碧的专用色绿,这些产品的畅销不衰,与它们独一无二的特"色"脱不开干系。

色彩能使人产生联想和感情,在包装设计中,应将用色习惯与产品的功能特性或文化指向密切联系起来,利用色彩感情规律更好地表达产品主题,尽可能地在消费者中形成情感认同,最终影响人们的选择:

微软公司在多种版本的 Vista 操作系统包装中使用了不同的色彩基调

（1）运用色彩的兴奋感，引起人们观看的兴趣。红、橙、黄等暖色调以及对比强烈的色彩，对人的视觉冲击力强，给人以兴奋感，能够把人的注意力吸引到产品上来。蓝、绿等冷色以及明度低、对比度差的色彩，虽不能在一瞬间强烈地冲击视觉，但却给人以冷静、稳定的感觉，适宜表现高科技产品的科学性、可靠性。

（2）运用色彩的明快活泼感，产生优美愉悦的效果。一般说来，暖色、纯色、明色以及对比度强的色彩，使人感到清爽、活泼、愉快，利用色彩的这一特点设计包装，能够使人心情愉快地接受产品信息。

（3）运用色彩的档次感，体现文化产品的不同品位。色彩也有档次感，有气派的、华贵的色调总是用于高档的产品，那些朴实大方的色调总是与实用品相联系。时装、化妆品的广告常常用亮丽、明快的色彩来表现，给人以华丽感。

（4）运用色调的冷暖感，表现不同产品的特点。在文化产品的包装中，常常运用暖色调来表现玩具，玩具的颜色大多以红、橙、黄等暖色调为主，常给儿童以热情、活泼、充满朝气的感觉。

三、文化产品包装策划的原则

包装的最终目的是为了方便消费者，引发消费者的注意，增进其好感，从而尽快使文化产品实现其市场价值。一般来说，包装策划应遵循四项原则。

1. 形象鲜明，个性突出

这是包装策划的首要原则。由于文化市场上的商品非常丰富，消费者在同类商品面前往往头晕目眩，难以抉择，这时包装在很大程度上就决定了消费者的取舍。因此，包装设计必须运用各种手段，直接或间接地反映文化产品的特性，生动地展现产品的个性形象，使消费者一见钟情。

要展现产品的个性形象，就必须注意包装的差别性，特别是要针对产品的不同市场策略进行创意和策划。能够体现产品差别性的包装形式主要有：异常式包装、系列式包装、开窗式包装等。异常式包装与惯常式包装形成鲜明对比，如时尚杂志封面一般都是设计成艳丽的色彩，而有些杂志却反其道采用素色格调，还有些杂志用精美的手提袋作为包装样式，附上各种新奇的小赠品。如此一来，就格外引人注目。系列式包装具有统一格调，给人以集中有力的印象，比零星点缀的产品更能吸引人。开窗式包装往往能满足那些急于了解商品"真面目"的消费者的好奇心，并进而引起他们的注意，促进销售。

2. 创新求异，紧跟时代

求新求异是消费者的普遍心理，在这种心理支配下的消费行为不仅要求产品的性能、特点具有时代感、新鲜感，对产品包装的现代化要求也十分强烈。好的包装设计策划，不论是在材料选用、工艺制作、款式造型，还是在包装图案、色彩调配等方面，都要积极地进行创新，并反映时代风貌、特色，给消费者以别出心裁、风姿独具的良好印象。

以"2006 年度风云人物"为封面的一期《时代》周刊杂志，在封面上设计了一个白色的键盘和一个电脑显示器的镜面，从镜子里读者可以看到自己的形象。《时代》周刊认为，2006 年的互联网已经发生了从公共机构或组织向个人——即该杂志所提出的"新数字民主主义公民"的转变。正是千千万万个网民浏览网站，创建博客、视频共享网站和交友网站，才使网络信息爆炸性增长，推动传媒进入大众唱主角的时代。就像该刊编辑列夫·格罗斯曼写道的："由于你驾驭着全球媒体，建立并塑造了新的数字化民主社会，无偿提供内容并击败了专业媒体从业人员，《时代》周刊 2006 年的年度人物就是你。"[①]该期杂志的封面设计正是创新性地体现出这一时代特点，巧妙地利用一

① 《互联网使用者当选〈时代〉周刊年度人物》，引自新浪网（http://news.sina.com.cn/w/2006-12-18/092711819800.shtml.），2006 年 12 月 17 日。

面镜子表达了主题——"每个使用互联网的网民都是 2006 年度影响力最大的人！"

3. 美观大方，富有魅力

文化产品包装中，美感的设计主要有两种风格：一种是民族传统风格，如龙凤呈祥、敦煌飞天、舞女宫灯、彩俑古鼎、山水寺庙、福禄喜寿、山水花鸟等；另一种是现代手法流派，如抽象的图形、不规则线条、夸张的形象、实物或艺术摄影等。无论什么样的包装艺术风格和图案内容，都必须构图形象生动，色调整洁明快，图案和内容和谐统一，从而增加其艺术魅力，使消费者赏心悦目。

4. 实事求是，诚实可信

消费者在购买和使用产品过程中，经常会产生各种怀疑的恐惧心理，如担心产品的性能和质量不可靠，能否达到预期的效果，是否会产生副作用等等。针对以上问题，包装策划设计者应注意利用包装来消除消费者的不信任心理，实事求是地介绍宣传产品，说明使用中的细节和注意事项。例如，某些旅行社在进行旅游项目推介时，在媒介宣传包装中过于强调旅游地的自然资源和人文资源的丰富多彩，然而，对消费者更为关心的旅游质量问题却避而不谈，如路线、行程的安排，车辆、食宿的标准，以及具体的费用支出等，这些细节可能是导致消费者确立消费动机、维护自身利益的首要考虑因素，应当在项目的推介包装中予以详细说明。

第四节　文化产品组合的创意与策划

一、文化产品组合及其策划要素

产品组合这一概念是由菲利浦·科特勒提出的，指一个企业提供给市场的全部产品项目和产品线的结构方式或组合方式。其中，产品项目是指企业所生产的具有不同功能、不同尺寸规格和不同包装形式的各项产品。企业在产品目录上所罗列的每一项产品，不论它们在性能上是否相连，均称之为一个产品项目。产品线则是指那些具有相同制造原理和技术，用途相同，目标市场与销售渠道大致相同的密切相关的一组产品。例如某音像公司生产的教育类光盘，是音像公司的一个文化产品项目，这个项目内各不相同的、针对不同目标市场的产品，如儿童拼音教育、外语教育、道德教育等光盘，则构成了教育类光盘产品线。

产品组合可以从组合的广度、深度和关联程度三个要素来分析。产品组合的广度是指一个企业所拥有的产品线的数目，它反映出企业生产产品的品种数目或产品系列数目；产品组合的深度是指每条产品线中所包含的产品品种规格,深度越大,意味着企业能够提供较多规格和型号的产品;产品的关联程度是指各产品的使用对象、生产技术条件、分售网点、原材料的采购和使用以及其他方面相互关联的程度。

产品组合的三要素在文化产品的策划中具有重大意义。扩大文化产品组合的广度,增加文化产品生产线,就能扩大企业的销售领域,增加经济效益,还有利于分担文化企业的营销风险,把握竞争的主动权;增加文化产品组合的深度,增加文化产品的项目,挖掘潜力,增加花色样式,就能够适应同类文化产品更多细分市场的需要,满足不同类型文化消费者的独特要求;文化企业增强文化产品组合的关联性,可以加强企业的生产能力,降低成本,便于企业搞好分销、促销和售后服务等,从而提高文化企业自身在行业中的地位和优势,提高产品的市场占有率,而减少文化产品组合的相关性反过来会有利于企业适应动荡的市场变化①。

二、文化产品的组合形式

1. 行业全面型

这种形式是指文化企业可以向市场提供本行业所生产的全部文化产品。如一些出版社能够出版发行各种内容、各种版本、各种价格的书籍,文化产品线有若干条,几乎样样具备,文化产品组合的广度较宽,深度也较好。

2. 市场专业型

这是指文化企业向某个专门市场提供本行业的成套产品。例如专门为音像公司提供磁带、录像带等产品的磁带、录像带厂家,就是这一类文化产品组合类型。

3. 专业文化产品型

指文化企业生产某类产品的所有品种。例如某些专门生产音乐磁带满足文化市场需要的唱片公司,专门发行教育书籍的教育类出版社,就是这一类产品组合形式。

4. 有限专业文化产品型

指文化企业生产某类产品中的部分品种。同样是磁带、录像带类文化产品,有些音像出版社只生产和销售满足幼儿学习、娱乐需要的磁带和录像带。期刊类文化产品中,有些杂志只是针对某一类读者群进行创作和发行,如青年杂志或老年杂志、时事政治类杂志与生活艺术类杂志等。这种文化组合形式就是有限的专业文化产品类型。

---

① 方明光:《文化市场营销学》,上海交通大学出版社 1996 年版,第 129 页。

5. 特殊产品专业型

指文化企业生产或提供某类较特殊的文化产品,满足文化消费者的特殊心理和精神需要。如电台、电视台点播节目就是为了满足文化消费者的特殊心理需要而安排的。还有些电影观众愿意自己选择喜爱的电影,某些电影院就适时推出观众自己选片观看的消费形式,就是一类特殊的文化产品①。

三、文化产品组合策略

在文化企业的发展过程中,由于市场的发展及竞争的需要,产品组合的趋势是逐渐扩大的,但是,当产品组合扩大到一定深度时,就有可能给企业的经营带来负面影响,此时企业应及时采取措施进行产品结构调整。产品组合策略就是对产品组合的广度、深度和关联性作出决策的整体方略。文化企业应当根据文化市场不断变动的需要,结合文化企业的营销目标,综合考察企业自身的实力,从而对文化产品组合的各个要素作出决策,力争实现文化企业的利润目标。

1. 产品延伸策略

这是指将文化产品线加长,通过某种主干产品不断向相关产品或下游产品拓展延伸的产品研发路径。通过有效的延伸策略,文化产品可以齐全的规格、品种以及档次,适应不同消费层次、不同消费心理的消费者,最大限度地占领市场。同时,文化企业的形象也能得到较好的展示和巩固,建立起声誉,这对于文化企业的长期发展战略会带来良好的影响,是一种潜在的利润。

产品延伸牵出的是关联产品的研发,它包含产品之间的关联层次和关联程度,也包含对产品资源深度开发的有效利用,最终形成一定规模的良性循环的共生互利产业链。

中国动画曾经有过如"大闹天宫"、"小蝌蚪找妈妈"等水墨风格、剪纸风格的艺术精品,但都没有后续的产品延伸开发,很快被市场淡化。而国外"史努比"、"米老鼠"、"KITTY猫"、"机器猫"等成功的卡通形象,通过健全的产品系列,成熟的产业链条,每年从中国市场卷走6亿元,导致中国动画市场80%以上的利润外流。

国外动画成功的产品开发实践表明,动画产业的发展,既要重视原创性作品的生产,更不能忽视版权代理、图书音像、玩具、服装乃至休闲旅游等延伸产业,必须在原创能力与产品深度开发之间形成互相推动、互为因果的良性循环;可以漫画先行,先确定故事情节、人物设定、造型形象等,然后再推出动画和游戏产品;继而吸引消费者从产生兴趣到投入体验,再在每个环节上尽量降低风

① 方明光:《文化市场营销学》,上海交通大学出版社1996年版,第129页。

险,即通过出版商、游戏企业、动画制作企业、玩具制造企业之间的通力合作,形成利益共同体,最终占领市场。同时,由于动画产品的开发周期较长,应尽量开发些短期产品作为补充,以确保资源的有效利用。

2. 产品扩展策略

该策略包括三个方面的内容:一是扩大文化产品组合的广度,增加文化产品线,扩展文化经营的范围。如唱片公司要不断推出新人,增加新品种的出版,吸引各个层次的歌迷消费者。二是扩大产品组合的深度,也就是增加文化产品的品种规格,增加文化产品组合的某些关联性,满足各种精神和心理需要的文化消费者。如出版社发行某人的著作,可以出选集、全集或各个时代的不同版本,或是精装、平装、简装同时推出,就会吸引层次不同的消费者。三是在市场竞争不太激烈时,文化企业如实力很强,可以考虑采取行业全面型,向文化市场提供尽可能多样化的文化产品,形成产品的系列化、集团化。

文化产品扩展策略的运用,可以充分满足文化消费者多方面的需求,提高文化市场的占有率。对文化企业自身来说,也是一种分散营销风险的较好方法。文化企业扩展产品组合的深度和关联性,有利于企业充分利用自身的资源、人力和批量生产能力,这也能够降低文化产品的生产成本,对获取利润有益。

3. 产品定位策略

企业还可以根据文化消费者对文化产品某种特定属性的重视程度,将文化产品准确地定位于某一文化市场进行销售,这是文化产品策略在目标市场选择中的具体运用。结合文化产品的特殊性,这种策略的运用是相当重要的,而且容易奏效。因为文化产品是为了满足消费者特殊的、复杂的、多变的精神心理需要,产品营销时就更应注意文化产品的定位和市场的定位。例如组织演出,就应明确树立起演出的形象,同时针对那些对某一类型的演出有兴趣的消费者进行大力促销,才会奏效。拍卖古董就应明确古董的价值和意义,摸清古董的潜在消费者是社会的哪个层次甚至是哪一类人、哪几个人,然后针对性地进行促销,才能取得理想效果。

在实际运作中,文化市场比一般的商品市场更加富于变化,文化产品组合的策略应当灵活多变、不拘一格。尤其应在把握文化消费者心理变化的前提下,合理巧妙地运用文化产品组合的基本策略。

文化产品的不断创新和开发,既有利于文化企业自身的生存与发展,满足消费者不断增长和变化着的文化需求,更是提升一个国家文化产业发展水平、提高综合国力的重要基础。因此,文化产品的创新开发还有赖于国家政策的大力扶持。韩国在动漫产业发展之初,就由国家牵头成立了文化内容振兴院、富川漫画情报资料中心、首尔动画中心、韩国游戏产业开发院等机构，并通过建立完善的产业政策对动漫企业进行从创意、制作到发行、销售一条龙的产业辅导。我国文化产业的培育和发展需要大量基础内容的研发和扶持，而这不是靠个别企业单打独斗可以完成的，亟须国家政策和相关机构加大扶持力度，加快建设中国文化产业融资和国际营销平台，建立针对文化产业的发展基金，完善文化产业链条，带动文化产品及其衍生品开发商投入文化产业链。

第五节　文化产品的价格策划

计划经济时代，文化产品生产大多依靠财政拨款，企业没有竞争压力，没有成本核算，不考虑经济效益。如今，越来越多的文化企业需要进行市场运作，遵从市场的经济法则，产品的价格制定已经成为企业进行决策的前提。在文化产业的运作体系中，定价策略是"唯一能创造收入的因素，也是最灵活的因素之一"[1]，文化产品价格的策划同样也是最敏感和最危险的策划环节。实践证明，产品定价直接关系到企业的盈利水平、市场定位、品牌形象乃至企业对社会的贡献等等。为此，现代文化产业普遍重视产品定价。如何综合把握市场规律和文化产品的双重属性，制定出科学的定价策略，灵活地采取各种定价方法，适应文化市场的变化，是文化产品价格策划的重要内容。

一、影响文化产品价格的因素

文化产品的定价与其他一般产品有共同之处，价格会受到市场供求关系和市场竞争的影响。同时，文化产品本身也有其特殊性，如文化产品的受众市场比较固定，文化产品的销售方式、流通渠道与一般产品有较大差异等。这就决定了文化产品的定价既要考虑市场因素，也要综合文化产品自身特征进行全面分析。

影响文化产品价格的外部因素主要有：成本、生命周期、市场定位、供求关系、盈利模式以及文化产品自身的异质性等六个方面。在制定相应的价格决策时，应通盘考虑这些要素。

1. 成本

任何一个产品的价格制定，都是以其生产成本为主要依据的。固定成本和可变成本都会影响到文化产品的价格。比如，许多新设备的出现，大大缩短了固定成本的折旧周期，增加了固定成本的费用。而技术的创新往往具有不可预

---

① 菲利普·科特勒等著：《市场营销管理》，郭国庆等译，中国人民大学出版社2002年版，第114页。

料性,使原来的固定成本折旧预计产生了一定的差异。例如网络媒体的信息生产成本和数据存储成本的提高也会影响其产品价格。而可变成本中也会出现许多不可预见的因素,如原材料的突然涨价、过度竞争导致营销费用的上升、信息的传输成本和交易成本的变化等,都会使文化产品价格出现波动。

在产品成本迅速提升的时候,文化产品生产企业可以做出反应:保持产品质量不变,把所有增加的成本或部分成本转移到消费者身上;适当降低产品的匹配功能,通过减少产品尺寸,使用替代材料,提供较少的选择机会等,以降低成本并维持价格不变;提升文化产品的辅助功能,通过增加产品尺寸,使用较好的材料,提供更多的选择机会或提高服务水平等增加附加值手段,以便得到消费者对较高价格的支持;干脆放弃无利可图的现有产品。相反,在产品成本迅速下降的时候,公司可以在确保产品质量的同时,降低销售价格或提高净利润。

2. 品牌的生命周期

文化产品和其他产品一样,也会经过孕育期、幼稚期、成长期、成熟期和衰退期这一品牌生命周期。孕育期和幼稚期一般市场开发难度较大,各种费用支出较高,因此,利润一般都比较少,甚至会出现亏损;成长期销量迅速上升,市场进一步拓展,利润也随之增长;成熟期消费市场基本稳定,利润增长变缓,加上新产品的进入,利润被部分瓜分;产品衰退期,销量和利润迅速下降。但是,不同的文化产品生命周期也不尽相同,例如报刊生命周期就比较长,而电影等周期就比较短。

因此,在不同的周期内,应当根据不同文化产品的类型分别对价格加以策划。比如在幼稚期的某些新产品,如 DVD、书籍,在初期都会制定一个比较高的价格,获取一定收益后,随着需求和销量的下降,将会采取打折等手段逐渐降低价格。但报刊等文化产品一般都会以较低的价格或者是免费推广的手段,来赢得受众的注意力。

3. 市场定位

文化产品的价格,与其市场定位也是相互关联的。不同性质、市场、类型的文化产品,也决定了其价格策略的不同。比如就大众化、市场化运作的报纸来讲,其价格一般都比较低,通过低价位来增大发行量,通过获取广告来盈利。而专业化杂志受众覆盖面小,发行集中,不容易扩大受众范围,一般定价比较高。比如定位于高级白领的时尚类杂志《瑞丽》,20 元/本的价格虽然比较高,但它充分考虑了其目标受众的支付能力,仍旧获得了不错的市场占有率。有时,即使是同一种文化产品,由于所定位的市场不同,也会呈现不同的价格差异,比如精装书籍和平装书籍,虽然传播的内容一样,但定位不同,价格也不同;再比如同一场电影的票价也会因为所在城市的不同而有差别,大中城市受众支付能力比较高,其票价就会比小城市的票价高。

4. 市场供求关系

与其他产品一样,文化产品的价格也是由市场供求关系决定的。当文化产品的供给等于传媒产品需求时,文化产品的价格就会保持稳定。否则,供过于求,价格就有下降的压力;供不应求,价格就有上升的压力。

例如,传媒市场的同质化竞争很容易导致价格大战。在成都,1999 年曾有《华西都市报》、《成都商报》、《蜀报》、《商务早报》等共 8 家同类报纸;武汉也有《长江日报》、《武汉晚报》、《楚天都市报》、《武汉晨报》、《今日快报》、《市场指南报》、《文化报》等 7 家同类报纸。此外,北京、西安、郑州、南京、太原、广州、深圳等城市也各有许多同类都市报在争夺市场。这样就使得此类市场的供给超过市场需求,报纸之间竞争激烈,使得报纸价格面临着不断下降的压力,价格战屡有发生。而当市场竞争趋于缓和时,报纸的价格就会趋于稳定甚至上扬。

广告价格受市场供求的影响更加明显。中央电视台黄金广告时段的招标定价,就充分体现了市场供求对价格的影响。如 1995 年"孔府宴"夺得中央电视台黄金时段的"标王"时,标的只有 2 000 多万元;1996 年,"秦池"以 6 000 多万元的价格一举夺得"标王",价格涨了约 3 倍;1997 年"秦池"为了保住"标王",更是以 3.2 亿元的天价力挫群雄,价格比上一年增长了约 5 倍。从 1994 年到 1997 年,中国传媒广告价格普通大幅上扬。其中电视媒体最为突出,广告价格平均增长约 300%。这种现象是在我国经济快速的增长的背景下,多数企业寻求广告营销途径与有限的电视广告平台之间的矛盾造成的。

5. 盈利模式

文化产品的定价策略还与文化企业预先制定的盈利模式紧密相关。以报纸为例,其盈利模式体现的是报纸的发行和广告收入的比例,即报纸是以广告收入为主还是以发行收入为主。当以发行量的迅速提升为目标时,报纸价格就要适当下调;当以发行收入的提升为目标时,报纸的价格可以适当提升,而提升的限度以对预期的收入结构不会产生过度影响为底线。

近年来流行起来的网络游戏产业,开创了互联网时代的新型盈利模式。以《征途》游戏为例,为了吸引更多的用户参与,它采取了免费推广的模式,用户只需免费下载、安装一个游戏客户端,就可以在一台联网的电脑上体验虚拟世界的乐趣。但是,如果用户想要在虚拟世界中获得更大的满足,如获得各类武器、谋得更高的虚拟身份,就必须花费现实的货币去购买游戏"点卡"。可以看出,该类游戏正是通过免费模式,在短时期内实现了用户规模的迅速膨胀,又通过游戏情节的设置,诱导消费者进行消费,从而产生巨额收益。

6. 文化产品的异质性

在一个逐渐崇尚个性需求和多元化消费的时代,只有具有异质性的文化产

品或文化服务才是最具竞争优势的。如果一个文化产品颇具差异性,使该产品能明显区别于其他同类竞争对手,那么其定价就可能会达到一个较高的价格水平。因为一旦文化产品独特,就很容易在受众中建立品牌。品牌的确立又使文化产品对目标受众群的需求缺乏价格弹性,即价格的变动不会影响受众需求量的变化。这样,文化企业就能以高于同类产品的价格,获取更多的销售收入。而如果文化产品的替代品比较多,即在一个同质化竞争的传媒市场上,文化产品就只能采取低价竞争策略,因为受众的需求价格弹性比较大,对价格的敏感度比较高。

二、文化产品价格策划的一般方法

文化产品价格的高低主要由产品成本、市场需求和竞争状况等因素决定,和其他企业一样,文化企业也可以对产品的定价实行成本导向、需求导向、竞争导向等三类定价方法:

1. 成本导向定价

成本导向定价法是以产品的总成本为中心,分别从不同的角度来制定对企业最有利的价格。该定价法由于简便易用,是文化企业最基本、最常见的定价方法。它主要包括:

(1) 成本加成定价法。

所谓成本加成定价是指按照单位成本加上一定百分比的加成来制定产品销售价格,它是成本导向定价法的基本形式。加成的含义就是一定比率的利润。所以,成本加成定价公式为:

$$P = C(1 + R)$$

P:单位产品售价

C:单位产品成本

R:成本加成率

运用成本加成法对产品定价时要注意,该方法并不一定能定出产品的最佳价格,因为它忽视了市场的需求和竞争。虽然如此,加成法仍然被企业所广泛采用。主要原因是:

• 成本的不确定性一般比需求少,将价格盯住单位成本,可以大大简化企业定价程序,而不必根据需求情况的瞬息万变而做出调整。

• 只要行业中所有企业都采取这种定价方法,则价格在成本与加成相似的情况下也会大致相似,价格竞争也会因此而降至最低限度。

• 许多人感到成本加成法对买方和卖方都比较公平,当买方需求强烈时,卖方不利用这一有利条件谋取额外利益仍能获得公平的投资报酬。

（2）目标利润定价法。

指在定价时主要考虑怎样实现目标利润的一种定价方法。企业在估计产品的总销售量和已知固定成本、变动成本后,再以此为依据进行定价。这就要求企业能够算出产品的盈亏临界点。盈亏临界点计算公式如下:

$$Q=\frac{F}{P-V}\text{或者}P=\frac{F}{Q}+V$$

Q:盈亏临界点的销售量

F:固定成本

P:单位商品的价格

V:单位商品的变动成本

算出盈亏临界点后,企业在制定价格时只要把其加上目标利润即可,此时产品的价格计算公式应为:

$$P=\frac{F}{Q}+V+E$$

E:目标利润

不过,这种定价方法的缺点就是该公式中的 Q 是企业估计的销售量,而不是实际的销售量,在实际中 Q 会受到价格的影响,并不是固定的。这就是说究竟要把价格定在什么水平,还要取决于产品的需求弹性。因此,定价时不仅要明确企业所要实现的目标利润,还要依据产品需求弹性考虑各种价格及其销售量的影响。只有如此才能够使企业实现自己的目标利润。

（3）边际成本定价法。

边际成本定价是将文化产品的变动成本作为产品定价基础的一种定价方法。所谓边际成本,是指企业在产品原有生产量的基础上,再增产一个单位产量时所增加的成本支出。在企业产品产量达到了一定规模并分摊掉当期全部固定成本之后,再增加产量通常只有变动成本,故原产量单位平均成本大于增产后单位变动成本,两者之差即为边际收益。采用边际成本定价是让产品价格绝对等于其变动成本,由此明确产品价格的最低限度。在市场竞争非常激烈、企业订货不足时,为了减少企业损失和确保市场份额,企业对于部分产品可以采用此种方法定价。

以演出市场的成本核算为例。假如演出的主办者知道每场演出的固定成本为 1 万美元,其中包括艺术家的薪水。每张票的可变动成本为 2 美元——运作过程、保险、票务处理、信用卡佣金。平均票价与所售出的总票数相乘,将达到能包含、支付主办者所有的花费。如果每张票价定在 30 美元。就必须售出 357 张;如果每张票价 25 美元,就必须售出 435 张;而如果每张票价 20 美元,则需售出 555 张。假如演出场所能容纳 1 000 人,根据各自不同的票价,其所要达到的最小容量分别为 35％（1 000 个可用座位中应占用 350 个）、43％和 55.5％。如果主办者考虑以 20 美元票价可能售出 1 200 个座位，表演者也只是出演一个晚上，这就意味着要用另一次演出并且可能售出的 200 张票作为代价。仅演一场将产生 8 000 美元的利润，其成本公式为：（20 美元/张－2 美元的可变成本/张）×（1 000 张－10 000 美元的固定成本）。演出两场将只会产生 1 600 美元的利润，公式为：（20 美元/张－2 美元的可变成本）×1 200 张－2×10 000 美元的固定成本。第一种情况，或说只演一场证明有更多的利润，而且这里的计算条件是只占大厅的 60％，而不是满座的时候，于是主办者可能会决定提高票价去吸引 1 000 个人来提供利润。但另一方面，通过降低票价却更容易吸引更多的顾客。不管怎样，最低的可能票价是 12 美元，因为对于 1 000 个满座的大厅而言，12 美元的票价是盈亏相抵点，它的计算公式是：（12 美元/张－2 美元可变成本/张）×1 000 张－10 000 美元固定成本[①]。

2. 需求导向定价

需求导向定价法是指文化企业在制定商品价格时，主要根据市场需求强度和消费者的感受差异分别确定不同的价格。其特点是灵活有效地运用价格差异，对平均成本相同的产品，使其价格随市场需求的变化而变化。需求导向定价法的主要形式有感受价值定价法、需求差异定价法两种。

（1）感受价值定价法。

消费者对文化产品或服务往往带有强烈的主观感受，它与产品的实际价值常常会发生偏差。感受价值定价法就是指文化企业以消费者对文化产品的需求程度和对产品价值的理解度为定价依据，运用各种营销策略和手段，影响消费者对商品价值的认知，使其形成对企业有利的价值观念，再根据商品在消费者心目中的价值来制定价格。该定价方法与现代市场定位观念比较一致。

运用感受定价法的关键是：要把自己的产品同竞争者的产品相比较，找到比较准确的感受价值，即准确地找到产品的市场定位。因此，在定价前必须做好调研工作。如果定价高于买方的感受价值，顾客就会转移到其他地方购买，企业销售量就会减少；定价低于买方的感受价值，又必然使收益减少，企业也同样会遭受损失。

假设有 A、B、C 三家企业均生产同一种产品，现抽出一组消费者作样本，要求它们分别就三家企业的产品予以评比，有三种方法可供使用。

·直接价格评比法。运用直接价格评比法，要求消费者为三家企业的产品确定能代表其产品价值的价格。例如，它们可能将 A、B、C 三家企业的产品分

① 佛朗索瓦·科尔伯特：《文化产业营销与管理》，高福进等译，上海人民出版社 2002 年版，第 226 页。

别定价为 2.55 元、2 元和 1.52 元。

· 直接感受价值评比法。运用直接感受价值评比法,要求消费者根据它们对三家企业所生产产品价值的认知,将 100 分在三者之间进行分配,假设分配结果为 42,33,25。如果这种产品的平均市场价格为 2 元,则我们可得出三个反映其感受价值的价格为:2.55 元、2 元和 1.52 元。

· 诊断法。运用诊断法,要求消费者就三种产品的属性(假定有产品耐用性、产品可靠性、交货可靠性、服务质量四种属性)分别予以评分。对每一种属性,将 100 分分配给三家企业,同时根据四种属性重要程度的不同,也将 100 分分配给四种属性。

把每个企业的评分乘以重要性权数,我们可以发现:A 企业提供的产品的感受价值高于平均数(42);B 企业提供的产品的感受价值相当于平均数(33);C 企业提供的产品的感受价值低于平均数(25)。A 企业能为产品制定一个较高的价格,因为它被认知能提供较多的价值。如果企业想根据其产品感受价值的比例定价,则可以将价格定为 2.55 元左右,因为平均质量的产品价格为 $2 \times 42 / 32 = 2.55$ 元。

假如三家企业都按其感受价值的比例来定价,则每家企业都可享受到一定的市场占有率,因为它们提供的价值与价格之比均相等。如果某家企业的定价低于其感受价值,则它将得到一个高于平均数的市场占有率,但其单位产品利润可能降低。由于支付的货币可换回更多的价值,将会有较多的购买者会去购买该企业的产品。

(2) 需求差异定价法。

需求差异定价法是指文化企业根据市场需求的时间差、数量差、地区差、消费水平及心理差异等来制定产品价格。如在市场需求大的时期定价高一些,反之低一些;在消费水平高的地区定价高,反之则定价低;对购买数量大的消费者定价低,反之则高。

3. 竞争导向定价法

竞争导向定价法指主要依据竞争者的价格来定价,通过研究竞争对手的情况后,确定或与竞争者价格相同,或高于、低于竞争者的价格,这主要视产品和需求情况而定。这种定价方法的特点是:价格与商品的成本和市场需求不发生直接联系。商品成本或市场需求变动了,但如果竞争者的价格未变,企业应维持原价;反之,虽然成本或需求都没有变动,但竞争者的价格变动了,企业也应随着调整自己的商品价格。这种定价方法主要有两种方式,即:随行就市定价法和拍卖定价法。

(1) 随行就市定价法。

这是多数中小规模的文化企业常采用的定价法。所谓随行就市,指的是以本行业主要竞争者的价格作为企业定价的基础。由于文化产品的行业平均成本不易计算,该商品的需求价格弹性及供给弹性也很难准确预测,同时,为了避免在同行业内挑起价格竞争,采用这一定价方法也较为合适。

采取这种定价方法对企业有很多好处,既能充分利用行业的集体智慧来反映市场的供求情况,又能保证企业有适当的收益,而且还可以在一定程度上协调与同行业的关系。

(2)拍卖定价法。

拍卖定价法指卖方预先展示所要出售的商品,在一定的时间和地点,按照一定的规则,由买主公开叫价竞购的定价方法。一般卖方规定一个较低的起价,买主不断抬高价格,一直到没有人再竞争的最后一个价格,即最高价格时,卖主把现货出售给出价最高的买主。在美术作品、古董等文化商品的交易中常采用此定价方法。

4. 文化产品的定价策略

与老产品相比,新文化产品在技术指标、性能、结构、使用范围等方面都有明显差异。刚问世的新产品,如何顺利地进入市场,被大多数消费者所接受,并以此树立企业的品牌形象? 文化产品的定价若能把握住正确的决策方向,就有可能比较好地解决以上问题。纵观当前新文化产品的定价策略,主要分为取脂定价策略和渗透定价策略两种。

(1)取脂定价策略。

取脂定价又称高价厚利定价,这种定价法是将新产品的价格定得远远高于产品的成本,目的是尽快捞回成本,获取最大的利润,提高新产品投资的回报率。不言而喻,新产品刚推上市场,只要符合社会和消费者的需求,高价销售是可行的。当高价开始影响销量,或有大批竞争者涉足该产品领域时,企业可以适时地降低产品价格,既保护现有市场,又可与竞争者进行"削价竞争",掌握了产品价格调整的主动权。这种定价迎合了市场上"降价容易,涨价难"的趋势。

这一定价策略主要适用于创作和技术含量高、具有独特个性、不易仿制、具备时尚性的文化产品,如电影、软件制品、娱乐制品、艺术和竞技表演等,此类市场拥有大量潜在的猎奇者、追求时尚者和高收入的文化消费群体。1945 年,美国雷诺公司从阿根廷引进,并在很短时间里制造出"雷诺"品牌的圆珠笔,作为圣诞礼品投放市场。当时,第二次世界大战结束不久,市场上货物奇缺,礼品更缺。消费者甚需比较好的、实惠的礼品,"雷诺"笔正好迎合了市场的这种需求。所以"雷诺"笔进入市场后立即成为畅销货。当时,一枝"雷诺"笔的成本为 0.5美元,市场零售价高达 20 美元。"雷诺"公司的取脂定价取得了极大的成功,取脂定价使公司在短期内获取了很高的利润。"雷诺"笔到成长期后,成本降到0.05美元,零售价为0.7美元。

应当指出,取脂定价不是文化产品推向市场的灵丹妙药。近年来,国内大型演出竞刮"高价风",少数演出甚至开出了万元以上的天价,这使得中国演出市场成为国内外演出商淘金的热点。然而,目前我国演出市场尚未形成联动体制以分解成本,如果继续维持票价的居高不下,国内演出市场将步入萎靡不振的窘境。因此,取脂定价要考虑不同消费层次顾客所能承受的价格弹性,只有符合一定价格弹性的新产品,方能采用取脂定价。为了使一大批买得起中低票价的观众能进剧场,演出公司至少应让低价票的比率占到六成左右,以便培育更大的消费群体,积聚人气。

（2）渗透定价策略。

渗透定价又称低价薄利定价。渗透定价的形式是薄利多销,或无利多销,它的目的是使新产品迅速地占领市场,提高企业或产品的知名度。这种定价的特点是借助产品数量和价格的优势,挤走所有的竞争者,也使未来的竞争者认为在这个领域内"没有什么油水可捞"。西方国家的一些垄断企业为了垄断市场,在产品刚进入新的市场时,往往采取渗透定价。在搞垮所有竞争者,取得产品的垄断地位后,再逐步提高产品的价格。因此"反垄断"、"反倾销"始终是世界各国尤其是发展中国家维护国家主权、民族利益的一项主要工作。

渗透定价是文化企业经营中的一项十分严肃和关键的决策,若有闪失,不仅导致新产品上市的失败,更会使企业的经营和品牌形象蒙受重大的损伤。因此,采取渗透定价的企业须具备一定的资金实力和社会影响。它们往往首先选择消费水平较低的市场或地区,对一些市场需求大、价格弹性也大的文化产品采取渗透定价,如报纸、娱乐健身产品、文具等。因为只有大众化的、与人们日常生活紧密相关的产品,才能使低价销售发挥作用,也为以后的适当涨价提供可能。

渗透定价的产品必须具有良好的质量和售后服务。采取渗透定价,低价只不过是一种策略,低价销售的产品决不是廉价品、处理品;否则将有损产品的形象,堵死以后逐步提价的大门。同时,渗透定价的产品必须是社会大量需求的产品,以便企业扩大生产规模,在降低成本的基础上,达到薄利多销的目的。

那么,文化企业如何在渗透定价和取脂定价之间做出有效抉择?综上所述,企业在进行新产品定价决策时,以下几个方面可供参考:

取脂定价	渗透定价
市场容量小的产品	市场容量大的产品
消费层次高的地区	消费层次较低的地区
品牌形象好、信誉高的企业	品牌知名度低的企业
生命周期短的产品	生命周期长的产品
科技含量高的产品	科技含量较低的产品
企业的经营目标是获取近期利润	企业的经营目标是高市场占有率

5. 价格歧视策略

（1）一级价格歧视策略。

这种定价策略是指文化企业向每个消费者索要其愿意支付的最高价格,文化企业可以根据市场调查等手段,大体地估计出受众的支付意愿,从而实施一级价格歧视策略。

（2）二级价格歧视策略。

二级价格歧视策略也叫做折扣定价策略,它通过对相同产品或服务的不同消费量或"区段"索取不同价格来实现。折扣价也是文化产品的一种定价销售方法,它是在原价的基础上按照一定的比例打折,主要是针对经销商或者稳定的、消费量较大的用户给予的优惠。一般来讲,消费量越大,所享受的折扣越多。广告的价格也往往实行这种差别定价。就电视广告来讲,不同的电视时段,广告的价格呈现出比较大的差异;报纸广告也会因版面和时间的差异定价不同。比如《南方都市报》从 2001 年起,实行每周 3 个广告价格表,即周一、二、三为一个价格,周四、五价格最高,周六、日价格最低。遇黄金周及春节长假,报纸执行周六、周日的优惠价格。

（3）三级价格歧视策略。

三级价格歧视策略是指将消费者分为具有不同需求的两组或更多组,就同一种商品不同组的消费者索取不同的价格。不同组的消费者对产品的支付意愿不同。比如对网吧上网消费有会员价、普通价之分。会员可以享受到更快的数据传输速度、更优良的服务质量等。如果使用这种差别定价,导致文化产品销售量的增加,那么消费者和生产者的福利都会因此而增加,从而提高帕累托效率。

（4）两步收费制。

两步收费制要求消费者为购买一种产品的权利而预先支付一定费用,然后消费者再为他们所希望消费的每单位产品付一个额外的费用。数字收费电视就是一个典型的例子,它由月租费和单位节目点播费用组成。

（5）跨期价格歧视。

新上市的畅销书一般先采用精装发行,以满足一部分受众的收藏等需求;等一段时间以后再发行平装版,价格要比精装版低一些。而新进入市场的报纸,通常是以低价格把产品推向市场,一旦拥有一定的读者群,读者对该报纸产生一种品牌依赖时,再逐步提高价格。这两种定价策略虽然在方向上相反,但本质是一样的,都属于跨期价格歧视。

(6)捆绑销售定价。

当不同客户具有不同需求而生产者又不能实行价格歧视时,"捆绑销售"就很有意义了。当消费者对一种商品具有较高的保留价格而对另一种商品具有较低的保留价格时,"捆绑销售"策略最有效,如书籍和光盘的搭配销售等。

第四章

文化品牌的创意与策划

联合国工业计划署的调查表明,全球著名品牌在整个产品品牌中所占比例不足 3%,但所拥有的市场份额却高达 40% 以上,销售额已超过 50%。可见,品牌作为企业的一种无形资产,其力量不可低估。成功的品牌对企业的长远发展是非常必要的,它不仅可以使企业赚取更多的利润,还可以使企业在产品的延伸及进行资本运营等诸多方面获得利益。因此,品牌的创意和策划已普遍地被企业作为重要的市场推广方式之一。

对于大多作用于人们精神生活领域的文化消费而言,品牌更是代表着一种认同感和归属感,它是文化企业与消费者进行沟通的重要手段,保证了文化产品信息的有效传播。将品牌概念引入文化产业,预示着该产业已跨进品牌竞争这一更高层次的市场运作时代。随着文化产业竞争的加剧,稀缺的注意力资源成了众多企业争夺的焦点,而良好的品牌形象无疑会增强受众的忠诚度和美誉度,从而提高企业的公信力,长久地吸引受众的注意力。文化品牌创意与策划的目标,就是通过有效手段和资源,迅速提升品牌认知度、知名度和美誉度,不断积淀品牌的含金量,为提升文化产业的核心竞争力创造条件。

第一节 文化品牌的含义

一、品牌的概念

从不同的角度研究,就会产生不同的品牌概念。目前对品牌的研究多是从营销学、管理学、设计学、法学以及传播学等角度展开的,几种常见的概念有:

品牌的使用是用来区分不同生产者的产品的。实际上,英语"品牌"

（brand）一词源于古挪威语的"brandr"，意思是"打上烙印"[①]。

据美国市场营销协会定义，作为一种市场概念，品牌是指打算用来识别一个或一群卖主的货物或劳务的名称、名词、符号、象征或设计，或其组合，并打算用来区别一个或一群卖主及其竞争者[②]。

品牌是一个名称、术语、符号、图案，或者是这些因素的组合，用来识别产品的制造商和销售商。它是卖方作出的不断为买方提供一系列产品的特点、利益和服务的允诺[③]。

品牌是一个复合概念。它由品牌名称、品牌认知、品牌联想、品牌标志、品牌色彩、品牌包装以及商标等要素构成[④]。

品牌传播的内涵，应该首先是一种操作性的任务，即通过广告、公共关系、新闻报道、人际交往、产品或服务销售等传播手段，以最优化地提高品牌在目标受众心目中的认知度、美誉度、和谐度[⑤]。

综合以上概念，我们认为品牌是指用于区隔产品、服务或企业的可感知的标志系统或抽象的理念、象征。首先，它具有品牌名，是一种名称、术语、标记、符号、设计的组合体，一种令人将某个企业的产品和服务与竞争对手的产品和服务区别开来的方法。其次，它代表一连串的附加价值，提供消费者功能与心理两者兼具的利益点。它包括产品使用方面的功能、效用、包装、价格、便利、服务及品牌理念给人带来的感觉等方面的价值，如：给以信赖、满足情感、体现身份、合乎规范、符合习惯等。这一连串价值的总和，组成消费者心目中认知的品牌形象。

对于品牌的创意与策划，我们称之为"品牌运作"，包括品牌的定位、品牌战略决策、品牌管理、品牌产品营销、品牌延伸等内容。品牌运作以消费者需求为出发点和归宿，通过培育一批具有相当数量和较大影响的市场策划人才，尽可能获取消费者的认知和忠诚，进而实现企业的经济利益。

一般的品牌都具有以下共同特征：

（1）品牌具有鲜明的排他专有性。所有的品牌都只能属于一家企业，而不能同时属于几家企业。为此，许多国家制定了商标法和反不正当竞争法以维护品牌。

（2）品牌具有无形可感性。说到底，品牌是一种口碑，它本身没有物质实

---

① 〔英〕保罗·司徒伯特编：《品牌的力量》，尹英等译，中信出版社2000年版，第2页。

② 尹鸿、冉儒：《媒介超级市场背景下的电视品牌理念及策略》，引自"传媒观察"（www.chuanmei.net），2003年5月27日。

③ 〔美〕菲利普·科特勒：《市场营销学导论》，华夏出版社2001年版，第212页。

④ 韩光军：《品牌策划》，经济管理出版社1997年版，第1页。

⑤ 余明阳、舒咏平：《论品牌传播》，引自"视网联"（www.chuantv.net），2003年1月14日。

体,而往往是通过直接的或间接的物质载体或服务行为表现出来。它不占有任何空间,但能够传达丰富的符号形象。它的直接载体是品牌的图形、标志或符号,间接载体是产品的质量、性能、价格等。有些服务企业的品牌主要表现在它的服务过程之中。

(3) 品牌能够带来经济效益。有品牌的产品往往价格大大高于无品牌的产品。一个普通产品如果贴上国际著名品牌标识的商标,它的价格就会扶摇直上。因为著名品牌的背后蕴藏的是技术、文化与实力等。

(4) 品牌具有预期价值的不确定性。一个品牌本身的价值究竟有多大,往往是难以确定的,关键在于品牌所有者对于品牌的培育与经营。有些品牌由于所有者的成功经营,使得它成为著名品牌,给企业带来巨大的经济效益。有些则相反,由于经营不善,使品牌贬值或衰落。品牌预期价值要依赖所有者的经营水平和经营方式等诸多要素,这正是品牌评估的复杂性所在[①]。

二、文化品牌的含义

文化品牌,对外是引发消费者产生共鸣和推动企业价值取向的催化剂,对内则是企业与员工进行沟通和激励的磨合剂。它的精髓是以理性的诉求强调功能性利益,是以刺激与品牌内容相联系的情感认同达到树立文化品牌形象的目的[②]。理解这一概念应把握以下两点:

首先,文化品牌是一种能让消费者对文化产品或文化服务持续产生购买或使用倾向的内在气质。就以在媒介产业领域占据"第一把交椅"的中央电视台来说,观众很容易从它身上联想起很多东西。从节目的角度来说,很容易想到"新闻联播"、"焦点访谈"、"天气预报"、"同一首歌"、"艺术人生"等中央电视台创办的节目;从主持人的角度来说,很容易想起"倪萍"、"鞠萍"、"朱军"、"李瑞英"等知名主持人;从电视媒体的特性来说,很容易想起"真实"、"严肃"、"厚重"、"可信"、"专业"等特点;从媒体传播内容来说,容易想起"大片"、"重大新闻"、"重大事件"、"重大赛事"等。当观众从现实生活的角度产生某些与电视媒体有关的需要时,也很容易想起中央电视台。例如,希望企业、产品或个人出名时,很容易想到中央电视台;希望了解重大新闻事件、重大体育赛事、大型文艺活动时,也很容易想到中央电视台;想判断某个新闻事件的真实性时,也会想起中央电视台;想看点有分量、有深度的电视节目时,最容易想到的仍然是中央电视台……中央电视台与这些关联物强有力的联系,构成了中央电视台丰富的品

① 韩光军:《品牌策划》,经济管理出版社 1997 年版,第 2 页。
② 蔡嘉清:《文化产业营销》,清华大学出版社 2007 年版,第 157 页。

牌内涵,形成了中央电视台这一品牌的广泛影响力①。

可见,品牌可以使一个文化企业或文化产品更有个性、更有魅力、更令人难忘,它甚至可以变成一种表达使用者身份、地位和体现自我价值的标志,为消费者进行品牌识别提供凝聚力和参照物,使得品牌易认易记。当消费者接触到某一特定品牌的文化产品时,知名企业的品牌或商标可以立即在消费者的脑海里构筑出该文化企业的形象。

其次,品牌主导下的文化产业在很大程度上是一种"注意力"经济。一个成功的文化品牌可以使购买者或使用者持续、集中地获得相关信息,并且满足消费者需要的使用价值和附加价值。例如,当前传媒产业中全方位的竞争大家有目共睹,报刊、广播、电视、互联网、手机等都在为争夺有限的受众注意力资源而展开各种手段的竞争,品牌注意力的多少意味着发行量、收视率、点击率的高低,这将直接影响广告等收入来源,关系到传媒企业生存。这种表面上的传媒受众和市场的竞争,本质上体现的是传媒品牌的竞争,表现为受众对传媒的偏好和忠诚度,并且这种品牌的竞争已经渗透到了传媒运作的方方面面。比如新闻质量的竞争,面对重大新闻事件,谁的报道及时、准确、详尽、有特点,谁就可能首先赢得受众。

第二节　文化品牌的价值与功能

文化产业是极富有个性化特征的产业,产品的独特性、差异性、丰富性是文化产业的突出特色。无论是电视节目、故事影片、各类电视剧,还是旅游景观、平面媒体出版、互联网络的栏目设计以及各种图书期刊等,都需要突出其品牌特性。这就需要我们在了解文化品牌内在价值的基础上,注重发挥其独特的市场功能,为文化产业竞争实力的提升打下基础。

一、文化品牌的价值

文化产品消费的精神属性,使得人们往往会忽略其真正的物质成本,而更加关注它的品牌价值。这种价值如果用价格来衡量的话,一般有两种表现形式:一种是消费者在购买文化产品或享受文化服务时所付的价格;另一种是文化企业把品牌拿到资本市场销售时的价格。前者为零售价格,它反映出品牌在零售市场上的消费价值;后者则为产权价格,它代表品牌在资本市场上的交易价值。不管怎样,文化品牌的价格与其提供的价值成正比,也就是说文化产品

---

① 黄合水:《中央电视台的品牌价值来源》,载《广告人》,2007 年第 9 期,第 105 页。

零售价格的市场表现是否良好,往往是靠产权价值来支撑,两者相辅相成,互为因果。因此,品牌的创意与策划已被许多文化企业用来作为其市场营销活动的基本内容。品牌运作的目标是将品牌发展为名牌,名牌既可以是产品的名牌化,也可以是企业的名牌化。

1. 文化品牌的价值内涵

文化品牌的价值是对品牌进行的量化分析,作为品牌的"影子"价格,直接体现为一种超越文化产品有形实体以外的企业无形资产,是在市场竞争中的价值实现,是顾客让渡价值的组成部分①。品牌价值的产生是与品牌知名度、品牌拥有者、品牌使用者和社会等要素相联系的,能够给企业带来收益的资产。

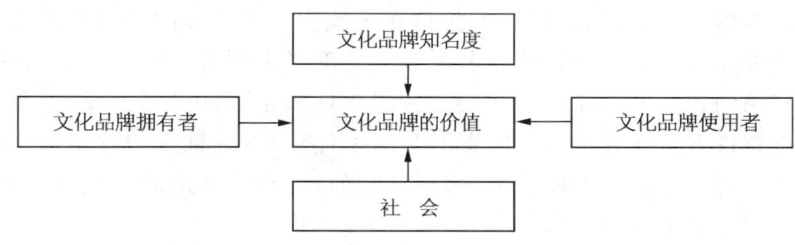

文化品牌的价值内涵

(1)品牌知名度。

文化品牌的知名度是品牌被社会公众的知晓程度,是品牌形象的基础,没有知名度的品牌价值就无从谈起。品牌知名度的高低直接反映了该品牌在文化产业市场中的地位和竞争能力,它是构成文化品牌价值的前提。

(2)品牌拥有者。

文化品牌的拥有者是进行文化产品生产、提供文化服务的企业、组织和个人,他们是文化品牌发展的主体。文化品牌拥有者一方面在品牌的创立和发展过程中已经对品牌投入了相当的资本和经营努力,这些构成了品牌价值的基础;另一方面品牌所产生的市场影响力,使得拥有品牌的文化企业,特别是拥有名牌的企业具有其他无品牌企业所没有的、较强的吸引消费者的能力,而且在市场竞争中也具有一定的垄断优势,有利于获得大量的超额利润。同时拥有品牌的文化企业可以在兼并、收购、特许、联营等经营活动中,以品牌价值作为投资主体来扩大自己的实力和规模,占有更大的市场份额,为企业带来更多的收益。

(3)品牌使用者。

品牌使用者是品牌策划的最终目标,没有一定规模或发展潜力的品牌使用

---

① 叶明海:《品牌创新与品牌营销》,河北人民出版社 2001 年版,第 22 页。

者就没有必要进行品牌运作。文化品牌的使用者涉及两个群体,一是该品牌文化产品的消费者,另一个是品牌的受许方。对消费者而言,品牌的价值在于简化了他们在购买商品中进行识别、挑选的过程,降低了消费者的购买成本和购买风险,提高了顾客让渡价值。同时拥有和消费文化品牌是品牌消费观念的具体体现,有助于消费者提高精神生活质量,并获得身份、地位、尊重等较高层次的心理满足。随着我国文化产业的迅猛发展,可供消费者选择和使用的文化产品和服务日益多元和丰富。同样一场电影,人们可以选择在视听效果、服务质量、舒适度等方面令自身感到满意的一家影院前往观看,这种消费习惯会逐步形成品牌忠诚。

对品牌的受许方而言,品牌的价值在于减少了受许方的经营管理风险,可以利用受许品牌在市场上高的知名度和美誉度吸引顾客。如近年来在我国逐步发展起来的各大电影院线,吸引了大批"单打独斗"的电影院纷纷加盟,利用院线品牌特许方在拷贝获取上的资源和成本优势,市场推广的营销组合优势,以及先进的管理经验和管理技术,增加获利的可能性,并使品牌成为企业未来收入来源的一个主要的无形资产。

(4)社会。

社会是品牌生存发展的环境。文化产业提倡树立品牌,以品牌产品和品牌服务为龙头进行资源的有效配置,不仅可以推动一个企业、一个行业的科技水平、管理水平、营销能力和文化实力的提高,更代表着一个民族的形象,是国家综合实力的象征。因此,在知识经济迅猛发展的今天,面对全球化的激烈竞争,世界各国都十分重视实施名牌产品的发展战略,特别是重视高技术含量、高文化蕴涵、高成长价值的名牌文化产品的发展。

2. 文化品牌价值的特点

品牌价值是文化产品或服务品牌的无形资产,是文化企业综合实力的集中反映。自1993年7月1日起,我国新会计制度已正式将企业声誉和商标价值作为无形资产科目,纳入财务核算体系,因此品牌价值也最能体现企业或产品的竞争力。文化品牌价值包括以下三个方面特点:

(1)文化品牌价值是一个量化指标。

品牌价值是对品牌进行的量化分析,可用数字来表示。目前国内外的评估机构都采用了量化指标来评价品牌的价值。由世界品牌实验室等机构发布的2006年《中国500最具价值品牌》榜中,中央电视台、凤凰卫视、《人民日报》分别以622.90亿元、231.90亿元、55.90亿元的品牌价值占据传媒品牌分榜的前三名。

(2)文化品牌价值是一个动态指标。

由于品牌价值是一个企业综合实力在市场上的反映，是一个市场评价指标，必然会受到品牌综合实力变化的影响企业实力趋于上行时，文化产品的市场占有率就会提高，超值利润增加，品牌价值也随之增值；相反，当企业实力出现下滑，品牌价值也会贬值。同样，如果人们对文化产品的消费兴趣或审美取向等方面发生改变，品牌的价值也会随之相应地发生变化。

创刊于 1981 年的《读者》杂志，经过 25 年的发展，月发行量已经达到了1 000万份，列亚洲第一、世界第四，品牌价值更是突破了 36 亿元，被喻为"中国第一刊"。《读者》能够在现代传媒业激烈竞争的今天不断走强，与其清晰、准确的品牌形象密切相关。随着市场经济的高速发展和残酷竞争，人们在工作和生活上的压力也逐步加大，一部分人更加倾向于真爱与美好、真情与关怀的审美习惯，这也造就了《读者》品牌升值的理由和发展的空间。

因此，要想树立一个文化品牌，需要改变以前那种单纯地重产量、重利润的经营模式，换之以发展的眼光和科学的管理模式，特别是要理顺市场主体、体制与品牌之间的动态关系，在市场竞争中培育品牌、塑造形象。

（3）文化品牌价值的未来性。

文化品牌的价值既是对品牌现有市场表现的一种评估，也是对品牌未来市场收益的一种期望，品牌的价值等于未来现金流量在目前的净值，而未来的现金流量由文化产品未来的销售量与价格决定。影响未来现金流量的因素是现有品牌延伸的价值，也就是利用既有的品牌推出不同的文化产品，以打进新的区域市场。同时品牌扩张过程中的买卖、兼并等市场活动则是品牌期权买卖的一种表现，期权是文化产品未来表现的一种收益权。因此我们说，品牌既是基于未来市场活动，也是基于品牌对文化企业未来市场成长发展的影响力。

二、文化品牌的功能

市场经济条件下，品牌已经成为企业参与市场竞争、吸引消费者和发展无形资产的锐利武器。菲利浦·科特勒对品牌功能是这样认为的：品牌具有提供给顾客和消费者特定的属性、利益特征，反映制造商的价值观、特定的文化象征和使用者个性映射功能等等。就具体的文化产品而言，其品牌的功能可以分为五个方面。

1. 进行产品识别

品牌虽然只是一个符号，但是这个符号却代表着品牌对象的一切特征，成为一种无形的识别器。它在消费者心目中是产品的标志，代表着产品的功能、性质、质量、包装等多种特点，能使消费者在琳琅满目的商品中迅速识别到特定品牌，从而缩短消费过程。品牌也能使文化企业在无限丰富的文化产业市场中展示自己的特性,以区别于其他同类企业。

因此,有必要用品牌将特定供应者所提供的产品与其他产品或服务相区别。在文化产品的消费领域,消费者对品牌容易产生一种整体、抽象的感觉,这就是品牌认知。美国营销专家约翰·墨菲在其著作《品牌认知》中写道:"不管是'形体'或'形状',所谓整体的概念就是任何整体都不只是部分的总和。在心理学上,这个过程被引进观念形成的过程……婴儿在一开始时并不知道围绕在他身边的物体就叫'人'。一旦他知道以后,就可凭借片段的信息来辨认(例如手的形态或特殊的香水味),然后在脑中形成物的整体,而品牌正是这种'整体'的概念,而不只是所有部位的总和。"这种"整体"感,要求文化企业在品牌策划中,要清晰、准确、突出地定位产品的特色,将品牌"浓缩"为文化产品的外在形象和内在精神的标志,使产品本身具有更为简单、形象、易于识别和传播的功能。

2. 维护消费者与生产者权益

品牌具有维护消费者与生产者权益的双重功能。对于消费者来说,使用品牌商品能够使自己的消费权益得到保障。文化企业为自己的产品确定品牌后,事实上品牌明示了企业对消费者的质量承诺和责任,企业通过严格的生产管理、先进的生产工艺、高素质的员工、对用户负责的精神等,充实文化产品的内涵,提高产品的可信度或服务水平,向消费者提供切实可靠的质量保证,从而吸引顾客、拓展市场。同时,品牌也能够向消费者和社会传递产品的质量性能和企业的市场信誉,特别著名品牌更是商品高质量的象征,购买这类商品使消费者有一种安全感、可靠感,能排除劣质商品的所有风险。

对于生产者来说,文化品牌的所有者通过商标注册以及其他知识产权法,也就是通过品牌的专有性使企业的产品特色得到法律保护,防止别人模仿、抄袭和假冒,保护企业和消费者的正当权益。

3. 促进企业盈利

品牌代表着文化企业的市场形象,人们对一种品牌商品的认可与否,直接关系到文化产品的盈利情况。一个市场公认的品牌,有助于建立良好的企业形象,保持一定的老客户,吸引新客户。文化品牌的盈利性表现为品牌产品或服务的价格一般比非品牌产品的价格普遍高出 15%—30%,有的甚至高出几十倍、上百倍,拥有品牌商品的企业由此可获得大量的超额利润。

随着消费者的日益成熟,认品牌、不认杂牌的消费倾向将成为不可抗拒的力量主宰文化产业市场的命运。折扣、有奖销售等促销手段固然可以在一个时期内取得经营效果,但不能保证长期有效。只有创建文化产品的品牌,才能有效地促进销售量的迅速增长。

4. 拉动消费需求

对于文化产业来说,品牌形象对企业的经营绩效起着重要作用。文化企业不仅靠提供实体性的文化产品盈利,还更多地依靠软性的文化服务来获取市场的信任与青睐。更简单地说,是靠卖一种"感受"而生存的。所以,从拉动消费者心理需求、拉近品牌与消费者心灵的距离、建树深入人心的品牌形象的功效来看,品牌的作用是其他因素无可企及的。成功的品牌形象可以赋予消费者最渴望得到的特点与感受,产品品牌的性格魅力可以达到非常强烈的程度,它们可以在一瞬间塑造一个人在气质、身份与个性等方面的完整形象,进而使消费者强烈地想拥有该品牌的产品与服务。与其他产品以拉动消费者的现实物质需求的直接目的相比,文化品牌形象往往更着重强调某一品牌的心理定位与利益点,着力拉动消费者的心理需求。

对消费需求的拉动	分　析
直接促进销售 (改变认识、引发动机)	成功的品牌形象可以改变消费者的认识,引发消费者社会心理方面的动机,从而影响购买决策,导致购买行动。
加深购买信心 (诉诸情感、加深需求)	成功的品牌形象可以应用诉诸心理与情感的创意模式去扩大并加深消费者的购买需求与满意度。
建立品牌忠诚度 (提升美誉、巩固口碑)	成功的品牌形象可以达到让消费者为了追求品牌带给他的感觉,而自己提醒自己养成购买使用该品牌产品或服务的习惯,并对凡是该品牌的其他产品不屑置辩的推崇与信赖,而且乐于将自身的体验告知他所处的社会群体。

文化品牌对消费者而言,就像一名无声的导购员,它通过对消费者心理需求的拉动,帮助后者做出合理的购买选择。人们在消费文化产品或服务的过程中,总是会收集和比较同类产品的各种特点,而品牌商品由于它所具有的信息传播和强化作用,以高美誉度、高强度、高冲击力的信息,诱导消费者走出困惑,将注意力集中在品牌商品上。品牌的这种心理优势容易形成消费者的品牌偏好,引导消费行为,培养消费习惯。

5. 催生价值延伸

品牌价值延伸是指采用现有产品品牌,将它应用到新产品上或新市场上的活动过程。成功的品牌由于其具有一定的自身强势和市场的召唤力,就有可能将原有的品牌扩张到其他新的产品或新的市场中去,不仅降低了产品开发和市场进入的风险,而且还能丰富和强化原来品牌的内涵,使品牌价值与市场空间都得到提升。

如果从文化企业价值链的角度考虑,品牌具有连接和延伸上下游企业、厂商和最终用户价值链的作用。一个品牌常常是一组关联的利益和好处,一方面对上游供应商而言,品牌企业是一个稳定的、有良好信誉的客户,可以为供应商带来可靠的利润来源和市场份额,品牌企业成为上游企业的价值来源;另一方面对下游企业或销售商而言,使用品牌企业的产品或服务可以降低质量风险,提高供货的可靠性以及技术支撑的保障,有助于提高企业的竞争能力,产生其他供应商无法提供的利益保证，也就是意味着给下游企业和销售商带来价值。最后对最终用户而言，使用和消费品牌商品可以带来降低产品选择的风险，减少精力和体力支出，提高其获得的产品价值、形象价值、人员价值和服务价值。品牌在这里既是连接上下游企业、厂商和最终用户的价值链，同时又在这一连接过程中实现了品牌价值的延伸和增值。

因此，文化企业在制定品牌战略时，必须对品牌的价值延伸问题做出明确而周到的策划。以上海文广集团的"第一财经"为例，它最早是由上海电视台财经频道和东方广播电台的财经频率合并而成的一个品牌。为了增强核心竞争力，"第一财经"以品牌为统领，实现了产业价值链的有效延伸，搭建起包括广播、电视、报纸、网站在内的四大媒体平台，并积极涉足财经数据产品提供以及财经公关服务领域。通过跨媒体、跨行业的经营，"第一财经"实现了人力资源与信息资源的共享，迅速成为一个成功的财经资讯和财经服务供应商。

第三节　文化品牌的生命周期

我国文化产业刚刚起步，塑造品牌化的产品是该产业发展的当务之急，也是规范产业发展进程的最佳举措。但是，文化品牌的塑造不能急功近利、一蹴而就，而是有着自身特殊的发展规律。品牌也像动植物一样，会经历一个出生、成长、成熟和衰退的过程，文化产品的销售情况以及获利能力会随着时间的推移和市场运作的情况发生变化。了解文化品牌变化的规律，对于找准文化产业市场进入时机、策划相应阶段的市场发展策略都有着积极意义。

一、文化品牌的孕育期

在孕育期，消费者对文化品牌的概念一无所知，对该类产品的基本需求尚待开发和引导，产品具有较大的可塑空间。因此，如何尽快在消费者头脑当中建立良好的"产品第一印象"极为重要。

此时，产品的概念是全新的，市场认知度完全需要从无到有一点点培育，所以营销成本高而利润很低。但这个阶段市场竞争程度较低，合理的品牌策划会大大缩短市场化进程，在策划中应当注意以下三点：

第一，这一时期新产品的推出带有极大的风险性，因此产品的研发工作应该尽量地充分，尤其是对市场的调查要尽量细致，只有在确保产品具备了一定的优势之后才可以把它推向市场，否则将难以建立品牌。大卫·奥格威曾经说过：当你为客户策划时，一开始就要假定客户永远经营这种产品，并以此为立足点，以高瞻远瞩的眼光来为他们的品牌树立起明确突出的性格。这种见解是很深刻的,品牌孕育阶段的主要工作是在设计、生产、销售之间进行协调,做好充分的市场调查,以确保产品能够符合消费者的需要,在市场上受欢迎。

在调查中,应本着辨识、预测目标市场、满足目标市场需求的主旨,对目标消费市场的基本状况、经济状况、消费结构、消费习惯、消费期望与偏好、消费心理等基本情况做详尽了解与分析,分析的具体对象包括整个决策单元(决策者、购买者、使用者、影响者等),为下面的对策提供依据。

第二,在市场调研的基础上,文化企业应致力于在短时间内"炒热"市场,将产品概念"灌输"到目标消费者的头脑中,让这种产品在消费者的脑海中建立正面的形象,激发尝试购买的欲望。只有这样,此类产品才有发展的机会。

因为此时的消费者对于产品的认知基本上如一张白纸,没有形成自身客观的辨识系统。这时,无论是企业对自身品牌产品的褒扬还是对竞争品牌产品的打击,对于市场而言,实际上都等于是启蒙性的告知,人们的注意力会放在"产品为何物"而非"产品是什么牌子"上。所以,市场上无论是抨击哪个品牌产品的言论,都会成为阻碍消费者认知接受此类产品的不利因素,有时,会断送产品的市场生命。

第三,做好品牌名称策划。文化产品品牌名称策划必须考虑到品牌名要与产品性质有内在关联性,使消费者联想到产品的利益、品质及作用,并且体现出品牌的精神内涵与心理定位;在形式上,应上口、易读、易记、与众不同,并且充分利用本土文化及语言文字的优势,切忌产生字面或意义上的不良感受、歧义或禁忌等。在体现文化产品性质与优势的前提下,尽可能方便消费者辨识、记忆与接受,有利于传播推广。

品牌名称策划一般有以下几种选择。与公司品牌不同但所有产品用同一品牌名称;使用与公司品牌名称相同的产品品牌名称;公司的品牌名称与产品的品牌名称结合;产品品牌与公司品牌不同,且每种品牌名称也不同。产品品牌与公司品牌名称相同虽然利于推广,节约费用,但也有将公司声誉系于某一产品之成败的风险性。所以,企业必须针对目标市场、产品条件、发展方向等因素综合衡量。

二、文化品牌的幼稚期

幼稚期的文化产品在各方面尚未稳定,因而未能形成鲜明的品牌特征。新产品在市场推广初期往往在形态和内容上还不太令消费者满意,开发成本过高而且价格昂贵。该时期文化品牌的策划中应注意:

第一,品牌幼稚期的文化产品多处在试推出期间,如果消费者发现其无法满足他们的精神需要或娱乐需求,将难以在市场上推广成功。因此,文化产品在质量上必须得到充分的保证,文化服务更应注意做到尽善尽美,即在这方面应当有吸引消费者的地方,这也是品牌最终成功的最基本条件。

第二,此时行业进入壁垒比较低,价格可以定得高一些,消费者对于新产品的较高价格,一般是可以接受的。同时,新产品采取高价策略,可以促进企业不断地提高产品的功能,因为它要向消费者证明它的产品物有所值。由于新产品的推出需要较高的成本,只有产品维持较高价位才能为以后的定价留下余地。

第三,由于幼稚期的产品尚处于被消费者认识和接受的阶段,市场占有率不高,品牌尚未真正形成。新产品刚刚投入市场,顾客对产品尚不了解,只有少数追求新奇的顾客可能购买。企业的注意力应放在那些最有可能购买的消费者身上。

第四,这个时期的主要目标在于打造声势,要组合运用广告、促销、包装设计等手段,重点向消费者介绍产品的特性、质量、用途等特征,以此激起消费者的初次购买欲望,为品牌进入成长期作好准备。幼稚期文化产品的促销费用高,需要耐心细致地做好渠道中间商的说服工作,使销售流通渠道逐步完善。

三、文化品牌的成长期

文化品牌成长期内,市场已被炒热,产品概念的市场认知已基本普及,市场需求急剧增加,产品利润持续上升,市场潜量很大。由于此时市场上同类产品品牌增多,消费者对此类产品的品牌指向性增强,对产品的需求由基本需求派生特殊需求,市场区隔增强。

这一阶段是以品牌切入市场,快速建立品牌地位,争夺有利市场份额的大好时机,同时品牌也将面临日趋激烈的竞争。此阶段与幼稚期市场目标的重心不同,文化企业应着力开拓市场,争夺市场份额,并维持良好的利润增长势头。为了顺利达到这个阶段的市场目标,品牌策划要做较大的调整。

第一,幼稚期说服消费者试用产品将给品牌的成长提供条件,在成长期,使消费者产生再次购买的欲望就显得非常重要了。对于那些已经试用过产品的人来说,只有在产品提供给他们的满意度大于他们对产品缺陷的失望度时,他们才会重复购买。同时,也有一些对原来品牌已产生了一定程度依赖感的消费者,他们只有在新产品所提供的附加价值远远大于他们所熟悉的品牌的功能价值时,他们才会产生购买欲望。在成长期,可以通过直接或间接地给批发商、零售商打折扣的方式来促进销售。这种方式鼓励销售商对商品进行展示,但是也可能会导致零售商通过降低销售价格而将销售折扣中的部分利益转移给消费者。

品牌成长期中销售量一般而言是逐步上升的,但也有上升至高峰然后下降的情况,即呈波浪式的前进方式。造成这种情况的原因有可能是一部分初次使用者发现新产品不足以令他们满意而放弃再次购买,还有可能是生产商削减了促销和广告的费用。一般而言,这个时期的产品销售量在达到顶峰后就会下降,然后在最高销售量的 4/5 左右保持较稳定的销售水平。

此期要注意产品的同质化问题。但凡一个文化产品成功推向市场,不久后就会有大量的跟随者推出同类产品,甚至是明目张胆的模仿。这时候除了运用法律手段加以解决之外,更重要的是自身如何不断地进行创新和发展,练就自身的核心竞争力,从而保证消费者的品牌忠诚度。

第二,在品牌生命周期的早期阶段,广告的作用一般不太明显,广告对品牌使用价值的累积影响还没有表现出来。但在成长期,广告的作用将越来越大。成长期广告目标是吸引顾客,使其形成品牌偏好,以扩大市场占有率。此时应进一步加强广告宣传,广告的内容要突出畅销商品的特色和使用价值。品牌最先遇到的障碍无非是市场渗透度和消费者重复购买的问题,如果在这两个方面做好了,品牌就会继续成长。此时产品的需求量在逐渐增大,人们已对产品有一定的认识,宣传应着重突出本产品的优势,使消费者对诸多同类产品中选择自己的产品。

第三,对于以精神需求为主导的文化消费而言,没有任何一名消费者是完全理性地处在市场环境之中的,品牌策划的方向应当是努力在消费者与品牌之间建立情感关联。这是因为,消费者对一个文化品牌的反应与感情有一个过程,如中央电视台的《艺术人生》,以谈话的形式,讲述嘉宾的艺术成长历程和情感经历,观众在观看过程中常常会被节目慢慢地感化,产生情感上的共鸣。反之,一个品牌如果未能与消费者建立某种感情方面的联系,消费者对它的反应将会是冷淡的。

第四,成长期中文化产品的需求不断上升,产品的市场占有率在提高,品牌的影响力在进一步扩大,知名度也在逐步提高。此时企业可以使产品的生产规模化,降低成本,提升利润,这就要求有持续投资。首先应从产品本身入手,及时做好市场调查,根据消费者的需要及时推出有特色的产品,不断地加以改进和提高,增加新功能,推出新款式等等,因为产品的差异性常常是品牌成功的一个重要因素。同时,在售后服务的环节上,建立好完善的销售网络,培训高素质的售后服务队伍。这些措施为长久地吸引顾客打下了基础。

在品牌的成长期,品牌特征基本明朗,消费者对品牌已经有了一定的认知度,口碑也比较好。同时竞争者会越来越多,类似品牌不断涌现,新品牌要取得更大的市场份额难度也会越来越大,进入壁垒越来越高。

四、文化品牌的成熟期

成熟期文化产品的销量基本已经达到最大值,市场占有率亦趋稳定,利润也从最高峰降至一个稳定的水平。品牌在这个阶段具有很高的知名度和忠诚度,消费者一旦认可某一品牌就很少发生改变。在这个阶段,行业进入壁垒很高,因为现有的品牌已经形成了相当强大的影响力,新进入者要在这种情况下建立自己产品的知名度相当困难。显然,成熟期竞争非常激烈,产品供大于求,用户在选购商品时越来越挑剔。成本、售价、服务方面的竞争更加激烈。产品由于已经成熟定型,新产品的开发及产品新用途的开发难度大为增加。要使文化产品在内容、系列、包装、服务等方面不断有所变化,会使成本及风险增加。此时企业要认真策划品牌开发战略,尽量使成熟期得到延长。成熟期的品牌策划应当注意以下几点:

第一,此时保持市场占有率比争取新用户成本更低,意义更大。具备了品牌忠诚度的消费者不会像普通消费者那样对广告等营销方式反感,相反,他们对于自己认为的品牌会更有兴趣,更愿意接受这些信息,进而会加入重复购买者的行列。一旦消费者对某个品牌产生了信赖感,要使他改变购买习惯也是不容易的事。如某位消费者向来购买某一份城市晚报,要使他对另一份晚报感兴趣进而产生购买欲,可能需要大量的广告和促销活动。因此说成熟期维持已有消费者比花精力去寻找新消费更为重要,也更有价值。

第二,在品牌成熟期阶段,企业应强化品牌的差别化与个性化。此时的文化产业市场更加细化,区隔化加强,文化企业应在产品内容上进行创新和扩展,积极改良和提高服务水平,进一步完善流通渠道,并衍生新的产品概念来支持品牌继续发展。企业应适当推出系列产品,提高市场占有率,扩大品牌与消费者的接触点。对新推出的副品牌产品应重新进行市场定位,用不同的利益点去吸引不同区隔市场的消费者。即利用市场已有的个性化需求,塑造差别化品牌个性。

第三,该阶段市场竞争最为激烈,特别表现为价格的竞争。消费者在认可了一种品牌之后,也会对价格提出更高的要求。文化企业要在节约成本、提高质量上下工夫,在市场营销上要进一步在市场渗透和市场开拓方面争取有新的进展,以免给竞争对手可乘之机。这个时期生产手段的改进比新产品的开发更为重要,因为品牌的地位已经确立,文化企业的主要任务应该是提高生产率,使产品标准化,并降低成本,以便取得价格优势。

第四,在成熟期,广告、促销等营销手段的效力将逐渐减退。产品本身已经不需要作太多的宣传,而此时如果能够突出地宣传企业的整体形象也是有效的办法。

五、文化品牌的衰退期

在衰退期,产品的需求下降,产品销量下降甚至产生滞销的现象,利润亦越来越小,一部分竞争者已经处境艰难甚至不得不退出市场。此时,文化品牌影响力逐步降低,直至从消费者的心目中消失,消费者的目光被其他新产品吸引。

在品牌的衰退期,广告一般不会起太大的作用。此时企业可以尝试重新策划广告或公关活动,如果不明显,就应该考虑推出新的产品以塑造新的品牌了。

衰退期文化产品可能仍然会有稳定的、下降较为缓慢的需求,如果出现这种情况,企业则仍应在品牌上作少量的投资,不要轻易撤出。可以采取逐步收缩的策略,直至产品自然退出市场。

还有一种情况,如果继续经营某种品牌,不会获得很大利益或者是将会影响企业在别的方面取得抢先优势,这时候企业就应该及早退出。现实中最常见的做法是停止一切新的投资,及早地减小生产量,快速削减各种研发和营销费用,转移资金,撤销该品牌有关的运营部门等等,以便能够及时集中企业资源,转向新的品牌。

第四节　文化品牌策划的途径与要求

按照上一节中品牌的生命周期分析,文化产品通常都遵循孕育期、幼稚期、成长期、成熟期、衰退期的周期曲线。但是,如何把文化产业品牌迅速做大做强,并保持长久不衰,这还得益于良好的品牌策划方法。迪斯尼公司创立的"米老鼠"等迪斯尼系列品牌,已经经历了近 80 年的生命周期,仍然保持着旺盛的生命,也正是得益于独特的品牌策划。因此,品牌的策划方法值得我国文化产业的经营策划者深入学习和分析。

一、文化品牌策划的途径

随着现代管理理论的不断发展与深化,企业塑造品牌的方法与途径也越来越多样化。文化品牌的塑造过程,实际上是塑造企业形象和传播企业形象的过程,也是文化企业创造满足消费者心理和精神需求的一种特殊的文化过程,同时还是给企业的产品增加附加值,增加科技含量、文化含量、情感含量的过程。它的基点是"一切以满足消费者的需求为中心",它有别于传统企业以产品生产为中心、以促销为中心的经营方式。

品牌策划是塑造品牌的最重要,也是最核心的工作。它是企业为实现特定的市场目标,经过细致的调查分析、创意谋划,制定在未来市场经营过程中最佳战略和行动方案的过程。因此,品牌策划要体现企业经营理念、确立运作方案、提出具体谋略[①]。文化品牌的策划思路,就是在明确品牌定位的基础上,建立CIS 识别系统,塑造文化企业或文化产品的整体形象。

1. 明确文化品牌定位

定位(positioning)一词源于 20 世纪 60 年代的美国。"定位"理论的核心

---

① 欧阳友权:《文化产业通论》,湖南人民出版社 2006 年版,第 109 页。

是,在一个竞争激烈的市场中,在一个信息爆炸的社会中,通过调查分析和策划活动提炼、凸显品牌形象,并将其根植于未来潜在顾客的心中,在市场上为产品赢得一席之地。

文化品牌定位是指在细分市场上,首先明确产品所应服务的特定目标受众群,寻求在市场和消费者心目中的最佳位置,确立品牌并牢牢占领市场。随着人们精神需求的多元化和个性化,文化产业市场已经由原来的"大众"市场变为"小众"市场,受众的构成呈现出立体性、复合性、交叉性,包含了政治的、经济的、文化的诸种因素,已不再是一个利益基本一致的大群体了。因此,文化企业必须对不同的消费者进行市场细分,针对消费者的兴趣与需求确定产品或服务的个性特色,并通过品牌形象传播,强化这个特色,使它与消费者的购买动机相一致,达到消费者满意享用的效果。品牌定位准确与否,决定着文化企业产品或服务的市场份额。

（1）文化品牌定位的作用原理。

几乎所有成功品牌的价值最终都是建立在心理基础上的,一种产品打开市场销路越来越少地取决于物质层面的质量与利益,更常见的是取决于消费者所感知到的"潜在的质量与利益"。文化产品带给消费者的这种感觉就是品牌形象的力量。正是基于这个现实,产品的特性往往并不是品牌定位的焦点,关键问题不再是一个品牌的产品真正要比竞争产品有具体的好处或不同,而是挖掘什么是消费者尚未铭记的最重要的潜在心理价值（情感的、社会的、个人习惯与隐私方面等）。当品牌定位契合了消费者这一潜在追求与渴望,并紧紧抓住它时,消费者会自己说服自己。因为消费者会认为,他不是在外界作用的劝服下,而是在自己价值指标的基础得出了对产品肯定的结论。所以说文化品牌定位的原理是给消费者心理和情感层面制造了一个"模糊圈",使他们在自己的意愿中"迷失"。

（2）正确定位文化品牌。

文化品牌的潜在心理价值甚至比产品事实上的优点更有力、更稳固,产品事实上的优点只有先克服了消费者的疑虑之后才发挥影响作用,而心理价值则相反,它可以避开消费者的理解,而在其潜意识中扎根。要想利用品牌定位在消费者心中建立品牌的心理价值,关键在于如何在策略上找到影响消费者意识的途径,在消费者心目中建立品牌心理价值的潜在动机原点。这些动机原点像打开消费心理的钥匙,有了它,我们可以将品牌成功的策略模式系统化,并使它适于实战操作。

因此,根据细分市场中消费者不同的动机,要采取不同的品牌定位模式,即认定对目标消费群起主导作用的心理动机,才可能操纵消费者认识、情感和心

理的杠杆来影响他们的行为。文化品牌在消费者心目中建立心理价值的潜在动机原点以及由此引发的品牌定位模式如下所示①:

在消费者心目中建立文化品牌心理价值的潜在动机原点

消费者潜在需求动机原点	分　析
价值动机:消费者之所以喜欢这个品牌,是相信它带来的价值比同类竞争产品更大。	最直接而根本的需求动机,付出相对小的代价而得到比其他规律更大、更能解决问题的价值是消费者的初衷。
情感动机:消费者之所以喜欢这个品牌,是因为这是一个值得他倾注感情的品牌。	认同与喜爱是建立在情感基础上的,如果是因为觉得品牌好而购买,消费者也许会见异思迁,如果是因为喜爱这个品牌而购买,这种关系是稳固而忠诚的,因为消费者对好的东西是有选择的,而对爱的东西才是"专一"的。
尊严动机:消费者之所以喜欢这个品牌,是因为它使他显得更有身份,更加尊贵。	渴望被尊重与渴望自我实现的需求是人类的高层次需求,消费者希望通过消费找到一种毕生追寻的感觉:他已过上了他渴望过上的生活,已成为他渴望成为的那种人。
习惯动机:消费者之所以喜欢这个品牌,是因为无意识地有使用它的习惯。	消费者把认识的品牌归纳到头脑概念的"抽屉"里,当他有某种需求时,理所当然地会选用某个品牌,因为这个品牌已成为解决或满足这种需求的模式与象征了。
规范动机:消费者之所以喜欢这个品牌,是因为避免与消除了与其价值规范相悖的内心冲突。	规范构成了人们行为指南的一部分,它是一个道德的机关,消费者的行为有时常常不以利益为导向而以规范为导向。如:对待社会应有公德心、对待爱人应忠贞不渝、对待亲人应呵护倍至等。

文化品牌定位策略模式

品牌定位策略		分　析
价值主导模式（超值满足策略）	诉诸需求的策略	激发并培养需求,让消费者认为他的确需要但尚未满足这一需求,这种需求受到越多的刺激,他就越想满足,使品牌成为超值满足消费者需求的形象代言。
	诉诸引导的策略	把所有的感染心理的广告表现元素调动起来(如:图像、声音、语言、风格、情调等),有目的地引导出唯一的、对购买决定、对品牌形象认识有决定性意义的论点,使消费者在生活中遇到类似的情调与风格时自然会联想到该品牌。一个品牌是否受欢迎,产品是否畅销,关键在于如何对目标消费群体进行条件引导。
	诉诸情感的策略	向消费者说明,使用某品牌产品可以产生积极的情感作用,这个作用可以是对个人的,也可以是对社会的。对个人的如:轻松自然、自信独立、安全可靠等;对社会的如:融合亲情、促进爱情、建立友情等。
	诉诸指标的策略	从某品牌产品概念中提炼出一个有说服力的核心特征与指标,使消费者得出此品牌功效优于其他产品的结论,每当消费者在可代替产品之间作出选择时,总会目标明确地去寻找那些有用使他感到作出了最明智决定的指标的品牌,使品牌成为拥有这种质量指标的形象代言。

① 刘永炬、冯斐:《广告策划与创意:锁定目标与攻击方法》,企业管理出版社 2001 年版,第 62 页。

情感主导模式（情感转移与寄托策略）	情感寄托策略	对消费者头脑中扎根的情感进行因势利导,刺激消费者头脑中业已存在的强烈的"情感结",与某品牌融合在一起。
	创造憧憬策略	由于强烈的情感往往存在与被满足之间的悬念地带,将品牌利益与消费者的希望和追求联系起来,成功地表现该品牌可以达成消费者的诉求与化解他对生活的不满与不足之情。
	生活方式策略	品牌可以体现消费者梦寐以求的可以实现的理想生活方式,它是创造憧憬策略的延伸,是一种满足消费者全方位的、更具体的憧憬策略。
	戏剧感染策略	借助戏剧式的成功情感模式,令品牌所传达的情感与消费者产生共鸣。
尊严主导模式（自我实现策略）	体现身份策略	用品牌特征与档次传递出拥有者不同的社会地位,赋予消费者某种他想要的身份(在别人眼里),以使消费者通过使用某品牌的产品或服务有成功、价值被社会所承认的优越感与自豪感。
	崇尚信仰策略	用一个简明扼要、不合常规的信条标榜品牌内涵与理念,这个理念给消费者以积极的形象、个性与身份。
	捍卫个性策略	通过品牌帮助消费者表达个性、凸显自我,被社会所注意。
习惯主导模式（崇尚经验与惯例策略）	意识归类策略	按目标消费者的认识习惯的类别将品牌形象归归到其中去。
	级别归类策略	为避免与现有产品产生激烈竞争,将品牌定位在差别化的更高的等级中去,通过分级,消费者的判断会习惯性地向正面或负面发展。
	替代策略	激发消费者遗忘的习惯或将现有习惯延伸,让其产生"原来这样更好"的感觉。
规范主导模式（唤醒良知策略）	合乎规范策略	向消费者声明,某品牌所宣扬的理念非常符合他的规范与价值观,挖掘基于规范的购买潜力和排除购买障碍,如环保、社会感、责任感、信守承诺等。
	良心策略	呼唤目标消费者对他人家庭或社会的义务,借助品牌的内涵与产品的优势消除内疚感。
	不和谐策略	每个人都力求自己的生活和个人规范与价值协调一致,否则,就会因不安而改变行为,借助这种心理,让消费者感到行为与价值观对立而不安,转而选择该品牌。
	惩罚策略	戏剧性地渲染目标消费者只有选择某个品牌,才能达到对自己提出的较高要求与规范,如:呼唤自豪感、责任感、自尊心等。

2. 建立 CIS 识别系统

CIS 的全称是 corporate identity system,即企业识别系统。自 20 世纪 50 年代中期美国 IBM 公司首开先河,采用这一差异化战略取胜市场开始,半个世纪以来 CIS 风靡世界,被欧美、日韩等国际企业普遍采用,成为创立国际名牌的现代经营策略。

文化企业 CIS 设计的起点是将构成品牌形象的要素转化成统一的识别系统,然后再借助于信息传达将其准确、清晰地展示在公众面前,在企业与公众的相互作用过程中形成符合 CIS 设计的传媒组织形象,其本质是一种以塑造文化企业形象为目标的组织传播行为。

CIS 由三个要素构成,包括 MI(理念识别)、BI(行为识别)、VI(形象视觉识别),这三个要素既独立发挥作用,又相辅相成,最终融合为一个有机的整体。

（1）理念识别。

理念识别是文化品牌策划的基本精神所在，它处于最高决策层次，是系统运行的原动力，代表着文化企业的意志和信息内核。理念定位注意品牌价值追求的表达，是文化企业品牌定位所应具有的核心价值和独特个性，是企业文化的重要组成部分。理念识别通常用一句座右铭的口号表达文化企业的经营理念。对于报纸而言，这种理念识别就体现为其办报方针。它们往往根据市场细分的结果，分析市场的空间和可拓展性，通过办报方针表现出独特的品牌定位和个性追求。例如：

《纽约时报》	刊登一切可以刊出的新闻
《今日美国》	文辞简洁，信息富有
《俄勒冈人报》	不可或缺
《广州日报》	追求最出色的新闻
《北京青年报》	有新闻的地方就有我们
《新京报》	负责报道一切
《新周刊》	就是为了新一点
《华西都市报》	市民的公仆
《环球时报》	没有什么能逃过环球时报
《中国证券报》	可信赖的投资顾问
《中国经营报》	新闻的实用性
《经济观察报》	理性、建设性
《南方日报》	高度决定影响力
《南方周末》	深入成就深度
《南方都市报》	办中国最好的报纸
《21 世纪经济报道》	新闻创造价值
《南方农村报》	服务农村经济，维护农民权益
《南方体育》	跟他们不同
《城市画报》	新生活的传播者
《21 世纪环球报道》	新闻全球化

各家报纸往往通过简短的一句口号，表明了品牌定位的价值取向。应当明确，这种定位理念作为文化企业经营理念的具体表征，应避免随意杜撰，而要在企业的市场定位、经营目标以及信息资源等条件基础上提炼而成。理念作为文化企业对公众社会的郑重承诺，是获得社会公信力的一个诉求点，更是树立文化品牌形象的重要标志。

（2）行为识别。

行为识别是文化企业的动态识别形式，它的核心在于 CIS 理念的推行。文化品牌的行为识别几乎覆盖了文化企业的所有经营运作活动。由于文化产业内容生产的特殊性，行为识别也就主要表现为文化内容产品的策划和生产。对文化企业来讲，再好的理念最终都需要通过优质的文化产品来实现。因此，多出精品、打造特色内容，成为维系文化品牌的根本。

第一，特色产品是行为识别的重要内容。这是一个标榜个性和特色的时代,这同样也是一个注意力资源稀缺的时代。文化产品数量的膨胀,使得文化市场呈现出买方市场特征,文化企业挖空心思地展开"你无我有"、"你有我优"的竞争。比如《经济观察报》对中国经济新闻报道的突破,克服了以往经济报道枯燥、呆板、报道手段单一、远离受众等弊端,创造了"经济新闻社会化、通俗化,经营问题个性化、人格化"的报道模式,引起了不小轰动。而《财经》杂志则以其高度的新闻敏感,以理性的、专业的、思辨的视角,深刻剖析改革中的中国财经问题,发人深省。很多电视栏目也因其某个方面的特色,有口皆碑。如中央电视台的《面对面》栏目,注重对人物内心复杂心理活动的剖析,使人物形象真实、立体、丰满,成为电视人物深度访谈的典范之作;而北京电视台的《元元说话》,无论从内容选题到语言风格都贴近老百姓生活,深入百姓内心,主持人元元也因此成为大妈们的"邻家闺女"。

第二,文化品牌的辐射是文化行为识别的另一重要内容。它是利用前面所述的文化品牌价值的延伸性,构建起文化产业价值链,即充分开掘主品牌的潜在价值,将主品牌放大、强化,使之成为品牌孵化器,延伸和辐射开去打造品牌系列。这样,就可以变单一效应为综合效应,变无形资产为有形资产。如《电脑报》从1995年起就提出"让知识变成财富,让技术成为商品"的发展战略,将品牌向业内扩展,对外合办了8种科普姊妹刊物,下设13家独资或合资公司,报社的营业额和利税连年翻番。

(3) 视觉识别。

文化品牌视觉识别也是CIS系统中的一个重要环节,因为它直接表现文化企业或产品的视觉形象。对于报纸而言,视觉识别表现为报纸的报头、报眉、栏目、版式、线条、字体、标题、插图等视觉符号;对于电视频道而言,视觉识别包括台标、标准色、声音识别系统、标准字、话筒标志、片尾字幕定版、频道形象片花、频道形象宣传片、开始曲和结束曲等要素。

凤凰卫视台标

例如,凤凰卫视的台标是一凤一凰,两两相对旋转的翅膀极富动感,体现了现代媒体的特色。一阴一阳的两个主体,像两团燃烧的火,极富动感地共存于一个圆内,既具直观性又有象征意,被视为吉祥如意、和平安康的象征,是中华民族"和"文化的精神象征。在世界各地不同意识形态下生活的华人可能因此获得共同的心理认同和形象感召。

此外,该图案还象征着从凤凰看世界。凤凰卫视台台长刘长乐说:"中国人喜欢讲阴阳八卦,如果被什么东西框住了,事业就不会有更大发展。因此(台标)设计上既突出交汇,更注意围绕一个'开'字做文章。"[①]凤凰卫视立足回归之后的香港,在沟通内陆与台港澳的同时,不仅将历史悠久、博大精深的中华文明传播给世人,更帮助中华民族以更加开放的思维和开阔的视野去认识这个纷繁多姿的世界。这一设计正迎合了凤凰卫视"开拓新视野,传播新感受,记录新生活,创造新文化"的文化使命。当前,"凤凰"的标志已广泛地运用于凤凰卫视、凤凰周刊以及凤凰网络宽频等子媒体上,成为华语媒体的标志之一。

3. 不断进行品牌创新和维护

所谓品牌创新,是指企业针对市场变化,创造新的品牌、创造品牌新的应用、引进和转让品牌资产来实现品牌的管理活动。品牌创新也是指企业要通过创造出竞争对手所不具备的先进技术和手段,提供比竞争对手更加完善全面的服务,满足顾客更新更高的需求,来保持和发展品牌的一种全新的经济活动。

随着文化产业市场竞争的日益加剧,品牌的平均生命周期也随之不断缩短,品牌创新能力成为文化企业生存的关键因素。品牌一旦进入成熟期以后,文化企业应不断地对其进行创新,以延续品牌的价值。为此,文化企业应当建立完善的市场调查机制,对文化市场受众需求、文化品牌的效果等进行量化的跟踪调查,及时发现受众市场的变化,从而对文化 CIS 系统进行及时调整;通过再调整,加强与受众的互动,实现自我超越。

"米老鼠"的创始人迪斯尼十分注重动画形象的创意与设计,创造了独特的迪斯尼动画电影的造型原则——写实与卡通化。在迪斯尼动画电影的摄制过程中,创作者常常按照剧情要求,请真人演员先表演一遍,并用摄影机拍摄下来,从而掌握真人表情绘制中极为重要的时间控制。经过细致的分析,动画人物的口型可以与声音完美地对合在一起。迪斯尼曾说:"真正的卡通是真实的或可能的事物,甚至是即将发生的事物,加上幻想与夸张。"[②]为了保证"米老鼠"形象的持续吸引力,迪斯尼还不断采用新技术进行创新:一是由无声电影到有

---

① 支东升:《刘长乐与凤凰卫视》,新浪网(http://blog.china.alibaba.com/blog/chaolingprint/article/b0-i2731413.html),2003 年 1 月 24 日。

② 马克·莫尔:《迪斯尼传》,长江文艺出版社 1996 年版,第 158 页。

声电影的转变,随着有声电影在纽约华纳剧场的首映,迪斯尼敏锐地注意到卡通片也将不可避免地加上声音,于是他的第一部"米老鼠"卡通片《威利汽艇》就在 1928 年诞生了;二是由黑白片到彩色片的转变,20 世纪 30 年代初刚有电影公司开始研制彩色电影时,迪斯尼力排众议于 1933 年拍出了第一部彩色卡通片《三只小猪》,市场效果极好。但在对米老鼠要不要彩色问题上,公司内部分歧很大。有人认为,黑白片的米老鼠已获得成功,不必再彩色化,而且彩色片的制作费用比黑白片要多出 1/3。迪斯尼坚持己见,彩色化的"米老鼠"形象再次在市场上引起了轰动。可以说正是"米老鼠"形象的不断改进和创新,才保证了它在动画市场上的长久不衰。

品牌维护是企业通过规范的企业制度和利用各种法律法规保护企业品牌利益的活动。首先,文化产业是知识密集型产业,对其进行品牌维护的首要任务是建立品牌保护制度,通过现代企业机制约束企业行为,确保品牌的品质永远处在优秀状态;其次,要不断提升品牌形象,使得品牌的品质持久恒定,并且在不断创新过程中动态满足消费者的个性需求,真正做到常变常新;再次,要熟悉各种品牌管理的法律法规,对于那些抢注、盗用或仿冒品牌名称等严重损害企业品牌形象的行为,要通过法律途径进行诉讼,对于企业偶然出现的恶性事件,要使用危机公关手段在法律基础上妥善处理其对品牌的影响[①]。

迪斯尼在大批量地制作动画片并把它们销往世界各地的同时,为"米老鼠"、"唐老鸭"等卡通形象申请了周密的专利,在法律的保护下进行特许经营开发。同时,"米老鼠"的品牌形象也得益于美国政府的大力保护,作为一种美国国家文化形象的象征,每次"米老鼠"的版权即将到期之时,美国政府都会异乎寻常地修改版权保护法、延长作品保护期,仅在 20 世纪美国国会就曾 11 次延长知识产权的保护期限,"米老鼠"的形象版权总计已经延长了 20 年,迪斯尼公司和美国政府从中获得了巨大的经济和政治利益。

二、文化品牌策划的要求

品牌策划的方法虽然层出不穷,但是必须要具备一些最基本的条件。这些条件不仅仅包括外部的市场环境,更重要的是企业自身应具备的微观基础。一般说来,文化企业进行品牌塑造有如下基本要求。

1. 树立品牌意识

树立强烈的品牌意识,是文化企业走品牌之路的基本要求。每一位企业领导与员工,必须在其生产、销售与服务的每一个环节体现创品牌的意识,时刻牢

① 欧阳友权:《文化产业通论》,湖南人民出版社 2006 年版,第 110 页。

记企业的品牌宗旨。所谓品牌意识,是企业创造品牌、提升品牌的最重要的经营理念,它包括科技创新意识、品牌形象意识、追求卓越的进取精神以及建立现代营销观念等四个方面的内容。品牌意识的确立,是贯穿在企业创造名牌产品的全部过程之中的,也是现代信息社会中每个企业领导者必须具备的基本素质。

2. 积极培育人才

品牌的塑造来自于企业的优秀人才,因而,企业最为重要的是优秀人才尤其是策划人才的培养与吸引。文化产品的品牌创造不同于普通产品程式化、流程化的特点,它往往具有强烈的个性特征和生产的特异性,所以"专门策划人才"的作用在文化产品制造中的作用尤其独特。文化产业说到底是一个"专门人主导"的产业,许多成功的文化产品,都是"专门策划人才"的独特个性和奇异的创造精神所生产制造的,如美国好莱坞大片、迪斯尼的娱乐文化、麦当劳的快餐文化等等,都是优秀策划人才的智慧结晶。云南丽江古城的"纳西古乐"之所以闻名世界,是因为有宣科等一批优秀人才的策划。

3. 围绕文化企业的核心竞争力进行策划

文化品牌角逐超越了管理、人力、技术、资金等,成为企业的核心资源。但就品牌论品牌的方法,品牌技术至上的理念,是一个极大的误区。品牌竞争的实质是企业核心竞争力的竞争,核心竞争力是一个企业能够长期获得竞争优势的能力,是企业所特有的、能够经得起时间考验的、具有延展性并且是竞争对手难以模仿的技术或能力。

可以说,在华语电视台中,凤凰卫视的节目所遭遇的刻意模仿和抄袭是最为严重的。往往是新节目开播不到一个月,已经有别的电视台开播了几乎一模一样的节目,从节目形态、节目名称到语言、服装、动作、表情、场景等进行刻意模仿。面对此种情况,凤凰卫视并没有一味地指责和抱怨,而是将其转化为创新的动力,不断强化企业核心竞争力,逐渐塑造起"文化立台"的品牌战略,走出了一片新天地。凤凰卫视逐渐依托自己强大的文化背景优势,创造出一批别人很难模仿的节目,如陈鲁豫的"鲁豫有约"、杨锦麟的"有报天天读"、李敖的"李敖有话说"、曹景行的"时事开讲"、马鼎盛的"军情观察室"等等。在其金牌节目"时事开讲"开播之初,人们还在担心现在媒体中谈话节目太多会引起观众反感,结果播出的效果反而很好,这样一个在非黄金时段播出的时事评论节目竟然拿到了几千万元的广告。这说明文化企业只有强化核心竞争力,才能保持自身清晰、独特的品牌形象,在激烈的市场竞争中保持不败。

第五章

文化市场流通渠道的创意与策划

由于专业化生产能力的加强,社会分工日益精细,文化市场也随之扩大,大部分文化产品已经不可能实现从生产者到消费者的直接交易,而是必须依靠一定的销售路线,经过流通领域才最终将产品转移到消费者手中。因此,文化市场流通渠道的创意与策划成为文化产业运作的重要环节。

第一节 文化市场流通渠道的含义

一、文化市场流通渠道的定义

所谓文化市场流通渠道,就是指文化产品从生产者向消费者转移过程中所经过的通道,以及在这个过程中所需的市场营销机构等。正确理解这一定义应注意以下几点:

第一,流通渠道主要由参与商品流通过程的各类机构或人员(如生产者、代理商、批发商、零售商及消费者)组成,它们构成渠道成员。

第二,流通渠道的起点是生产者,终点是消费者,一条完整的流通渠道必须包括这两者。

第三,在流通渠道中,生产者向消费者转移产品,是以商品所有权的转移为前提的。产品从生产领域向消费领域转移时,至少要转移所有权一次。各种代理商虽然不直接购买所有权,但他们间接起到了转移所有权的作用。

第四,在流通渠道中,除了商品所有权转移形式的"商流"外,还有伴随着商流发生的商品实体转移,即"物流"。商流和物流相辅相成,但在时间和空间上并不完全一致。

在复杂的商品交换活动中,成本和盈利都会受到某种特定流通渠道的影响。如果由文化企业独自承担市场推广职能,虽然能获得全部利润,但也必须为此付出代价。对于一些力求流通范围更广的文化产品和服务，其市场推广会受到一定的局限。如果能够对流通渠道和环节进行周密的调查和策划，邀请有经验的中间商介入，不仅可以减少产品的周转时间和运输费用，在增加企业利润的同时，也为消费者带来购买上的方便和经济上的实惠。以图书市场为例，图书中间商包括了总发行商、二级批发商、三级批发商和零售商，各级中间商的存在不仅降低了图书销售费用，而且使销售触角下伸至边远地区，最大限度地满足了各类读者多样化的文化消费需求。在市场经济条件下，多数文化企业通过与稳定的批发商、零售商建立长期连续的合作伙伴关系，策划出合理的文化产品和服务的流通渠道，建构和谐融洽的流通网络，制定与中间商双赢的市场策略，从而保证文化产业的良性运作。

建立起完善的市场流通渠道网，文化企业往往能通过增加主要业务的投资而获取更大的回报。当一个文化企业在制造业务上的投资报酬率是 20%，而用在零售业务的预测投资报酬率仅 10% 时，文化企业绝不会选择自营零售业务。为了更加有效地推动文化产品进入目标市场，策划者应利用流通中介机构的各种关系、经验、专业知识以及活动规模，使其出色地承担起中间商的专职角色。流通中介使得文化产品和服务的流通更加通畅，协调了企业提供的产品和服务的组合与消费者所需要的组合之间的矛盾，有利于提供更加贴近文化市场的服务，降低商品的销售成本。假定有三个产品制造商，每个制造商要分别为六名顾客提供自己的产品，那么总交易次数便是 $3 \times 6 = 18$（次）。如果这三个制造商通过同一个中间商来完成全部交易，则中间商只用 $3 + 6 = 9$（次）即可。

文化产品只有赢得广泛的市场占有率才有可能形成一定的品牌知名度。从批发市场开始一直扩展到超市、专营店和各种终端销售点，不仅要迅速铺货加速销售扩张，还要做好为以上的具体销售工作提供必要的支持和管理上的保障。因此，文化市场流通的渠道设计涉及仓储物流、销售价格、返利管理、销售培训、销售服务、广告推广、品牌宣传等很多因素，尤其是对中间商的选择十分关键，对主要行业的流通途径也应有足够的认识，否则会出现因管理与销售拓展的不同步而导致市场推进欲速则不达，并产生服务跟不上的负面效应[1]。

二、文化市场流通渠道的功能

文化产业愈发达，社会分工愈细，商品流通量愈大，市场渠道及中间商的作用也就愈显重要和突出。流通渠道主要具有下列功能：信息反馈，协商成交，风险分担，方便购买，降低成本，促进销售。

---

① 蔡嘉清：《文化产业营销》，清华大学出版社 2007 年版，第 227 页。

1. 信息反馈

由于中间商贴近市场，对顾客的特点及其消费需求有着良好的洞察力，在市场营销调查中往往起着至关重要的作用。流通渠道的每个环节都处在市场、客户、消费者和竞争者等因素的包围之中，并且时刻反馈着上述因素及其动态方面的信息。经过对这些信息收集、整理、分析、研究和预测市场趋势，不仅使渠道成员高效、顺利地传输文化产品和服务，还可以从市场的角度为产品创新研发和整体规划提出改进性建议。尤其在怎样定位自己的产品以击退竞争对手、建议淘汰哪些产品等方面，中介商能提供很好的参谋作用。

2. 协商成交

中间商集中了商品流通的三大因素：运输、库存管理和顾客接触。正因为文化产品的生产能力和顾客需求在频繁地发生着变化，所以中间商会尽可能科学地安排库存，提供易于交易的种种条件。在很多时候生产者与中间商之间都会建立良好的合作关系，在产品的品种、价格、商标、包装、储存、结算等方面订立互惠互利的协议。一些中间商会在收到产品时当即付款，也有一些中间商会以代销方式开始彼此之间的业务合作，生产厂家会根据货款周转情况提供不同的优惠条件，有利于实现文化产品和服务所有权的不断易位和最终转移。

3. 风险分担

从事任何生产经营活动客观上都存在着一定的风险，当流通渠道由不同层次的中间商组成后，原本由生产商独自承担的全部经营风险，分别转嫁为渠道成员共同分担。这样，客观上提供了和谐运作的市场环境，有利于建立起互惠互利的双赢甚至是多赢的协作关系，不仅有效地分解和降低了生产经营的风险，而且有力地促进了市场上文化产品的流通。

4. 方便购买

文化企业大多喜欢小品种、大批量地进行生产和经营，希望几次交易后就售出所有产品。而消费者则希望产品的品牌、颜色、规格和质量多样化以便进行选择，并且每次只少量地购买物品。还有，有些制造商愿意在工厂里卖货，习惯于早九晚五的工作时间，简朴的固定设施，有限的销售队伍。而消费者则愿意就近购物，愿意在周末或傍晚去逛诱人的、装饰考究的商店。协调制造商与消费者矛盾的正是中间商所提供的便利服务。

5. 降低成本

中介商介入文化市场流通活动以后，会通过分类过程降低成本。分类过程由四个流通职能构成：积累、分配、分门别类和品种齐全。积累，就是将从几家企业的小批量文化产品集中运送，从而降低运输费用；分配，是指将货物准确地配送到各个消费者市场，减少库存积压，加速商品资金周转；分门别类，是将产品按级别层次分开,依质论价,合理制定价差;品种齐全,是指所提供的文化产品范围广,有利于增加消费者的选择余地。

6. 促进销售

一般情况下文化产品制造商和文化服务公司在寻找合作伙伴时,常常考虑更大范围内的广告促销。文化产品批发商可能会协助零售商的地区性促销,与零售商共同承担地方性的广告市场推广责任。中间商还可以充分利用流通渠道将有关文化产品和服务信息传递给消费者,吸引消费者了解、信赖并购买产品,实现扩大产品销量的经营目的。[①]

可见,文化市场流通渠道的工作就是围绕商品从生产者转移到消费者的一系列运作流程,它执行着许多重要功能。除上面所述的六点外,还包括收集并分发市场营销环境中现有的和潜在的消费者、竞争者及其他影响者的信息;组织各种为吸引消费者而设计的富有说服力的促销;达成有关产品的价格和其他条件的最终协议,以实现所有权的转移;通过订购,将消费者的购买意图传递给制造商;参与收集和分配资金等融资活动,以供市场营销渠道的不同层次工作所需;承担渠道工作中的各种风险;直接组织物流,承担从原材料到最终产品的一系列商品的储运工作;通过银行或其他金融机构向卖者付款;见证商品所有权实际流动的全过程等诸多功能。

第二节 文化市场流通渠道的类型

在文化市场中,产品流通渠道的形式不是固定不变的,选择不同的流通渠道既取决于地域、时间、消费形态的变化,也取决于企业市场战略的实施。其实绝大多数的文化企业都是同时采用多种流通渠道的,采用单一流通渠道是很少的。在文化产品的一般流通过程中,有代理商、批发商、零售商、经纪商参加了商品交换活动,在其中起着中介人的作用。正是这些中介人的作用和影响,形成了产品流通渠道的多种模式。

一、直接渠道与间接渠道

根据在产品流通中是否有中间商,可以将流通渠道划分成两种最基本的类型,即直接流通渠道(如Ⅰ所示)和间接流通渠道(如Ⅱ～Ⅵ所示)。

1. 直接流通渠道
直接流通渠道指文化企业不利用中间商,直接把文化产品销售给消费者。

---

① 蔡嘉清:《文化产业营销》,清华大学出版社 2007 年版,第 227 页。

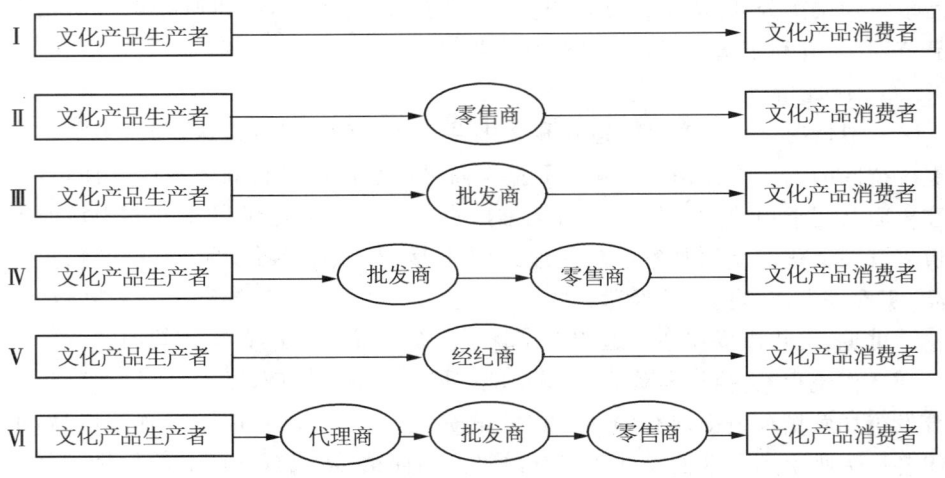

I 文化产品生产者 → 文化产品消费者

II 文化产品生产者 → 零售商 → 文化产品消费者

III 文化产品生产者 → 批发商 → 文化产品消费者

IV 文化产品生产者 → 批发商 → 零售商 → 文化产品消费者

V 文化产品生产者 → 经纪商 → 文化产品消费者

VI 文化产品生产者 → 代理商 → 批发商 → 零售商 → 文化产品消费者

文化产品流通渠道的类型

此种模式中,文化企业自身需要建立流通队伍,直接与文化消费者接触,通过各种有影响力的方式来影响消费者购买产品。该渠道具体可分为三种形式:一是通过庙会、展销会等活动直销产品,例如上海市和部分省市的出版社联合举办了许多届"文汇书展",就是采用书籍展销的方式,不通过书店而直接将文化产品流通到文化消费者手中。二是通过自设营业网点直销其产品,如前店后厂,设立民间工艺品门市部等。三是通过邮购、电话、网络订购等方式,派出专门人员将产品直接卖给消费者。直接流通渠道具有以下特点:

(1) 减少了商品流通的中间环节,可以将促销费用和流通费用转化为自己的利润。因此该模式比较适合于一些单件小批生产、生产与消费合一、单位价值较高、市场需求量较小的文化产品经营。此外,对于一些初创的文化企业而言,也常常采用直接流通渠道降低促销和流通费用,把握价格主动权,从而在竞争中取得优势;对于实力较为雄厚的文化企业可以多利用直接流通渠道,自建流通网,独占营销利润。

(2) 直接流通模式可以使企业直接面对消费者,便于文化企业迅速、全面地了解消费者的心理和精神需求,灵活地根据渠道反馈信息调节产品生产和市场策略,争取市场竞争的主动权。

(3) 选择一定的产品进行直接流通,可以通过促销产品来扩大企业影响,也有利于树立文化企业或产品的品牌形象。

(4) 直接流通渠道的策划必须谨慎。因为直接流通渠道要求文化企业自身来完成中间商的任务,自己进行市场调查和设置流通网,必将付出大量的人力、财力、物力。同时,由于消费者的地理位置分布日趋分散,消费需求日趋多元,单凭文化企业自己去设置庞大的流通网点，直接流通每一个文化产品也是不现实的。因此，对于具有一定规模的文化企业，在策划中应将该模式作为辅助流通渠道。

2. 间接流通渠道

间接流通渠道是指文化企业利用中间商将文化产品供应给文化消费者的过程。例如书籍、杂志、音像制品等文化产品绝大多数情况下是通过间接流通渠道到达消费者手中的。该模式中，文化企业与中间商之间一般会采用契约形式明确规定各自的分销任务、价格和其他因素等条款。间接流通渠道具备以下特点：

（1）间接流通渠道能够使文化产品迅速、有效、广泛地进行流通，从而实现产品的价值，占领和巩固目标市场。

（2）间接流通渠道为文化企业分担了流通过程中广告促销、运输、仓储部分的费用，使其从繁杂的流通事务中解脱出来，将精力集中到生产和开发产品上来。

（3）该渠道对企业市场信息搜集的要求较高。如果选择了比较专业的中间商，可以使市场的调研和反馈过程更加科学、周密，对企业制订产品策略起到指南作用；反之，如果中间商提供的材料不够准确、及时，会使文化企业在市场竞争中处于被动地位。

（4）中间商的介入，会分担文化企业的利润，加重消费者的购买负担，会引起对价格比较敏感的消费者的不满，如果不能采取及时有效的市场策略，会对中间商和文化企业产生不利影响。

以我国影视市场为例，其流通渠道主要有：直接流通渠道，指影视制片商为了防止盗版确保第一时间的收视率，直接把生产出来的影视片销售给电影院与观众见面，不经过任何中间组织和个人的一种院线联盟；间接流通渠道，指制片厂不把生产出来的影片直接销售给影院，而是经过一系列中间环节或个人协调配合，最后到达影院与观众见面。影视市场间接流通渠道有中间只经过一级发行放映公司的一层渠道，也有经过各级发行放映公司和各代理中间商代理的多层流通渠道。在影视市场流通渠道的构建上，迅速崛起的民营企业有着成功的尝试。当民营影业先后取得了制片、发行、院线等各条产业链上的"准入证"后，迅速搅起了中国电影市场的波澜。

二、传统渠道与垂直渠道

按照一条渠道中渠道成员相互联系的紧密程度可分为传统渠道和垂直渠道系统。

1. 传统渠道

在传统渠道中,生产者和中间商各自为政,各行其是,其购销交易建立在激烈竞争的基础上,缺乏共同目标,联系松散,对象也不固定。这样虽保持了企业的独立,但易造成渠道成员间的矛盾冲突,从而影响整体效益。

2. 垂直渠道

在垂直渠道系统中,渠道成员之间都采取不同程度的一体化经营或联合经营,联系密切,对象固定,营销目标相互制约。在垂直流通渠道系统内部,虽然有生产者、批发商、零售商、代理商的分工,但基本上实行不同程度的一体化经营或联合经营,专业化管理流通组织网络,使其有可能实现规模经济并展开有效的竞争。按主导企业对渠道管理的控制程度,垂直渠道系统又分为三类:

(1)公司系统。指一家公司拥有和统一管理若干工厂,批发机构和零售机构,控制销售渠道的若干层次,甚至控制数个销售渠道。它使原属于不同所有权的企业形成一个销售系统组织,使其社会分工转变为同一所有权的内部分工,从而减少渠道成员间的矛盾冲突,增加协调性。

(2)合同系统。这是由相关的生产单位和销售单位,为求得更大的经济效益,以契约形式建立起来的较为松散的联营组织。

(3)管理系统。这种系统既不为一家公司所属,也不是以契约形式为基础,而是生产企业利用自己在规模、实力和声望等方面的优势,在促销、供应、定价、商品展销等方面得到零售商的自愿合作而形成的渠道系统。

三、长流通渠道与短流通渠道

流通渠道的长短取决于流通层次的多少即中间商的数量。它不仅影响着产品到达消费者的时间,而且是决定产品价格的重要因素之一。

1. 长流通渠道

文化企业利用了几个层次或环节的中间商来分销文化产品,这样的渠道就是长流通渠道。如图Ⅳ、Ⅵ就是典型的长流通渠道。最长的渠道是多层渠道,即产品从生产者经过总发行商、二级批发商、一级批发商、零售商等诸多中间经营环节,才能最终转达到消费者手中。一般来说,像磁带、录像带、书籍、展览会及音乐会票券等文化产品,文化消费者需求量大,而且分布广泛,产品的单位价值低,企业一般没有实力直接将文化产品送到消费者手中,此时就应采用长流通渠道,通过批发商和零售商,迅速有效地分销产品,使文化消费者能够及时享受到文化产品及其服务,实现文化产品的价值。但这一类型的分销渠道较长,流通费用也较高,必须审慎控制流通成本。

2. 短流通渠道

文化企业分销文化产品时只利用一个层次的中间商,就是短流通渠道。如图中Ⅱ、Ⅲ、Ⅴ所示。文化产品的目标市场大,而且分布集中,可以利用短流通渠道。另外有一些文化产品,比如古董、古玩、名人字画是独一无二的商品,而且价格昂贵,运输和保存都需要特别服务,它们的消费者也多是社会的某一集团、阶层甚至是某几个人,这种商品就不应用长流通渠道进行分销,而应尽量减少中间环节。

四、宽流通渠道和窄流通渠道

根据选用同一层次中间商数目的多少,又可以区分出宽流通渠道和窄流通渠道。渠道宽窄的选择与生产者的产品特点和经营条件、目标市场的供需状况及竞争态势有着极为密切的关系。

1. 宽流通渠道

文化企业分销产品的过程中,利用的中间商数目较多,就称为宽流通渠道。这种较为密集的分销路线对于单位价值低、市场需要量大且目标顾客分散广泛的文化产品效果是较好的。如将图书、花卉、工艺制品、娱乐用品等文化商品批发给批发商,再由后者批发给所在地区市场上的所有零售商。使用较宽的流通渠道,可以覆盖较大的市场,使消费者接触市场的机会增大,有利于扩大产品销售,达到吸引顾客、占领市场、增强竞争实力的目的。此外,宽流通渠道的采用对了解消费者对文化产品的意见,广泛收集竞争对手资料,也有很好的作用。宽流通渠道还能分担文化企业分销失败的风险,不至于造成一处分销失败就全军覆没的窘境。

2. 窄流通渠道

文化企业分销产品的过程中,利用的中间商数量很少,就称为窄流通渠道。文化企业利用窄流通渠道,在目标市场中精选少量中间商,可以大幅度地减少推销费用和提高效率。文化企业在流通较昂贵、较独特、日常需求不是太广泛的文化产品时,可以利用文化消费者追求独特的心理,仅选用一个中间商来分销自己的文化产品。如画家将其书法、绘画作品授权某家画廊独家经营,采用一一对应的流通方式,这时采用窄流通渠道的效果就比较好。

文化企业策划进入外地文化市场也应通过窄流通渠道分销文化产品。指定少数代理商,不但可以减少分销失败的风险,迅速打开销路占领文化市场,而且理想的中间商本身还能为企业建立良好信誉服务,可以为文化企业节省费用。

但是,对于大多数文化企业来说,应当谨慎选择窄流通渠道,它会给企业的运作带来较大的营销风险,一是理想的中间商很难找到,二是由于流通网点较少,会损失部分消费者,此时如果没有其他分销渠道来分担损失,将会给企业的发展带来不利。

五、文化产品流通渠道与文化服务流通渠道

根据文化产品的种类,可以把文化市场流通渠道划分为文化产品流通渠道与文化服务流通渠道。二者的共性在于都会借助于一定的流通渠道完成市场推进,生产商对于中间商、流通路线与流通规划的策划有着相当重要的市场战略意义。

1. 文化产品流通渠道

文化产品生产企业除少数采用零售渠道以外,大多是雇用多层批发商,包括折扣店、百货商店以及专卖店来进行销售。

一层渠道是在生产者与消费者之间加入一个流通中介机构,通常为零售商。该流通中介机构如果通过买卖方式取得文化产品的所有权,那么它属于零售商;如果采取寄售、代销或委托拍卖方式而负有文化产品的推销责任,那么它就属于代理商。随着艺术品市场的发展,寄售、代销、拍卖等交易方式已经流行起来。

二层渠道是在生产者与消费者之间加入两个流通中介,通常为批发商和零售商。其中生产者与批发商、批发商与零售商之间的两个中间环节构成批发市场。零售商与消费者之间构成零售市场。我国的工艺制品、花卉市场基本属于这种模式。

三层渠道是在生产者与消费者之间加入三个流通中介机构,通常为总发行商、二级批发商和零售商等。其中生产者与总发行商、总发行商与二级批发商、批发商与零售商之间的三个中间环节构成批发市场;零售商与消费者之间最后一个中间环节构成零售市场。我国的音像、软件、娱乐用品市场基本属于这种模式。

应当指出,随着文化产业市场化进程的加速,我国文化产品的流通渠道呈现出多层次、立体化、互补化的特征。以我国现行的图书发行为例,该渠道主要有三种:一是出版社直销,即出版社自办的门市部、邮购部或在大型书市设点摆摊直销图书;二是批零兼营,如连锁书店总店、集体书店、个体书店或网上书店直接从出版社批量进书,然后通过连锁书店分店、零售书店门市或摊点、网络在线等渠道销售图书;三是多层渠道,新华书店总店、省区新华书店或区域性书刊发行公司作为总发行商或总经销商,通过各省、地、县新华书店及其所属的门市部、连锁书店、商场书市等批发和零售图书。

此外,随着市场竞争的日趋激烈,各种连锁店、图书展销会、主发寄销、采购团订货、网上书店和网上征订等流通形式层出不穷。连锁书店统一进货,既可

以争取出版商的更多让利,又可以解决图书零售网络覆盖面不足的难题。图书展销会是目前我国规模最大、影响最广的图书展销活动,图书展销早已成为出版物展销、出版形象展示、出版信息交流的重要平台,成为影响广泛的文化盛会,也发展为我国会展经济的重要品牌。主发寄销是由出版社将新书直接发给零售书店上架销售,依据试销的反馈信息决定是否加印,以便抢占市场先机,克服订货会在时间上的局限性。采购团订货是由发行商组成采购团,分赴各地,根据各基层新华书店上报的品种、订数汇总,形成统一订单,同各大出版社逐一谈判订货。在获得出版社出让折扣的同时,采购团必须承诺确保其图书销售额比上年有所上升。网上书店是近年来伴随互联网商务发展流行起来的一种新的图书流通渠道,它以更多的品种、更快的速度、更低的价格和零库存来满足读者需求。

　　2. 文化服务流通渠道

　　文化服务市场也有多种不同形式的流通结构。绝大多数文化服务项目往往采用在同一地点和同一时间进行的直销渠道,如各种现场演出、娱乐参与、咨询服务、网络服务、新闻报道、现场直播节目等。此外,也有一些文化服务项目采取多层流通渠道。

　　一层渠道。即文化服务商与消费者之间加入一个中介服务或代理机构,该服务机构通过许可、合作、代理等方式,从文化服务商那里取得文化服务项目的经营权,然后再提供给文化消费者。包括:剧场文艺演出中"文化团体—演出商"方式;设计招标服务市场的"文化团体—代理商"方式;旅游业中的"服务商—服务商"方式;娱乐场所票务代理、旅游散客预定代理等"服务商—代理商"方式。

　　二层渠道。即文化服务商与消费者之间加入两个中介服务或代理机构,该终端服务或代理机构通过许可、合作、代理等方式取得文化服务项目的经营权,然后再提供给文化消费者。包括:传媒服务市场中的"影视制片公司—中央电视台(省级卫视台)地方有线电视网络系统"经营模式;演出市场中的"表演团体—演出场所票务代理"经营模式;电子商务服务市场的"ICP—ISF—社区宽带网络"经营模式等。

　　三层渠道。即在生产者与消费者之间加入三个中介服务或代理机构,该终端服务或代理机构通过许可、合作、代理等方式,依次从初、中端服务者或代理商那里取得无形文化产品或文化服务项目的专营权,然后再提供给文化消费者。包括:电影市场中的"影视制作公司—影视发行公司(及进口公司)—地区影视发行公司—影院剧场"经营模式;影视剧市场中的"影视制片公司—影视发行公司—中央电视台(省级卫视台)—地方有线电视网"经营模式。

第三节 文化市场流通渠道的策略选择

一、影响文化市场流通渠道策划的因素

对于文化企业来说,选择合适的流通渠道是重要的问题。如果流通渠道选择得当,文化企业的产品就可以迅速地进入流通领域实现价值,还能降低销售费用,提高销售利润;如果选择不当,产品就会较长时间地停留在文化企业,造成积压,影响企业的资金周转和再生产。因此文化企业必须结合实际情况,制订合理的流通渠道策略。具体而言,影响流通渠道选择的因素一般可以划分为产品因素、市场因素和企业自身因素三种。

影响因素		流通渠道策略
产品因素	产品单位价格	一般地说,单位价格高的产品,应选择直接渠道或短渠道。
	产品的体积与重量	体积大而笨重的产品,应通过直接渠道或短渠道销售,以减少运输和储存费用。
	产品易损性	易损坏、有效期短的商品应选择直接或短而窄的渠道,以缩短流通时间,减少中间损耗。
	产品时尚性	式样易发生变化的时尚产品,应尽可能减少中间环节以免产品过时而积压。
	产品的技术与服务要求	对于技术性较强而又需提供服务与保修的产品,应采取直接渠道或短而窄的渠道以保持生产者与消费者的接触。
	产品的标准性和专用性	标准性产品,因具有统一规格和质量,可用长而宽的渠道;而专用性产品具有特定的性能、规格和式样标准,则宜采取直接渠道或短而窄的渠道。
	产品的市场生命周期	对于处于投入期或成长期的新产品生产者可以进行直接销售;对于成熟期的产品,可采用长而宽的渠道;而产品进入衰退期后则应考虑缩减中间商。
	产品的季节性	季节性强的产品,应选择间接渠道以充分发挥中间商的作用。
市场因素	市场需求量	市场需求量大、批量也大的产品,可采用间接渠道流通;反之,则宜选择直接渠道或短而窄的渠道。
	市场范围与密集度	市场范围大且又分散的商品应采取长而宽的渠道,反之,则宜选择直接渠道或短而窄的渠道。
	市场的竞争性	根据竞争需要分析竞争对手的实力,灵活选择渠道,或针锋相对或避其锋芒。
	市场景气状况	在市场繁荣期生产者可采用长而宽的渠道,以扩大市场;反之,则应考虑使用直接渠道,以最经济的方式销售产品。
企业自身因素	企业实力	资源雄厚、实力强大的文化企业,能自由选择销售渠道,可采用短渠道,也可建立垂直渠道系统。
	企业销售经验和服务能力	具有丰富销售经验和较强服务能力的企业可考虑直接渠道或短而窄的渠道;否则就应选择间接渠道,利用中间商进行销售。
	企业市场信息的控制力	如企业市场信息搜集能力弱,缺乏对消费者或用户的了解,则应利用中间商来销售产品;反之,则可采取直接渠道。

二、流通渠道的选择策略

文化企业的策划者应当在对流通渠道影响因素分析的基础上,结合企业自身的市场策略和营销目标,制定出合理的渠道策略。一般来说,供选择的流通渠道策略有三种基本形式,即密集式流通策略、选择式流通策略和专营式流通策略。

1. 密集式流通策略

密集型流通是通过尽可能多的销售点和最宽的流通渠道实现最大限度的产品销量。这种选择策略,主要适用于日常文化消费品或是标准化程度很高的文化产品。前者如报纸等,后者如书籍、音像制品、娱乐用品等,这类产品需求量极大,目标市场范围广泛且分散,消费者关心的是如何能够便捷地买到产品。对此,文化企业就可以采用密集式流通策略,将它在尽可能多的流通网点上出售,不仅可以极大地方便消费者购买,同时也可使企业将自己的产品迅速进入流通领域,广泛地占领市场,从而更快地实现产品的价值。

采取这种策略时,文化企业也必须注意到中间商与企业自身存在着流通目标的不一致以及由此带来的矛盾。文化企业关心的是自己的文化产品的流通,总希望中间商能够全力推销自己的产品,而中间商真正关心的不是某一种文化产品的利润,而是希望顾客踊跃购买他们所经销的全部文化产品,因此不太可能为单个企业去全力推销文化产品。同时,如果中间商众多,也会增加企业的流通费用,使得企业对流通渠道的调控能力减弱①。

为了成功地实行密集型流通策略,应当重点注意以下问题:第一,适当放宽加盟经销商的选择标准;第二,成立加盟商门店管理经销部,实行统一的管理和规划;第三,设立专门的产品专员负责新产品的开发。总之,客户如何选择,经销商怎么卖,供应商如何策划新产品的上市,对客户的质量、成本承诺能做到什么样的程度,这些都是采取密集型流通策略时必须搞清楚的问题。

2. 选择式流通策略

选择式流通是指文化企业在一定区域内筛选部分经销商或代理商来经营自己的产品。这种流通策略是文化企业应用最多的方式。采用密集式流通策略的文化企业,由于战线拉得过长,企业为了提高效率会逐步减少中间商的数目,最后过渡到采用选择式流通策略。此时文化企业只需集中有限的力量去认真管理少量选择的流通渠道,加强对流通渠道的管理能力,便可以更好地完成流通业务。

---

① 方明光:《文化市场营销学》,上海交通大学出版社 1996 年版,第 187 页。

文化企业寻找中间商时,应挑选那些经营能力强、信誉出众、资金雄厚和企业合作良好的中间商,双方共享利润,分担风险。具有良好形象和信誉的中间商可以给文化消费者较大的信任感和满足感,能为文化企业的长远营销活动打下较好的基础,是一种潜在的利润。企业为了吸引和挑选此类中间商,首先必须保证自己的文化产品有相当的知名度和优良的品质,更应注意在产品的功能、式样、包装、服务方面进行创新和改进,更能满足消费者的心理需要。此外,文化企业还应在流通利润的分配上吸引中间商,提供优惠的有吸引力的经销条件和推销费用,刺激起他们的经营合作热情。中间商固定后,文化企业应与他们进行积极协作,提高他们的流通服务能力,并在广告等方面进行促销协作,共同完成流通业务。

《文化中国》是上海新闻出版局策划推出的一套丛书,它试图以世界眼光讲述中华文化,从不同角度让海外读者认识中国的自然地理、历史风俗以及丰富多彩的文化。为了找到中国文化输出的重要渠道,上海新闻出版发展公司在德国法兰克福书展上与亚马孙公司签署了协议,进行网上书店销售,美国读者文摘出版公司也决定与其联合出版大型画册并向全球发行。此外,还有近20家国外出版机构上门洽谈版权,希望代理这套丛书。2004年,经全球著名印刷集团美国当纳利父子公司的推动,《文化中国》丛书第一批图书顺利进入了美国主流销售渠道,颇受好评。其中《美丽的湘西》一书还在美国图书博览会上入选本杰明·富克林奖艺术类成就奖前3名,并最终凭借其精美的图文获得了内文版式设计大奖[①]。由于出版商十分重视研究西方读者的阅读习惯和思维方式,努力克服语言障碍和文化隔膜,从选题、翻译到装帧、印刷都针对美国市场进行了精心设计,再加上国外大型出版集团的全面合作,成功地探索了弘扬民族文化、增强国际影响力、与国际接轨的有益经验。

3. 专营式流通策略

专营流通是指文化生产企业在一定地区内选定一家中间商专营自己的产品,亦称独家流通渠道。专营流通适用于个体生产、单件小批生产、市场需求量较小、单位价位较高、知名品牌的文化产品经销。专营流通的优点是,有利于独家经销商或代理商强化责任感和积极性,并且能控制经销商的售价、宣传推广等活动,从而拥有产品和企业形象;缺点是产品市场覆盖面窄,经营风险较大。

由于是专营流通,文化企业和中间商之间就成了利益紧密相关的合作伙伴,这种关系的优点是显而易见的。首先,目标的一致性决定了两者间的良好合作,独家经销商或代理商能从中获取较满意和丰厚的流通利润,有利于这些

① 天海翔:《中国文化产业》,中央编译出版社 2006 年版,第 181 页。

中间商强化责任感和积极性,并且能帮助企业进行产品的宣传推广等活动,从而维护产品和企业形象。另外,由于是专一中间商,文化企业对流通渠道有了更大的控制和管理能力,在产品价格的制订方面有了更多的主动权,能获得更高的利润,推销文化新产品时更容易得到中间商的合作,更易获得成功。

但是,如果文化企业过于依赖某一专门的中间商,没有别的流通渠道来分担营销风险,一旦中间商营销能力不足或失误导致营销失败,给企业带来的损失就是不可估量的,甚至可能失去某一目标市场。因此,文化企业采取这种策略是有风险的,它要求两者间能够紧密合作,企业必须积极向中间商提供必要的资助或咨询,提高中间商的流通服务能力,狠抓售后服务,尽量避免产品营销的失误。

文化企业进行产品流通渠道策划,就是要选择最佳的流通渠道,即采用流通效率高、流通费用少,并能取得较好的经济效益的合理渠道。企业必须在详细考察企业自身因素、产品因素和环境因素后,结合自己的营销战略目标,经过全面衡量和综合评估才能作出决策。

第六章

纸质传媒产业的创意与策划

纸质传媒产业,主要指报业、期刊业和出版业,以及它们上游的造纸业、信息产业和下游的印刷业、发行业、物流业、媒介产品销售业等;同时,依托报纸、期刊和出版产生的平面广告、发行和其他相关服务等,也可归入这一产业的范围。纸质传媒业作为文化产业的一个重要组成部分,建立在传播技术基础上,以提供精神食粮和传播信息为主要任务,是以纸质媒介作为载体的传播活动和文化产业类型①。

第一节　纸质传媒产业创意的特点

一、关于纸质传媒产业

纸质传媒产业中,纸质产品的生产特征具有很强的同一性和变异性,如:纸质产品的每次生产,都要重复其固有的流程,一环扣一环,缺一不可,从而实现大批量、标准化的流水线生产,即"同一性";而它的变异性体现在:纸质产品的每一次生产都需要创新,一本书的版式不可能适用于所有书,今天报纸的模板不能适用于明天的。目前,很多纸质媒体仍然采用"采编合一"的做法,即采访、写作、编辑,整个流程由一个记者完成。但是,在市场化的进程中,在新闻时效性的基本要求下,在严格工作流程的控制下,纸质传媒产业的管理模式逐渐走上企业化道路,建立起灵活的、横向的组织结构,从而提升了媒体综合实力,增强自身竞争力。

另外,纸质媒体的盈利依靠的主要是广告和发行,同时还涉及在市场经济条件下,对媒介产品的深度开发以及媒介本身的跨行业经营等。当然,虽同为

---

① 欧阳友权主编:《文化产业通论·下篇 文化产业分论》第九章,湖南人民出版社 2006 年版,第 163 页。

纸质媒介,报业、期刊业、出版业各自获取利润的方式也并不相同。出版业主要依靠出版来获利;而在报业和期刊业中,一般存在二次销售的特点:第一次销售,信息产品以报纸或杂志为载体,被读者购买,媒介获得发行的收入;第二次销售,媒介以发行量或读者数量为依托,将报刊版面卖给广告商,获得广告收入。随着我国市场经济逐步建立,各类纸质媒体在采用现行盈利方式的同时,仍不断开发新型的获利模式,以巩固媒介在市场中的地位。市场化,已经成为我国传媒产业发展的必然趋势,专业化、区域化市场格局是未来市场竞争的主要基础。而我国纸质传媒产业正逐步走向成熟,进入了一个关键时期,表现出与各种媒体竞争共生的状态,在这样的时期内,保持自身的方位感,保持自身对于发展格局、发展趋势的一种把握,非常重要①。

二、创意与纸质传媒产业

创意与纸质传媒产业的结合,是纸质媒介竞争的产物,也是市场化时代媒介生存与发展的必要手段。对其研究的宗旨在于,通过跟踪业界动态,解析有关媒体创意案例,关注相关理论前沿,总结、探讨媒体创意规律,从而进一步对媒体传播与运营的创新性实践提供理论指导或启示。该研究视阈广阔,涉及传播学、美学、文化人类学、社会学、心理学、营销学、创造学等多学科理论与方法,是一个具有交叉特色的应用性领域。纸质传媒产业的创意,面向市场需求,在大众传媒的信息建构与传播以及媒介经营与管理等方面提供了创新性策略和构思;它以创新思维为核心,集艺术素养、传播智慧、经营管理策略于一体。

以媒体对节假日的常规宣传报道,尤其是传统的纸质媒体为例,此类报道年年岁岁花相似,人也相同。许多媒体面对这样的重复和局限,不是选择逃避,就是选择"应付":不管读者看不看,只管版面满不满,即便是登了白登,说了白说。作为西部的强势纸质媒体,《华商报》近年对节假日报道的改革,很大程度上凸显了创意的重要性。仅在 2007 年的节日中,受众就能深深感受到他们的良苦用心。部分创意如下:五一劳动节——"看看这些最美丽的笑容",19 位劳模灿烂的笑脸犹如一片灿烂的阳光,照亮每个劳动者的心扉。母亲节——最幸福的母亲、最无私的母亲、最勇敢的母亲、最悲恸的母亲,四张照片,诉尽天下母亲的辛劳伟大。"六一"儿童节——"别人和我比父母,我和别人比明天",更是让人怦然心动:头版是一幅照片,画面是三个走在求学路上的山村孩子,7 岁的姐姐背着 4 岁的妹妹,另外一个孩子手中攥着一把野花。她们的衣裳很脏,她们的眼神哀伤却固执,命运安排她们自生自灭,但是她们选择了用知识来抗争;

① 欧阳友权主编:《文化产业通论·下篇文化产业分论》第九章,湖南人民出版社 2006 年版,第 164 页。

之后整整四个版面的报道中,"高楼群里的宝贝"与"没有摇篮的娃娃"的强烈对比让人触目惊心。也许未来的成功者就从脚下的泥泞开始,也许未来的不幸已经在锦衣玉食中注定。一切都是未知,但一切充满着希望[①]。这个非同寻常的"六一",因为一个别出心裁的报道创意,让很多人失去了内心的安静。

在纸质传媒产业中,创意也是一种产品,因为好创意本身就是解决问题的方法,它能降低纸质媒体与受众的沟通障碍。然而好创意若藏在深闺,并不会创造任何价值,要让目标受众接受你的创意,唯有通过媒介,通过有效的媒介才能创造传播奇迹。在媒介产品的营销过程中,强势渠道品牌对消费者的选择具有强力的影响。因此,强势产品与强势渠道的结合能够实现双赢,好创意与好媒介的结合会达到 $1+1>2$ 的效果[②]。

三、纸质传媒产业创意的特点

"物以稀为贵"是事物不变的通则。创意涉足纸质传媒产业,是将抽象的文化概念直接转化为具有高度经济价值的"精致产业"。任何一种文化创意活动,都要在一定的文化背景下进行,但创意不是对传统文化的简单复制,而是依靠人的灵感和想象力,借助科技对传统文化资源的再提升。换言之,就是要将知识的原创性与变化性融入具有丰富内涵的文化之中,使之与经济结合,发挥出产业的功能。显然,这是一种使知识与智能共同创造产值的过程。

创意不单是一种能力,更确切地说,创意是一种态度。成功的媒介人应做到艺术创意与科学并重,因为大胆创意加上理性分析才能在现今媒体信息异常复杂的环境下突围而出。当然,纸质媒介产品的创意一般不同于普通商品的创意。媒介创意人员在进行创意的过程中,必须了解各种纸质媒介是广告创意最普遍的承载工具,并注重它们各自的特性。创意,在纸质传媒产业中,其特点可归纳为:

(1)以新颖独特为表达方式。纸质媒介产品创意的新颖独特是指此创意不要仿他创意,若人云亦云步人后尘,将给人平庸之感。唯有在创意上追求新颖独特,才能使此创意在众多纸质媒介的创意中得以真正凸显,从而带来巨大的传播效应。

(2)以情趣生动为表现手段。媒介产品的创意,若想将受众带入一个印象深刻的情境中去,就要采用生动的表现手段,立足现实、体现现实,以此引发受

① 袁秋乡:《点燃策划·照亮品牌——对〈华商报〉策划行为的感觉性提析》,《新闻知识》,2007 年第 7 期,第 11—16 页。

② 邓超明:《价值实现的传播路径·成为好创意与好媒介的整合者》,《市场观察广告主》,2006 年第 5 期,第 99 页。

众的共鸣。但必须注意的是,在纸质传媒产业的创意中,所谓艺术处理,必须严格限制在不损害客观真实的范围之内。

(3)以形象化为具体要求。纸质传媒产品的创意要根据具体事实,集中凝练出与媒介组织本身或媒介产品特点密切相关的主题思想,并且从表象、联想中获取创意的素材,将形象化的语言、富有感染力的图画、抓人眼球的摄影等作品融汇贯通,从而构成一幅让受众过目难忘的作品。

(4)以原创性、相关性构成综合统一体。所谓原创性是指创意的唯一性,它是旧元素的新组合。相关性是指媒介产品与媒介创意的内在联系,是既在意料之外,又在情理之中的综合统一。

2004年12月26日,印度洋海啸发生当日,《羊城晚报》发了第一条消息,在全国纸质媒介中抢得头筹。《羊城晚报》之所以能首次在国际灾害报道中取得成功,原因众多;我们选取其中一个事例,简略分析创意特点在具体新闻报道中的体现:当《羊城晚报》的记者们克服了重重困难,到达普吉灾区后,摆在他们面前的问题是——该怎么采访、怎么报道?作为地方级的媒体记者,他们既没有经验,也没有成功的先例可以效仿,只能靠自己对新闻事件的整体把握,只身去闯、去摸索,最终形成了独特的创意。以往,国内发生空难、矿难事件后,记者在第一轮报道中,一般多现场采访当事人、目击者和受害者。在第二轮报道中均"深层次"地挖掘灾难发生的原因,或对管理体制和制度进行"反思"。这种报道手法,同行驾轻就熟、运用自如。然而,"外事无小事",如果在海啸的灾害报道中,也用此报道手法,显然不可取。一言不慎或一个采访对象的选择不当,都有可能引起麻烦。轻者会引起被访国官员的反感,重者可能会引起外交纠纷。于是,记者们最后形成的创意就是:"让开大道,走小道"。所谓"大道",就是各国通讯社的报道。在这样重大的动态新闻上与通讯社角力,显然是自不量力的行为[①]。而"走小道",即按照《羊城晚报》的特点和读者的口味,寻找晚报感兴趣的题材,多写现场见闻、特写,多关注华人生活,多寻找感人的情节、人物等,同时加强采访纪律,最终在成型的报道中出现许多亮点,取得了不俗的成绩。

第二节　纸质传媒产业策划的原则

改革开放以来,新闻媒体已不能再只依靠国家财政补贴,靠吃"皇粮"来维持生存和谋求发展;必须以市场为导向,按照市场的需要组织生产,尤其是传统的纸质传媒产业,纷纷使出招法、拿出策略,将媒介经营策划提上议事日程。一

---

① 王普:《羊城晚报:决策果断,先声夺人——海啸报道经历及感想》,《新闻实践》,2005年第2期,第12—14页。

时间,媒体大战,硝烟弥漫,令人眼花缭乱。策划之于纸质传媒产业的战略性意义,不仅可以构筑对抗风险的深垒高墙,更重要的是媒体可以借此开拓空间、打造品牌、提升影响力、培植核心竞争力。

一、纸质传媒产业策划的原则

纸质传媒产业对其媒介产品所进行的策划,主要指媒介在运作过程中所进行的具有决策性和创意性的战略工作,是针对可能占有的新闻资源(信息、受众、人力、财力、物力、市场等)的选择、整合及其传播方式的设计,目的是为了最大限度的开发资源价值,提升媒介自身的含金量[①]。

纸质传媒产业策划是一个系统性的工程,在一定意义上决定着报业、期刊业、出版业未来的生存和发展。要使策划有效,首先必须形成明确的策划理念,此策划区别于对新闻报道层面上的策划。媒介组织在考虑报道什么和怎么报道的同时,还必须追求创意和良谋,着眼于优化报道效果对传媒产业全局性的影响,从而有利于传媒产业掌握主动权,提高其媒介产品,如新闻报道的有序性和有效性。以下,我们从宏观、中观和微观三个层次来考量纸质传媒产业策划的原则问题。

1. 宏观的策划原则——整体定位[②]

宏观策划是对媒体整体定位和长远打算的思考,是为了使媒介能够在市场竞争中获得可持续发展而寻找理念上的支撑。其中对受众的明确定位和鲜明的差异性分析是媒介理念的核心。媒介首先必须寻找到自身理念上的支撑点,然后理清思路,突显差异性,增加含金量。目前,我国的纸质传媒产业格局仍处在转型期,应该说理念的拓展空间还很宽阔。当然,媒介理念绝不是乌托邦式的口号,很多现实因素需要考虑,如自身现有条件如何,生存环境状况如何,目标受众市场调查如何,兄弟媒体发展举措如何等,在此基础上恰当权衡,同中求异,才能使其策划更具科学性。

转型期的社会环境使我国的新闻媒介属性呈现出复杂的状况,对宏观策划也提出了很高的要求。从新闻业务上讲,媒介对新闻专业性要求非常强,还需要吃透政策法规,尤其在转型期,社会、政治、经济、文教各领域都在发生巨大变化,因而纸质传媒产业的媒介观念和媒介实践都面临着再认识的问题。从市场的角度出发,媒介的市场化运作使得现代媒介具备了企业化管理的特征,这就需要建立与之配套的现代企业制度保证其有序运转,再加以企业的经营意识寻求媒介的发行空间、广告空间、资本空间乃至产业空间,实现资本的增值。从文

① 蔡雯:《新闻报道策划与新闻资源开发》,中国人民大学出版社 2004 年版。

② 章旭清:《新闻策划的类型与媒介发展探析》,《新闻界》,2005 年第 1 期,第 90—91 页。

化存在的立场来说,媒介毕竟是可以营造拟态环境和引导社会舆情的文化机构,媒介观念再怎么改变,企业化运作再怎么充分,媒介所当承担的社会责任感和历史使命感是不能有所缺失的。

因此,宏观策划要用新闻行家的水准、企业家的眼光和知识分子的情怀去运作。用新闻行家的水准树立起媒介的公信力进而培养起媒介的"认知度",用企业家的眼光经营起媒介的差异性进而培养起媒介的"知名度",用知识分子的人文情怀培养出受众对媒介品牌信仰进而树立媒介的"美誉度"。依托"认知度"、"知名度"、"美誉度"建设起来的媒介品牌形象将是成为纸质传媒产业中强势媒体的生长点。

2. 中观的策划原则——彰显风格①

如果说理念是媒介的灵魂,那么栏目、版面就是媒介的骨架。理念是作为一种媒介精神而存在,具有纲领性的指导意义。但仅有媒介理念也是远远不够的,只有当理念可以转换为某种外在形式的时候,理念才能算得上是务实的。中观策划所要完成的工作正是要通过媒介运作的具体环节,比如板块调度、版面设计、栏目编排、广告控制等,以及环节之间的组合关联,在感性形态上彰显媒介的理念风格,即令其宏观的策划最终以品牌的形象展示在受众面前。

以《广州日报》的中观策划为例。《广州日报》——全国市级报纸中第一家发行超过百万的报纸,立足"广州市为中心城市的珠江三角洲地区",致力于发展"以新闻为主体"的严肃主流报纸,受众定位在从市民阶层向精英的过渡人群。落实到中观策划层面上,《广州日报》开设了众多的新闻板块,如:综合、财经、珠三角、娱乐、每日副刊等,各新闻板块采用了基本一致的版头设计,以色彩差异来显示其信息的多样性和丰富性。各板块下再根据各自要求开设了不同的版面,以每日副刊板块为例,其下又设置了每日闲情、珠江生活、小说连载及每日保健等版面,新闻笔法既时尚又不失大家风范。这样的版面设计,既富整体感,又灵活多变,清新明快,符合了目标受众群的阅读习惯。可以看出,《广州日报》的成功虽然是诸多因素合力作用的结果,但我们不能否认,广州报业集团在中观策划中对宏观策划意图的准确把握,使其在形象上体现出了与众不同的风格。

3. 微观策划的原则——出奇制胜②

当今媒介的竞争在信息业高度发达的背景中进行着,纸质传媒产业要使自己的新闻报道脱颖而出,就得树立同中求异、策划取胜的观念,而不是人云亦云,制造无效传播,造成资源浪费。微观策划是新闻策划的最基层,也是受众感

---

① 章旭清:《新闻策划的类型与媒介发展探析》,《新闻界》,2005 年第 1 期,第 90—91 页。

② 同上。

受媒体存在的第一直观。出色的微观策划不仅能实现宏观策划和中观策划的意图,丰满媒介的形象,而且对受众的冲击力也不可小视。同时,新闻价值的多重性,也为微观策划的差异性突破提供了多种可能。对于微观策划来说,这是挑战,更是机遇。因为,微观策划触及的是千变万化的业务层面,可创造性的空间比较大,高明的微观策划不如宏观策划和中观策划那么容易被复制。

以"高德龙犯罪案"的报道为例。当多家纸质媒体都着重报道高德龙在失去儿子以后病态、疯狂的社会报复行为,且手段残忍,罪有应得时,《华商报》却回望案件的本质,引导受众去思考这样一个问题:没有道德的堤坝作保证,一味讨论良好的生活质量和社会秩序只能是一个空中楼阁。策划词的切入点是"高德龙只想让打死他儿子的人对他说一声对不起,这些人就是不说"!撕去温情的面纱,"是谁把高德龙推上断头台"这样惨烈的质问就掷地有声,一石激起千层浪。它拍打的不仅仅是几个"不良少年"的人性,而是社会的良知①。可见,成功的微观策划是媒介生命活力不竭的源泉,也是传媒产业出奇制胜的法宝。在信息资源可以共享的新闻环境里,缺乏独到的报道思路,难以维持先发制人的优势,是一些纸质媒体在竞争中优势消解的症结所在。

二、纸质传媒产业策划中的不足

"创意经济时代"的到来,力量和数量不再被人们顶礼膜拜,高高在上的策划逐渐失去了精英语境的光环,滥觞于媒介机构的一招一式和传媒人的字里行间。一定程度上,无论是创意的萌发还是策划的设计,都还只是停留在思维层面上,真正让其转化到实际操作层面,最终成为具体工作中强大的动力和支撑,需要各纸质传媒产业在全面考量自身优势及劣势等的基础上,通过构建不同的媒介策略,使其策划最终得以顺利实施。

当前纸质传媒产业中,往往缺乏对策划的评估体系,导致某些策划流于无效。主要表现在许多媒介虽已意识到了策划的必要,但并没有形成相对稳定又具特点的套路,所以提供的信息彼此雷同。这不仅是人力资源、物力资源的浪费,而且在日趋残酷的市场竞争中,媒介经营难以长久维持。雅典奥运会期间,某市级报纸派出了数名记者前往雅典以便能及时发回奥运现场的最新报道。但在该报的发行区域相当有限的前提条件下,这样的策划明显得不偿失。我们暂且不谈互联网络、各大电视网 24 小时全程直播的状况,仅在各类大型纸质媒体铺天盖地报道的打压下,如此一家小报,虽发回大量相关信息,却实属无效传播。大型纸质媒体在传统的运作思路中,特别关注重大题材,对于这类题材的

---

① 袁秋乡:《点燃策划 照亮品牌——对〈华商报〉策划行为的感觉性提析》,《新闻知识》,2007 年第 7 期,第 11—16 页。

时效性把握,也总是占据着主动权。因此,一般性的纸质媒体需要避开锋芒,另辟蹊径。在信息社会的背景下,虽然中小纸质媒体在重大事件的时效性上不太具备竞争力,但在信息资源的占有量上,与大型纸质媒体的差距正逐渐缩小。所以,把握信息资源均等的机会,在大量的雷同信息中求新求异,才是一般纸质传媒产业寻求深入发展的突破点。

其次,策划缺少创新性和差异性。成功的策划必须具有创新性,从而在创新中形成差异性。但当前纸质传媒产业策划的现状,简单模仿比比皆是。例如,我国的报纸产业经历了从党报的单一格局发展到晚报、晨报、商报、快报、文化报等各类报刊纷呈的局面。这其中许多的报业组织的策划只是跟风而作,并未形成一套完整、成熟的理念来支撑其策划,因此,趋同现象普遍存在。我国传统纸质媒体正处在关键的发展阶段,机遇与挑战并存。事实上,纸质媒体未来的拓展空间相当之大,谁先抓住了这个机遇率先突破,谁就能在新一轮的市场格局中掌握主动权。所以,纸质媒体产业中的领导层必须具备明晰的策划意识,着眼长远、着眼全球,从宏观到微观为自身量身定做一套完备的策略体系。在策划中找准自己的位置,在策划中形成自己的个性风格,在策划中引领未来市场的方向①。

第三节 报业的创意与策划

现阶段,我国的报业集团多数是依靠行政力量捏就而成,缺少资本作为纽带,也并非是在市场细分逐步成熟、市场经济手段足够强大的情况下成立的报业集团,因此,很难算得上是真正意义上的报业集团。报业集团虽名为一体,实则分散,在很多领域,无法达成统一的行动和认识。各子报在初期创意与策划的时候,往往不是从集团的整体利益出发,而是只考虑自身的得失,如他们首先关注的是自己的报纸能否赢得最广大的受众,从而得到广告,最终获利。

一、报业创意策划的基础

报纸是一定社会环境与历史条件下的文化产品,报纸生存的基础环境决定了报纸的生存状态。报纸的创意策划,是报纸编辑策划的一部分,是报纸编辑确定报纸的编辑方针、设计报纸的整体规模和内部结构及其各个局部等一系列工作。对于现代报业来说,报纸的创意策划事关报业的发展战略,因此它主要是由担负领导职能的编辑人员如总编辑、编委会成员、新闻采编部门负责人、版

---

① 章旭清:《新闻策划的类型与媒介发展探析》,《新闻界》,2005 年第 1 期,第 90 页。

面主编等人员所从事的一种设计性和决策性工作。影响报业生存的诸多因素构成了报纸创意策划的参照系,我们可以从以下五个方面来考量报业创意策划的基础①。

1. 读者

读者是报纸的服务对象,是新闻传播的接受者,也是报纸这一文化产品的消费者。读者群体的变化直接制约和影响报纸市场的变化。应该说,读者是一个复杂、多变的因素,读者的群体数量、年龄结构、职业分布、文化程度、收入水平以及读者对报纸的消费心理和行为等,都是制约报纸定位的要素,进而影响报业的发展。从新闻传播学角度看,随着现代高科技发展,传播的手段和模式在不断改变,读者越来越多地参与传播活动,从单纯的"受传者"向"受传者+传播者"转变。同时,读者对于新闻信息的需求也在不断变化,这些都是报纸策划人员必须考虑的因素。

2. 报纸的控制者

报纸的控制者指对报纸有领导权或管理权的组织或个人。我国报纸,特别是主流报纸,大多接受各级党委的领导,各类报纸都要在中共中央宣传部的统一调控下工作,国家新闻出版总署对各类报刊进行行政业务的管理。因此,报纸的控制者对报纸的定位和发展具有重要影响。在市场经济时期,国家在推动报纸全面走向市场,依靠经济规律促进新闻资源实现合理配置的同时,仍将通过行政手段对报业结构和规模加以宏观调控。报纸控制者的意志、管理法规和政策,是报社进行决策必须考虑的要素之一。报纸,作为舆论载体的特殊性质,决定了它不同于普通的商品。报纸的新闻传播活动必定受到政治因素的制约,报道什么,如何报道,都不可能脱离报纸控制者的控制与影响,报纸策划也同样要受到这一因素的制约。

3. 广告客户

广告是现代报业集团的主要经济支点。因此,对广告市场份额的争夺在报业竞争中不可避免;尤其是那些完全进入市场的报纸,会更加自觉地将广告客户作为自己的服务对象和争取目标。如20世纪八九十年代省级机关报纷纷创办都市报,其主要目标之一就是与当地的晚报竞争,重新分割一直由省会城市晚报占优势的读者市场和广告市场。广告客户的需求、广告经营的规模逐渐成为制约报纸定位和设计的重要因素。所以,报纸策划应当将广告客户作为参照因素之一。

4. 传播中介

报纸需要依靠邮局和其他报纸发行网络才能到达读者手中,报纸的广告经

① 郑兴东等著:《报纸编辑学教程》,中国人民大学出版社2003年版,第31—33页。

营也需要通过广告公司这一中介才能完成。因此，营销中介是报业生存发展的重要依托。另外，报纸的生产还需要其他信息传载的中介，如通过国际互联网以及其他信息网络收集信息，通过纸张油墨附载信息等，这些也都属于报纸的传播中介。支撑传播中介的元素非常复杂，既有主要靠人力构成的中介，如报纸发行网络；又有主要靠科技设备构成的中介，如国际互联网。所有这些中介因素，都影响与制约着报纸产品的形态和规模，成为报纸策划的依据之一。

5. 竞争者

新闻媒介之间的竞争是构成报纸生存环境的又一重要因素。这种竞争一方面存在于不同类型的媒介之间，如报纸与广播、电视之间的竞争：都市报的竞争对手不仅有在当地发行的其他报纸，还有当地的广播和电视。另一方面还存在于同类型媒介如报纸与报纸之间。改革开放以来，我国各类新闻媒介在数量和类型上发展迅猛，客观上造成了各媒介的竞争对手急剧增多，竞争的态势日趋严峻。媒介受众市场的不断"分化"成为大势所趋，能否找准合适的市场定位并生产出高质量的媒介产品，决定着媒介的兴衰成败。报纸定位正是与竞争者的生存状态相对而言的，即寻找竞争对手的薄弱环节，发现市场空白点，从而选择正确的发展战略。所以，报纸策划需要考虑竞争者这一因素。

二、报业策划的途径

报业集团在子报各自为政的经营方式、各报的负责人又大多缺乏创新精神的状态下，往往面临以下困境：一方面，下属综合性日报定位重复、内容趋同；具体说来，此综合类报纸只是将眼光放在能吸引多数人眼球的社会新闻、娱乐新闻、体育新闻上；焦点聚于此，产品整合势必困难，同质竞争在所难免。另一方面，专业类报纸缺乏专业水准，内容陈旧且与综合类日报有大量重合之处。相对综合性报纸而言，这类报纸的发行量和收入相对较少；同时，其前期的发展对人才、技术和资金方面的投入却相当高，唯有整个报业集团对其进行支持，才有扭转的可能，使其良性发展。但在现阶段的体制内，就集团自身而言，难以拿出更多的时间、金钱和人力去维持一家前景难料的专业报纸的经营，这就直接导致其无法办出高质量的专业报纸，无法培养起更大的读者群。

我国当下的报业集团离真正意义上的报业集团有一定距离，即仅仅是"事业化性质，企业化经营"，至多是具备了部分"准"企业的特点，但发展或整合绝不可能一蹴而就，也不是一朝一夕能够完成。因此，无论是有效的资源整合，还是清晰的品牌定位，抑或是报业集团与网络的结盟战略，开通多元化的传播渠道，都是报业集团在改革进程中运用策划的具体途径。

1. 有效的资源整合

作为文化产业的重要组成部分，报业必然需要在文化产业领域中逐步推进合作经营。资源是报业集团市场化运作的基础。要整合资源,首先要弄清楚什么是报业资源。一般来说,读者是报纸的第一资源,他们既是报纸的终端消费顾客,又是报纸所拥有的最有价值的资源。报业的第二资源是新闻与信息,它们集中了政治、经济、文化、体育、教育、健康等与大众日常生活休戚相关的方方面面。第三资源是版面或栏目,报纸的每个版面、每个栏目都是可利用、可开发的有效资源。第四资源是传播渠道,报纸的发行网络构成了报纸媒体的重要资源。因此,利用报纸的这些资源,借助传播手段,激发创意,为受众提供有价值的媒体延伸服务[①]。

2. 清晰的品牌定位

品牌是一种重要的无形资产,有信誉的品牌、有创意的主题词往往能为报业经营打开一条光明通衢。在市场化运作中,品牌的功能日渐凸显,加强报纸媒体自身的品牌建设已经成为报业集团营销创新的一个重要组成部分[②]。报业同其他行业一道,走进了一个品牌时代。《今日美国》资深记者凯文·曼尼曾说过:"21世纪报纸媒体的市场竞争已经成为品牌的较量。"

品牌并不仅仅意味着一种名声,也绝不只是一种符号、一种标志、一种商标、一种包装,在报业市场同质化竞争日益激烈的今天,加强报纸的品牌建设将对整个报业集团的发展起到非同寻常的作用。1999年10月,文汇新民联合报业集团创办了英文报纸《上海日报》。作为报业新面孔,读者首先根据其广告口号等信息,分辨出报纸的传播倾向与侧重,最终作出是否购买、阅读该种报纸的决定。就此而言,新面市的《上海日报》所推出的广告口号能否体现其报纸的风格特点,具有明显的个性特色,至关重要。因此,整个市场宣传的重点便落到了策划《上海日报》品牌广告语上,从前期策划拟定的"The window of Shanghai"到现在的"the choice",经历了读者调查的审视、合作伙伴的沟通、内部中外编辑的调查咨询、报社上层领导的关心并结合提供给经营高层的策略报告,从未来发展规划的角度和当前所必须解决的发行量与广告销售的压力下,进行全方位考量,致力于加深其作为第一份地方性英文日报的品牌形象,树立其在英语媒体中的领导地位。这一系列完整的品牌策划流程,在实践中,最终形成了具有《上海日报》文化内涵特色的独特卖点[③]。

3. 开通多元化的传播渠道

作为一种新兴的传播媒体,互联网可以超越时空,实现全球一网;可以将多

---

① 欧阳友权主编:《文化产业通论·下篇 文化产业分论》第九章,湖南人民出版社2006年版,第169页。
② 周志懿:《报纸媒体品牌建设的缺失》,《传媒》,2005年第3期。
③ 婷婷:《正确的选择——〈上海日报〉CEO Campaign创意实录》,《中国广告》,2007年第8期,第69—70页。

种传播方式融为一体,实现多媒体传播;可以实现双向交互传播,使线上受众拥有更大的选择性。互联网对传统媒体造成了巨大冲击,受到冲击最大的当属传统的报业媒体。面对生机勃勃、咄咄逼人的互联网,甚至有人预言,纸质报纸"十年内将不复存在"。这显然是一种过于悲观的论调,因为它不但没有认识到传统报刊已有的、潜在的生存力与竞争力,更没有看清当今各传播媒体内部变化、外部发展的环境与条件。

当然,报业集团若想要求得新发展,应当主动与网络结盟,吸收和利用网络资源的某些长处,特别是应借鉴互联网所带来的各种新型技术手段,以增强自身的竞争力,扩大生存空间。实际上,报刊与互联网完全可以做到相融相通,做到优势互补,做到你中有我、我中有你,相互取长补短,最终达到共同繁荣与发展。一方面,报业可以利用网络技术,建立电脑新闻采编系统,实现无纸化作业,建立新闻信息数据库,实现更大范围的新闻信息资源共享;另一方面,报业还可以通过互联网为新闻采编提供方便条件。同时,报业集团在强大的网络技术的支持下,开办电子报、出版报纸网络版、下设互联网站等,也为其发展带来了无限的可能性。

过去十年,由新技术催生出的新媒体,如网络、手机报、BBS、BLOG 等,极大地丰富了公众接受和传递信息的方式,同时也彻底改变了传媒传统格局,使包括报纸在内的纸质媒体面临着前所未有的尴尬和困境:同质化严重,读者大量流失。即便现实如此,我们仍必须清醒认识到,报纸专业、权威、全面的报道,是新媒体目前无法替代的,报纸仍是人们获取信息资讯的主渠道。在新一轮媒介分工和空间拓展竞争中,报纸作为新闻纸的核心能力非但没有减弱,反而成了新媒体的内容提供商,不难看出,报纸与新媒体关系密不可分[①]。

近年来,报业集团根据其各自的特点,开始利用新技术不断向外突围,全国已有百余家报业办起了电子报纸。这种在网上阅读的"报",时效快、信息量大、传播效果好,受到了众多网民的欢迎。现有的电子报中,以满足受众各异的信息需求与顺应广告精准传播的趋势为前提,有些出版的是与母报完全相同或稍作改编的电子版报纸,有些则是设立独立的互联网站或出版不同于母报的个性化网络版报纸。如:《新民晚报》于 2006 年 4 月和 6 月分别推出了《新民晚报·大学版》和《新民晚报·闵行区版》;文汇新民联合报业集团与知名网络杂志平台合作,隆重推出电子版《文汇报》,率先迈出了探索电子报创新经营的第一步。

与世界报业变革同步,中国报纸在向数字化、网络化方向发展的进程中,不仅出现了电子报,还相继推出了手机报等新媒体,进行跨媒体经营,以应对网络

---

① 郑汉江:《在融合中凸显独特性——报纸应对新媒体挑战的理念与实践》,《新闻爱好者》,2007 年第 6 期,第 9—10 页。

时代读者阅读习惯改变的新形势。2004 年 7 月 18 日，《中国妇女报》推出中国首家手机报《中国妇女报——彩信版》，在报业市场激起强烈反响。目前全国已有二十多家手机报，数量仍在不断增加。新媒体新闻简短、直白、实效、重视标题、分层显示；以视觉形象凸显新闻价值，图文并茂，并补充相关链接、关键词等，帮助读者了解最有价值的信息和资讯等①。报纸无论尝试何种发展模式，都不能偏离创意和策划这一本质，新颖独特的内容是报纸的核心资源，也是报纸核心竞争力的基础。

第四节　期刊业的创意与策划

改革开放以来，中国传媒业获得巨大发展。传媒机构在保证社会效益的同时，也为社会创造了巨大的财富。可以说，中国传媒产业近年来发展的最大特色，就是在实现其社会效益和经济效益之间形成了一种良性的互动关系。然而，中国纸质传媒业特别是报业集团在获得巨大发展的同时，期刊业的发展状况却明显滞后，发展潜力尚待进一步发掘。如何在期刊业中最大限度地发挥创意与策划的力量，最终提升期刊业的发展水平，将是提高我国纸质传媒产业整体实力的一场攻坚战。

一、期刊业创意策划的基础

知识经济时代，期刊已经成为人们获得信息的重要载体和不可或缺的知识源泉。在新媒体的冲击下，包括期刊在内的整个纸媒传媒产业都走到了发展的"拐点"。在此十字路口，中国期刊向左走，还是向右走？如何才能朝着正确的方向前行？这已成为摆在中国期刊人面前无法回避的话题。在这个创意制胜的年代，创新模式成了表达创意策划的基础方式之一，自然也成了中国期刊业在这一"拐点处"的必然抉择②：

1. 内容创新

以质量创建品牌，以品牌寻求合作。期刊业是内容产业，"内容为王"是期刊发展中一条无法改变的定律，"质量取胜"、"创建品牌"也成了期刊产业中频繁出现的两个词汇。《知音》创刊至今，发行量达到 600 多万，2005 年的广告收入达到 6 200 万元，《知音》集团领导层将其归结为"质量取胜"。在《知音》发展

---

① 郑汉江：《在融合中凸显独特性——报纸应对新媒体挑战的理念与实践》，《新闻爱好者》，2007 年第 6 期，第 9—10 页。

② 杨春兰：《创新有多少，市场就有多大——中国首届期刊创新年会侧记》，《传媒》，2006 年第 10 期，第 31 页。

的早期,领导层就提出要办一本质量至上的刊物,从主刊到副刊,严格规定质量标准。于是,《知音》在"人情美、人心美"的核心理念上,形成自己清静、温馨、哲理的独特风格。世纪之交,当《知音》出现徘徊不前的状况时,依然是以内容创新为突破点。其负责人曾说过,我们在不断满足着读者的阅读需求,从"期期精彩,篇篇可读"到"期期有重点,篇篇有美文",都是在紧紧围绕内容下工夫。

期刊的内容创新应当注意以下两点:

其一,以读者需求为中心,在保持刊物传统编辑方针的基础上,结合时代需要不断创新内容,以保持刊物的长盛不衰。美国《人物》周刊最初主要是一份影迷杂志。进入 20 世纪 80 年代,该刊扩大报道范围,加强了对民众所关心的重大突发性事件的深度报道,如里根遇刺、旧金山大地震等,社会新闻色彩越来越浓。20 世纪 90 年代,该刊在报道即时新闻的同时,着重加强对癌症、早孕、饥饿、虐待儿童、种族歧视等中长时段社会性问题的报道,力图引导读者全面了解社会。

其二,适应不同读者群体的阅读需要,内容风格趋向细化。期刊应当重视市场调查,研究不同读者群体的年龄结构、性别比例、职业收入、阅读习惯,以此确定办刊思路和内容取向。同为《商业周刊》、《财富》、《福布斯》是美国著名的三大商业财经类期刊,内容风格有着显著不同。《商业周刊》新闻性最强,是三者中唯一的周刊;《财富》重点强调企业对社会、经济的影响力,更侧重于对企业,尤其是大公司的报道;《福布斯》则推崇精英群体对社会和经济的影响力,总是不遗余力地介绍企业家,介绍企业的成功之道。

2. 经营创新

走产业化、集约化、多元化之路。在中国传媒业集团化建设如火如荼的今天,如何实现产业化、集约化、多元化经营成为所有传媒企业的核心议题。《家庭》作为全国第一个期刊集团,在这方面进行了有益的探索:①紧密结合《家庭》的品牌优势,确立产业化、集约化的经营思路。②大力实施平台多元化发展战略,逐步形成产业化、集约化的经济规模。《家庭》在发展期刊主业的基础上,积极向多元化产业延伸。集团创办之初就投资办厂,之后又开办广东女子教育学院,成功申办了光盘生产线。2002 年涉足网络产业,创办家庭杂志社网站,积极开展付费、在线浏览、网上社区等多种电子商业项目。③加大公益事业投入力度,不断扩大集团美誉度和影响力;对于现代企业而言,产业化、集约化的经营不仅仅体现在经济领域,还应该包括社会公益事业。《家庭》先后捐出上百万资金救助困难家庭,并且与大型医疗机构进行有益合作。这进一步提升了《家庭》品牌的美誉度,同时为产业化发展和集约化经营营造了良好的舆论氛围。

3. 管理创新

管理和机制创新在期刊业的创意过程中是重要的一环,良好的机制能带来直接的经济效益。《青年文摘》杂志社社长介绍了他们机制创新的做法:为了加强对期刊的领导,总社领导兼任期刊社社长。期刊生产较图书生产差异很大,用图书的办法管理期刊会出现很多问题。于是,《青年文摘》杂志社逐步实现二级法人的管理机制,在杂志社内分别成立了编辑、发行、设计、广告、质检和图书部门,制定一套管理考核、评价奖惩的制度,初步建立了有战斗力的团队,从目前运行的情况来看效果较好。

4. 载体创新

期刊数字化的问题再次成为公众探讨的一个热点。第四媒体、电子杂志、网络杂志等早已成为人们耳熟能详的词汇,它们给纸质媒体带来的冲击也是有目共睹的。在这种情况下,单纯的排斥和抵制是没有用的,媒体必须寻求融合才能有所突破。正如《青年文摘》杂志社社长所说,"新媒体和传统品牌期刊之间的关系是非常复杂的命题,我们认为两者之间既不会简单取代,也不会简单融合,而最有可能出现的结果是既有取代又有融合:新媒体取代了传统期刊的某些功能,而传统期刊也将不断吸纳新媒体的进入其领域,二者的完美结合才能更好地为读者提供服务。"

二、期刊业策划的途径

随着经济社会的发展,人们的需求更加丰富化、多样化、个性化,为期刊业市场带来了很多新的契机;当然,期刊业市场仍有很多尚未开拓的领域,亟需有创意、有胆识和有能力的企业去识别、去利用。但总体看来,我国期刊业尚处于"跑马圈地"的时代。从期刊的内容上看,各类期刊大致可以分为:行业性期刊、时政新闻类期刊、纯商业化期刊、国外优秀期刊的中国版等。我国目前的绝大多数期刊都或多或少地存在定位不准确的问题,如很多期刊办刊多年,仍不知道自己的受众是谁,不知道自己的广告主是谁,更没有清晰、准确的编辑方针和办刊理念。基于市场化的定位,立足于目标广告主与目标受众的需求,根据期刊的不同类型进行创意策划,是各类期刊在竞争中最终脱颖而出的前提条件[①]。

1. 行业性期刊

这类期刊主要致力于某一特定行业。因此,期刊从业人员在进行前期策划时,要根据广告主的需求,筛选广告主满意的受众作为发行对象,并通过市场调研了解这些受众的需求和阅读习惯,在编辑方针和刊物内容上充分体现受众的需求。这类期刊如《IT经理世界》、《中国石油化工》等。它们最好的办刊方式应该是由传媒集团和该行业的领导性企业集团合办:一方面,双方可以达成战

---

① 郭全中:《我国期刊业发展面面观》,《青年记者》,2007年第3期,第69—71页。

略合作伙伴,实现优势互补;另一方面,在期刊的起步期,还可以得到大量的广告做支撑,风险较小。

2. 时政新闻类期刊

这类期刊主要以时政新闻作为其主要内容,目前的发展势头良好,代表性刊物有《南方人物周刊》、《财经》、《三联生活周刊》等。其中《南方人物周刊》在两年多的时间内,发行量已达 30 多万份,基本实现了赢利。但此类刊物要想进一步发展,在做好策划工作的同时,还必须解决以下两个问题:第一,相对较高的政治风险。如何在此风险下,拓展生存空间,做大做强杂志,是此类期刊需要首要解决的问题。第二,部分期刊的发行量很大,但广告量还是跟不上,主要原因在于广告主无法准确判断其受众是否为有效客户。如《南方人物周刊》的发行量已达到了 30 多万,但其每期的广告版面仍不足整体版面的 20%,这是远远不够的。

3. 纯商业化期刊

这类期刊的策划主要从广告主和受众两个角度进行,不涉及任何政治风险,单纯为了赚取商业利益。其中,部分期刊由一些广告公司创办,成为纯粹的商业广告载体。事实上,此类期刊目前占据了期刊业的大部分市场,比较成功的如《时尚》、《瑞丽》和《精品购物指南》等,它们的广告收入都已经超过 1 亿元。随着人民生活水平的提高、生活节奏的加快和中等收入群体的发展壮大,这类期刊的前景转好。

2006 年,三家生活周刊先后出现在了华中地区最大的城市武汉,如:2005年出现的《第一生活》,2006 年 7 月问世的《新生活》,2006 年底面市的《大武汉》。与京沪等地的生活服务类刊物相比较,武汉的生活周刊在策划过程中主要呈现出如下特点[①]:

其一,亦报亦刊,兼具双方元素,在传媒形态上出现新走向。每座中心城市的传媒市场都有各自特色。生活周刊的生存、发展与城市唇齿相依。因此,在认真研究、理性决策的指导下,三家传媒或报纸元素多些,或期刊元素多些,但无一"血统"纯正。周刊既满足了期刊出版周期的底线,也保证了报纸新闻性的出版周期上限。

其二,健康的办刊理念,定位明确,资讯以生活信息为主,强调实用、时尚、消费与娱乐的结合,突出了为受众日常生活服务的功能。生活周刊特色鲜明,成就突出,其信息的实用、服务的细致与理想生活的"梦幻"营造,弥补了综合性大众化报刊的不足。

---

① 欧阳明、梅莹:《简论同城竞争中的生活周刊》,《中国出版》,2007 年第 5 期,第 38—39 页。

4. 国外优秀期刊的中国版

这类期刊的大部分内容是国外优秀杂志的内容,并适当填充某些国内内容,广告由国外市场与国内市场两部分组成,代表性刊物如《哈佛商业评论(中国版)》和时代华纳旗下的《体育画报(中国版)》。据了解,时代华纳有意在中国出版发行《PEOPLE(中国版)》。这类期刊的策划主要依靠国外成熟的商业操作理念和庞大的资金支持,因此,必将成为激活中国期刊市场的"鲇鱼"。

三、电子杂志的策划

随着网络传媒、数字出版等新型传播手段的出现,期刊业进入了数字化时代。电子杂志,又被称为数字期刊、网络杂志、互动杂志、多媒体杂志等,采用了先进的 P2P 技术发行,集 Flash 动画、视频短片和背景音乐、声音甚至 3D 特效等于一体,是一种全新的媒体架构,有着独特的制作、发行和盈利模式。据调查显示,到 2005 年年底,中国电子杂志用户数量已经达到 2 000 万,而到 2010 年,这一数字将接近 8 200 万,届时,中国电子杂志市场规模将达到 12.5 亿元[①]。电子杂志,已成为期刊业在新技术发展下一项最富有潜力的新兴产业。当然,电子杂志也经历了一段不平坦的创新之路。第一代电子杂志,是传统杂志简单的数字化或其网络版;第二代电子杂志是由数字媒体将所做的具有栏目架构的主题性内容定期以杂志的形式发布;而目前的可称作是第三代的电子杂志,其强调互动性、以多媒体为基础以及 P2P 发送这三大法宝——这也是电子杂志能够突飞猛进发展的根本[②]。

虽然电子杂志综合了平面媒体的内容优势、电子媒体的影音优势、互动优势、个性化服务优势、广告表现形式的多样化、网络媒体的无国界优势等。但从整体策划上看,电子杂志产业仍然存在很多问题:如大多数的电子杂志发行平台缺乏明确的定位;与华丽炫目和表现形式多样化的外表相比,电子杂志内容的匮乏日益明显、深度阅读价值不高;此外,商业前景模糊、版权陷阱、产业链条尚待建立、用户阅读习惯尚未养成、与传统媒体的竞合关系等诸多难题,限制着电子杂志产业的进一步提升;很多人甚至认为,这一产业起步不久就将转入整合阶段[③]。因此,我国电子杂志要实现可持续发展的路径选择,必须尊重产业策划原则,加强个性与内容的建设、适时向移动终端扩张、制定相应的管理条例等,从而将电子杂志产业逐渐引入理性发展阶段。

第一,从渠道至上回归至重视杂志的内容与个性。内容是竞争的核心和根

① 钟之静:《2006 年中国期刊存在的主要问题及其对策》,《新闻知识》,2007 年第 6 期,第 55 页。
② 庄也:《电子杂志:鲜花开了?》,《电子商务》,2007 年第 5 期,第 20 页。
③ 汤菲:《论电子杂志的可持续发展之路》,《新闻爱好者》,2007 年第 6 期,第 33 页。

本,一本独立发行的杂志,必须以其原创的优质内容资源及独特的个性吸引读者。如果只是一味地追求形式的绚丽,那么网络受众就会慢慢丧失阅读兴趣,日渐产生审美疲劳。长期发展下去,将直接影响到电子杂志的未来发展。提高电子杂志内容的质量,可以从以下方面着手:内容要新颖有个性;内容要有价值,要能被读者利用;内容要注重原创性,从而保持读者的忠诚度。

第二,电子杂志应适时向移动终端拓展,抢占先机。开发电子杂志的移动终端对于电子杂志的内容出版商和广告投放都具有极其重要的意义。手机音乐、手机视频、手机博客是目前非常热门的关键应用,而集合文字、声音、视频、图像的电子杂志,则融合了以上各种应用的特点。若电子杂志发行商能通过技术变革与模式整合,向手机、PDA、OBILE 及 TV(数字电视、机顶盒)等多种个人终端延伸,无疑可在庞大的电子杂志市场抢占先机。

第三,制定相应的管理条例,引导电子杂志良性发展。近年来,众多的服务商都在提供个人电子杂志制作工具,纯粹个人制作的多媒体杂志在网上大量出现。由于缺乏相应的准入制度和有效的监管,致使传播于网络间的各类电子杂志良莠不齐,缺乏一定的吸引力,深度阅读价值也不高[①]。因此新闻出版部门适时设置相应的审读机构,对电子杂志着重进行以内容为主的全方位审读就显得非常必要。

第五节　出版业的创意与策划

出版集团的建立,标志着中国出版业进入了一个全新的运作时代,是世纪之交后中国出版业发展到一个特殊时期的表征。为了尽快适应国际竞争的需要,为了中国出版业长久的未来,中国出版业凝聚小实体、发展大产业的趋势越来越明显。为了顺应这一时代要求,中国具备条件的出版集团相继组建。在重新审视出版业目前所要面对的情形时,我们必须寻找到新的亮点:中国出版业必须走向市场,集团化是它的大势所趋[②];同时,以开放的眼光来看待出版人才,势在必行。

一、出版业创意策划的基础

出版业创意策划的内容极其丰富。针对具体创意策划人员而言,其不仅要具备对一种精品图书、一套品牌丛书、一个门类学科图书的创意策划能力,更重要的是要参与对此出版物规模、结构、业务重点、发展方向的创意策划。出版的

① 汤菲:《论电子杂志的可持续发展之路》,《新闻爱好者》,2007 年第 6 期,第 33—34 页。
② 董利斌:《出版集团的人力资源战略之管见》,《出版广角》,2007 年第 6 期,第 37—39 页。

创意策划是出版工作圆满完成的基础,而出版物创意策划成功的条件则是正确定位。当然,定位正确的前提是出版人的意识明确、逻辑清晰。在创意策划的过程中,出版定位主要是指实力定位、业务定位和目标定位①。

1. 实力定位

对本出版社的实力评估要正确,即对本社的历史和现状、成绩和问题、人力和资源、品牌和影响的分析要清醒。与实力不相称的高策划目标,容易产生拔苗助长行为,也是出现许多不健康现象的原因,如急于求成而又力不从心,只得东拼西凑的剽窃现象;如追求经济效益为一些蝇头小利而买卖书号的现象;如追求某些社会效益使原本导向正确的健康活动被异化的现象等等。

2. 业务定位

包括专业方向、出版规模、图书结构、业务重点、标志性工程等。业务定位的根据是出版规定和社会需求,原则应该是有所为有所不为。社会需求其中最主要的是市场需求,但它不是唯一的、排他的。作为出版人,同时还必须关注舆论导向的需要,文化积累的需要,社会道德规范的需要,精神文明建设的需要等。当然,书刊作为精神文化产品的特殊性是出版人业务定位时需要特别考虑的。至于图书市场既要满足多数人需要,也应顾及少数人的需要;既要重视共同的、普遍的需要等,也应考虑特殊的、小众的需求。

3. 目标定位

这是出版业创意策划的主要内容之一。从时间跨度看,出版业的行业目标可分为长期目标和短期目标。出版业的特点是,图书从策划、撰写,到出版有一个周期,越是大型的、优秀的图书,周期一般越长。因此,出版人不能只追求短期行为,而忽视长期规划。另外,目标定位还可以从项目内容上看,可分为经济发展目标和出版物规模质量目标;以及从对照比较上看,可分为纵向发展目标和横向竞争目标。

一本好书的顺利上市,一定是在准确定位的基础上进行创意策划的结果。能做到这些,图书的出版往往就成功了一半。如上海文艺出版总社策划出版的16卷大型史书《话说中国》,选题策划历时 8 年,终于在 2005 年全部推出。这套全方位展示中国五千年历史的精品图书采用了全新的叙事方式和编辑理念,以"立足于学术、着眼于大众"为定位,其创意在于创造了一种"从任何一页都可以开始阅读"的全新形式。读者翻开任何一页,看到的都是一个独立的小故事以及与它相关的知识点——每一个版面都形成了一个完整的阅读单元。全书展示了 3 000 多张历史图片,讲述了 1 500 多个故事,涉及的历史文化知识点 7 500

---

① 吴智仁:《关于"出版策划"的思考》,《编辑学刊》,2002 年第 2 期,第 22—24 页。

多个,总计 4 800 页。读者在阅读一个个小故事后,记住了一段历史,也记住了这一段历史背后的"魂"。这套书已成为上海文艺出版总社新创的一个文化品牌,其价值不只体现在文化传承、学术普及、人文教育上,更重要的是开拓了出版的新理念、新空间和新路径,整合出版界与学术界的有效协作、双向互动,铸造和构建了具有自主知识产权的文化品牌和出版品牌。这样颇具创新的策划,带来的不仅仅是文化价值的认同,更有着经济效益的回报:《话说中国》已累计销售 160 万册,总码洋达 1 亿元以上;美国《读者文摘》也已购买了该书的海外版版权,这也是这家美国老牌出版商首次在华购买图书版权①。

二、出版业创意策划的途径

世界首富比尔·盖茨如此解释"创意":"创意具有裂变效应。一盎司创意能够带来无以计数的商业利益和商业奇迹。"创意能力已成为国际企业竞争力的核心与本质。因此,我国出版业要改变目前贸易逆差的局面,建立与我国经济快速发展、政治大国相适应的现代出版业,必然的选择是注重出版业的创意策划,以寻求发展之路。出版业既属于制造业也属于服务业,本质上是以印刷书刊为中心、加工制造文化传播的载体,是把他人创意传播出去的一个产业②。出版业作为内容产业,其创意策划可以大致归结为选题的创意与策划、装帧设计的创意与策划、营销的创意与策划、版权(保护)的创意与策划、创意策划人才的培养等。

1. 选题的创意与策划

进入 21 世纪以来,出版业中"内容为王"的趋势愈加明显,选题的创意与策划已成为整个出版活动的起点,也成为创造社会效益和经济效益的起点。选题的创意与策划必须以读者作为起点和中心。在了解、研究读者的阅读需要、阅读兴趣和接受能力后,有针对性、有目的地设计选题,进行选题策划,以满足读者在学习、工作、研究和精神生活等方面的阅读需要,使得每一个选题都有新的构思,形成鲜明的个性特色。

2. 装帧设计的创意与策划

为了"传播"、便于"阅读",无论是图书或是杂志,都必须装帧,使其以各自独特的形态呈现在人们面前。书籍装帧艺术创作的核心是设计,而设计的核心则是创意。事实证明,一件成功的装帧设计之所以能在同类作品中脱颖而出,关键在于设计者选取了一个独特的角度,一个恰到好处的表现手法,并使两者

---

① 楼文高、宋红艳、匡罗平:《创意产业及出版业创意发展策略》,《出版发行研究》,2007 年第 2 期,第 26—28 页。
② 同上书,第 26 页。

完美结合。好的图书、期刊装帧设计都具有它独特的创意与策划,或在构思上,或在色彩上,或在设计语言上。鲜明的个性,显示着媒体自身的特点,也反映了设计者对美学意识的体悟和形式美的创造。

3. 营销的创意与策划

出版业流行这么一句话:"出一本书并不太复杂,复杂的是要把书卖出去。"因此,书刊选题的创意策划成功与否,一个最重要的标准就是其销售量的大小。作为出版者和经销者,必须让读者知道其出版的书刊并喜欢这些书刊。事实一再证明,市场行销的经营决策与行销策略创意企划对图书销售具有举足轻重的作用。实践中也有不少成功的促销创意策划,如:日本文学名著《源氏物语》的中译本刚发行时,一直没有什么销路。后来,创意策划人员根据该书在日本文学史上的地位和影响,打出了一幅宣传广告——"《源氏物语》:日本的《红楼梦》!"在创意与策划的支持下,一句简单的广告语,使得一本滞销书很快就成了畅销书。

图书出版业中,一个项目的成功策划主要体现在两个层面:选题的策划、营销的策划。《体验英语图解学习词典》出版项目研发初期,出版社的策划人员首先把"客户需求"、"目标客户"和"市场细分"问题抛向市场。经过多方面的走访、咨询,他们认为,对于"图解"词典的定位而言,国内的最终用户大多是学生、教师和家长。同时,随着信息技术的逐渐渗透,"读书时代"正在向"读图时代"迈进,而英语词汇量正是制约英语听、说、读、写综合能力提高的一大瓶颈。于是,做"书"的概念被策划人员提升成了做"资源"。此后,高等教育出版社从美国 Thomson Learning 出版公司引进的项目,贯以一种最基本、最地道的"看图识字"的学习理念,让各个年龄层次的读者都能快速、有效、轻松、牢固地掌握英语 4 000 单词及其用法,身临其境地"触摸式体验"美国社会和文化。整个图书项目架构的策划研发完全基于严格的市场调研,解决了用户识别和定位的问题,体现了"以客户为中心"的营销理念。而就项目本身而言,最大的成功是对"体验英语、体验快乐"理念进行了深度的挖掘和诠释,创作出了响亮的品牌口号:"与其'死记硬背',不如借'图'发挥!"当然,一个出版项目的成功营销,不仅需要基于读者需求的内容研发,而且需要基于市场的营销策划,需要综合运用各种战略、策略和方法传播产品信息,尽可能广泛地让用户了解到产品内容和特色功能。这样,项目产品和资源才能和真正的需要者产生碰撞,才能诱发消费者的购买欲望。总之,一个项目在它诞生之初和成长过程中,必须始终贯穿着"市场营销"和"客户体验"两个概念。对于项目策划编辑而言,从项目研发阶段的"选题策划"到项目投放市场后的"集成服务",都需要全身心地投入"营销"

的全过程之中,使项目的市场运作更科学、更富创意①。

三、网络出版创意策划的优势

传统出版物正不断向数字化方向发展,网络出版逐渐引起人们的关注。虽然以传统介质为代表的传统图书、音像的发行仍在当今的出版业中占据主导地位,但网络正以其迅猛的发展势头进入出版领域,以网络为依托进行图书、音像的编辑、出版、销售的网络出版已显示出了迅猛的发展趋势。

网络出版,又称在线出版,目前主要有三种形式:①在网页上发布信息,读者只能阅览但不能下载。②将信息制作成文件,以电子邮件的形式定期发送给订阅读者。③在网页上设置下载服务,读者可根据自己的喜好,从网页上将内容无偿或有偿地下载到个人的电脑或电子阅读器中。在网络中,读者可以根据自己的偏好随意地选择想看的内容,还可以在网上通过对话、论坛等方式进行双向交流。正是由于网络具有这种交互性,使其更加贴近读者,让读者更容易参与其中。网络与出版一经结合,便以传统出版所不具备的优势,第一时间内被受众接受了②。

1. 网络出版的特征

(1)有效地扩大原有出版市场。在我国,虽然已经有许多出版社建立了自己的网站,但大多还是停留在发布图书、音像信息、进行网络宣传或邮购等方面,网络出版目前仍处于起步阶段。不过,值得关注的是,风起云涌的网络出版一方面缘于网络本身所具备的某些优势,更重要的是,网络出版有效地刺激了趋于疲软的图书市场。通过网络出版,那些平日没有余暇到书店选购图书的受众,可以足不出户地品味适合自己的图书或音像制品。从这个角度来看,网络正是利用了自身的优势,把传统图书、音像涉及不到的那些潜在读者挖掘出来,有效地扩大了出版市场。

(2)缩短出版时间。未来的作者将不再使用厚厚的稿纸,而转化为更直接的电子文本。作者可以将自己的作品通过网络传给出版商,编辑将在网上对其进行审读。一些畅销图书甚至可以采取边写作边审读的在线方式,大大缩短从投稿到出版的时间。

(3)加强出版商和作者之间的沟通。如在线审读过程中,编辑可以即时与作者就文稿中的某些问题反复进行交流而提高了工作效率。

(4)提供多媒体演示和按需阅读的功能,同时能以超文本方式使之与其他

① 洪志娟:《从选题策划到营销策划:〈体验英语图解学习词典〉的实践》,《科技与出版》,2007年第3期,第5—6页。
② 彭秀军:《网络出版的特点及其对传统出版业的挑战》,《数字时代》,2000年第8期,第28页。

相关资料相链接。在此阅读状态下，"注解"、"引文"、"人名地名"、"专业词汇"、"参考文献"等都变得灵活。读者只要用鼠标一点击，便可看到更多、更详尽的资料信息，相对于图书馆查阅，更显方便、快捷。

（5）价位低。由于网络出版直接面向读者，省却了部分中间环节的支出。对于同样的内容，在网上阅读或通过网络购买所需的费用，仅相当于购买同等传统纸质产品的30％－70％。

（6）阅读空间大。读者不必受限于时间和空间，无论在世界的哪个角落，无论想看多久以前的书，都可从网上下载或通过网络订购。可以说，网络出版使出版真正成为了不绝版的出版。

（7）节省资源。传统纸质产品消耗了大量资源，也容易造成较为严重的环境污染。目前的网上售书虽不过是网络出版一个环节上的一种模式，尚未脱离传统的实物载体，但未来的网络出版将逐渐摒弃传统模式，使图书完全实现在网上下载发行，使出版成为信息在虚拟世界中流通的一种模式。在这个角度上，网络出版将会转化为真正意义上的绿色产业。

事实上，广义上的网络出版应该是通过包括互联网、移动电话、交互式电话在内的所有通过电子信息渠道进行的出版发行。从这个意义上讲，网络出版的前景相当广阔。但同时我们还应该看到：我国的网络使用远未普及，人们消费方式和阅读方式的惯性力量，同样使网络的能量在短期内难以充分释放。因此，网络和电子商务暂时不可能从根本上撼动原有出版业和出版市场；我们有理由相信，对出版业和出版市场有举足轻重影响的，仍然是传统出版业和传统商业模式。

2. 网络出版业的策划方法

（1）拓宽书稿来源，做好选题工作：网络出版物的选题和内在质量提高，是网络出版业发展的重要一环，而稿源是选题的基础。要通过各种途径，依靠优秀作者，捕捉选题信息，做出有价值、有市场的选题，尤其要开发有影响的系列选题，形成选题规模，在网络出版中形成自己的品牌和竞争优势。

（2）寻求技术支持，提高制作质量：要做好网络出版，必须要有能实现从组稿、制作、出版、发行、数字版权保护、互联网销售等各个环节相兼容的可靠技术支持。

（3）选择理想网站，加强共同合作。网络出版选择的合作网站，就其性质来说，应是出版的专门网站。还应考虑它的点击率。另外，在选择网站之后，出版单位要加强同网站之间的合作。从目前来看，在出版合作中，多是网站方面比较积极，而出版者则显得被动，这不利于做好网络出版。由于网络出版是一新兴领域，往往出版者对网络出版还不甚熟悉。因此，加强与网站的密切合作，了解新的出版规程,进行业务交流应是开拓出版市场,争取出版业更大发展的必然要求。

（4）与纸质出版业互促互补,共同发展。纸质书出版一般费用较高,且周期过长,在经费不足的情况下,可考虑直接推出电子版图书,以电子版发行收入来支持纸质图书的出版,以避免出版资源的浪费。同时,网络出版业还要善于要借助网络发行,扩大图书影响以吸引更多习惯于传统阅读的读者。

（5）改进支付手段。目前,支付手段对网络出版发展的影响仍较为突出。网络出版销售,都是通过电子方式实现交易的,对于个人消费者,可能一时还难以适应这种方式的交易。所以要求出版者一方面要对读者加强网络销售的宣传和引导,另一方面要寻求更便捷的支付方式,以方便读者的消费。

第七章

影视文化产业的创意与策划

　　作为文化产业的核心内容,影视业由于其先天优势,即传播渠道的跨地域性和视听语言的易接受性,一直占据龙头地位。影视创作既是文化行为,同时也是经济活动。影视产业借助于媒介和文化市场,本身具有巨大的经济效益和社会影响[1]。

　　对于优秀的影视产品来说,拥有一个美妙的创意是其成功的先决条件。这不只针对影视作品本身的内容而言,更重要的是影视内容所嵌入的创意概念不仅对唱片、音像、演艺、主题公园、体育、旅游等行业具有拉动和带动作用,而且对于服务、制造业,甚至对于大众的文化认同、地域凝聚和社会态度的形成都有难以估量的综合作用[2],这充分体现了影视文化产业作为一个产业存在的天然优势。

　　2006年12月,来自广播影视界的200余名权威官员、知名学者以及产业精英齐聚首届中国北京国际文化创意产业博览会广播电影电视发展论坛,为我国广播影视业的发展献计献策。中国传媒大学副校长胡正荣教授参照发达国家影视业的成功案例指出,做媒介不是简单而论地做"眼球"、做"注意力"。在谈到影视产业的核心与本质时,人们会习以为常地引用一些模式化的概念,譬如"眼球经济"与"注意力经济",认为拥有了"眼球"与"注意力"也就拥有了一切。正是这一认识上的误区导致了"一哄而上的电视剧热、一哄而上的'超女热'、一哄而上的雷同热"的出现[3]。胡教授认为,对于影视传媒产业来讲,创意与创造力才是最核心的竞争力。

---

① 尹鸿:《影视创意产业的"北京制造"》,人民网(http://media.people.com.cn/GB/22100/76588/76593/5263278.html)。

② 同上。

③ 《人民日报》,2006年12月14日第11版。

第一节　影视文化产业创意的特点

　　创意是影视产业策划的灵魂，是吸引受众最直接的因素，也是影响影视产品成功与否的关键。精彩的创意不一定可以得到一个成功的策划，但成功的策划背后必然有一个绝妙的创意。下面我们来看影视文化产业的创意有哪些特点。

一、创意的独创性

　　所谓创意，就要与众人、前人有所不同，独具卓识，出奇制胜。影视创意独创性的体现就是影视产品的"卖点"。拿电视节目举例，"卖点"就是该节目自身具备，又能符合观众需要，而且填补其他节目的存在空白；或者其他节目即使具备，该节目也能显示较强竞争力，成为一个突出的特点。有人对此归纳说，影视产品的"卖点"就是该节目最具吸引力的个性化品质特征，它是影视产业策划的灵魂[①]。比如2005年火爆一时的《超级女生》充分体现了独创性这一特点。当时，"真人秀"样式还并不被中国老百姓所熟知，湖南卫视《超级女生》节目的推出让观众眼前一亮，独具个性的创意着实成为中国电视活动类节目的领军代表。

二、创意的连动性

　　影视既然作为产业，就存在产业前期、后期与发行期阶段的经济操作。电影在影院上映收回票房之后，电视节目在电视台播映取得收入之后，这些影视产品仍具有较大经济潜力，要发掘这些潜力，就要靠影视创意把诸多方面因素考虑在内。拿电影产业来讲，1999年美国好莱坞的总收入中，电影票房收入仅占40%左右，其他方面的收入已经超过影视节目的销售收入。这些收入来自电影的电视播映费、电影的录像带及影碟音带、电影书籍、杂志、海报、影星照片及肖像权转让、电影及影星用品的展览与拍卖、电影拍摄场地对游览的开放、电影制作人员和电影明星与公众的见面会、电影节与电影奖的直接与间接收益，以及由于公众观赏电影的同时拉动的饮食、交通、服装、购物等一系列消费行为。这些具有连动性的创意行为，即对于后影视经济的探索，必然成为推动影视市场发展的强大动力[②]。

[①]　盘剑：《影视艺术学》，浙江大学出版社2004年版，第170—171页。
[②]　李稚田：《电影电视制片管理教程》，北京师范大学出版社2002年版，第284页。

三、创意的多向性

从事影视工作,要善于从不同的角度考虑问题。依赖我们的发散性思维,在一个问题面前,尽量提出多种设想、多种方案,以扩展选择的余地。比如湖南卫视在获得《大长今》的独播权后,并不是每天单一地播放电视剧,而是有效地利用了这一独特的资源优势,进行全台营销,集中力量将《快乐大本营》、《背后的故事》等几档名牌栏目全部调动起来,掀起为《大长今》造势的高潮。湖南卫视利用多向发展的创意将一部死的电视剧成功地运作成一套活的产业。

不难发现,如今的栏目竞争、频道竞争,不仅拼制作水平、拍摄技巧、主持人发挥的好坏,更主要是比创意、比智慧。在影视产业市场竞争愈演愈烈,受众进一步分流的时代,随着人们审美需求的攀升,新鲜事物的亮相是有一定难度的——既要新颖又要打动人心,既要与众不同又要保证吸引眼球。所以前期的创意是不能马虎的,要结合大众心理、社会文化、市场营销等诸多方面加以思考。另外,创意还要结合影视产品的属性量体裁衣,不能盲目追求与众不同,所以可操作性也是创意者需要考虑的因素之一。

第二节　影视文化产业策划的原则

"问渠哪得清如许,唯有源头活水来。"对于当今社会的影视文化产业而言,精妙的创意无疑是优秀作品的源头活水。但再好的创意如果没有合理的规划,总归不能付诸现实。所以,完备的策划环节,是完成一部好作品的重中之重。"策划"一词,中国古已有之,是出谋划策之意。如今,策划已经成为各行业最热门的话题之一,它逐渐成为具有相对独立性的社会活动和职业。日新月异的电影电视银幕正宣告着一个新时代的到来——中国影视产业进入"策划人时代"。顾名思义,"影视产业策划"就是对电影电视产品的运作进行策划,策划的目的则是为了更好地营销。近些年来,"策划"与"营销"已成为中国影视文化产业一道新的独特景观①。

我们先来看《哈佛企业管理》丛书中对策划的有关论述:"策划是一种程序,在本质上是一种运用脑力的理性行为。所有的策划基本上都是关于未来的事物,也就是说策划是针对未来要发生的事情做当前的决策。换言之,策划是找出事物因果关系,衡量未来可采取之途径,作为目前决策之依据。亦即策划是预先决定做什么,何时做,如何做,谁来做。策划如同一座桥,它连接着我们目

① 　盘剑:《影视艺术学》,浙江大学出版社 2004 年版,第 161 页。

文化产业创意与策划

前之地与未来我们要经过之地。"①

由此可见,策划是一种程序,依据目前掌握的有关信息,判断事物未来变化的趋势,确定可能实现的目标,以此来设计、选择能产生最佳效果的资源配置与行动方式,进而形成正确决策和实施方案,并努力保障目标实现的进程。正如报纸的版面要进行策划,一部影片的放映和一档电视节目的播出也需要策划。随着知识经济的到来,人们开始享受创意,追求创意,影视文化产业的策划就在这样的背景下逐渐流行开来。策划成了电影、电视栏目及各频道间激烈竞争时制胜的关键。一部电影、一个栏目如果没有好的创意作支撑,没有好的策划作营销方案,早晚都要被淘汰②。而大众文化时代下的影视产物必须重视产业策划,虽没有既定的标准方法,但仍可循几点共通的原则思路。

一、影视产业策划的创新原则

"创新是一个民族的灵魂,是一个国家兴旺发达的不竭动力。"对于影视产业的策划而言,也可以这样套用:创新是影视策划的灵魂,是影视产业发展的不竭动力。影视产业的策划作为一种创造性实践活动,它的内核就是创新。

就每一项影视策划而言,"太阳每天都是新的。"我们在做策划时,不可能苛求每一个都能做得最好,但应追求每一个策划与上一个都有所不同,有新的东西——新的思维模式、新的理念诉求、新的方式方法,不能出新的策划是没有生命力的。而想做到最优秀的策划,更要有重大突破。如《东方时空》创新的模式,为中国电视体制改革作出了卓越贡献;电视纪录片《望长城》被誉为中国纪录片发展的里程碑③;而湖南卫视的《超级女生》则开创了电视娱乐节目本土化改造的先河,这些在电视产业发展中某一领域某一阶段的重大突破,都是一种高层次的创新。

创新应该贯穿于影视策划活动的整个过程之中。首先是思想新、观念新、方法新,影视策划人应该努力寻找能够把握时代脉搏、预示未来发展方向的新理念,因为这些思想才是指导我们成功策划的关键④。过去影视产品的生产方式是以产定销,先把影视产品做出来再推销。而现在越来越讲究经营在先、策划在前,创新的理念就显得尤为重要。有了新想法,才能确定受众和市场,才能有机、有序地组织产业链。拿电视业来讲,比如一些省市频道独立自办的电视节目,和现在大行其道的"独播剧"模式,获取独占资源并独家提供,以便获得足

---

① 盘剑:《影视艺术学》,浙江大学出版社 2004 年版,第 161—162 页。

② 同上书,第 162 页。

③ 谭天、王甫:《电视策划学》,中国国际广播出版社 2001 年版,第 91 页。

④ 同上书,第 92 页。

够的市场份额即收视率,体现了策划的创新原则。

二、影视产业策划的信息原则

信息是人类社会的一种软资源,谁占有它谁就会在竞争中掌握主动权。强调信息的重要,并不意味着有了信息就有了一切。在信息爆炸的当今社会里,成功的策划不在于信息的数量,而在于收集有效信息。所以一个策划的出炉不仅需要做好前期市场调研、产品受众分析等工作,后期市场反馈也是至关重要的。

在影视产业的策划中,强调信息原则是指在采集准确、快捷的信息的同时,还要对信息及时进行加工和处理。信息的采集处理是影视文化产业策划的起点,影视策划者必须建立多层次、多渠道、多角度、多类型的信息网络。影视策划所需要的信息大致包括以下几个方面:一是环境信息,比如政治、经济、历史、文化等方面的系统外信息和节目影片定位、受众、管理等方面的系统内信息;二是市场信息,包括信息服务市场、文化市场、广告市场等方面的信息;三是受众群体信息;四是竞争对手态势信息。在采集信息的过程中我们要力求全面、可靠、及时,并且保证所收集信息的系统性和连续性[①]。

比如在制作一档电视节目之前,我们要研究观众信息,包括了解当时观众的需求、观众的收看心理和特定观众群的特点等。再比如拍摄一部电影之前,我们首先要分析该影视作品是否具有吸引观众注意力的元素(比如故事情节、演员的知名度等),是否迎合了某一时期的社会热点文化等,充分掌握这些信息后,在对电影的后期宣传和营销上我们就可以有的放矢,合理地规划影片的放映工作及推广活动。所以,信息就是资源,信息就是竞争力.影视产业的策划更应重视信息原则。

三、影视产业策划的目标原则

影视策划从一开始,就要明确目标。在一个策划的运行过程中,目标一经确定就不应更改,这个目标就成为指引整个策划的航标,所有的策划思想和方法都要紧紧围绕这个目标加以展开和实施。

有些策划之所以不成功,其原因之一往往就是策划目标不够明确。当然,在一个策划里面,也许不止一个目标,但必须要有侧重,要有一个主要目标。比如央视《东方时空》刚开播的时候,它策划的目标只是开办一档全新的杂志型栏目,里面包括四个板块:《焦点时刻》、《生活空间》、《东方之子》、《音乐电视》。当时策划者并没有过多考虑早间节目应该办成什么样子。随着节目的发展,策划

① 谭天、王甫:《电视策划学》,中国国际广播出版社 2001 年版,第 93 页。

文化产业创意与策划

者发现某些板块并不太适合作为晨间节目播出，又重新定位，在后来的策划中重新确定目标，撤掉了不适合早晨播出的《音乐电视》，把收视率较高的《焦点时刻》改为《焦点访谈》，并将它推到晚上的黄金时段播出。而再版的《东方时空》又把办成真正的早间节目作为新的策划目标[①]。由此可见，明确的目标定位是影视产品能否在受众中立稳脚跟的先决条件。

四、影视产业策划的可行性原则

所谓可行性，是指达到策划目标的可能性、可靠性等方面的分析、预测和评估。前面我们说过影视产业策划的核心是创新，就是说我们进行创意的时候，需要标新立异，甚至允许一些异想天开的设想。但是，这个创意是否具有现实性呢？这个策划能否可行呢？还要进行可行性分析和研究。

大型的影视策划就好比一项投入大、影响大的规模工程，更需要策划人进行严谨缜密的可行性分析。比如在早几年，某地市级电视台为了在与大台竞争中抢占一席之地，决定在全国地市级台中率先开办早间节目，策划虽然颇有新意，但却没有进行认真的可行性分析，结果由于人、财、物等电视资源投入不足和配置不当，而导致节目质量和收视率不高，最终只好被迫下马。这充分说明了我们在计划选择之前对决策目标的可能性、可靠性，目标实施的价值性、效益性进行前期分析是何等重要。

影视策划的可行性研究不是一般的评论可行或不可行，而是要对事物进行定性和定量的精确分析。当然，影视策划中可行性分析内容很多，比如决策目标的可行性研究，实现目标的内外条件的可行性研究，对整体和局部以及各个环节的实施方案之间的相互配合和协调的可行性的研究以及对社会效益和经济效益的可行性研究等[②]。简单举个例子，我们做一档节目，肯定要知道观众喜欢看什么，设法让观众看好它。研究观众需求主要就是解决节目策划的可行性问题。

五、影视产业策划的系统原则

影视策划活动本身就是一个由若干要素组成的有机整体。系统化的策划方案可以达到目标决策的优化，以取得较丰厚的社会效益和经济效益。

我们把研究对象理解为一个系统，并把研究过程看成是一个整体。比如把电视策划的对象理解为由电视媒体为主体，观众为客体，及它们之间的信息流等基本要素构成的有机整体；或者说把策划的对象——电视看成一个系统。然

---

① 谭天、王甫：《电视策划学》，中国国际广播出版社 2001 年版，第 95 页。

② 同上书，第 94 页。

后对系统的组织结构、决策目标、实施方案、信息反馈等功能,进行系统综合分析。比如中央电视台的《香港回归宣传特别报道方案》就是一个整体策划方案。在连续 72 小时的"香港回归特别报道"中,节目编排上要对第一套节目、第四套节目和英语频道进行全面规划;在实施报道计划时要统筹兼顾,遵循以北京为中心,以香港为重点、以国内和海外重点地区为辅的方针;在技术操作上要协调衔接好北京和香港两个报道中心。在报道力量的部署上,确定前、中、后三个阶段,把重点放在香港主权回归祖国的众多事件集中的 72 小时内,集中所有报道的"火力",实行"地毯式轰炸"[①]。正是经过这样缜密的策划,观众们才可以看到详尽而适时的报道。

我们也可以把电影市场营销看作一个系统,它的策划就要涉及以下几方面内容:首先是电影市场调研,即电影制作者通过市场调查和市场预测,来分析电影市场需求的状况及其变化趋势。其次是电影市场细分。根据电影市场调研的结果,电影制作者通过电影观众群体进行细分,不同年龄、性别和学识水平的电影观众,对电影的内容和主题的要求是不同的。再者是电影市场定位,根据市场细分的结果,结合电影公司的营销目标和电影市场竞争的状况来确立电影目标市场,从而进行电影市场定位。通过电影市场定位,确保为特定的电影观众群体提供最适合他们需求的电影产品。最后,在分析的基础上,设计营销策略,然后选择合适的媒体平台如报纸、杂志、电视、网络及电影预告之类手段进行促销[②]。只有这样,才能保证影片占有足够的市场份额,使电影投资方收到满意的回报。

强调影视策划中的系统原则,就是强调影视策划活动的整体性、全局性和综合性,以求达到策划整体优质,使得策划对象取得 $1+1>2$ 的效应[③]。

任何一项策划,都有它的开始和终结,但是对于影视文化产业来说,策划是永无止境的。一项策划的结束,往往预示着另一项策划的开始[④]。所以重视实践经验的总结,对于丰富策划内容,完善策划体系,是极为重要的。从以上对于策划原则的分析可见,今天的影视产业策划已经不是固有意义上想两个点子、出出主意那样简单的工作。它已发展为一门科学,是一项庞大而复杂的系统工程,与产业化的市场运作密不可分。只有把影视策划建立在科学化的基础上,影视产品才能真正走入市场,才能完成整合营销策略,影视文化产业才能逐渐壮大,日臻完善。

① 谭天、王甫:《电视策划学》,中国国际广播出版社 2001 年版,第 96—97 页。
② 周本存:《文化与市场营销》,合肥工业大学出版社 2005 年版,第 276 页。
③ 谭天、王甫:《电视策划学》,中国国际广播出版社 2001 年版,第 97 页。
④ 盘剑:《影视艺术学》,浙江大学出版社 2004 年版,第 173—174 页。

第三节　电影产业的创意与策划

一、产业化运营的典范——好莱坞的品牌营销策略

好莱坞电影工业是世界电影工业中最为发达的。某种程度上讲,好莱坞电影帝国不仅是电影操作的成功,也是电影文化产业运作的成功。与其说好莱坞的辉煌是电影产品的辉煌,不如说是电影营销策划的辉煌[①]。

首先我们应该认识到,电影产业是一个庞大的系统工程,只有精心设计创意,合理策划每一环节,使得各个阶段相互联系,紧密配合,才能保证电影产业链环环相扣,从而充分实现影片商业价值与文化价值的双赢。

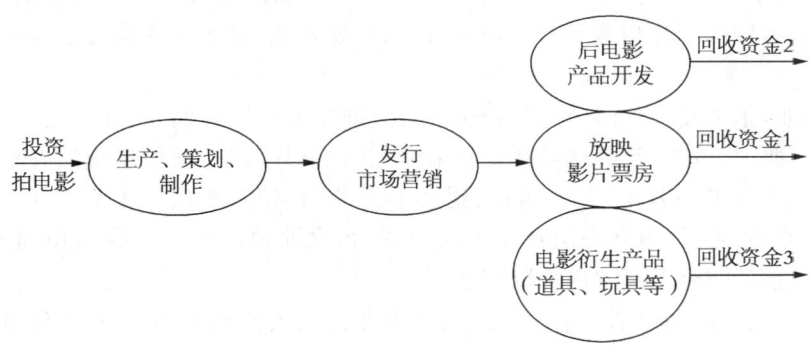

电影产业链示意图[②]

好莱坞对电影的理解是对文化及其产业的充分认识,它不仅懂得怎样生产电影,更加了解生产电影品牌才是产业发展的必然出路。众所周知,未来的市场竞争、文化碰撞,就是品牌之间的竞争与碰撞。如何形成电影品牌,是好莱坞对电影市场营销的重要策划与投入部分[③]。

1. 电影产业化——"行销大于影片"

在市场营销上,好莱坞的策略总是以其新、奇、特,尽快地推出,尽好地传播,尽力地抢占市场,来树立品牌效应,赢得观众[④]。它的营销理念是使银幕营销和非银幕营销齐头并进、互为支持的连锁式营销,有条不紊地直取票房收入和后电影产品开发收入。具体表现为银幕营销、电视营销、家庭影院、网络营销

①　文硕:《建立电影整合营销传播新体系》,《销售与市场》,2000 年第 1 期。
②　唐榕、邵培仁:《电影经营管理》,浙江大学出版社 2005 年版,第 121 页。
③　同上书,第 122 页。
④　同上书,第 123 页。

和相关商品开发这"五位一体"的营销构架。好莱坞的"以钱滚钱"、"以片养片，以片配片"战略，"营销大于影片"、大资金投入大网络回收、"Key Art"广告设计思路和"时间窗"等营销理念，深深影响了世界各国的电影制作，为世界电影乃至于其他工业产品营销，打开了一种全新的营销思路和前景①。

1996年的《ID4》就是一部"行销大于影片"的典型案例。该片制作成本为7 000万美金，在好莱坞只是中等，内容是外星人攻击地球，目标对准美国白宫，美国总统遭遇危机后又解救危机的英雄科幻片。这一内容并不算有新意，又和《不可能任务》、《龙卷风》等大片在市场上正面厮杀，条件极其不利。但该片的发行公司在影片上映半年前就开始在电影院打预告，而且以轰炸白宫的场面吸引观众的好奇心。7月份，当奥运会在美国开赛时，电影公司不惜重金购买了足球场上电子看板广告，让白宫在几万人的头顶上爆炸，随即马上造成轰动效应。《ID4》在美国的宣传招数和票房纪录，传到世界各地，又成为各地分公司的宣传素材②。

又如，华纳兄弟中国台湾分公司行销经理熊家珍以他们发行的《骇客帝国》为例：即使像《骇客帝国》这样视觉效果惊人的"强片"，"行销仍然扮演着很重要的角色"。从媒体曝光、广告刊登、到公关活动"行销三部曲"，他们投下约800万台币的成本。结果在中国台湾上映两周后，台北地区票房已经累积到6 000万台币，估计在全台湾省内可以破亿③。

好莱坞一般的电影操作模式，是大资金投入大网络回收并充分利用高科技，以获取最大市场利益。这其中"行销大于影片"的理念不容忽视。而这种大制作、大投入、营销大于影片方式的目的何在？就是为了营销品牌，也就是说，好莱坞电影生产的一切手段和模式，其最终经济目的，就是为了品牌营销，是为了生产出能赢得市场的电影品牌④。

2. 电影产业化——后电影产品开发

建立了品牌，票房自然得到保障，更重要的是在后电影产品的开发中，可以获得滚雪球般的市场份额。因为只有具有市场效应的品牌及其延伸，才有可能以一定的投资获取最大的利益，使得躲在品牌背后的票房价值及相关后产品价值，得以实现。因此，后电影产品开发成为了电影品牌运营的核心。有资料表明，美国电影业总收入中约20％是从影院的票房收入中获得的，而有约80％则是由非银幕营销所得，即后电影产品开发。这似乎意味着，只要有一部影片在

① 文硕：《建立电影整合营销传播新体系》，《销售与市场》，2000年第1期，第70页。
② 滕淑芬：《好莱坞过中国台湾——大鱼吃小鱼》，《光华》，1999年第7期。
③ 同上。
④ 唐榕、邵培仁：《电影经营管理》，浙江大学出版社2005年版，第124页。

世界影坛打响,电影后的营销将是一笔滚滚不断的、远远高于影片本身票房收入的财源①。比如影片打响之后,强大的品牌力量和众多的市场机遇,需要借助电视、版权出让、VCD、DVD、CD等方式予以释放和攫取,它们层层挤占和抢夺与电影品牌有关的市场空间,分割市场份额,最大化地收获品牌余威带来的价值②。

另外旅游开发、日用消费品生产和玩具产品开发等也是好莱坞品牌经营的方式之一。1999年《星球大战首部曲》玩具产品有六大系列,其中包括机器人、战机、战舰、镭射枪等共200余款。据测算相关产品的收入突破50亿美元大关。20年前的三部《星球大战》票房收入不过10亿美元,而相关商品开发收入到今已数倍递增。《泰坦尼克号》仅画册就20多种,船模、扑克、T恤衫等不计其数。米老鼠形象作为迪斯尼公司的镇山之宝,其相关产品的销售额占总收入的1/5。迪斯尼公司将过去几十年里出品的影片制成影像带出售,仅此一项每年即可收入近2亿美元。至今《狮子王》的相关产品收入已超过它的票房收入,并一度成为迪斯尼的拳头产品。加上其他诸如拍卖、产品授权、多媒体开发等形式的综合利用,把后电影产品开发看作是品牌经营的核心,确实当之无愧。据统计,1994年美国好莱坞电影票房总收入不足50亿。而同年的后电影产品总收入高达70亿美元,大大高于票房收入③。

再如近几年的"哈利·波特"无疑掀起一股狂潮。2007年7月21日《哈利·波特七》图书全球首发当天,北京众多哈利·波特迷争相购买的盛况让人大开眼界。北京图书大厦工作人员表示,尽管现在能看到的还只是进口的英文原版图书,价格也不菲,但首发当天图书大厦就销售了2301册。随着《哈利·波特》电影的上映,中文版图书的推出,《哈利·波特七》图书销售将到达新的高峰。据了解,《哈利·波特》图书、电影票房、DVD并不是《哈利·波特》财富链条的全部,如哈利·波特系列玩具与文具的特许经营权就分别以数千万美元的价格被全球最大的3家玩具制造商所购得。市场上已经出现哈利·波特万花筒、铅笔盒等500多种玩具与文具。另外哈利·波特的海报、邮票、衣服、纪念品等相关衍生品应有尽有。有数据显示,"哈利·波特"这一品牌的估价已经突破100亿美元④。

相比国外,我国的电影后市场开发还存在巨大空间。"目前对电影的关注

① 文硕:《建立电影整合营销传播新体系》,《销售与市场》,2000年第1期,第70页。
② 唐榕、邵培仁:《电影经营管理》,浙江大学出版社2005年版,第127页。
③ 同上。
④ 田莉莉:《暑期海外大片衍生品热销 国内电影后产品亟待开发》,《中国电影市场》,2007年第9期,第35页。

点大多还集中在票房上，比较忽略电影衍生产品这个重要阶段，还没有进行大众文化消费市场的组合开发。"北京新影联院线副总经理高军表示，市场发展不规范、盗版不绝、产品档次不高、不具有收藏价值，这些因素导致国内电影后市发展迟缓。有业内人士指出，电影衍生产品发展的前提，是发达的电影工业和广泛的群众基础。从单部电影看，电影品牌积累的深度和厚度不够是国内电影难做衍生产品的一大障碍①。

有人说，好莱坞的成功在于影片本身；有人说，包装是其成功要诀；还有人认为，一切应归于其强大的炒作攻势。确切而言，好莱坞应该是营销成功的典范。它向我们展示了一种缜密严谨且具有科学体系的营销思路。以其远见卓识开拓每一块具有潜力的票房市场，以多种渠道赢得最大利益，并且不断挖空心思挖掘能更有效地为自身赚取利润的创意和策略。好莱坞营销的创意与谋略，深深影响着世界各国以企划市场为主的电影制作。这种大手笔的营销策略，正是我们电影营销需要借鉴的部分，而不只是简单的模仿②。他们的成功给我们的启示是：对于当下迅猛发展的影视文化产业来说，在商品经济条件下都离不开有效的产业化营销模式，充分学习与掌握现代科学的营销理论与营销技巧，是极其必要的。

二、"中国大片"的营销模式

从开始孤军作战的《英雄》到《卧虎藏龙》、《天地英雄》、《夜宴》、《满城尽带黄金甲》等影片的出现，"中国大片"这一概念进入国人视野已有五年多的时间。作为一个舶来品，"大片"经过中国电影人的同心协力，正逐步移植改良、完成本土化，一个初具规模的影片类型日臻成熟，并获得中国电影市场前所未有的热效应。中国大片已被视为中国电影一个品牌，正向世界推销着鲜活的中国形象与深厚的中国文化③。中国大片的品牌营销之路究竟是如何迈进的？这是我们关注的焦点。

1. 高品质制作

"中国大片"诞生之初就具有明显的品质意识，显示出不同于当时影片的高技术含量。2002年第一部真正意义上的"中国大片"《英雄》横空出世，美轮美奂的宫殿、奢华美艳的服装造型、如诗如画的布景，把电影画面的形式美感发挥到极致，让习惯了"原生态"的中国观众大饱眼福。第一次大规模使用电影特效和

① 田莉莉：《暑期海外大片衍生品热销 国内电影后产品亟待开发》，《中国电影市场》，2007年第9期，第35页。

② 文硕：《建立电影整合营销传播新体系》，《销售与市场》，2000年第1期，第70页。

③ 蒋盼：《浅谈中国大片的品牌营销策略》，《中国电影市场》，2007年第3期，第30—31页。

数字技术,第一次汇集国际知名导演、制作和演员组成空前豪华的创作阵容,让中国观众有了走进电影院重回"大银幕"的需求,因此《英雄》有理由成为中国电影史上的第一个票房神话。《英雄》的成功,是一场精心创意完美策划而攫取利益的商业行为,也是品牌营销的必然结果。正是影片高品质的制作成就了《英雄》在当年电影市场上真正的"英雄"角色①。为了保证这种高品质,影片投资动辄过亿,"高投入才能赢得高回报"已在电影界达成一种共识。

2. 大规模造势

随着品牌形象逐渐确立,品牌附加值也水涨船高。在使品牌成为品牌的过程中,不断提高知名度是实现品牌增值的有效手段。这种手段就是广告,即为影片大力宣传造势。大片在影片炒作上从来都煞费苦心、挥金如土。据报道,《英雄》还未开机,选角事件已沸沸扬扬,人尽皆知。《夜宴》还在孕育,一场世界杯的"豪门盛宴"已经预先出炉。在观众享受进球快乐的同时,制片方仍不忘让观众期待《夜宴》的上映;《满城尽带黄金甲》的首映礼更是奢华隆重,首次动用全球卫星直播宣传一部电影②。

在《天地英雄》首映前,全方位的宣传攻势已铺天盖地:在国产电影中率先开办影片网站;力邀台湾知名艺人蔡依林演唱电影主题曲《海市蜃楼》,并亲赴北京宣传;《天地英雄》电影原声带由 SONYMUSIC 全亚洲同步发行。此外,《天地英雄》获得代表中国电影参加 2004 年奥斯卡金像奖最佳外语片角逐资格的消息,更为宣传攻势之火添柴加油。对奥斯卡的申报是《天地英雄》造势的一个重要策略,由此引出"奥斯卡放映"活动。由于参赛的影片必须在出品国上映7 天以上,所以影片在参展之前,分别于北京、上海、深圳、西安、武汉、郑州六大城市最好的影院进行一天一地的接力放映,与此同时也掀起大规模的宣传活动。制片方选择在北京、上海、西安举行三场特别的"英雄会"——北京故宫的端门举行全球首映式,上海浦江影院的"群星耀浦江,天地争英雄"活动,西安南门举行"盛唐入南门"活动。最终,借助这些颇具创意的发行和宣传策略,《天地英雄》获得了高额票房佳绩,荣登 2003 年国产影片票房冠军的宝座③。

3. 文化营销

在早期的中国电影作品中,吸引西方观众眼球的方式是将东方民俗神秘化仪式化,达到文化推销的目的。但到了大片时代,面对电影的全球化,导演们开始纷纷从民俗猎奇的怪圈里走出来,不约而同地将目光投射到更为朴实的人性中,试图让影片成为"放之四海而皆准"的工业品。借此尽量模糊文化界限,弥

---

① 蒋盼:《浅谈中国大片的品牌营销策略》,《中国电影市场》,2007 年第 3 期,第 30—31 页。

② 同上。

③ 张晓阳:《2003 年五大电影营销》,《中国广播影视报产业周刊》,2004 年 1 月 14 日。

合东西方文化的裂缝和隔阂。至今，在很多西方人眼里，关于中国的想象似乎永久停留在束发长袍、飞檐走壁的古人形象，唯有舞刀弄枪的中国功夫才称得上具有中国特色、代表中国文化。循着这样简单的逻辑，"中国大片"无一例外地走起古装路线，大片的"中国红"、"中国黄"成了影片的主要基调[①]。不可否认，古装大片存在着很多自身的局限性，比如剧情多有重复雷同，主题较为单一，黔驴技穷的下坡趋势开始慢慢显现，但就目前中国电影在海外市场的现状而言，走古代路线仍是一条相对安全的道路，一种保全资本的方式。

显然，"大片"模式的开发是中国电影的一次转型，可能这次转型并没有完全满足大家的期待。有一些情绪化的指责遮蔽了对影片本身的文本分析和总体评价，例如关于大片恶搞之风愈演愈烈的现象。把大片处在特殊阶段的一些特殊作用和贡献都一同遮蔽掉是不客观的，中国大片的营销之路尚且处在"摸着石头过河"的阶段，也许在某些方面表现出某种"畸态"，但从商业角度看，大片模式的运作毫无疑问是成功的。这是中国电影产业化进程中的一个自觉行动，也推动着电影产业化逐渐深入和完善[②]。处于多媒体竞争的时代，电影必须建立自己的优势，大片模式就是通过科技所创造的视觉奇观与经典电影艺术的结合寻找到的一条新的出路。毕竟中国的电影市场不可能没有大片，中国电影也不可能孤立于世界电影的潮流之外。

而中国大片迅速成长发展到今天，可以说作为一种电影类型已经形成自己一定风格。电影需要营销，维系并扩展电影的产业链条，需要大胆的创意与策划，这涉及电影制作、市场调研、广告策略、宣传炒作、公共活动、促销手段等多个方面[③]，只有在统一有序的经营操作下，形成一种营销合力，才能达到电影最优化的传播效果。

三、贺岁电影的营销策略

每到年终岁末，爱好电影的观众都能深切感受到贺岁档带给他们的惊喜——制作上乘、班底强大、故事鲜活的众多优秀的贺岁电影济济一堂。自1997年，在内地贺岁片史上具有标志意义的《甲方乙方》横空出世，到《手机》、《功夫》、《天下无贼》等多部影片的亮相，"贺岁"这一概念已被广大观众普遍熟知，也令曾经一度远离电影的中国观众重返电影院。作为第一部内地电影人独立摄制的贺岁片，《甲方乙方》的最大贡献不仅于票房，它让内地影人开始关注贺岁片的独特魅力，从此开始了电影的商业化操作；它更让普通百姓意识到，每

① 蒋盼：《浅谈中国大片的品牌营销策略》，《中国电影市场》，2007年第3期，第30—31页。
② 同上。
③ 张晓阳：《2003年五大电影营销》，《中国广播影视报产业周刊》，2004年1月14日。

年辞旧迎新之时，除了等待春节晚会，还可以走进电影院，享受电影人精心准备了一年的电影大餐①。中国电影改革从 1993 年开始艰难的"破冰之旅"，直到今天，电影又重新成为老百姓日常生活和大众文化的中心话题，受关注程度达到新的高峰。贺岁片作为一种相对独立的电影形态，对中国电影的重新崛起可谓功不可没②。无论已经过去多少年，1997 年对于中国电影来说都很难忘，如同影片《甲方乙方》中的台词"1997 年过去了，我很怀念它"。

1. 贺岁片的品牌营销

品牌是产品的灵魂，电影产业更需要维护品牌效应。好莱坞大片畅销全球，其丰满的品牌形象、精确的品牌定位是其内在动因。而中国贺岁片的品牌理念则表现为对"贺岁片"本身的包装宣传。"贺岁片"能够在十年中从一个新名词发展为一个知名的文化品牌，离不开电影人对其悉心呵护。其中可能不乏商业炒作，但借力营销折射出来的却是朴素的品牌观念。正是这种观念，使得"贺岁片"在中国电影市场中一枝独秀。贺岁片的品牌理念还表现为对名导名角的倾力打造。提起贺岁片，冯小刚、葛优恐怕是不能不提的名字，他们已经成为"贺岁片"这一大品牌里叫得最为响亮的小品牌，每个人都有自己非常清晰的品牌形象，并具有极高的认可率，出场本身就是票房保证。他们这种对自身形象的一贯坚守，昭示出来的正是对品牌维护的自觉③。

2. 贺岁片多元的盈利模式

在电影品牌营销之下，现代电影产业本身作为一种传媒经济，必须不断开拓更宽广的盈利空间，努力扩展、延伸市场链条，形成多元、多层的盈利模式，如特许经营、商业赞助、联合促销、隐性广告等。电影已成为整个文化产业的核心，为演艺、广告、唱片、服务、游戏娱乐等行业提供丰富的内容资源和强大的经济动力。基于现代电影营销理念，我们欣喜地发现，以冯氏作品为代表的中国贺岁片，其盈利模式已逐渐摆脱了票房经济的桎梏，日益呈多元化趋势发展④。

比如《手机》以"手机"命名，故事情节围绕手机展开，不但使电影本身极具个性和想象空间，也为电影的前期融资和后期推广制造了无限张力。据华谊兄弟广告公司有关负责人介绍，电影《手机》中嵌入商品广告的运作流程，是根据导演的剧本大纲，制片方整理出广告与电影可能巧妙结合的地方。在当时《手机》剧本大纲还未成型的时候，制片方就开始与手机厂商接触，由制片方、广告

① 刘杰：《冯小刚引领电影走进"战国时代"开创贺岁先河》，《沈阳日报》，2007 年 11 月 23 日。
② 曹滢：《大片时代中国贺岁电影还能走多远?》，《经济参考报》，2007 年 1 月 5 日。
③ 常燕民：《磨砺十载剑锋何如——对中国贺岁片十年历程的营销学扫描》，《广告大观》，2005 年第 12 期，第 57 页。
④ 同上。

客户、广告公司三方一同开会探讨这个品牌如何融入剧本，最终确定创意后签约。实际上，现在很多影片都是遵循这种三方合作的方式来拟定剧本，从而寻求统一满足各方利益。《天下无贼》在开拍之前，剧组和企业签订的赞助合同和合作协议已经带来超过 4 000 万的资金，而该片总投资不过 3 500 万元。另外，隐性的植入式广告也得到众多商家的青睐，它通过将产品或品牌及其代表性的视觉符号甚至服务内容策略性地融入电影，让观众留下对产品及品牌的印象；同时，隐性广告排除了以往传统广告带给观众的压迫感和抵触心理，继而有效地达到营销目的。《手机》中的摩托罗拉、中国移动、宝马汽车，《天下无贼》中的宝马汽车、惠普笔记本、佳能数码摄像机和便携打印机、长城润滑油、银联卡、淘宝网、诺基亚手机均为影片中的隐性植入广告。可以说，贺岁电影让中国观众见识了前所未有的新的广告样式，电影和广告之间还可以有这样微妙的合作关系[①]。

利用联合促销和特许经营，以达成品牌共享，也是贺岁片有效营销的手段之一。《功夫》就选择了与网络游戏厂商金山公司联合促销的方式。在产品方面，金山在其新游戏《封神榜》中植入了《功夫》影片中部分场景和影片人物，并在各大网吧中张贴双方合作的宣传海报，而《功夫》回报给金山的则是《功夫》首批 DVD 中附有《封神榜》游戏的贴片广告，同时《功夫》还在全国 100 多家一线影院打出"有《功夫》就上《封神榜》"的宣传牌。2004 年 12 月《功夫》全国公映。当年 10 月，空中网获得由美国索尼影视和哥伦比亚影视公司投资的《功夫》中国地区电信增值业务唯一版权，拥有包括《功夫》视频片段和花絮、电影剧照、海报、音乐、对白、音效、剧情等独家无线版权，并将这些素材制作成很多适合手机娱乐的产品。喜欢周星驰的影迷们，当年 11 月份就可以在自己的手机上欣赏到《功夫》。影迷还可以将《功夫》的主题曲、背景音乐、对白设置成彩铃或者来电铃声，将电影剧照设置成手机壁纸或者屏保[②]。

3. 贺岁片整合式的营销理念

20 世纪 90 年代之后，美国电影质量不见起色，票房收入却一路猛增，很大程度上得益于对整合营销传播的系统应用。整合营销传播理论提出于 20 世纪 90 年代，强调企业营销诸多要素的系统整合，以及营销传播资讯的一致性，目标的集中性，各营销传播要素及手段的协调性、统一性，在实现与消费者的沟通中，追求与消费者建立长期的、双向的、维系不散的关系，其核心概念是整合、一

① 常燕民：《磨砺十载剑锋何如——对中国贺岁片十年历程的营销学扫描》，《广告大观》，2005 年第 12 期，第 57 页。
② 同上。

致与沟通①。

经过十年磨砺,中国贺岁片对整合营销传播的应用已初露端倪。重视市场调研,迎合观众需求,是整合营销传播的核心要素。冯小刚的系列贺岁片在影片之前的调研,充分体现了以消费者为中心的电影营销理念。在整体目标一致的前提下,综合利用各方力量,求得最大合力,是整合营销传播的基本要求。中国贺岁片充分发挥电影人的智慧,在谋合力方面可谓花样百出。《天下无贼》几乎从开拍伊始,就吊足大家胃口。无论是演员阵容还是拍摄进度,一直没有脱离公众视线,密集又充满神秘感的前期宣传,使得影片积累了足够的观众人气。放映之前,导演冯小刚曾不止一次宣称《天下无贼》是自己的"转型之作",类似这样的噱头更有升级版本。2004 年 12 月 7 日,"华谊兄弟"包下从北京西站沿京九线开往香港的 T97 次列车,并命名为"天下无贼"号,导演冯小刚率领刘德华、刘若英、葛优等众多演员,共同乘坐"天下无贼"号列车前往香港,参加第二天举行的《天下无贼》首映庆典。车上汇聚了来自全国各地近 60 名媒体记者,声势浩荡②,场面空前壮观。

4. 贺岁片强烈的档期概念

电影作为文化产品,与其他产品的消费观念有很大差异。比如何时进入电影市场,同时进入市场的竞争对手实力如何,这些对电影的上映安排尤为重要。值得圈点的是,正是由于贺岁片的出现,才使得中国电影对档期概念有了较为深入的了解,并达成共识,档期成为制片方在策划过程中十分重要的考虑元素。

《天下无贼》与《功夫》同为华谊兄弟出品。为实现投资效益最大化,华谊兄弟影业在确定档期、展开宣传之时,就注重相互错位,进行全方位商业运作活动。《天下无贼》全国首映期是 2004 年 12 月初,而《功夫》则是同年 12 月底。这样《天下无贼》在放映前几日既不会受《功夫》的影响,《功夫》上映后又借《天下无贼》炒起的贺岁片市场再次发力;双方档期不相冲突,互借声势,安排恰到好处③。

1997 到 2007,本土贺岁电影一个大年一个小年地走过十年,从有利可图、蜂拥而上,到隔岸观火或东山再起。无论如何,中国电影贺岁档的成熟期已经到来④。贺岁片带动了中国观众的观影热情,不管它是以故事情节、画面制作还是宣传噱头取胜。贺岁片以"档期营销"为主要营销特色,是大多数商业电影的

---

① 常燕民:《磨砺十载剑锋何如——对中国贺岁片十年历程的营销学扫描》,《广告大观》,2005 年第 12 期,第 57 页。

② 同上。

③ 同上。

④ 刘杰:《冯小刚引领电影走进"战国时代"开创贺岁先河》,《沈阳日报》,2007 年 11 月 23 日。

发行常识。为圣诞、元旦、春节等传统意义的"贺岁档"量身打造的影片使这一时期成为一年中电影人最繁忙、最有成就感的时段。尤其在 2004 年《天下无贼》推出以后,贺岁片拥有了更加成熟有效的营销攻略,获得了令人满意的市场回报[1]。

2008 年贺岁档期的序幕已于 2007 年 11 月提前拉开,电影市场已经进入"多片鼎立"的"战国时代"。我们有理由相信,随着制片商整体商业意识的不断增强,观众对电影消费需求的日趋理性,中国的贺岁电影市场也会随之成熟和完善。

第四节　电视产业的创意与策划

一、电视媒体与企业深度合作战略——"超女"与"蒙牛"联姻带来共赢

伴随企业品牌整合营销时代的来临,媒体传统的"拉广告"为主的营销模式已经受到了极大的挑战,国内媒介行业正面临着从传统广告模式向整合营销模式迈进的深度转变。在当前的电视文化产业中,商业因素的介入更是日益加剧。在这种大趋势下,企业与媒介的结合和依存将更为紧密,相互构成对方的战略性资源,最终形成相互融合的战略伙伴关系[2]。

2005 年,"超级女声"成为最耀眼的时尚词汇之一,进入节目总决赛后收视率节节攀升,一度居同时段第一,达到 11.65%,赢取了 29.54% 的城市份额[3]。"超女"成功移植了《美国偶像》的优良基因,进行多方位本土化改造,几乎无门槛的参与方式,由观众短信支持、大众评审决议选手去留的评判方式,摆脱了过去单一的表演—观看模式,充分调动观众参与的积极性,提高媒介与受众的互动程度。可以说《超级女声》掀起了包括《梦想中国》、《我型我秀》等在内平民选秀节目的风潮,宣告了大众娱乐时代的到来。

除了节目本身操作上富有别出心裁的创意外,最惹人注目的便是湖南卫视与国内乳业巨头蒙牛集团合作,共同打造这一内地最具轰动效应和影响力的大众娱乐活动。《超级女声》多元化的盈利模式使多方达到共赢,仅赞助冠名、贴片广告和短信互动三大方面就为湖南卫视带来了近亿元收入。作为赞助商,蒙牛并非以传统广告买卖方式仅仅握住冠名权,而是提出了一个全新的概念,由

① 曹滢:《大片时代中国贺岁电影还能走多远?》,《经济参考报》,2007 年 1 月 5 日。

② 欧阳国忠:《〈超级女声〉与蒙牛活动营销带来的启示》,"2005 年中国大型活动制造暨传媒影响力营销论坛"演讲节选。

③ 谢耘耕、唐禾:《2006 中国电视娱乐节目报告》,《现代传播》,2006 年第 6 期,第 14 页。

蒙牛和湖南卫视两大不同行业的领军旗手联姻共同打造《超级女声》,不仅达到面向广大消费者和受众最大曝光率,同时提升湖南卫视品牌效益及其他广告收益,和蒙牛酸酸乳的畅销利润。可以说《超级女声》最精妙的创意策划就在于此。

这其实是一种互换,蒙牛在湖南卫视投放广告的同时,湖南卫视也在蒙牛庞大的营销网络上投放着扩大自己品牌知名度的广告。一切有传播能力的载体都可以成为媒体,两大不同行业的"媒体"联手足以促发媒介产品宣传的倍增效应。这是基于商业利益共赢的合作,而在这次合作中,作为个体无论是湖南卫视还是蒙牛集团均以低效投入换回了高效产出。双方还共同开发出很多新颖的合作方式,以下两点较为突出。

1. 冠名造势,立体传播

为购买《超级女声》节目冠名权,蒙牛乳业投入1 400万元。在竞得冠名权后,为了投放印有《超级女声》标志的公交车体、户外灯箱、平面媒体广告,蒙牛又追加将近8 000万元投资。在超市内"蒙牛酸酸乳"进行促销活动,柜台上整齐的陈列着本次活动宣传单页,20亿包"蒙牛酸酸乳"包装上印有本次"超级女声"活动介绍。一档节目,全国4亿观众,平均收视率超过中央电视台"春节晚会",单场手机短信收入超过1 500万元,这在中国电视传播史上可称之为一个奇迹。蒙牛酸酸乳通过线上的电视、报纸、户外、车体传播,引起足够关注,再通过线下的产品包装进行深度关联,利用大众媒介对"超女"的过度关注,让企业产品本身成了关注焦点,高效完成了营销目的,带来巨大的品牌效益和经济效益,许多年轻人都因为喜欢这个节目,而开始购买"蒙牛酸酸乳"的产品①。

2. 形象代言人与网络社区

除了大量线上、线下的传播,合作成功的关键要素之一是为产品找到了一个合适的形象代言人。首届《超级女声》的季军张含韵就是明智选择,外表健康阳光,代表年轻人,和"超女"又有深度关联。此外量身定做的广告曲《酸酸甜甜就是我》也完全是"超女"风格,其MV广告片和投放在一线二线城市灯箱和路牌的形象广告,更让年轻人与品牌之间的接触更加紧密。著名策划人李光斗曾说,"要获取品牌代言人的峰值必须要充分考虑品牌代言人的社会接受程度,特别是品牌代言人的形象个性要与品牌个性相近,与目标消费者的心智相符。"事实证明,蒙牛酸酸乳"青春,活力,梦想"的品牌内涵被超女代言人演绎得淋漓

① 朱志勇:《"超女"、"神六"——蒙牛的营销盛宴》,中华传媒网(http://academic.mediachina.net/article.php?id=2072),2005年10月24日。

尽致①。

这个独具慧眼的创意策划,在蒙牛和湖南卫视两大品牌精准而强力的推动下,使"超女"风潮席卷全国家喻户晓。透过"超女"和"蒙牛"的联姻,我们可以看到,一方面《超级女声》不仅是一档地方电视台播出的大众娱乐节目,更大程度上它是多方力量打造的一个新锐娱乐产品。《超级女声》之所以诞生是因为其"适销对路",之所以火爆来源于其良好的产品创新、营销创新和资源整合能力,之所以能够持久不衰得益于其富有远见的品牌战略②。另一方面企业通过选择高收视率的电视娱乐节目投放广告,并借助节目本身的知名度达到了更好的宣传效果。2005 年 10 月蒙牛集团就以"蒙牛酸酸乳超级女声"营销策略荣获广告界的"中国广告艾菲奖"金奖,并以绝对优势当选"2005 最佳销售之星",销售额从 2004 年的 7 亿元飙升到 2005 年的 30 亿元③。

每一位媒体策划人都不能否认《超级女声》对于中国影视产业市场的营销策划理念与实践有着划时代意义。它诠释了整合式立体营销理念,彰显了与营销对象互动的强大传播效力,它让媒体和企业从传统上单纯的广告卖主与买主的关系变为共同掌握营销渠道的合作关系,借助媒体品质提升企业产品内涵。由此不难发现,企业与媒介的合作首先更应该产业化,以市场为导向;其次,充分调动多种渠道以吸引受众。此外还需要系统化的团队操作,两个实力强大的品牌合作,理念、目标、行动都要一致。这样不仅把产品当作一个栏目或节目来办,更将其看作一个连锁产业,同时带动了电视台、商家、通信集团、唱片公司、门户网站、文化公司等多方繁荣④。

二、电视媒体与新媒体融合策略——《舞林大会》的网络营销

新媒体和传统媒体,特别是电视媒体的融合,我们一直称为新旧媒体融合。一方面传统媒体运用新媒体的技术平台扩展其影响力,另一方面网络媒体等新兴媒体利用自身优势,包括互动性、参与性,与传统媒体进行深度合作,促进彼此优势得以充分发挥,从而达到双赢的效果。

获得《新周刊》"2006 中国电视节目榜最佳选秀节目"称号的《舞林大会》,是上海东方卫视推出的一档明星之间的舞蹈竞技类电视娱乐节目。在众多选秀

① 朱志勇:《"超女"、"神六"——蒙牛的营销盛宴》,中华传媒网(http://academic. mediachina. net / article. php? id=2072),2005 年 10 月 24 日。
② 欧阳国忠:《〈超级女声〉与蒙牛活动营销带来的启示》,"2005 年中国大型活动制造暨传媒影响力营销论坛"演讲节选。
③ 鲍海波、王蓓蓓、薛晨:《我国电视娱乐节目形态嬗变及其内在因素分析》,《今传媒》,2007 年第 10 期,第 31—32 页。
④ 吴君强:《平民秀还能走多远?》,《中华工商时报》,2005 年 11 月 3 日。

节目风生水起的当下,《舞林大会》依然在全国大赚观众的眼球和广告费,并帮助主办方上海东方卫视击败各地方卫视多家强劲对手,获得新锐榜年度电视大奖①。《舞林大会》已由一档节目变成了一个社会热点,最终成为了一种文化现象。究竟什么使《舞林大会》在各类选秀节目中脱颖而出,又是采取了哪些营销策略保证了自己的竞争优势,都是值得我们深入探讨的课题。

1.《舞林大会》与久游网合作

2006年9月,上海东方卫视与国内领先的网络游戏运营商及互动娱乐门户久游网合作,由久游网推出以《舞林大会》为主题的同名网络游戏,兼负责全球独家开发、推广和运营等项目。作为全国版《舞林大会》的冠名商,久游网利用互动娱乐平台,在互联网上为之摇旗呐喊。据久游网总裁兼CEO王子杰介绍,"该专题上线仅一周,我们就接到了数以万计的用户,通过各种方式关心全国版《舞林大会》及其《舞林大会》网络游戏的研发情况。"②

早在2006年初久游网就与《舞林大会》展开了第一次合作,并取得了良好的效果,这也是本次成功合作的重要基础。对于此次《久游网—舞林大会》,久游网斥资2 000万人民币,而双方的资金和资源总投入接近一亿人民币。久游网之所以一掷千万金投身《舞林大会》节目,王子杰表示是为了"打通电视和网络,虚拟和现实,实现全新互动娱乐平台和传统娱乐平台的完美结合"③。营销层面最大的卖点是久游网旗下的《劲舞团》、《超级舞者》和《劲爆足球》三大顶尖的休闲网络游戏及其1.43亿游戏用户,也将通过各种形式参与到《久游网—舞林大会》中,充分发挥互动娱乐的整合传播的优势,实现电视产品营销与网络营销的结合④。

2.东方卫视与新浪网战略合作⑤

2006年11月,新浪网与东方卫视正式宣布双方达成战略合作。新浪作为全球最大的中文门户网站之一,曾全程跟踪包括《舞林大会》在内,东方卫视推出的几档极具影响力的大型真人秀节目,如《我型我秀》、《加油!好男儿》、《创智赢家》等;综合新闻、图片、视频、博客、论坛、投票等形式,为观众提供了详细了解节目情况的平台,向全国网民推广节目的品牌,让观众即时参与、互动。这一现象表明在新媒体不断崛起的时代,传统媒体既要与之竞争又可以与新媒体互动合作、整合资源将传播效果扩大,这是电视节目自身的需要,也恰好是网络

① 徐晓敏:《舞林大会发展模式探究》,《荧屏内外》,2007年第2期。
② 吴怀尧:《舞林大会高收视率背后娱乐明星草根式跃动》,《财经时报》,2006年12月5日。
③ 久游网舞林大会介绍(http://v.9you.com/wldh/about.htm)。
④ 何璇:《舞林大会多渠道公关传播》,《媒介方法》,2007年第1期。
⑤ 新浪网与东方卫视战略合作签约专题(http://ent.sina.com.cn/f/sinadragontv/index.shtml)。

媒体的优势所在。宽频技术的飞速发展,为网络媒体与电视媒体的合作提供了契机,作为中国突出的门户网站和收视率领先的卫视节目,新浪网与东方卫视的强强合作,势必将进一步推动中国电视媒体与新媒体之间的互动和融合。

《舞林大会》多元化传播模式,既扩大了其品牌的认知度和知名度,同时促进了电视收视率、网络点击率的大幅增长,使《舞林大会》的传播渠道更多元,可到达受众层面更广泛,为新旧两大媒体带来了丰厚的广告收益。

3."选秀"模式的创新

《舞林大会》成功地实现了 SMG 所倡导的"抢占华人娱乐的制高点"的目标,积极寻找节目市场上的空白点,探求新的节目发展模式。一方面众多歌唱类选秀已令观众厌倦,这种选秀节目的潜力也已被开发殆尽,而《舞林大会》通过对综艺节目市场的深入探究,抢占先机挖掘了这块未被开垦的处女地——舞蹈选秀。另一方面《舞林大会》引入明星选秀模式,以明星在舞台上展现个性作为节目卖点,这对于看惯以往舞台上明星主宰一切的观众来说,无疑增添了新鲜刺激的可看元素。所以《舞林大会》既有传统娱乐节目的明星要素,又有真人秀节目的平民化和互动性特点,能取得较高收视率毋庸置疑[1]。

在新的营销环境下,《舞林大会》作为文化商品与众多娱乐节目在策划上的不同点就在于重视网络营销,开创网游与传统媒体合作的新模式。这种搭建电视、广播、新媒体等多媒体联动平台,主动出击,将一档电视栏目延伸为媒体热点,继而打造娱乐品牌的创新之举,完全改变了传统的单一棚内录制方式[2]。不可否认电视媒体有其自身得天独厚的优势,同时也有其局限性,如果只依靠自身力量,未免势单力薄。就新媒体而言,其重要特征之一就是观众的参与性和互动性,对于传统电视媒体而言这是相当缺乏的。所以在媒体竞争激烈的当下,电视媒体需要与纸媒、网络、手机等不同类型的媒体合作,使节目营销实现多媒体交叉整合,以各媒体间的联动取长补短、资源共享、互利共赢,从而达到最优质的组合传播效果。

三、电视台整合营销——湖南卫视与《大长今》:独播带来独赚

"千台一面"的同质化格局一直是中国电视产业面临的严峻课题。有一种说法:一部电视剧可以在山东台看开端、安徽台看发展、四川台看高潮、天津台看结尾,实际上反映了电视剧市场"内容匮乏、渠道过剩"的现象。近几年业界试图在电视剧播出模式上局部打破坚冰,实现差异化战略,因此"独播剧"成为业内一大讨论热点。所谓"独播剧",就是指播映权、发行权等相关权限都被买

---

① 徐晓敏:《舞林大会发展模式探究》,《荧屏内外》,2007 年第 2 期。

② 吴怀尧:《〈舞林大会〉高收视率背后娱乐明星草根式跃动》,《财经时报》,2006 年 12 月 5 日。

断,买方拥有独家资源,享有在某一地区独家播出的一种买卖合作形式①。在某种程度上讲,"独播剧"可以带来"三赢"的局面,既可以保证电视台的高收视率和高广告收入,又可以使电视剧制作方得到丰厚的资金支持和优质的播出平台,同时还满足了观众收看高质量剧集的需求。

在业内人士还未来得及反应之时,湖南卫视已经于 2005 年 2 月与台湾八大电视台签订了购买电视剧《大长今》内地独家播映权的合同,开始把《大长今》作为其"战略资源"进行全方位整合营销。《大长今》不仅成为一档赚钱的"节目",而且把已经预热的电视剧独播方式引向全民关注。《大长今》在全国热播,令很多卫视频道都感到了前所未有的压力。论及在电视剧上所投入的精力和财力,有很多卫视都在湖南台之上,那么这部炙手可热的《大长今》是怎样被湖南卫视收入囊中②? 作为继《超级女声》后又一产生巨大影响力的产品,湖南卫视在营销上是如何实现长久吸引观众消费欲求的? 下面就让我们看看湖南卫视对于《大长今》的营销策略。

1. 拿到"独播权"

2005 年 9 月 1 日晚 10 点,《大长今》在湖南卫视正式播出。之前《大长今》在台湾和香港等地相继热播,很多业内人士开始对这部取得神奇收视的电视剧究竟会花落谁家产生种种猜测,当然大部分声音支持央视。一方面来自央视与MBC 长期以来的合作关系,另一方面源于央视以往对韩剧的掌控力度。所以当《大长今》被擅打"娱乐牌"的湖南卫视拿到内地独播权时,电视界着实震动不小③。

作为引进剧,《大长今》要面临一系列报批问题。在克服程序上的困难后,湖南卫视终于花费约 800 万元人民币阔绰地买下了《大长今》内地独家播映权和内地市场音像发行权,大起胆子作了第一个吃螃蟹的人。虽不能在黄金时段播出,但有韩国、中国台湾和香港等地的收视率作保障,《大长今》的收视还是很乐观的。在消除诸多方面的顾虑后,湖南卫视又看中了《大长今》超高的重播和回看价值,把它作为一种战略资源进行合理利用,也取得了显著成效。

2. 全台整合营销《大长今》

央视电影频道曾做过一期有关《大长今》的访谈节目,北京师范大学艺术与传媒学院副教授田卉群在节目中透露,"李英爱扮演的长今具有东方女性的所有优点。"同时,田卉群表示超女的力量不容忽视,"在超女正红的时候,她们演唱了《大长今》主题曲,使关注超女的观众也开始关注这部电视剧"。而该剧前

---

① 陈力丹、江露:《2006 年广播电视研究的十个关键词》,《声屏世界》,2007 年第 2 期,第 13 页。

② 王平:《营销"大长今"》,《今传媒》,2005 年第 11 期,第 59 页。

③ 同上。

几集众多小宫女就是《大长今》中的"超女","她们每个人都有自己的个性,正如'超女'一样,让观众忍不住去关注她们的命运,想看看她们到底会发展成为一个什么样的人"[1]。

由于 2005 年 8 月末《超级女声》结束,为把热点连续起来,湖南卫视科学编排将《大长今》安排在 9 月 1 日开始播出。另外还对一些自办节目及晚间时段进行适当调整,一切为《大长今》让路。在剧集播出之前,全套宣传计划已经做好。比如在频道整体宣传上,以每天播出的预告片、滚动字幕的看点介绍和短信互动等形式展开。另外以娱乐见长的湖南卫视自然不会放过任何一个娱乐元素,集中力量将一些名牌栏目,包括资讯类和综艺性栏目全部调动起来,以对演员、花絮、剧情、音乐、美食等介绍为素材,举办配合剧中韩国美食的厨艺大赛和模仿秀等活动。同时在"超女"比赛中,由选手现场演绎剧中打动人心的主题曲,为其开播展开猛烈的宣传攻势。据尼尔森收视数据[2],《大长今》开播仅 3 天已使湖南卫视在上海、重庆、西安、杭州、武汉、长沙、成都等城市的收视率大幅上升。

有收视数据作保障,广告方面自然不愁销路。湖南卫视为吸引广告冠名,推出了"年度巨献"的概念,包括两层含义,一是指湖南台的年度巨献即《大长今》,二是转化为广告商的需求,以《大长今》来配合,成为广告投放的年度巨献。其中创维得到独家冠名权,费用为 660 万元,仅此一单就令湖南卫视基本收回了购买独家播出权的成本,而据湖南卫视广告部主任透漏,其他插片广告的收益也在 3 000 万元左右[3]。

从湖南卫视对于《大长今》的运作看,他们是把电视产品发展为一套产业链并进行了延伸。借助媒体炒作,湖南卫视更是将这种产业构想进行到底——由《大长今》开发衍生产品的项目多种多样,包括剧中饰品、服装、餐具,及韩国美食画册和音像制品等。

对于《大长今》,独播是其火爆和令湖南卫视独赚的一个制胜法宝。我们看到,当今电视台的竞争已经从落地竞争转向资源竞争,而引进独播剧是电视台资源竞争的重要手段之一[4]。正因为独播,湖南卫视才会展开前所未有的宣传攻势与营销策划,成功将一部死的电视剧做成一套活的产业,造成各地电视台同时段的收视率不敌。所以在电视行业大力发展产业链的今天,对于电视产品的全方位营销势在必行。

———————————

[1]　王平:《营销"大长今"》,《今传媒》,2005 年第 11 期,第 59 页。

[2]　同上。

[3]　同上。

[4]　同上。

第八章

网络文化产业的创意与策划

伴随着网络技术的飞速发展,以高速宽带和移动网络等技术为载体的信息化和网络化潮流正涌进人们的生活。受众对于网络的体验已经不再是简单浏览网页,博客、播客、网络游戏、BT、MSN、QQ 等一大批新兴的网络形态应运而生,带来了全新的个性化、自主化、交互化网络新体验。与之相对应,网络文化产业应运而生,使得文化产业的发展进入了一个无限广阔的新天地。

第一节　网络文化产业创意的特点

一、网络文化与网络文化产业

网络文化是互联网与文化艺术相结合的一种全新的社会文化现象,它集中体现在文化内容、表现形式和传播手段的全方位创新上。因此,网络文化也是科技文化创新的产物,它的出现深刻地影响甚至改变了人类的生活方式和欣赏习惯。

伴随着网络文化的兴起,网络文化产业应运而生。网络文化产业是一个外延比较广泛的概念,简单来说,它是指那些基于网络平台进行文化内容的生产、制造和传播的产业,是网络产业与文化产业、信息产业相互跨越并相互融合的产物。具体而言,网络文化产业可以分为两部分。一部分是指传统文化产业的网络化,比如:网络电影、网络图书、网络音乐等;而另一部分则是指以网络为载体,在形式和内容上都有别于传统文化的新型文化产品,比如:网络游戏、博客、播客等。本章所讨论的网络文化产业,主要指后者。网络文化产业的崛起,将为世界带来全新的面貌和体验,文化在经济的舞台上也将不再仅仅担当配角,而是要担当起一个日趋活跃的主要角色。

1. 网络文化产业的特点

网络文化产业表现出区别于其他产业的特点,具体来说体现在以下几个方面。

(1) 依靠灵感和创新。

网络文化产业的发展依据的是网络平台,创造的是文化内容。然而,无论是网络平台的设计,还是文化内容的创造,都依赖于灵感和创新。因此,网络文化产业比其他产业更加重视头脑和创造力,也更加注重创意与策划。

(2) 投入产出比高。

网络文化产业既属于一种文化产业,又属于一种互联网产业,它可以在很短的时间里回收投资,创造高价值。在 Web 2.0 时代下,网络文化的特点是共享,产品可以转让给无数用户同时使用。因此,在一定的产品或服务成本下,网络文化产业的产出却可以是无限的。

(3) 个性化和全球化。

网络文化产业是基于网络的传播而快速发展起来的。在 Web 2.0 时代,网络文化产业提供的产品和服务都是具有个性化的产品,用户可以根据自己的爱好进行选择和订购①。与此同时,伴随着信息技术和经济的全球化,文化产业已经突破了国界和时空的限制,成为全球化、全时空的新型产业。

(4) 创造财富的同时传播文化。

作为一个特殊的文化产业,网络文化产业通过提供精神层面的产品或服务来创造价值和财富以获取利润。因此,网络文化产业在提供产品和服务的过程中,也渗透并传播着价值观、思想和文化。

2. 典型的网络文化产业

从创造的不同网络文化产品出发,网络文化产业可以被细分为多种类型。本章主要聚焦以下两种典型的网络文化产业:网络游戏产业与网络时尚文化产业。

网络游戏产业是伴随着网络游戏的迅速发展而产生的一种新兴文化产业,也是网络文化产业中的朝阳产业之一。

作为一种迅速发展起来的新型的娱乐消费产品,网络游戏是信息技术和文化艺术相结合的产物。它是以宽带互联网技术、计算机软硬件技术和无线技术的架构为技术核心,以各种文化艺术为内涵,涉及意识观念、文化历史、流行时尚等文化内容而实现的一种特殊的电子消费产品②。网络游戏又被称为第九艺

---

① 邱爱梅:《网络文化产业的营销分析》,《中国科技信息》,2005 年第 15 期,第 89 页。

② 焦爱萍:《网络游戏的发展与思考》,《北京邮电大学学报》(社会科学版),第 7 卷第 3 期,2005 年 7 月,第 17 页。

术,它既涵盖了影像、音乐、故事、情节、通信与计算机技术等因素,又把这些因素集合起来形成一种电子娱乐产品,从而对消费者产生巨大的冲击力与吸引力,迅速发展成为网络世界里又一个潜力巨大的服务市场。依托网络游戏,网络游戏产业得以迅猛发展,从而带来了网络文化产业创收的新渠道,对人们的世界观、价值观、意识、行为等方面产生了巨大的影响。

网络时尚文化产业则是伴随着"Web 2.0"时代的到来而逐渐发展起来的网络文化产业,它的出现宣告了个人媒体时代的真正到来。当代互联网已经进入"以人为中心,以共享为基础"的"Web 2.0"时代,人人都可以参与网络内容的创造和网络信息的定制①。网络已不再是单方向地对用户输出信息,而是让用户参与到其建设上来,使用户成为真正意义上的主体,从而实现互联网生产方式的变革,实现用户个性化、自主化、交互化的网络新体验。具体而言,Web 2.0时代的代表元素包括:博客(Blog)、播客(Podcast)、维客(Wiki)、Web 服务(Web Service,如网络游戏等)、社会网络(Social Networking,如 MSN 等)、异步传输(Ajax,如 BT 等)等。

简单来说,博客就是网络日志。这种网络日志的内容通常是公开的,人们不仅可以通过博客发表自己的网络日记,还可以通过它阅读他人的网络日记,从而将个人的思想、观点、知识等在互联网上进行全方位的共享与交流。一个完整的博客形态一般包括以下三个方面:个性化的表达内容、不断更新的日记体形式、相互交流的网络链接。

而播客则是在博客之后形成的又一种网络形态。它指的是一种在互联网上发布文件并允许用户订阅和自动接收的方法,或用此方法来制作的音频、视频节目。播客的出现代表了便携式多媒体播放器和数字广播技术的结合,它以互联网为基础,通过向互联网发布文件的方法,开发出极具个性的新平台,打造出体现自由与个性的公民媒体,因而在短短的时间里成为继博客之后的又一个网络时尚文化。同样,一个完整的播客形态也一般包括三个方面:独立的可下载的媒体文件、基于 RSS2.0 的文件发布格式、能自动接收下载并能将文件转移到便携式播放器的接收端。

博客、播客的迅速发展,不仅改变了人们的生活方式,也推动了网络时尚文化产业的迅速发展。在这一新兴的网络文化产业中,人们既是生产者,又是消费者,这种"自扩散"效应正伴随着博客、播客数量的高速增长和博客、播客群体的进一步扩大而迅速蔓延,网络时尚文化产业显示出了不可阻挡的发展势头和强大的商业影响力。

① 陈志新:《Web 2.0 概念、特征及其技术应用探析》,《河北北方学院学报》(自然科学版),第 22 卷第 6 期,2006 年 12 月,第 50 页。

二、网络文化产业创意的特征

对于网络文化产业而言,不断追求创新是其生存和发展的根本动力。创新来自于创意,在 Web 2.0 时代下,网络文化产业的创意表现出很多新的特征,总体而言,可以概括为以下几点。

1. 面向服务

如果说 Web 1.0 时代下网络产业的创意对象是产品,那么 Web 2.0 时代下网络产业的创意对象已经从产品转向了服务。最近几年,面向产品创新的网络文化企业陆续衰落,而面向服务创新的网络文化企业则纷纷兴起。作为服务创新的代表,Google 公司从搜索服务开始,通过持续不断的创新,逐渐推出了 Google Mail(邮件服务)、Google Write(写作服务)、Google Map(地图服务)、Google Reader(阅读服务)、Google Talk(通讯服务)等多种新型的服务项目[①],使其不但成为世界上最优秀的搜索引擎,也成为业界领先的互联网综合服务厂商。同样,对于方兴未艾的网络游戏产业而言,服务也开始逐渐成为吸引玩家的重要工具之一。厂商不再仅仅追求漂亮的画面和宏大的剧情,转而挖掘与整合游戏的服务功能,让玩家在娱乐的同时感受到个性化、交互式的服务,从而提高网络游戏产品的吸引力。

2. 用户参与

正如前面所提到的,Web 2.0 时代将服务质量的提高依赖于用户的参与。同样,对于网络文化产业的创意而言,用户的参与也变得非常重要。Web 2.0 时代的代表网站 Flickr 就抓住了这一点,他们通过使用用户自由选择的关键词标签(tags)对网站进行协作分类。由于这些标签运用了像大脑本身所使用的那种多重的、重叠的关联,因而基于这种关键词标签的检索服务效果更好、更自然[②]。同样,BT(Bit Torrent)之所以取得了成功,其原因就在于抛弃了传统的通过增加服务器来提高服务质量的方式,转向由用户参与并让用户贡献各自的资源进而提高服务质量的方式,这些创意举措无不依赖于用户的参与。而当前国内汹涌澎湃的博客、播客大潮,更是用户参与的典型写照。这种交互式的新型网络服务,让数以万计的用户投入到网络文化的洪流之中,不论是消费者,还是建设者,共同为网络经济的发展提供源源不断的动力。

3. 集体智慧

Web 2.0 时代的另一个显著特征就是利用集体智慧,这一点对于网络文化产业的创意同样重要。Yahoo! 分类目录方便了用户的搜索,而这样的分类目

---

① 叶朝辉、杨士元:《智能家庭网络研究与开发》,《计算机应用研究》,2002 年第 19 期,第 38 页。
② 姜芳九:《Web2.0 的探讨》,《计算机工程与设计》,第 28 卷第 8 期,2007 年 4 月,第 18 页。

录源自对数万甚至数百万网络用户的最精彩作品的汇总；Google 在搜索方面的突破在于 PageRank 技术，而 PageRank 利用的是成千上万网络用户建立的网络链接结构；Amazon 销售额远远超出竞争对手，其主要原因在于 Amazon 拥有比其竞争者高出一个数量级以上的用户评价。这些例子都告诉我们，Web 2.0 时代的网络文化产业创意，必须依靠集体智慧的力量。

4．内容聚合

Web 1.0 时代的信息共享主要是静态信息之间的链接，而 Web 2.0 时代则将信息共享从静态信息转向了内容聚合。对于网络文化产业而言，信息是其产品或服务的核心内容之一。因此，如何有效地共享信息、聚合内容是其进行持续创新的主要目标。目前国内如雨后春笋般冒出的博客、播客网站就是这种内容聚合创新的典型例子。这些网站通过 Web 2.0 提供的 RSS 技术，将文字、视频、音频等多种信息聚合起来，不断地进行内容创新，给用户提供更加多元的选择。

5．兼顾长尾

Web 2.0 的服务模式从 Web 1.0 的只顾头部转向兼顾长尾。同样，Web 2.0 时代下的网络文化产业创意也出现了这种变化。一些网络文化公司已经开始减少对于所谓"顶级用户"的关注，转而面向那些小客户或大众客户，通过为他们提供创新产品或服务，获得区别于其他公司的竞争优势。这一点在网络游戏市场表现得尤为突出。

第二节　网络文化产业策划的原则

作为新兴的文化产业，网络文化产业还处在一个不成熟的初级发展阶段。如何在激烈的竞争中生存并不断发展，如何确立其战略地位和发展方向，这些都是崭新的研究课题。伴随着互联网技术的高速进步，Web 2.0 时代下的网络文化产业面临着前所未有的机遇与挑战。能否在未来的经济舞台上扮演更加重要的角色，成为文化经济、文化产业的一个新的增长点，网络文化产业依赖于合理的产业策划和有效的实施方案。

一、网络文化产业策划的目的

网络产业的策划应基于以下几个目的。

1．唤醒需求

伴随着人们生活水平的不断提高，社会对文化产品的需求也在发生着重大变化。这种消费需求的变化一方面体现在要求社会生产出更多的文化产品去满足人们日益增长的文化、精神需要;而另一方面则体现在要求物质产品中的文化含量不断提升,以提高产品的档次和文化品位①。这些需求上的变化开拓了经济发展的巨大空间,也逐渐演变成了产业进步的新的潜在增长点。对于网络产业而言,如何通过合理策划来唤醒广大消费者的消费需求,将潜在的消费增长点变成现实的增长点,是网络文化产业策划的重要目的之一。

2. 宣传理念

网络文化消费方式是一种新型的文化消费方式,虽然这种新的方式具有很大的潜力和市场,但是对于广大消费者而言,严格意义上来说还没有真正认识到这种消费方式的优势和特点,其积极意义和深远影响还没有得到大众的广泛认同。因此,要通过合理的网络产业策划,向大众宣传网络文化的理念倡导网络文化消费的方式,让更多的人转变旧观念,接受新方式,从而使这种理念和消费方式成为人们生活中的一部分,推动和促进网络文化产业的进步、发展。

3. 推动消费

网络文化产业首先是一个产业。既然是产业,就必须能够创造价值、获得收益。因此,网络文化产业的策划必须有利于推动网络文化产品或服务的消费,通过推动消费来促进产业的进步,进而吸引更多的投资。在产业发展的起步阶段,尤其需要发挥产业策划的功效,扩大产业规模,增加产品或服务的利用效率。

4. 促进开发

网络文化产业的发展,需要不断推陈出新的网络文化产品与服务。合理的产业策划应该吸引更多的专业人士加入到网络文化产品和服务的开发中来,为广大消费者提供更多的选择。开发的过程其实也是一个创新的过程,它必将有利于网络文化产业的进一步发展,促进新的技术和新的理念的形成。

二、网络文化产业策划的原则

为达到上述目的,网络文化产业的策划应围绕以下几个原则展开。

1. 结合消费需求,深入发掘文化资源

网络文化资源是现实文化资源向网络的迁移,这种迁移带来了资源的整合,减少了文化传播成本,提高了文化交流速度,也增加了文化资源利用的可能性。因此,对于新兴的网络文化产业而言,产业的策划要结合消费者的需求和个性化、时尚化、科技化、全球化的新特征,瞄准网络文化资源,通过不断对文化资源进行挖掘,创造出全新的网络文化平台,发掘出更多符合消费需求的产品

---

① 邱爱梅:《网络文化产业的营销分析》,《中国科技信息》,2005 年第 15 期,第 89 页。

或服务,进而有效地提高文化创造力。

2. 利用市场细分,敏锐把握产品前景

在网络文化产业发展的初期阶段,产业策划的主要任务是明确消费者的需求,把握产品或服务的潜力和市场前景。网络文化产业包含很多产品,比如前面提到的网络游戏、博客、播客等,每一种产品都是一种特定的专业领域。企业要在这个产业中立足发展,不能寄希望于全面开花,应该集中自己的优势资源,专注于某一个领域,为某一个专业的细分市场提供产品或服务。总体而言,网络文化产品可以进一步细分为三种市场:一是初级产品市场,主要指文化资源的网络商业利用,如数字图书、数字音乐、网络文学等,这些产品或服务在目前的网络文化产业中占有很大的比例,也是基础的市场;二是中级产品市场,主要指文化资源的工业化再创造和利用,比如前面提到的博客、播客、各种搜索与下载服务等,这些产品需要一定的技术支持和信息基础,是目前网络文化产业的新兴市场;三是高端产品市场,主要指文化资源的网络化、数字化再创造和利用,如网络游戏等[1],这些产品或服务源自较强的技术支持,常常是最新科技进步的产物,是网络文化产业未来市场的主力军。基于以上的市场定位,网络文化产业策划应在明确产品或服务的市场细分之后,准确把握其产品或服务的市场前景,这样才能在激烈的竞争中取胜。

3. 树立民族特色,走民族化产业道路

当前,网络传播的全球化催生了网络文化的全球化趋势。各个国家、各个民族的文化正通过网络这一全球化的传播方式,生产出新的网络消费产品。尽管网络传播在形式上具有共同的技术色彩,然而,其提供的产品和服务却具有完全不同的性质,在不同的国家和地区,这种差异会表现得更加明显。因此,传播的全球化并不能掩盖信息内容的民族化[2],超越民族的网络文化是不存在的,网络信息内容依赖的正是不同民族的历史和文化资源,依托的是不同国家和地区的消费对象。所以,网络文化产业的策划应该坚持民族化,没有民族特色的内容必然是空洞的,没有生机的。

4. 注重网络内容,实现注意力经济向影响力经济转化

网络文化产业作为内容产业的一支,生产、销售网络文化产品或服务的企业首先应该把自己的角色定位为"内容提供商"。宽带网基础上的数字化凸现了内容产业的重要性,没有内容或缺少内容的网络将陷入资金和需求的双重危机。宽带需要内容,内容带动服务,服务进一步刺激对宽带与内容两方面的需

---

① 邱爱梅:《网络文化产业的营销分析》,《中国科技信息》,2005 年第 15 期,第 89 页。

② 刘维义:《论中国网络文化产业发展的几个问题》,《北京理工大学学报》(社会科学版),第 7 卷第 1 期,2005 年 2 月,第 34—35 页。

求,这就是信息社会发展新阶段的产业运行规律①。网络文化产业发展要求将技术与艺术、文化与产业熔为一炉,生产既有娱乐性又有实用性、既有内涵又有审美趣味的产品。如果仅仅强调网络的"注意力"经济特色,网络文化产品仅仅停留在"吸引眼球"的阶段,那么其产品价值和有效性就值得质疑。在某种意义上说,注意力注重的往往是其外在的形式,而非真正的本质。真正的价值在于有效的信息支撑,这就是"影响力"。一旦实现从"注意力"向"影响力"转化,网络文化产业的可持续发展、跨越式发展就是水到渠成的事了。我们应当清楚,影响力才是真正的竞争力,实现网络文化产业由"注意力经济"向"影响力经济"的转化是实施网络产业策划的重要组成部分。

5. 重视文化建设,营造良好的产业发展环境

在"网络文化产业"一词中,"网络文化"是对后者的限定,而"网络"又是对"文化"的限定。在网络文化产业形成的初期,市场的发展需要有一个健康的环境。产业是技术性和市场性的问题,这相对来说比较好解决,真正复杂的在于"网络文化"的特殊性。要想获得网络文化产业的长足进步,网络文化建设势在必行。因此,网络产业的策划应该注重网络文化氛围的营造和网络文化的建设,充分运用现代化的营销手段,促进网络文化产业的健康发展。把网络文化建设作为一项基础工程抓紧抓好,是确保网络文化产业策划能够取得成效的重要前提。在当前环境下,网络文化产业中的有些产品,比如网络游戏,还不能被大众文化所接受。因此,正是需要通过产业策划来加强和深化网络游戏的正面影响,将一些新的文化理念渗透给大众,从而广泛传播网络理念。

第三节　网络游戏产业的创意与策划

网络游戏的发展是伴随着网络和网络文化的发展而到来的。网络游戏依托先进的互联网技术,凭借其强大的交互性、艺术性和仿真性,以及强烈的时尚元素与现代气息,已经成为网络服务的重要载体之一。与此同时,网络游戏产业也得到了迅速发展,并创造出巨大的经济效益,成为网络文化产业的一个重要组成部分。在这个新兴的产业里,一大批高速发展、高度盈利的公司正在迅速崛起。网络游戏产业的创意与策划也已经成为企业家们需要重点关注和考虑的问题。

---

① 张晓明:《当代文化产业及加入 WTO 对中国文化产业的影响》,《中国文化产业评论》(第 1 卷),上海人民出版社 2003 年版。

一、网络游戏与网络游戏产业

根据国际数据公司(IDC)的定义:"网络游戏是利用 TCP/IP 协议,以 Internet 为依托,可以多人同时参与的游戏项目。"按此定义,1978 年英国埃塞克斯大学的罗伊·特鲁布肖编写的 MUD(Multiple User Dimension)游戏,是第一款真正意义上的多人交互式网络游戏①。然而,那时的游戏还是一种纯文字的状态,没有图形界面。伴随着互联网的迅速发展,当今的网络游戏已经发展到了图形时代,出现了多种不同的游戏类型,并以惊人的速度迅猛发展。

网络游戏的分类可以按照两个不同的角度进行。按游戏运行平台的不同可以将网络游戏分为电脑网络游戏、视频游戏机网络游戏、手机网络游戏、交互电视网络游戏等类型;按照游戏内容和操作方式的不同则又可以将网络游戏分为动作类游戏、运动类游戏、角色扮演类游戏、战略模拟类游戏、棋牌类游戏等多种类型。

伴随着网络游戏的迅速发展、网络游戏市场的不断壮大,一个新兴的产业——网络游戏产业应运而生,并快速发展成为网络文化产业中的朝阳产业。

以中国的网络游戏产业为例,从 1998 年开始,网络游戏开始进入人们的生活,并在短短的几年时间里得到了迅速发展。2001 年 5 月,联众世界网站以 17 万人同时在线、约 2 000 万注册用户成为当时世界上最大的游戏网站。2001 年以后,多款图形网络游戏相继诞生。从第一款真正意义上的中文网络游戏《万王之王》到吸引众多女性玩家的《石器时代》,从创造 65 万人同时在线的《传奇》到全 3D 界面的《天堂 2》、《魔兽世界》,网络游戏不仅界面越来越精美,功能越来越强大,在线人数越来越多,同时其收费、运营体制也日趋完善,带来的直接经济效益日趋显著。以 2006 年一年为例,根据《2006 年中国游戏产业报告》统计,中国的网络游戏用户已经达到 3 260 万,比上年增长 23.8%;国内网络游戏全年市场销售总收入为 65.4 亿元人民币,比上年 37.7 亿元增长了73.5%;网络游戏产业的快速发展,为电信、IT、媒体和传统出版业等相关产业创造的产值分别达到 210.5 亿元、83.3 亿元和 39.4 亿元,分别比上年增长了 21.4%、16.3%和 6.2%②。网络游戏产业在众多互联网产业中一枝独秀,已经当之无愧地发展成长为最具市场潜力和竞争力的文化产业之一。

---

① 杨明智:《网络游戏产业成功因素分析》,《大众科技》,2006 年第 4 期,第 82 页。
② 孙靖:《网络游戏产业的发展与管理研究》,《同济大学学报》(社会科学版),第 18 卷第 1 期,2007 年 2 月,第 101 页。

二、网络游戏产业的创意

如果说网络游戏的诞生，催生了网络游戏产业从无到有的历史性革命，那么创新发展产业，创意制作产品，则是这场革命的延续。就中国的网络游戏产业而言，其产业创意应重点把握以下几个主要的方向。

1．高互动性

网络游戏最大的特点是高互动性。网络游戏不同于一般的电子游戏，它是超越传统游戏形态的一种新的发展趋势。在原来的单机游戏中，娱乐只体现在用户与非人性化的电脑之间的交流，至多只能与少量的对手联机。而网络游戏是通过人与人之间的交流和互动来达到娱乐与休闲目的的新型游戏项目。成千上万用户可以通过网络这个平台实现互联，在游戏情景中，每一个用户都在影响着他人，每一个人也都在被他人影响着。网络游戏的乐趣在于人与人之间的对决，而不仅仅是人与事先设置的各种程序的对抗。因此，网络游戏产品的开发和网络游戏产业的创意应首先考虑保证其高度的互动性，只有这样才能使产品更具有生命力，对消费者产生强大的吸引力。

2．高体验度

网络游戏的特点之一就是用户可以自主选择社会角色，玩家就是故事的主角，他们可以用自己的方式推动故事情节的发展。在网络游戏的世界里，通过角色扮演，玩家可以拥有不同的工具和不同的特点，通过对不同角色的扮演，带来不同的心理体验，满足不同的心理需求。因此，网络游戏产业创意应注重提高游戏的体验度，使用户能够在游戏的过程中得到前所未有的体验。

3．高投入感

网络游戏中的每一位玩家都渴望成功，"渴望成功"是网络游戏文化的主题词。玩家通过虚拟的网络世界努力实现现实世界中不可能实现的成功，从而带来与众不同的高投入感。随着游戏中等级的上升，玩家可以成为虚拟世界中的成功人士，受到人们的关注，带来虚荣心和成就感的极大满足。因此，网络游戏产业的创新与创意必须注重提高游戏的投入度，使用户一旦进入了游戏角色，就很容易被吸引。游戏的时间越长，积累的经验值就越高，拥有的虚拟财富就越多，也就越"舍不得"离开这款游戏。

4．高流行性

网络本身就代表着时尚，网络游戏要想获得成功，就应该广泛地吸纳时尚元素，始终站立在流行文化的前沿。伴随着电脑动画和多媒体技术的不断发展，网络游戏的制作越来越精良，技术手段越来越丰富，这些都为游戏与时尚的结合提供了强有力的平台。成功的网络游戏创意，应当不仅仅能够提供优美的画面、动听的音乐、震撼人心的电脑特技，更应该提供一切可以反映潮流文化的时尚元素，用高流行性的视听享受，吸引用户的眼球。

三、网络游戏产业的策划方法

作为一种新兴的产业类型，网络游戏产业的发展还刚刚起步，如何有效地进行产业策划，依靠不断的创新和新颖的创意理念来推动产业进步，是整个产业链各方都应考虑的问题。具体而言，网络游戏产业的策划方法主要可以归纳为以下几种。

1. 坚持文化性，深入挖掘文化资源，将文化与游戏有机融合

网络游戏归根结底是一种特殊的文化产品，对于网络游戏产业的策划应该从文化资源的深入挖掘入手，寻找能够吸引消费者注意，满足消费者文化需求的有效文化资源，将文化与游戏有机融合，才能使网络游戏产品找准市场前进的动力和效益点，真正深入人心，获得消费者的欢迎。

北京宏象网络科技有限公司就应用这样的策划方法获得了成功。他们制作的以明星和民间游戏为亮点的游戏作品——《GAME淘—明星3缺1 ONLINE》、《GAME淘—明星斗地主ONLINE》获得了市场的热烈追捧。究其原因，无非是抓住了消费者的潜在需求，将中华传统文化和游戏有机融合，把具有悠久文化传统和深厚群众基础的麻将、斗地主等民间游戏搬上网络，精心设计了"GAME淘"娱乐互动游戏平台，并利用目标消费群体的追星心态，创造性地在游戏中加入14位当红明星Q版形象，并引入明星本人配音，大大提高了游戏产品的吸引力，进而获得了市场成功。与之相类似，国内的联众、网易等专门的游戏网站也持续不断地在互联网平台上推出深受广大群众喜爱的传统游戏。这些游戏并没有一般网络游戏那种华丽的画面、宏大的剧情，但却同样使网络玩家趋之若鹜，文化的魅力正在于此。

2. 坚持差异性，敏锐把握消费需求，打造特色游戏服务

互联网的普及、宽带资源的快速发展，促进了游戏产业的飞速进步。而网络游戏消费者需求的多样化，则加速了游戏产业朝着个性化、特色化的娱乐方向转变。未来产业发展将是多面性的，提供多样化、差异性的娱乐内容，满足消费者的个性需求，建立全方位的网络娱乐平台将为产业发展提供更多可能。网络游戏产业的策划，就是要敏锐把握消费者的潜在消费心理，通过提供特色产品和服务，全面满足消费需求，实现对消费者的长久吸引力，推动产业进步。

在中国的网络游戏产业中，"盛大"和"九城"是两家最主要也是最成功的网络游戏运营商。然而，它们在网络游戏市场的成功却并不仅仅来源于杰出的运营能力，更是由于它们能够敏锐地把握玩家需求，知道玩家想要什么，并以此为

方向开发综合性的数字娱乐产品。比如,盛大公司的《传奇》游戏就是中国市场上第一款允许任意 PK 的游戏(PK 即网络游戏玩家之间在虚拟世界中决斗,之前这种决斗需要取得当事人双方的同意)。这种游戏的出现正是满足了玩家在PK 别人过程中带来的畅快感与成就感。一位玩家说得好:"我若不能随意 PK别人,为何要花几千块去练级? 我的成就感又从何而来?"同样,在市场份额上紧跟其后的九城《奇迹》游戏则首先开创了画面华丽的三维游戏先河,并策划了虚拟装备的随机掉落理念,使玩家能在枯燥的练级中满怀着对怪物身上掉落价值数千元道具的期望,从而大大提升了游戏的趣味性和持续性。这些满足消费需求的策划方案,都在市场上获得了巨大成功。

3. 坚持综合性,全面整合产业结构,搭建创新产业链

网络游戏之所以更吸引用户,是因为其在新的媒介上还原了游戏的本源——人与人的互动。然而,这种互动情景在体现网络游戏乐趣的同时,也决定了其产品提供不再能够由单个厂商独立完成。对于传统电脑游戏,用户只需要在电脑上安装游戏程序便可以实现运行,市场中体现的只是游戏开发商和用户之间简单的产品供求关系。而网络游戏涉及游戏需要接入网络这个关键问题,除了技术上的更高要求外,必然表现出更为复杂的产业合作和融合。一款网络游戏的实现,需要游戏开发商、网络运营商、游戏运营商,乃至游戏销售商、网络设备商之间的良好合作。因此,对于网络游戏产业的策划而言,能否搭建起连接上下游的综合性创新产业结构,是整个产业链能否成功的关键。

在这方面,前文提到的盛大公司就遇到过挫折。2001 年 11 月,盛大在支付了 30 万美元的入门费后,从韩国游戏开发商 Actoz 中获得了网络游戏《传奇 2》的代理权。尽管《传奇 2》在韩国只属于二流游戏,但是却由盛大这个一流的运营商通过出色的运作,将之迅速推广成为世界上最有影响力的网络游戏之一,也是最赚钱的网络游戏之一。2001 年盛大的运营收入为 1.6 亿元,2004 年暴涨到 12 亿元。从 2002 年开始,盛大占据了中国网络游戏市场的大半壁江山,注册用户突破 6 500 万,最多同时在线玩家超过 65 万人次。从此,盛大成为了中国网络游戏产业的中坚力量。然而,当时的盛大却没有注意到网络游戏产业链各方的博弈与竞争,以及建立整合产业结构的重要性。就在《传奇 2》经营得红红火火之时,游戏的开发商 Actoz 公司拒绝就游戏服务器端程序泄露带来的私服问题为盛大提供技术支持,并单方面宣布终止与盛大签订的《传奇 2》网络游戏授权协议。一时间,《传奇 2》的玩家大量流失,盛大的运营商利益遭到严重损害,无法建立连接上下游的综合游戏产业链使年轻的盛大蒙受了重大损失。经过半年多的努力,2003 年 9 月,盛大网络公司与韩国 Actoz 公司终于和解,双方续签网络游戏《传奇 2》的代理协议,这场纠纷终于尘埃落定,欢喜收场。然

而,基于这次教训,为了确保盛大与 Actoz 这家领先的网络游戏开发商之间建立一种稳定的、有价值的联盟关系,盛大正式签订协议,以 9 170 万美元向 Actoz 公司部分股东收购约 29% 的股权①。通过这项收购,盛大与 Actoz 公司展开了紧密合作,产生了巨大的整合效应,通过稳定的合作关系与综合性的产业链,为两家企业带来了更为丰厚的利润。

4. 坚持原创性,大力推动自主创新,开发具有不同特色的原创游戏产品

游戏开发商掌握着游戏的知识产权,也掌握着最灵活的经营方式和最丰厚的利润。因此,只有拥有自己的专门人才,开发自己的产品,才能拥有自己的网络游戏市场。一旦缺乏自主研发、自有知识产权的网络游戏产品,不仅要在代理授权、运营利润分成等方面被人分享利益,更为严重的是,由于版权问题制约,在技术支持、升级维护、周边产品的开发营销等方面都将受制于人。因此,网络游戏产业的创意与策划,原创性至关重要。只有推动自有知识产权网络游戏产品的研发,结合不同的社会体制、意识形态、文化传统和价值观念,开发出适合不同地区和国情的原创产品,才能满足不同用户的需要,在激烈的市场竞争中立于不败之地。

随着国家对网络游戏产业的扶持力度不断加强,尤其是"中国民族网络游戏出版工程"的实施,国内网络游戏企业原创开发团队数量、开发的原创游戏作品数量、游戏开发人才的数量等都有了大幅度提高。由于原创作品所包含的浓郁民族特点深受玩家喜爱,中国的原创民族网络游戏国内市场占有率继 2005 年以 60% 的市场份额首次超过引进的国外游戏后,2006 年继续以 64.8% 的市场份额,连续两年成为国内网络游戏市场的主导力量。一些优秀的原创网络游戏作品先后签约出口亚洲、欧洲、北美洲等国家和地区,尤其是 2006 年,完美时空公司开发的《完美世界》作为中国大型网络游戏首次出口游戏强国日本,签约费达 200 万美元,创国内原创单部游戏作品出口国外的最高纪录。据初步统计,中国游戏开发企业向海外输出的大型原创网络游戏数量已达到 10 多款,累计创汇超过 3 500 万美元②。原创游戏产品的开发,是网络游戏产业策划的一个重要方法与内容。

5. 坚持发展性,充分利用新兴媒体,开发无线网络资源

目前的网络游戏,主要还集中在固定网络上。伴随着 3G 时代的到来,以手

① 黄漫宇:《从盛大看网络游戏运营企业的主要商业模式》,《中南财经政法大学学报》,2005 年第 4 期,第 114—115 页。
② 《发展中国特色的网络游戏出版产业》,新闻出版总署署长,国家版权局局长柳斌杰在第五届中国国际数码互动娱乐产业高峰论坛上的主题演讲,参阅文化创意产业网(http://cci.cuc.edu.cn/Html/Cyzh/C8/2007-7/11/20070711154820115.html),2007 年 7 月 11 日。

机为代表的无线网络即将进入急速发展的时代,无线网络游戏的前景不容忽视。从潜在用户的数量来看,中国的手机用户数已经逼近 3 亿,相比于 1 亿左右的固定网络用户,无限网络的潜在用户数量明显多出很多。再从游戏的发生场所来看,目前的网络游戏大多将玩家固定在网吧、家庭等室内场所,而无线网络游戏却可以将玩家带到更加广阔的天地:无论在拥挤的公交车上,还是在排队付帐的收银台前,无线网络游戏都可以让用户随时随地感受到游戏的快乐。同时,从硬件上来看,目前具有较强娱乐性的大屏幕彩屏手机已经获得了快速普及,3G 网络虽然还未推出,但技术上的瓶颈早已突破。手机已经从最初的通话工具发展到现在集上网、拍照、摄像、影音播放、游戏等功能于一体的无线娱乐终端。无线网络游戏将会成为网络游戏产业的下一个金矿,现在已经成为越来越多人的共识。

对于这种趋势的变化,很多网络游戏厂商已经开始了行动。前面提到的盛大公司,已经收购了两家无线网络游戏开发商,准备在这个新的领域里大展拳脚;而许多著名的单机游戏、网络游戏也开始向无线网络转移。《仙剑奇侠传》、《石器时代》等著名游戏的无线网络版均已投入市场。固定网络与无线网络游戏的互动将在不久的将来成为现实。对于无线网络游戏而言,将为众多小型公司提供良好的发展机遇。相比于固定网络游戏动辄数千万的投资,无线网络游戏的成本相对较低,通常只要几个人组成开发小组、几万到几十万元的投资、历时数月就能完成。而且,无线网络游戏的销售、收费模式也远比固定网络游戏更为直接①。因此,在未来的网络游戏产业中,无线网络将成为发展的一个新的热点,占据重要的位置。认清这一点,对于网络游戏产业的策划者来说,是非常重要的。

第四节　网络时尚文化产业的创意与策划

网络的更新发展为我们带来了日新月异的互动平台和交流方式,这些互动平台和交流方式以各自个性化的设计,满足着人们对网络交流更高的期待和要求,也使互联网成为了文化时尚产业内容的发源地。随着 Web 2.0 时代的到来,互联网为时尚内容提供了广阔的舞台。低门槛及方便的上网条件,使每个人都可以轻松地将自己展示给大众。以博客、播客为代表的网络时尚文化迅猛发展,不但聚集了广泛的人气,也为网络文化产业提供了一个崭新的发展空间,网络时尚文化产业应运而生。

①　严侃、王凡:《网络游戏"虚拟世界"产业链》,《新财富》,2004 年第 2 期,第 45 页。

一、网络时尚文化与网络时尚文化产业

1. 网络时尚文化

在 Web 2.0 时代的大背景下,"以个人为本"的理念的盛行,宽带网络的发展和互联网用户对音视频内容的需求,使得网络时尚文化的横空出世成为一种必然。以博客、播客、拼客(共同分担成本做某件事)、闪客(做 Flash 或发布 Flash 的人)、威客(凭借自己的创造能力在互联网上帮助别人并获得报酬的人)、维客(一种多人协作的写作工具)、换客(在网络上互相交换产品)、粉客(具有一定技术水平的"职业粉丝")等新的网络媒体形式为代表的网络时尚文化,以迅雷不及掩耳之势进入人们的生活。概括来说,本章所指的网络时尚文化就是以博客、播客等"客文化"为代表的具有较强流行性和传播性的网络文化形态。

与其他网络文化相比,网络时尚文化有其自身的特色,主要表现在以下几个方面。

(1)实时性。网络时尚文化内容更新频繁,几乎没有固定的周期,甚至是每时每刻都在变化。新的思想、新的观点和新的内容等每天都在不断发布、不断积累。因此,网络时尚文化也是一个具有实时性特征的新兴文化形态,及时、新鲜、快速,是其吸引人们的重要原因。

(2)个体性。网络时尚文化是在本人的自发行为过程中形成的,个体依据自我价值观表现出的意识、行为、思想、观念,使网络时尚文化成为一种真正意义上的个体文化。与 E-mail、个人网站等传统的网络交流形式相比,博客之所以能够迅速取代它们成为大众信息交流的新宠,归根到底就是因为博客等网络时尚文化能够更为方便和快捷地发布更具个性化的信息,从而更好地张扬个性,获得他人的关注。

(3)二维性。网络时尚文化的二维性指的是它既是个体文化又是公共文化,是个体空间和公共空间相互作用的二维空间的产物。相对于 BBS 这样的公共论坛的众说纷纭来讲,以博客为代表的客文化用一家之言成为大家共同的关注,形成一种既是个人的又是公共的文化形态①。这种特殊的文化形态正是网络时尚文化区别于其他网络文化的典型特征之一。

(4)共享性。网络时尚文化是以一种共享的方式传播出去的。在这一过程中,往往并不涉及市场交换。文化的生产过程同时也是他人的消费过程。通过共享他人的资源或让自己的资源与他人共享,网络时尚文化获得了最大限度的

---

① 李明:《博客文化价值观分析》,《新闻界》,2006 年 4 月,第 97 页。

快速发展,成为网络文化领域的新生力量。

(5)互动性。网络时尚文化多以对话的方式进行交流,上传者和接受者可以实时互动。从而打破了传统媒介单向的传播方式,信息的发出者也可以是接收者,具有双重的互动性。这种互动性可以充分调动人们积极参与的意愿,实现一些在现实中受于限制而不能参与的交流。

(6)平民性。在技术层面,网络时尚文化将最简单实用的形式免费提供给使用者,人们只需选择简单的模板,或进行简单的操作就可以创建属于自己的博客、播客,而不需要支付注册域名或租用服务器空间等费用,因而具有更大的吸引力。

(7)自由性。在网络时尚文化中,每个人都是文化的制作者和传播者,发布、上传、下载的便捷使网络时尚文化更易于个体的表达,给人以更加自由的文化创造空间。

(8)多元性。众所周知,互联网是一个统一的大平台,在这个平台上有来自世界各地的用户,他们都具有属于自己民族或国家的独特的文化和思想。因此当这些不同的文化和思想通过网络链接被统一到同一个平台上时,现实中因为地域、历史、政治、传统和个人修养等原因而造成的文化差异就会表现在网络文化中,使网络文化具有多元的特征。这一点,在网络时尚文化中表现得尤为突出。

2. 网络时尚文化产业

与网络时尚文化相对应,网络时尚文化产业也渐渐进入了人们的视野。在改变人们生活方式的同时,网络时尚文化也给传统的网络文化产业带来了新的生机。在传统的网络文化产业中,生产者和消费者被划分为两大阵营,人们不是作者就是读者,不是广播者就是倾听者,不是表演者就是欣赏者,不是传播者就是受众。但是在以博客、播客为代表的网络时尚文化产业中,人们既是作者也是读者,既是广播者也是倾听者,既是表演者也是欣赏者,既是传播者也是受众[①]。在这个产业中生产者和消费者的格局已经被彻底打破。

以博客市场为例,由于博客的开放性、共享性和互动性等特质,加之博客自身带来的用户群体"自扩散"效应以及博客服务商在产品、服务、市场方面的创新,2006 年中国的博客用户市场规模已经达到 6 000 万人,博客作者规模已经达到 2 080 万人,博客访问者超过 1 亿人,增长率保持在 200% 以上。博客数量的持续高速增长使博客群体进一步扩大,也使得博客市场的发展势头不可阻挡,并显示出其在商业应用上的巨大影响力。目前,博客用户群已经开始从社

---

① 周日晨、卢洁华:《新媒体现象:博客、播客对抗传统媒体》,《声屏世界》,2006 年 10 月,第 29 页。

会精英向社会大众扩散,博客产业的发展重点也开始向抢占优质用户资源、挖掘现有用户潜在需求上转移。随着博客产业链的细化,博客产业链将博客内容创作、广告链接、博客服务商发布博客、搜索引擎搜索博客、最终读者通过 RSS 阅读器阅读博客五个环节组成。其中广告链接是博客产业链的重要组成部分,也是博客服务商主要的利润来源,经过快速的发展,博客这种形式已经成为平面媒体、门户网站之外的一类影响力惊人的新媒体,博客产业也已经成为网络时尚文化产业的重要组成部分之一。

与博客相类似,从国内第一个播客网站土豆网建立开始,在短短一年的时间里,各类播客网站、播客频道纷纷开通,大批播客节目广泛传播,个性的播客队伍日益壮大。从发展速度来看,播客产业的成长势头甚至比博客来得更为迅猛。由于播客的一个重要特征就是订阅音视频节目,因此与博客相比,播客似乎更容易找到产业赢利模式:生产者、消费者、PSP(Podcast Service Provider,播客服务提供商)共赢的局面已经逐渐形成。以土豆网为例,作为中国播客产业发展过程中的"先驱者",土豆网已经拥有了 10 万注册用户,13 000 个节目和 5 000 个经常更新的频道。这些播客网站的出现,不仅实现了广播的自主选择收听,更震动了传统的媒体和相关的文化产业,在传统的媒体之外提供了更为多元的选择和内容,细分了传媒市场与文化市场,刺激了文化产业价值链上的相关环节①。中国互联网协会近日发布的《2007 年中国互联网调查报道》显示,在 Web 2.0 互联网模式的推动下,截至 2006 年年底,播客的受众规模已经达到了 7 600 万人。播客的出现并不是偶然的,随着 3G 时代的来临,视频节目(Video-Podcast)将成为播客产业新的关注点和增长点,在不久的将来,播客产业还将延伸到其他领域,获取更大的商业利润。

二、网络时尚文化产业创意

就方兴未艾的网络时尚文化产业而言,对于它的策划创意,应主要集中于以下几个方面。

1. 强调个性与自由

网络时尚文化不隶属于任何派别、任何组织,它具有明显的个体性和自由性。因此,网络时尚文化产业的策划创意应该强调个性与自由,让每个参与的个体表现出丰富多彩的个性色彩,根据自己的兴趣、爱好与性格特点自由组织、自由创新。

---

① 朱文宁:《播客赢利模式探析》,《湖南大众职业技术学院学报》,第 6 卷第 3 期,2006 年 5 月,第 85—86 页。

2. 突出即时与共享

网络时尚文化的一个重要特点是内容的实时更新，内容的更新几乎是每个网络时尚载体每天的例行公事。即时更新，不断积累，是网络时尚文化区别于其他文化的关键特征。即时性保证了网络时尚文化的新鲜与活力，从而吸引更多的"潜在用户"加入到网络时尚文化群体中来。共享性则是网络时尚文化的核心，置身于开放、自由的互联网之中，如果不能及时分享，就会使自身的资源闲置，也无法获取自己需要的东西。因此，网络时尚文化产业的创意必须突出即时和共享，让广大用户及消费者在即时的交流中共享资源，达到彼此的目的。

3. 注重交流与互动

在网络时尚文化世界中，交流与互动是永恒的主题，也是网络时尚文化产业的生存土壤。在网络世界里，没有交流与互动就没有生命力。主体与客体、个体与群体、个人与他人之间的互动反馈，是网络时尚文化产业得以不断发展的动力源泉。在网络时尚文化产业的创意过程中，个体既是"主角"，主动地提供信息、传播信息；同时又是"参与者"，积极地接收信息、分享信息。当一篇文章、一条信息、一段视频获得诸多意想不到的反馈时，人们就会明白，交流与互动是使网络时尚文化产业生存、发展、获取利润不可忽视、不可或缺的重要途径。

4. 引领创新与发展

网络时尚文化的形成得益于网络技术的创新发展，新技术是新文化形态产生的物质基础，新文化一经形成又作为精神动力推动着新技术的产生。网络时尚文化是一种新文化，代表着文化的发展潮流，创新发展是网络时尚文化与生俱来的本质内涵。因此，网络时尚文化产业的策划创意，应始终立足于引领创新的潮流，通过创新来谋求发展，通过创新来获取更大的创意空间。

三、网络时尚文化产业的策划方法

如今的中国互联网，时尚文化在网络生活中蔚然成风。从博客到播客，都在网络生活中扮演着越来越重要的角色。当网络技术提供了不同于现实环境的虚拟空间后，网络时尚文化反映了网络虚拟空间里人们的一种新的交往方式[①]。它不仅使人们的生活更深入细致、丰富多彩，同时也使人们的网络生活质量逐渐提高。

网络时尚文化的出现，从表面看只是为了提供更好的服务。但实质上，它却是文化产业的体现。作为一种新兴的文化产业，要在技术创新、规模、经营等

---

① 王珏惠：《网络客文化——网民的网络创意与媒介经济》，《观察与思考》，2007 年第 11 期，第 60 页。

方面能有更大的突破,网络时尚文化产业的策划与实施应注意以下几个问题。

1. 坚持传播性,依托主流媒体,实现媒体联合

在当前的国内媒体市场中,占据主力地位的仍然是纸质媒体、广播、电视和门户网站,对于博客、播客等新兴的网络文化产业,如何利用具有规模效应的主流媒体来实现资源整合与互动,是网络时尚文化产业策划必须注重的一个问题。网络本身就需要很强的互动性,只有与传统媒体设法实现"联动",网络时尚文化产业才可能具有更多的凝聚力。博客、播客作为一种新的网络时尚文化形态,其产业策划必须注重与主流媒体的融合,通过强强联合,依托主流媒体,扩大产业发展的空间,进而打造强势的网络时尚文化品牌,形成具有相当规模的网络文化新产业。

以博客为例,2006 年 2 月 15 日开通的强国博客,就依托《人民日报》和人民网的强大平台。一经问世,就喊出了"致力于创造中国博客的响亮品牌"的口号,声称"有价值的内容,有意义的交流,是强国博客的目标与方向"。播客的代表网站土豆网也与主流媒体开展了广泛的合作。通过与中央人民广播电台的合作,土豆网将原创的音频节目通过主流广播媒介进行发布。除此之外,土豆网还为上海电视台的 DV365 节目提供片源,双方共同开拓市场,从而在扩大影响的基础上,实现了更多的商业收益,涌现出了更多的具有创意的个性化作品。

2. 坚持时尚性,通过策划创新,打造时尚文化

时尚与创新越来越受到网络文化产业的关注,以博客、播客为代表的网络时尚文化产业,自从诞生的那天起,就注定需要依靠策划与创新才能做大做强,持续地打造网络时尚文化,是网络时尚文化产业策划的惯用手段。

举例来说,国内著名的新浪博客,几乎每天都有大型的专题策划,既有对焦点事件的挖掘,又有对时尚新闻的关注,这些具有较强影响力的专题无时无刻不在吸引着网民的眼球,激发着网民参与辩论的积极性。在这方面,播客也不甘示弱。2007 年春节,随着春节联欢晚会的临近,播客网站也通过网络向全球网民征集中国首届"播客"春节联欢晚会的节目单。这一有别于传统形式的时尚节目单,一亮相就受到了网民们的热烈追捧,并吸引到了众多明星的加盟。通过时尚文化的打造,博客、播客产业正面临着前所未有的发展机遇,具有广阔的产业发展空间。

3. 坚持特色性,突出特色创意,形成比较优势

不论是品牌、策划还是互动,均依赖于特色和创意。无法想象,一个没有特色的网络时尚文化产业能够保持长期的繁荣。作为网络时尚文化的先锋,博客、播客产业的策划,必须坚持特色性,坚持走差异化道路,从而形成与众不同的比较优势。

在这方面，一些网站已经进行了有益的探索。深圳的"奥一网"，不仅开通了博客版块，还开通了一个"牛客"频道，专门用来推出新人。"超级女声"的发祥地湖南长沙，其红网开设了一个"秀客"频道，设有文秀、图秀、视秀、群秀等社区，给人以耳目一新的感觉。国外一些博客网站则更注重幽默感和特色服务，一个名为"在纽约无意听到（overheardinnewyork.com）"的博客网站就将在公众场合偷听到的人们无意间的对话收集起来，并把其中有趣的谈话断章取义地挂在网上。在这些搜集的对话中，我们可以从琐碎细节里看到人生的百态：自私、无知、无聊、无耻、无奈、戏谑、天真抑或俏皮。另一个极具创新性的博客则是一个由五人组成的博客团队所制作的"波音波音（boingboing.net）"网站。在这个网站上，他们专门搜罗千奇百怪和有趣的事物，并对所搜罗的事物给予评鉴和介绍。这些东西包括诸如二战期间日本的国内海报，可以当餐桌又可以当床的木柜，六十年代流行风格的眼镜、魔方式样的桌子以及二战美国大兵的微缩胶片家书等等，数不胜数[1]。这些时尚的博客网站，正是通过与众不同的特色创意，才在众多的博客网站中脱颖而出，获得了用户的追捧与喜爱。

4. 坚持整合性，利用多种平台，打造综合性网络时尚文化产业航母

网络技术的发展日新月异，作为代表网络时尚文化的博客、播客，必须充分整合多种网络服务平台，通过提供跨平台的产品与服务，为用户带来丰富的"在线时尚"互动体验，打造综合性的网络时尚文化产业航母。

作为国内网络时尚文化产业的领军企业之一，腾讯公司提供多种多平台的网络时尚文化产品与服务，为用户带来丰富的互动体验。其多媒体博客服务Q—zone就通过公司的即时通讯工具QQ、门户网站qq.com、QQ游戏门户和QQ无线门户等网络平台，最大限度地满足互联网用户在线沟通、信息、娱乐和电子商务等方面的需求，借以打造中国最大的网络时尚社区。不久前，播客的代表网站土豆网也与上海东方龙移动信息公司签订协议，在未来几年内提供手机视频点播节目。用户可以通过3G手机与互联网连接，订阅土豆网上提供的节目，使用户可以使用手机观看。这些跨平台的网络时尚服务，使网络时尚文化产业成为传统网络文化产业的延伸，并以独特的优势，在未来的新兴媒体竞争中，占有一席之地。

---

① 谭瑞：《博客，创意一箩筐》，《互联网周刊》，2006年第3期，第65页。

第九章

动漫产业的创意与策划

作为一种新兴的文化产业,动漫产业的影响力和价值与日俱增,已经在全球范围内形成了一个新的经济增长点,因此也被誉为"21 世纪最具潜力的朝阳产业",为文化产业的发展注入了新的活力。然而,面对这个巨大的市场商机,中国的动漫产业尚处于起步阶段,和动漫发达国家之间仍然存在着很大的差距,在国内和国际动漫市场上长期处于被动地位。在我国,真正成功的动漫作品寥寥无几,也缺乏中国制造的国际动漫明星。这种情况下,就迫切需要从整体上来把握中国动漫产业的发展现状及客观存在的问题。本章从动漫产业创意的特点、策划的原则和动漫产业的基本规律等诸多方面来具体阐述,怎样根据动漫产业自身的特点和要求,寻求中国动漫产业的发展之路。

第一节 动漫产业创意的特点

动漫产业的发展离不开创意,创意是其长久生存的根本源泉。如今,国际动漫产业内部讨论的一个热点话题就是如何提高动漫产业的创意创新能力,因为好的创意就意味着巨大的经济价值。动漫产业由于受其自身产业发展的规律和特性的影响,具有自己的创意特点。

一、动漫与动漫产业概述

1. 动漫的定义

目前对动漫的定义比较认可的说法是,动漫包括动画和漫画。它既包含传统的动画和漫画形式,也包括当下流行的网络动画、三维动画等全新的动漫形式。动画也叫做卡通片,它是运用摄像机来连续拍摄许多幅描绘卡通形象的各种变化的分段画面,然后再进行播放的一种美术片。漫画也称卡通,它有单幅漫画作品和多幅漫画作品之分。传统意义上的动画主要是指少儿动画和连环画,而新时期的动画早已渗透到了网络、影视、游戏甚至新闻等众多行业当中。传统的漫画多指诙谐讽刺的漫画,新时期的漫画则指采用多幅连续的漫画形式,拥有完整故事结构、情节和内容,而且画面之间联系紧密的漫画。本书所介绍的动漫指的就是新时期的动漫。从这个意义上来讲,划分的时间节点要从20世纪80年代,日本等国动漫进入中国市场时算起。

从本质上来看,动漫属于一种特殊的文化产品,它集视、听、说等多种表现形式于一身,具有思想性、娱乐性、文化性等多项功能,因此动漫一直以来备受广大消费者特别是青少年的喜爱。

2. 动漫产业的定义

对于动漫产业的定义有过多种提法,有的学者在文章中将其界定为以创意为动力,以动漫文化为基础,以版权、形象权为核心模式,以动画、漫画、游戏为内容主体,以电影、电视、网络、图书、报刊等现代信息传播技术手段为载体并延伸至同动漫形象有关的服装、玩具、主题公园等衍生产品的开发和经营的新型文化产业[①]。意林杂志社社长汪鹏辉也曾在《政协论坛》节目中给动漫产业下过定义,他认为动漫产业就是通过创意,将动画、漫画和其他有联系的产品、产业进行产业式的开发。

目前国内对动漫产业下的比较全面、权威的定义是:以"创意"为核心,以动画、漫画为表现形式,包含动漫图书、报刊、电影、电视、音像制品、舞台剧和基于现代信息传播技术手段的动漫新品种等动漫直接产品的开发、生产、出版、播出、演出和销售,以及与动漫形象有关的服装、玩具、电子游戏等衍生产品的生产和经营的产业[②]。

动漫产品作为一种文化产品有多种载体和表现平台,其产业链大体上有四个环节:漫画(图书、报刊)、动画(电影、电视、音像制品)以及舞台剧和网络动漫。其中漫画创作是产业的基础,影视动漫是产业的主体,动漫舞台剧是产业的延展和提升,网络动漫是产业的前锋,具有拉动和整合作用。此外,还有游戏、玩具等周边产品开发[③]。上述各个环节相互促进,共同影响整个产业链。

动漫产业近年来发展迅速。2006年,全球数字动漫产业产值达到2 800亿

---

① 欧阳爱辉:《中国动漫产业发展的四大悖论》,《东南文化》,2007年第5期,第87页。
② 李兴伟:《聚焦我国动漫业之发展》,《科技智囊》,2007年第8期,第54页。
③ 同上。

美元,与动漫游戏产业相关的周边衍生产品产值在 6 000 亿美元以上[①]。在美国、日本、韩国、英国等动漫发达国家,动漫产业在其国民经济产值中的地位也逐年提升。可见,动漫产业已经发展成为一个全球性的有着无限商业价值的巨大产业,其潜在的商业价值、不断提升的社会地位已不容忽视。

二、动漫产业创意的特点

1. 创意与动漫产业的关系

缺乏创意,就很难创作出好的动漫作品,也制约着动漫作品商业操作空间的大小。中国动漫一直以来就存在着创意不足的问题,特别是和其他动漫强国相比,在情节和内容的安排、绘画手法的创新运用、动漫形象的设计、动漫作品及其衍生产品的传播手法以及动漫的市场推广等方面都有着相当大的差距。目前,中国很多的动漫产品都尝试运用了多种表现形式,也在题材上追求突破,采用了一些高科技手法来表现更逼真更有冲击的视觉效果。但是,大多动漫作品中总是缺乏有生命力的故事情节,其中最致命的一点是创意不足,存在重复和模仿的痕迹。

在当今社会中,创意不停地在创造着一个又一个的经济神话。所有产业的发展要想有实质性的突破都要依赖好的创意。早在 1986 年,经济学家罗默就曾指出,新创意会带来意想不到的新产品、新市场和创造财富的新机会。对于新兴的动漫产业来说,创意的地位尤为重要。由于整个动漫产业链的起始是由创意来带动的,所以创意的好坏会直接影响到后续的产业链的走向。在 2007 年广州的国际动漫展上,《怪物史瑞克》系列的动画总监许诚毅担当了特别嘉宾。在接受采访中说起中国的动漫产业时,他肯定了中国动漫的技术水平,但也特别指出中国的动漫发展现在最缺乏的就是创意。事实上,创意的缺乏在很大程度上制约了中国整个动漫产业的发展。

总之,创意在动漫产业的发展中举足轻重。动漫产业的创意涉及面相当的广,重点是强调要有创新能力,具体来说就是要在动漫作品的创作和生产阶段、动漫的营销推广过程、动漫的衍生产品开发销售等众多方面进行更有效的新模式的探索。

2. 动漫产业创意的特点

与传统产业相比,创意对于新兴的动漫产业来说具有无可比拟的重要性,而这些创意的特点主要是围绕以下几个方面表现出来的。

(1)动漫形象创意的好坏往往决定整个产业链的命运。

[①]　张成龙:《浅谈中国动漫产业》,《企业家信息》,2007 年第 10 期,第 19 页。

凡是成熟、复杂、庞大的动漫产业链，都是由一个个深入人心的卡通明星们带动起来的。日本人仅仅凭借着一个奥特曼的卡通形象，就在中国的动漫市场打下了一片天地。还有流氓兔、樱桃小丸子、机器猫等有着国际影响力的大牌动漫明星，都带动了一大批与之相关的周边衍生产业的开发和销售。就如同商家利用娱乐界的人气明星进行商业开发，谋求更多的商业价值一样，这种明星效应同样适用于动漫明星。很多的商家通过挖掘动漫明星们的商业价值而获取了巨额收益，也由此带动了整个动漫产业链的快速发展。

然而，纵观我国的动漫形象，大体上摆脱不了中规中矩的设计，在卡通形象的个性刻画上总是不尽如人意，不够可爱夸张，吸引力不足。像蜡笔小新有浓浓的粗眉、大力水手的烟斗等设计都非常具有创意，几乎可以让人过目不忘。而相较之下，我们的动漫形象总是避免不了俗气、幼稚、呆板的评价。同时，我国的卡通设计重复和模仿的痕迹明显，这就很大程度上制约了我国动漫产业整个产业链的开发。再看看一些动漫发达国家都有自己极具创意的动漫品牌形象，就拿日本的机器猫（哆啦A梦）为例，仔细分析来看，其实机器猫的形象就是一只蓝白色的卡通猫，这只猫的脑袋有点大，脸部设计得很人性化，肚皮上还有一个类似袋鼠一样的小口袋，就是这只口袋里装满了各种神奇的工具。所以整体来看，机器猫真的是憨态可掬、亲切可爱、童趣味十足。就是这么一只形象设计简单的小猫咪竟然涵盖了我们生活的方方面面，市场上标有机器猫卡通形象的玩具、服装、文具、电子产品、日化产品、书籍及影像制品的商品随处可见。它所涉及的领域已经远远出乎我们的想象，在它的身后是一个成熟的产业链，各种衍生产品的开发和销售已经形成了一套完整的运营体系。由此看来，机器猫品牌的经营方向很明确，那就是所有机器猫动漫的目标消费者在生活中可能使用到的商品，在某一天都有可能变成机器猫开发商的新开发商品。在利用机器猫品牌号召力的同时，以目标消费者的生活需求作为开发创意，进行衍生产品和周边产品的开发，可以更有效地将整个产业链紧密地结合起来。

蜡笔小新

机器猫

动漫形象的商业价值是不可低估的。首先，成功的动漫形象所拥有的巨大明星效应是其身后衍生产品的强有力的广告先锋,很多青睐于这些动漫形象的受众会因为喜欢这些卡通形象而去购买和搜集与之相关的产品。这些动漫形象的成功设计不仅扩大了其自身的传播,也为动漫产业提供了一个相当大的商业空间。

目前中国动漫的创作仍然欠缺商业意识,动漫作品中的漫画角色难以进行商业操作,与机器猫、流氓兔比起来,形象与内涵都不够立体,不够丰满。所以,中国要出现有影响力的动漫明星,需要更多动漫人加强这方面的努力和探索。

总之,如果没有具有创意的动漫形象,动漫作品的衍生产品和周边产业都是无法进行开发的,动漫作品的附加值也就无从挖掘。比如说,美国的迪斯尼公司,在制作播放迪斯尼系列动画片的同时,出版销售与之配套相关的书籍和音像制品,还在全球范围内建造迪斯尼乐园,另外广泛地开发销售各种迪斯尼产品,形成了一个完备的产业链,以极具创意的迪斯尼众多动漫形象成功地拉动了整个产业链的商业运作。

（2）好的创意具有影响力的持久性与盈利的长期性。

好的创意会给动漫产业带来持久的影响力和长期的盈利。动漫产业的创意并不仅仅停留在对动漫作品本身创作中体现的创意,还体现在形成自己的动漫品牌之后,加大品牌跟进力度,将品牌做大做强,增强长期经营的可能性,使它的市场价值得到充分长久的开发。一个成功的动漫产品,可以生成一系列的衍生产品,只要配合适当的营销策略,会挖掘出巨大的经济价值,带来长久的品牌影响力和经济效益。

沃尔特·迪斯尼凭借他的创意,使得米老鼠举世闻名。在米老鼠卡通片大获成功后,他于1929年成立了"米老鼠俱乐部",到1931年,多达100多万人参加了该俱乐部。他成功地利用动漫形象开展营销。1955年10月,沃尔特·迪斯尼看中了新兴的电视媒体,推出了"米老鼠俱乐部"的电视节目。通过"米老鼠俱乐部"电视节目,在新兴的群体——电视观众中兴起了一波新的"米老鼠"热,使得它渗透到了更多的消费群体、更丰富的观众层次、更广阔的社会领域中。由于电视节目的热播,连电视节目中演员所穿戴的"米老鼠"道具服装也成了热门装饰品,在儿童中掀起了米老鼠的耳朵帽子热潮。一直到现在,米老鼠的动画片、书籍、音像制品以及各种衍生产品仍然流行于市场,深受全世界的动漫爱好者的喜爱,由米老鼠这个创意所带来的过去、现在和未来的经济收益远远超出了人们预期。

Kitty猫也是动漫产品影响的持久性与盈利的长期性的典型代表。这个席卷亚洲的形象——Hello Kitty,是众多女性和儿童的最爱。她的影响力不仅在动漫界,而且已经涉及玩具、服装、文具以及电子产品等各个领域。Hello Kitty 已经三十多岁了,这对一只猫来说是够老的了,而且在如今这样一个时尚潮流快速变迁的全球市场上,能够立足几十年,并且在各个行业都开枝散叶,带来的不单是自身影响力的不断攀升,同时盈利也如同滚雪球一样越滚越大,这种持续的影响力和日渐增长的产业市场比重实在是不可低估。诸如此类的例子还有很多,例如卓越网一个月内可以卖出 1 100 多册《加菲猫》,而卡通光盘《猫和老鼠》的销量更高达每月1.5万盘。

这些创意为动漫产业带来了强大的市场生命力,随着时间的推移,它们的影响力和商业价值有增无减。

（3）动漫产业的创意体现了浓厚的文化色彩。

动漫产品本身就是一种文化产品,它的文化性是根深蒂固的。我国几千年的传统文化底蕴和文化资源为动漫的创意提供了无限的题材和空间。但是,在拿来主义的基础上,动漫创作者要深入挖掘传统文化的精髓,在形式和内容上与时俱进,把创意进行到底。

动漫无国界,好的动漫创意有可能征服全球范围的消费者。但是动漫作品不可避免会体现某种文化和区域背景的色彩,它在一定程度上反映了某种文化资源和精神价值。例如,宫崎骏用他的《千与千寻》等作品表述着与《宝莲灯》一脉相承的传统文化价值观,而《最终幻想》则被用来思考人们对于未来、对于终极理想的严肃命题[①]。很多动漫作品中的文化色彩提升了动漫本身的创意价值和内涵。

动漫其实是需要构建在一个有着丰富的文化资源基础上的文化产品,只有这样才能为动漫的创意提供一个广阔的发展空间。动漫既然是无国界的,也就意味着它能够从优秀的传统文化中汲取灵感和素材,能够将世界多元的优秀文化为我所用,结合现有的高科技数码手段来达到文化为创意服务的目的。就拿美国迪斯尼改编的《花木兰》来看,在中国的传统文化里,这是一个经典的代父从军的传说,但是经由美国人这么一改编,"孝义"被"女性价值的觉醒"所取代。在这部片中,添加了很多能增强时代感的细节,更有表现美国文化的东西贯穿人物和情节的方方面面,所以在西方国家票房可观。再看看热遍全球的《哈利·波特》,这个故事充满了魔幻色彩,各种新奇的魔法贯穿始终,然而在很多大人看来,罗琳所强调的并不是魔法本身,而是勇气、决心、辨别是非善恶以及一群孩子们的成长历程。

一般来说,文化特色在动漫产业的创意中主要通过两种方式表现出来。一

---

① 张成龙:《浅谈中国动漫产业》,《企业家信息》,2007 年第 10 期,第 22 页。

是赋予现代化内涵。时代在变,受众对文化的需求也在变,我们应该对文化进行现代化的阐释,使之更好地为现代人所理解、所接受,千万不能像以前我国的一些动漫作品那样,只是给文化穿上动漫的外衣,裹在里面的仍然是冷冰冰的文化,毫无亲近感;二是凸现民族特色。越是民族的就越是世界的。但是我们对民族特色的理解有偏差。在我们以前的动漫创新中,民族特色更多的就是视听语言上的民族风格,比如民族绘画、民族音乐、民族风情等等①。实际上,受众对于那些视听语言方面的民族特色很容易遗忘,而真正记住的是那些内在的文化精神。

在今后的大众文化浪潮下,动漫文化的主导地位会进一步地表现出来。它将承载着新的历史任务,那就是将传统文化资源在更大更广的范围内推广和发扬。这样既有利于传统文化的弘扬,也会创造更多的商业回报,它的文化价值值得期待。

（4）现代动漫产业的创意与高科技密不可分。

现在的动漫作品越来越离不开高科技的运用,很多创意都需要通过高新技术来实现。高新技术的应用为动漫产业的创意提供了无限的可能,它为动漫产业的创意提供了一个广阔的技术平台。这些技术已经广泛地渗透到了动漫创作、动漫生产、动漫营销的各个环节。由此,动漫产业和高新技术的结合对动漫的创意有着不容忽视的影响力。

高新科技对动漫的影响主要是由电脑技术的应用带动起来的,它被广泛地应用到卡通片的创作和策划中。例如在《精灵鼠小弟Ⅱ》的制作中,导演明考夫带领他的电脑技术制作班底,绘制出了以假乱真的"鼠小弟"的形象。"鼠小弟"头上50多万根闪闪发亮的头发,都是用数码技术制作出来的。而《花木兰》片中那场匈奴大军激战的戏,仅用了5张手绘士兵的"原画",就用电脑变化出数千个不同表情的士兵厮杀的模样。如果影片以传统手绘的方式完成,以同样的人工需耗时20年,而现在采用电脑技术,整部电影的制作时间缩短了四分之三。在《鲨鱼故事》创作过程中,梦工厂的软件开发人员制造了超过十二种的新软件工具,包含超过2 300项的特色和增强功能。在《鲨鱼故事》中,设计师们使用了一种叫做 bounce shader 的全局光照技术,可以计算光线从一个表面反射到另一个表面的位置和方式。视觉效应小组使用这种工具创作海面下的自然光和阴影。《鲨鱼故事》中包含超过300 000帧的画面,每帧的渲染都超过40小时。该影片的创作使用了30多 TB 的硬盘空间——大致等于54 000张CD－ROM光盘,还使用了超过五英里的胶片,使用了2 000多个处理器,耗费6

---

① 李三强:《浅议中国动漫创作的创新之道》,《中国电视》,2007年第1期,第68页。

百万个 CPU 小时[①]。科技手段在这部片中的应用在近年来是非常突出的。

　　数码技术在动漫制作过程中的应用,催生了新媒体和动漫的结合,出现了手机动漫和网络动漫两大潜力巨大的分支行业,使得动漫产业的发展有了翻天覆地的变化。不仅仅是电子漫画取代了纸张印刷版漫画的地位,新兴的以互联网和手机为代表的新媒体,由于其更丰富的色彩、更精致的图片展现能力和大范围的迅速发展,能够以更直观、更便捷、更生动、更广泛的方式将视听图说等多种方式融合起来,再通过新媒体的平台传达给受众,给受众带来全新的视觉和听觉享受。互联网、手机、个人数字处理系统等高科技手段的加入,为动漫产业创造了更多的机会,极大地加速了动漫的传播。

　　日本的动漫产业更是紧跟科技发展的步伐,非常重视科技在动漫产业中的价值。分析一下战后日本动漫的发展,从电视的出现,到互联网的流行、手机的普及,不难看出日本动漫产业没有错过对每一次新科技的利用。在这方面,韩国也是相当重视的。他们通过互联网流行的契机,以网络游戏为切入点,动漫产业获得了飞速的发展,一跃成为动漫产业强国。所以,我国的动漫产业必须有意识地重视新技术的开发和应用,同时,把握好新媒体发展的契机,拓展新的商业模式,寻求我国动漫产业腾飞的机遇。

　　目前动漫的主要消费群体还是广大青少年,这个群体对应用了高科技的产品非常有兴趣,会积极尝试、乐于接受新科技和新时尚,喜欢突破性的新玩意。而动漫的优势在于图文并茂、传统和时代性交融、人物、情节的缤纷多姿,再加上电影、电视语言的独特魅力,正好符合了他们在这方面的要求。从这个角度出发,动漫产业和高科技的结合是必然的。

第二节　动漫产业策划的原则

一、动漫产业的策划

1. 策划和动漫产业

　　任何产业的发展都要通过策划来降低投资风险,获取最佳传播效果和更好的经济收益。动漫产业的策划,就是要从宏观上把握整个动漫产业链的运作,微观上来说就是为动漫作品及其周边产业、衍生产品等设计好市场定位、前期投放的模式和时间以及产品的衍生开发、广告投放等一系列的方案计划。一句话,动漫产业的策划实际上就是针对整个动漫产业链的前期设计方案。

　　成熟的、产业化的动漫企业都很重视动漫产业的策划。动漫产业巨头迪斯

---

①　刘轶、张琰:《中国新时期动漫产业与动漫营销》,中国戏剧出版社 2005 年版,第 30 页。

尼的成功与它周密细致的前期策划是分不开的。迪斯尼的市场化运作机制,从题材选择、剧情安排、角色道具设定、动画制作、特效处理、后期合成,再到节目发行、品牌建设、产品开发、品牌授权等产业链各个环节都做了不同时期、不同阶段的商业计划目标、方向和战略战术,包括资金规划、人才规划、制作计划、发行计划、渠道建设规划等①。如此完备的前期策划是迪斯尼成功的法宝之一。

2005 年年底,仅北京、上海、广州三个地区对动漫以及动漫衍生产品消费就超过了 13 亿元,2006 年年底中国动漫产业的产值还超过了故事片的产值。2006 年全国播放动漫时长为 8 万分钟,但问题在于数量虽多,却整体质量水平低,缺少形成品牌的动漫。这些惊人的数据证明了中国已经是动漫产业的大国,可是,我们还并非动漫产业的强国,原因有很多,其中一个重要的原因就是缺乏有效的策划。

中国动漫产业的发展亟需策划,可以从四个方面入手:首先要注重对动漫作品本身的策划。这涉及动漫题材、卡通形象以及内容情节的安排等诸多方面。其次是对动漫市场的策划,要掌握市场的需求变化、明确市场定位以及预期市场占有率等与市场紧密相关的方面。第三是对动漫产业链的策划。例如日本的奥特曼动画片,除了它在电视上播放的收益之外,还开发了各种利用奥特曼形象的玩具、文具、服装等,另外还出版了大量与奥特曼有关的书籍和音像制品,形成了一个完整的产业链。而目前我国的动漫产业还没有形成这样完备的产业链。第四,在动漫传播手法上也需要策划,当今是大众传播时代,动漫作品同样需要传播。按照整合营销传播的模式,动漫市场不但要对动漫受众者的年龄层次进行细分,针对不同年龄段的儿童,甚至是成年人策划制作出相应动漫产品。同时还应利用影视、平面媒体、网络、户外广告等传播方式形成规模化传播②。此外还可以通过搞大型的活动,达到互动,提升动漫的品牌影响力。

动漫产业在全球范围的迅速崛起,不仅取得了巨大的经济回报,而且还带动了其周边产业和衍生产业的快速发展。实践证明,多数取得成功品牌影响力和经济收益的动漫,都经历过前期的精心策划。所以说,动漫产业的策划是必不可少的。

2. 动漫产业策划的方向

为了更好地进行策划,必须对当前阻碍中国动漫产业发展的问题先有个清楚的了解,才能明确策划的方向。具体概括如下:

---

① 黎明芳:《论动漫产业链与市场模式策略》,《集团经济研究》,2007 年 4 月,第 164 页。
② 马智博:《中国动漫急需能策划、有创意、会管理、懂营销四类人才》,黑龙江日报,2007 年 8 月 20 日,06 版。

（1）动漫产业化运作不足

由于长期处于计划经济模式下,中国动画只是作为一种影视艺术为人们欣赏、观看和赞叹,没有从产业的角度加以思考和实践,一直以来中国动漫产业可谓是有行业没有产业。即使开始认识到产业的概念,但是计划经济形势下形成的一系列残存弊病使得产业化运作困难重重。

（2）动漫作品整体质量低

从动漫作品的质量来说,目前我国动画片在选题创意、形象造型、故事内容、技术手段等方面仍与世界先进水平有一定差距,还存在观念陈旧、制作粗糙、手法单一、幼稚说教的问题。漫画作品也是如此,数量少,水平低。从而导致国产动漫作品受欢迎程度低。

（3）动漫市场占有率低

我国的动漫产业市场虽然具有很大的潜力,但是长期被美日等动漫产业强国所占领。美日动漫作品与国产作品相比具有较大优势,在制作水平、内容形象以及题材内涵等方面,都高出国产作品一筹,从而吸引着众多观众观看及消费相关衍生产品[1]。虽然我国的动漫作品不断增多,并且有国家政策的保护,却仍然很难抓住观众,受欢迎的仍然大部分是美国、日本等国的动漫作品。

中国动漫产业的发展长期以来主要受以上几个方面的制约,这些现存的问题不是一下子就能解决的,所以动漫产业策划必须坚持产业化方针,对反映一般的动漫作品在产业运作中要适时地提高动漫产品的其他特点和优势,在市场被大量侵占的情况下可以考虑合作的经营方式,最主要的还是提高核心竞争力。

二、动漫产业策划的原则

为了取得更多的投资回报和社会效益,在动漫产业的策划过程中,还需要遵循以下几点原则:

1. 明确市场定位,把握动漫目标消费群体的需求

明确市场定位,把握主要的消费群体,是动漫产业策划的基本原则。消费者对于具体的动漫产品存在着消费动机、个人兴趣、文化背景、时尚潮流、年龄差异以及市场宣传等因素的影响,对动漫产品的需求也就呈现出多样性。由于需求多样性的不可避免,一个具体动漫产品的设计大多是针对某类群体的需求而推出的,这部分消费者应该是此动漫产品的主要消费群体,也称目标受众。例如,动漫形象"白雪公主"、"灰姑娘"等卡通形象的成功,反映出人们渴望真善

---

[1]　韩英、陈少峰:《中国动漫产业发展的对策分析》,《东岳论丛》,2006年第5期,第177页。

美、崇尚爱情的需求心理。所以在动漫策划时要协调受众需求的差异性,把这些因素考虑进去。这就要求动漫策划者能够把握目标消费者的喜好取向,并能深度理解流行的动漫主流作品。在这点上,日本的做法值得学习。在日本,针对不同的读者群体的具体需求和各自的特性,漫画分为幼儿漫画、少年漫画、青年漫画、女性漫画、成人漫画、科幻漫画和爱情漫画等多种,根据消费群体各自的不确定因素,在内容、图画和阅读方式上各有特色。

下面通过正反两个例子来阐述这个原则的重要性:

美国卡通片《花木兰》是第一部以中国传说故事为题材的迪斯尼电影。在美国公映后,达到1亿2千万的票房,在海外有1亿3千多万的票房。1998年,由许晴、成龙、陈佩斯等知名演员配音,普通话版本在3月开始公映,但上映三个多月后,票房却惨遭失败,在上海、深圳等城市放映时电影院几乎门可罗雀。为何差别如此明显呢?除了盗版冲击外,更为重要的是该题材的选择和表现方式与中国的文化背景——特别是传统文化背景有着极大的差异。在中国的传统中,"花木兰"代表的是英勇、无畏、善良、孝道等品质,但在迪斯尼的"花木兰"中,他们却按照美国所理解的角度来塑造了一个活泼、娇纵、喜欢玩闹的美式"花木兰",而且在形象设计上,也是按照西方所理解的"东方美女"的概念来塑造"花木兰"[①]。这样综合出来的已经是完全不同于中国传统文化观念中的"花木兰",中国观众心理上自然难以接受了。

再以《我为歌狂》为例,这部动漫作品明显的消费群体指向是以在校中学生为重点,因此,它所选择的题材,以及在题材选定之后的,它的内容、人物关系、造型等等,都预先设定在中学生的审美标准和观赏倾向上。52集的《我为歌狂》是中国第一部校园音乐题材的动画片,故事以音乐为主线,通过两个学生乐队的成长道路表现了现今高中生的生活状态和青春故事。人物形象设计新颖时尚、现代感强,故事情节曲折生动,贴近中学生的生活。主人公都经历了许多校园学子都经历的情感、奋斗。剧中的9首原创歌曲更是异彩纷呈,被日本音乐人小室哲哉称之为"最具潜力"的18岁新晋歌手胡彦斌加盟电视剧,演唱了这9首歌曲[②]。可以看出,《我为歌狂》对题材的设置、音乐及主唱的选择都是以中学生的喜好为导向,以吸引中学生群体。它的市场定位明确,因而作品一推出,便深受中学生们的欢迎。

因此,动漫产业要在策划阶段就明确好最有市场和最具消费能力的群体,针对目标受众的心理和消费需求,才能在之后的产品宣传和开发中有明确的市场定位,突出特性,有针对性地设计和宣传动漫产品及其衍生产品,吸引消费

---

① 刘轶、张琰:《中国新时期动漫产业与动漫营销》,中国戏剧出版社 2005 年版,第 38—39 页。
② 刘轶、张琰:《中国新时期动漫产业与动漫营销》,中国戏剧出版社 2005 年版,第 40—41 页。

者,从而占领市场先机。

2. 走出单一的说教主题,开拓更广泛的受众层次

走出单一的说教主题,开拓更广泛的受众层次,是动漫产业策划的重要原则。目前我国的动漫作品存在一个很明显的弊病,那就是大多数动漫作品都将受众定位锁定在幼儿以及青少年群体,呈现低龄化定位惯性。所以,中国市场上的动漫书籍以及电视上的动画片都是面向十几岁以下的孩子的,十几岁以上的消费者很难找到适合自己的国产动漫,这就等于是忽略了中国市场上的成人受众。另外,我们的国产动漫一直以来就以说教的内容为主,充斥着道德伦理、家长说教、课程学习等内容,由于该问题一直未受到足够的重视,造成了此类国产动漫称霸中国动漫市场的局面。这样的动漫作品枯燥生涩、台词刻板、娱乐性不强、缺乏幽默、时代感弱,而且内容多有重复,使得孩子们对国产动漫提不起兴趣。寓教于乐本是一个很好的教育方式,但是也不能完全忽略了孩子们的童心和商业性的需求。这样的动漫也难怪孩子们不爱看,大人们也没耐心看了。

相比之下,那些动漫强国的很多经典动漫,在推出市场之前就策划好了其广泛的受众层次以及适合各层次受众口味的台词、情节、场面和内容。有些是幽默贯穿始终,有的是充满了想象力,还有的是以成人的思维来探测孩子的世界等。这些策划形式都充满了情趣,具有很大的吸引力,因此,其中很大一部分动漫都是老少皆宜的。日本的卡通片《蜡笔小新》,片中充满了童真、幼稚以及令人捧腹大笑的幽默,也贯穿了成人的思维和行动,这个策划大获成功,很快在幼儿、青少年、家长以及白领们中受到追捧和喜爱。

尽管孩子们是动漫产品的最忠实的消费者,但是也不能忽略了成人市场的巨大潜力和内在需求。在中国,动漫早已跨越了一部分动漫爱好者的范围而扩散到了不同领域和不同年龄层的人群中,为我国动漫的发展提供了更广阔的市场、更强的生命力和新的希望。

如今更多的动漫产业在策划时多了一项原则,就是扩大受众范围,吸引更多年龄段的消费者,其中就包括消费能力较强的白领等,这在很大程度上加速了我国动漫产业的发展。例如扬名于互联网的"绿豆蛙 LEON"凭借其清新可爱的卡通造型,迅速在白领中流行起来。

为了打造不同年龄层次的收视定位,进一步突破动画受众定位低幼化的习惯性思维,目前除中央台的少儿频道外,其他四个动画上星频道都已将自己定位为全龄频道。如 2004 年 9 月 9 日,中国第一个动画频道——北京电视台动画频道正式亮相,其定位 21:30 分后为成人时段,上海炫动是 20:30 分为 15 岁至 45 岁对象设定,湖南精英卡通则从 17:30 开始设定为全龄段服务定位。

广东电视台嘉佳卡通频道于 2006 年 9 月 16 日开播,是继北京、上海、湖南之后的国内第四家专业卡通频道,每天播出 18 个小时,其中动画片占频道全天节目量的八成以上[①]。动画频道实施全龄段服务定位的策划方案,是顺应了动漫市场需求和全体消费者愿望的做法,这将极大地改善中国动漫产业现状,丰富国产动漫的内容和题材,有助于出现更多老少皆宜的动漫作品。

3. 以动漫品牌形象为王,着力拉动整个产业链

动漫明星的影响力是不可估量的,树立成功的动漫形象来带动与其相关的产业链发展是动漫产业策划的必要原则。一部动漫作品的成功,不仅体现在高收视率上,同时也会给动漫产业带来巨大经济价值和商业空间。这时就需要做好策划,把成功的动漫形象上升到品牌的地位,进而对其进行衍生产品的营销策划,扩展产业链。

动漫形象要形成品牌,拉动整个产业链的发展,必须使动漫形象深入人心。美国动画巨片《史努比》来自 30 年的漫画连载,日本的国民动画《机器猫》在连载 10 年之后改编为动画,而动画的播出进一步使史努比、机器猫的形象在美国、日本甚至世界范围内广为人知,因而以它们的商业形象和关联产品而创造的价值成为动漫产业的神话。而要使动漫形象深入人心,一方面要创造成功的形象和内容,另一方面要运用合理的传播方式[②]。这为中国的动漫产业策划提供了可以借鉴的经验。

在全球动漫的产业化发展历程里,美国的迪斯尼公司走在最前列。上世纪中叶,沃尔特·迪斯尼创造出了米老鼠这一活泼有趣的卡通形象,并大获成功。在此基础上,1955 年,迪斯尼以自己漫画中的人物、故事为中心,建立了属于自己的卡通王国——洛杉矶迪斯尼乐园。它的建成,实现了迪斯尼将欢乐变为产业的梦想,同时提供给全世界一种全新的文化经营理念,即以动漫明星为基点,销售与其相关产品,通过两方面相结合,形成一条完整的产业链。迄今,迪斯尼公司不仅在美国本土建立了主题乐园,而且在海外不断扩张,一年的产值就达150 亿美元[③]。

然而,中国现在最缺乏的是国产的动漫明星,我们所能想到的国产卡通形象不是孙悟空、就是葫芦娃,或者蓝猫,几乎是屈指可数;相比之下,国外的机器猫、流氓兔、小熊维尼、灌篮高手、火影忍者等不仅风靡全球,还形成了完整的产业链运营规模。2003 年到 2005 年这三年的时间里,国产电视动画片产量以每

---

① 黎明芳:《论动漫产业链与市场模式策略》,《集团经济研究》,2007 年 4 月,第 165 页。

② 韩英、陈少峰:《中国动漫产业发展的对策分析》,《东岳论丛》,2006 年第 5 期,第 177 页。

③ 吴红:《美日韩动漫产业机制对构建我国动漫产业链的借鉴》,《韩山师范学院学报》,2007 年第 2 期,第 49 页。

年将近翻一番的速度增长。中国虽然已经是动漫的高产国家，但是却没有形成以动漫品牌形象为王，着力拉动整个产业链的成熟的产业经营模式。如果中国动漫产业缺乏有影响力的动漫明星的情况继续下去的话，中国的动漫产业链就很难发展起来。只有把动漫明星的树立融入策划中，始终贯彻，才能在扩大动漫形象的影响力的同时，打开市场，延伸动漫产业链，带动相关产业的进一步发展。

品牌是关系到一个企业生存发展的重大问题，它对整个产业链的优劣成败影响深远。如果没有好的品牌，企业的产品在市场上就缺乏竞争优势，很难占据理想的市场份额。总之，我国的动漫企业在前期策划时就应该注意加大创新，着力从动漫形象的塑造入手，以品牌的强大号召力来拉动动漫产业链的整体发展。

4．以经济效益为出发点，突出衍生产品的开发和营销

以经济效益为出发点，突出衍生产品的开发和营销是动漫产业策划的一个核心原则。任何产业都是以经济效益为根本出发点的，动漫产业更是如此。

动漫从业人员在进行前期策划时，从长期的营利来考虑要遵循的一个策划原则，就是把目标定在动漫衍生产品市场上，挖掘动漫产品商业价值，扩大动漫市场的容量。

衍生产品的销售是动漫产业的主要经济收益来源，它的商业价值历来被各国的动漫公司所看好。通过开发衍生产品来牟利是动漫产业价值链的终端，也是动漫产业中利润最大、操作空间最广的一个环节。一般来说，表层上的动漫衍生产品包括音像制品，小说，游戏，玩具模型，服装等。深层的衍生产品可以以形象授权方式进入更广泛的领域，比如旅游产业等。日本的机器人动画片《机动战士高达》就是一个例子。从 70 年代就开始制作并播映的《机动战士高达》系列，是日本生命力最强的动画之一，直到 2005 年还在播出当中。日本最大的玩具制造商万代公司每年的销售总额中，约有 15％—17％ 的份额是机器人玩具的销售收入。就以 2005 年最新播出的《高达 seed destiny》来说，它可谓是展开全面攻势，将衍生产品的开发进行到底。随着动画播出的同时，展开漫画连载和小说的出版，并将多个主题曲和插曲分别以单曲和合集的形式发售，游戏和模型的开发也是火热登场，并且带动了以前版本的游戏和模型的热卖。将动漫衍生做到一种文化主题的并不多，世界上除了美国迪斯尼外很少有这样的案例。在这个方面，我国动漫业相当落后，但近年来已有些成功探索的个例。如三辰集团围绕蓝猫开发出了系列衍生产品并畅销市场。

目前，国内动漫衍生产品的营销渠道还存在两个主要障碍：

第一，盗版猖獗。盗版严重的问题不仅危害着电影业和音像出版业，它对

动漫产业也具有破坏性的打击。随着"蓝猫"产品的热销和知名度的提高,不少衍生产品受到盗版商的侵扰。当《我为歌狂》为青少年热捧时,它的各种盗版版本就有十多种,市场上随处可见。盗版问题使得本来就艰难的中国动漫产业更加举步维艰。整顿出版市场,重塑出版秩序,实现出版市场的法制化势在必行。

第二,终端销售机制不成熟。这是另一个让衍生产品制作商头疼的问题。中国的终端零售渠道和物流配送体系只是在近几年才发展起来,特别是卡通产业,中国还没有一个成熟的卡通产业的零售体系。就是说,并不是所有想买衍生产品的人都能够随时随地买到,可能在一些小县城和农村就没有这样的销售点。而日本美国的零售渠道和商业都很发达,终端销售能力非常强,所以动画制作公司可以只做授权经营,把精力都放在创作上①。这将有利于动画制作公司加大创新力度保证动画质量。

5. 做好前期风险评估,理性投资动漫产业

做好前期风险评估,理性投资动漫产业,是动漫产业策划不可忽视的一条原则。动漫产业前期的开发和宣传需要大量的人力、物力、财力,需要持续不断的巨额资金支持,但是投资回报周期相对较长,如此大的资本投入,让动漫投资者承担了太大的经济风险。所以,要想取得经济效益,获得投资回报,就需要在动漫策划时做好前期的风险评估,有效地防范经济风险。这就要求在动漫产业的前期策划中对动漫故事和形象进行科学准确的预算和评估,深度把握市场需求,对动漫产品及其衍生产品的潜在商业价值要理性地进行预测,科学地策划营利模式,降低投资风险。

前几年,我国一些企业掀起了一股动漫投资热潮,而当生产出的作品面向市场时,不对观众胃口的内容、极低的电视收购价、猖獗的盗版等等残酷的市场现实导致绝大多数动画项目亏损,这给投资者们上了难忘的一课,对动画业有了新的认识。更多投资者开始客观理性的研究中国动画市场的规律和营利模式,不再盲目地进行急功近利的投资②。因为只有找准了投资动漫的方向,把握市场需求,才能降低投资风险。

在前期的策划中,需要组建一个有着实战经验的创作和管理组织,通过他们的丰富经验和创新策划能力来带动一个动漫作品在市场中的开发和营销。只有经过科学的市场调查分析后,才能制定系统的制片、发行、产品开发计划、资金人才规划等,才能形成具体的市场规划,以支撑庞大的商业系统,完成风险的评估。如果在前期策划的时候,忽视了投资的风险,盲目地进行投资的话,可能会出现两种情况:一是动漫作品本身成功了,但是没有带来经济效益,另外一

① 韩英、陈少峰:《中国动漫产业发展的对策分析》,《东岳论丛》,2006 年第 5 期,第 178 页。
② 欧阳友权:《文化产业概论》,湖南人民出版社 2007 年版,第 326 页。

种就是动漫本身和经济效益都失败了。比如海尔集团从 1993 到 2001 连续为《海尔兄弟》共投资 6 000 万元,但该片的前 106 集在全国 100 多家电视台播出后,只收到了 60 多万的播出费,这是属于第一类。2004 年深圳光彩动画公司花了 1 800 万元制作完成了 60 集动画片《一万一绝对拯救》,该动漫作品并没有打开国内市场,而且在后续的节目发行与产品开发中,资金链出现断裂,一年后该公司黯然倒闭,动漫不成功,经济上也亏损①。这些案例明显地告诉我们,动漫产业投资存在风险,所以投资者要科学地预测风险,理智地投资,避免不必要的经济损失。

综上所述,动漫产业策划的原则有助于动漫产业健康、快速地发展起来。通过适当的宣传使动漫形象深入人心,加强品牌意识。掌握市场动漫动向,以目标消费者的需求做行之有效的策划。向全龄段动漫进军,策划多样化的题材。推出相关的衍生产品。理智地投资,并整合经营模式。当一个动漫产品积聚了一定的人气,并且具有了一定的影响力,而且在身后带动起了一个成熟的产业链,并且获得了巨大的经济效益的时候,这个动漫的策划就是非常成功和具有前瞻性的。

第三节　动漫产业的策划方法

策划为动漫产业提供了最佳发展方案,只有当好的创意携手科学的策划方案的同时,尊重动漫产业的基本规律并结合我国的动漫现状,才会在市场运作中获得更大的胜算。

一、动漫产业策划的要求和方法

1. 适当引导消费,拓宽动漫市场

长期以来,我国动漫市场定位都局限在低幼儿童群体上。由日韩的动漫市场定位可以看出,动漫消费群体定位不能过于狭窄。从市场营销的角度来看,生产者不能仅仅迎合和满足消费者,还要引导消费。事实也证明,动漫的消费是可以引导的,如中央电视台根据一些著名的相声制作的动漫作品,就非常受观众的欢迎②。而且,引导消费还可以从多方面入手,有力的宣传和广告手段、创新的和受众互动的模式(如迪斯尼的"米老鼠俱乐部")等等都有利于引导消费者消费观念的转变和消费行为的发生。

① 吴加录:《动漫投资,关键是项目要好》,《中国计算机报》,2006 年 8 月 22 日。
② 罗剑宏、孔金连:《日本、韩国动漫产业发展的比较分析》,《电视研究》,2007 年第 5 期,第 75 页。

2. 借助新媒体的力量发展动漫产业

近年来,互联网和手机的用户急剧增长,中国互联网信息中心在今年1月份公布的年度统计数据显示,中国各年龄的互联网用户总数量为1.11亿,而手机用户和互联网用户的比例是3.8∶1。新兴媒体势力和作用的逐渐强大,也为动漫产业的发展提供了新的途径,拿韩国来说,韩国动漫产业的兴起在很大程度上得益于对新兴媒体的运用。韩国动漫产业的特点是在政府的支持下,以新兴媒体为突破口,多方面发展动漫产业,尤其是在网络和手机动画方面取得了很大的成功。我国也已经制作出一些优秀的网络手机动画和形象,但是从总体上来看,数量少且产业化程度低,新媒体的兴起是中国动漫产业发展的一个难得的机遇。在这个全新的领域内,世界上许多国家基本上处于同一起跑线,所以我们要充分利用这样的环境和机会,将新型媒体动漫产业发展起来[①]。事实上,借网络、手机等新媒体的东风来带动动漫产业的发展,也是顺应当前信息技术和网络技术高速发展的必然选择。

3. 充分发挥文化优势

动漫作品是一种文化产品,中国深厚悠久的文化为我国动漫产业的创意与策划提供了无限的可利用资源。因此,中国动漫产业在创意与策划中,可以打文化牌,发挥我们的文化优势。而在这方面,中国的动漫产业做得还远远不够。如一说到弘扬传统文化,中国动漫的惯性思维就是找几个家喻户晓的故事,诠释一下众所周知的做人道理。如此炮制的动漫作品,自然是说教味太重,趣味性不足,导致小孩不爱看,大人没法看。所以,今后中国动漫产业的创意和策划要在这个方面多加强。

纵观美、日等动漫强国,在它们的主流动漫中都体现了各自特有的文化价值和民族精神,这既是一种传承本国文化资源的方式,也是弘扬本国文化价值的有力渠道。

4. 将动漫品牌的树立作为发展战略贯穿始终

本章前面已经详细阐明了动漫品牌的重要性,它不仅对动漫作品本身的成功与否至关重要,还关系着动漫整个产业链的生存发展。动漫产业也被称作形象产业,可见动漫形象的设计和推广的重要性。动漫形象的薄弱和品牌影响力的不足,是我国动漫产业发展的一大软肋。要想树立自己的动漫品牌,最好是在创意之初就进行市场调查,可以通过试销售寻求反馈,再和一些播出平台、经营商进行协商合作,这样一来,可以最大限度地避免风险。

国内外很多动漫作品都是通过这种方式投放市场,最终成功地树立了自己

---

① 韩英、陈少峰:《中国动漫产业发展的对策分析》,《东岳论丛》,2006年第5期,第180页。

的动漫品牌，获得了巨大经济收益的。目前，我国动漫产业已经意识到这个问题，并在力求改变现状。例如当杨红樱的卡通书《淘气包马小跳》在市场上热销时，中影动画就决定对其进行改编。他们在策划阶段，对于马小跳这个卡通形象的设计，与动漫制作公司、渠道发行商以及衍生产品开发公司共同研究，大家一起出谋划策，对形象的各个细节都进行调整，以市场的需求为根本来创作该动漫形象。最后，该产品的市场反响相当可观。

5. 加强知识产权的保护意识

动漫产业要想健康、持续地发展就必须加强知识产权保护意识。文化产业创造的是精神产品，而精神产品最大价值就在于创意和文化内涵。但同时我们也应看到动漫形象承载的是一种文化品质，作为一种媒介，如同其他媒介形式一样，也必须把握形象的内核，并将之转化到产品中，进行衍生，那么知识产权的保护也要延伸到相应的产业链中去。遗憾的是，我国动漫产业普遍缺乏知识产权保护意识，导致侵权和盗版行为屡见不鲜，有些地方还出现不少屡禁不止的现象，极大地伤害了动漫企业原创精神，阻碍了动漫产业的商业化进程。所以，动漫企业应尽快提高自我保护意识，通过版权登记、申请专利和注册商标等途径保护自身产品的知识产权[①]。通过加强知识产权的保护意识，以及必要的法律措施来制约国内动漫市场中泛滥的侵权和盗版行为。

6. 改进营销体系和手段，寻求最佳营利模式

现在，我国动漫产业还存在营利上的困境，其中一个主要的原因就是营销手段落后。相比之下，一些动漫的发达国家在动漫的营销体系中构建了一个覆盖完整的销售网络，把经营者和消费者紧密联系在一起。只有在现在的销售渠道上建立更有效快捷的动漫产品和销售渠道，逐渐从现有的渠道上分离，形成动漫制品的专有通路，保证在第一时间内使动漫制品从制作者手中传递到消费者手中，使得这一产品的消费能够顺利持久地进行，才能巩固动漫制品在消费者心目中的地位，才能培育出市场，才能实现产业化的良性循环。否则渠道不畅导致产品上市时间滞后，往往会使消费者失去对产品期待的新鲜感，失去购买欲望，就不利于产品的发展[②]。从最大营利的要求出发，中国动漫产业必须改变传统的营销模式，构建适合自身发展的销售体系。

7. 顺应科技的发展和受众的需求，致力于开发三维(3D)动漫

随着电脑数码技术的不断更新，以及消费者对动漫卡通片要求的越来越高，美、日等动漫强国都在加大对三维动画的开发和应用。如果在动漫的创意

① 陈博：《我国动漫产业发展中存在的问题与对策》，《山东艺术学院学报》，2007年第3期，第89—90页。

② 刘新、程艳菲：《我国动漫产业发展要素分析》，《商业时代》，2007年第11期，第92页。

与策划中加大三维制作的比重，无疑会使动漫更具有吸引力，所以要投入三维动画的科技开发，增加我国动漫产业的核心竞争力。

现代动漫创作基本上都是在电脑上通过制作软件来完成的，动漫作品的科技含量也主要表现在三维数码技术的开发上。三维动画以其强大的功能、丰富的建模和动画能力，出色的材质编辑系统，越来越受到广大动画爱好者的认可和追捧。与二维动画相比，三维动画在视觉效果上更具有冲击力和饱满度，同时也能很好地传承二维夸张变形的优点，这使得它在电影大屏幕上占尽了优势。那些在市场上轰动一时的动画片，如《玩具总动员》、《鲨鱼故事》、《海底总动员》、《超人特工队》等一大批三维动画影片引领了动画影片的科技发展潮流[1]。

二、动漫产业创意与策划的成功案例分析——《变形金刚》[2]

1983 年，日本 TAKARA 公司设计并推出了 MICROMEN 和 DIACLONE 两个系列的机器人玩具，之后，TAKARA 公司并没有马上制作相应的动画片，只是拍了一部广告片在电视上播放，并通过漫画杂志进行随刊介绍玩具，可是市场反响并不大。

在 TAKARA 公司开发的机器人玩具遭遇市场困境时，美国玩具巨头"孩之宝 Hasbro"公司敏锐地发现了变形金刚潜在的市场价值，主动找到了日本 TAKARA 公司，希望共同开发这一系列玩具。苦于无法打开美国市场的 TAKARA 与"孩之宝"一拍即合。双方的一系列的创意和策划将变形金刚推到了世界动漫的最前沿，成为当之无愧的巨星。

1. 从玩具到动画

双方"联姻"后，"孩之宝"将 MICROMEN 和 DIACLONE 两个系列合并，并重新设计，把原来 TAKARA 设计的以驾驶员为主的形象改变为以变形机器人为主的概念，并将它们分为正邪对抗的两派，在 1983 年底推出了全新包装的玩具产品——这就是变形金刚。

玩具推出后不久，1984 年初，《变形金刚》动画片第一季也随之出炉。先玩具后动画的方式最大的优势在于，在保证玩具产业的利润的前提下，动画的推动就可以不计成本了。

一开始，《变形金刚》动画片是以商业广告的形式在美国的电视台播出的，"孩之宝"不但不收取一分美元，还向各电视台支付高额的广告费用。动画片播出半年后，"孩之宝"发现，《变形金刚》获得了极高的收视率，占到了当时美国所

---

① 欧阳友权：《文化产业概论》，湖南人民出版社 2007 年版，第 325 页。
② 张成龙：《浅谈中国动漫产业》，《企业家信息》，2007 年第 10 期，第 24—26 页。

有动画系列片收视率的 40％。这个时候，"孩之宝"与电视台的主动权发生逆转，"孩之宝"不向电视台付广告费了，反过来要收取高额的版权费——短短几个月内，《变形金刚》动画片的收入已经成为"孩之宝"变形金刚营利计划的主要部分，占全部盈利的 1/3。

2. 从无偿奉送到获取暴利

《变形金刚》打开中国市场的过程体现了其运营商长远而精准的战略眼光。1987 年，"孩之宝"公司主动找到中央电视台推荐《变形金刚》，因为其中有太多战争和打斗场面而遭拒绝。这时，《变形金刚》动画片已经在美国风靡多时，有很多电视台捧着白花花的银子追着"孩之宝"要版权。为了打开中国市场，"孩之宝"硬是放下身段，找到上海电视台，主动奉送 98 集动画的播出权。终于在1988 年 5 月，由上海音像资料馆译制了《变形金刚》。

但后来的发展超出了很多人的预料，之前的无偿奉送很快为"孩之宝"带来了高额利润。《变形金刚》在上海播出后收视狂飙。其后，在广州也是一播就火，几乎所有看过动画片的孩子都很快发现了商场里销售的变形金刚玩具——于是，人们才醒觉，"孩之宝"盯着的其实还不是那一点版权费，而是动画背后一发不可收的玩具销售狂潮。

而在当时的中国，购买那些昂贵的变形金刚玩具对于普通家庭来说还是难以承受的。

20 世纪 80 年代至今，"孩之宝"通过变形金刚玩具、海报等周边产品在中国赚走了近 50 亿元人民币。再看看当年与变形金刚走进中国同时迈向美国的《三个和尚》、《鹿铃》，看看当年同样为中国的孩子津津乐道的《黑猫警长》、《葫芦娃》，十多年前已经在市场上销声匿迹了。原因并不是这些作品不够好，而是操盘者缺乏关注动漫生命周期的意识。播出环节的利润增长始终是有限的，要延长动漫作品的生命周期和产业链，需要足够的周边产品和适时的"复兴运动"来唤醒和提高人们对其记忆及关注度。

3. "20 周年纪念"再掀热潮

在"20 周年纪念"的名义下，变形金刚在视听产品、玩具、专题交流等等一系列"豪门盛宴"的带动下重新复苏。

变形金刚"20 周年纪念"，为了满足玩家怀旧的需求，"孩之宝"与 TAKA-RA 公司充分利用 G1 玩具模具推出了琳琅满目的"20 周年纪念"产品。

"孩之宝"的 Armada 系列产品，每个 Armada 身上都有专为连接"MINI派"小机器人而设计的接口，当小机器人与这些接口连接时，玩具能显现出很多特殊功能，有的可以弹射，有的可以发声。原来相对封闭的玩具组合改变为可以任意、无限组合的全新模式，吸引力增加，玩具销量一路飙升。而 TAKARA

公司推出的极小变形金刚系列,8 个款式采用相同包装,变形金刚迷不知道里面究竟是哪一款,更"狡猾"的是总有那么几款特别少有,甚至还特别设置了两款更稀少的隐藏版,"购买上瘾"带动了价格的攀升。

当一批变形金刚玩具销售开始出现饱和状况的时候,"孩之宝"总是适时推出新的作品,比如变形金刚电影版《Transformers The Movie》和《变形金刚 2010》等续作——在不断唤醒人们对变形金刚热情的同时,还有一个重要作用就是推出"补天士"、"惊破天"等新一代人物,以此来带动新一轮玩具的热销。

2003 年 8 月,首届变形金刚年会在北京、上海、广州三地同时上演,这次大型活动其实就是为了此后的真人版电影再次来袭作铺垫。这部制作成本高达 1.5 亿美元的真人版电影从构思到完成历时 4 年之久,网罗了梦工厂当家人——好莱坞传奇导演斯皮尔伯格担当制片,著名动作片导演迈克尔·贝执任导演。票房大卖是意料之中的,"孩之宝"盯着的不仅是票房也是意料之中的——真人版电影上映前一个月,变形金刚玩具已经卖疯了。一个金属玩具"擎天柱",售价 1 200 元,仍然供不应求。

4. 与广告商的合作获利较大

经过 20 年的市场培育,"变迷"们已经可以带来动画、电影和玩具之外更大的收益。因为他们已经成为社会主要的消费人群,广告商们盯着他们,而"孩之宝"盯着广告商。在真人版电影的开头字幕,首个领衔主演名单既不是男主角乔许·杜哈明,也不是女主角梅根·福克斯,而是那辆艳黄的雪佛兰 2008 年概念跑车 Camaro。

该部电影完全称得上是一部广告集锦。首先是美国通用公司的全面出击,片中主要角色统统变为其旗下车型:原作的甲壳虫大黄蜂变身雪佛兰 Camaro,擎天柱变形为彼得比尔特 389 卡车,"爵士"化身"庞迪克跑车","铁皮"是"通用 GMC","救护车"变成了"通用悍马 H2 救援车";而做能量块实验时,被放入仪器内的是诺基亚 N95 手机,还以"诺基亚信号就是强劲"的台词强调一番;电影中用来拷机密资料的是松下 SD 卡;可爱小女孩手中提着"孩之宝"的新玩具粉色小马"宝莉";此外还有卡西欧电话、惠普电脑、IPOD、汉堡王、ebay……对于这部电影来说,变形金刚赚的不再仅仅是票房,还有票房背后难以估算的广告收入。

5. 从影视作品到衍生产品

至此,变形金刚的产业链正式跳出"动漫＋玩具"的简单模式,实现了大升级。

在 1985 年和 1986 年,变形金刚除了玩具和动画片以外,高级彩色贴纸、拼装模型、服装、杂志、系列漫画、CD 等衍生品相继推向市场。而现在,很多高科技产品也打上了变形金刚的符号——"怎么赚钱怎么卖"。日本知名玩具公司 Tomy，把小机器人的形象缩小做成了一个变形金刚 MP3，造型和变身过程与原作一模一样，只是把磁带换成了 SD 卡，售价约 630 元。Tomy 还制作了变形金刚 iPod 专用扬声器和耳机。Tomy 在今年 4 月还曾发售过能将 NIKE 鞋变成机器人的系列，它不变形的时候是一双红白相间的 NIKE 运动鞋，摇身一变就是荷枪实弹的机器人……无奇不有的周边产品令人想到那句"只有你想不出的，没有变不出的"。所有商品都具有不仅可以活动变形而且拥有实用价值的特性。

目前，《变形金刚》系列游戏也已推出上市，"孩之宝"还计划将变形金刚推向手机游戏、手机铃声等更宽广的领域。可以预见的是，变形金刚的商业空间还将继续延伸。

第十章

广告产业的创意与策划

如今，当我们翻开手中的报纸或是打开家里的电视，纷繁的广告总是蜂拥而至，它们无孔不入，似乎想把所有的信息都塞进我们的大脑。走在大街上，我们同样可以看到许多形形色色的广告营销活动萦绕左右。然而，并不是所有人都知道，在这些广告活动的背后蕴藏的是广告创意与策划人员的智慧，正是他们的心血和智慧为我们奉献着这广告时代的饕餮盛宴。在本章中，我们就将研究广告产业创意与策划的相关问题。

第一节 广告创意的特点

在这个广告的世界中，人们每天都被各式各样的广告所包围，成千上万的广告主与他们寻找到的广告公司一起，对人们的日常生活进行着"记忆轰炸"。在这一轮又一轮的"轰炸"中，有的"弹药"一击即中，深植人心，甚至成为千古佳作。可惜的是，并不是所有的广告都能被人们深深记忆，一些作品过目即忘，而另一些也随着时间的流逝而"死去"。无数实践证明，在这些"生与死"的博弈中，正是"广告创意"成为了一个广告的生命线。广告创意尽管只是广告生产的一个环节，但创意不仅直接决定了人们对于广告商品的认知程度和广告效果，更会对受众心目中的企业品牌和整体形象起到不可估量的作用，这些都使得广告创意在整个广告产业中占据着举足轻重的地位。因此，了解广告创意的内涵与特性，是创作优秀广告的必由之路。

一、广告创意的含义

对于广告创意，一些世界上著名的广告大师都曾对其内涵阐述过自己的观点。比如美国著名广告大师威廉·伯恩巴克就曾说，广告创意是"将广告赋予精神和生命"的活动①；奥美广告公司的创始人大卫·奥格威认为好的点子就是创意；著名广告大师詹姆斯·韦伯·扬则说："创意是商品、顾客以及人性诸事项的组合，广告创作应着眼于人性，从商品、顾客与人性的组合上去发展思路。"②；而广告人李奥贝纳则把创意理解为创造力的体现，他认为："所谓创造力的真正关键，是如何用有关的、可信的、品调高的方式，在以前无关的事物之间建立一种新的有意义的关系的艺术。"③

随着广告学研究在我国的不断发展，我国的部分学者也提出了他们对广告创意含义的理解。其中，中国广告协会学术委员会会员程宇宁就认为："广告创意是广告人员在对市场、产品和目标消费者进行调查分析的前提下，根据广告客户的营销目标，以广告策略为基础，对抽象的产品诉求概念予以具象而艺术的表现的创造性的思维活动。"④厦门大学人文学院的陈培爱教授则从动态、静态、狭义、广义四个不同角度去阐释了广告创意的含义，他认为"广告创意，从动态的角度去理解，是广告创作者对广告活动进行的创造性的思维活动，即 Creation；从静态的角度看，广告创意是为了达到广告目的，对未来广告的主题、内容和表现形式所提出的创造性的主意，俗称为'点子'，即 Idea。从狭义的角度去分析，是指广告主题之后的广告艺术创作与艺术构思，即创造性的广告表现；从广义角度去分析，它主要指广告中所涉及的创造性思想、活动和领域的统称，这几乎包含了广告活动的所有环节。"⑤

可见，关于究竟什么是广告创意的问题，不同学者和业内人士基于不同背景和实践提出了不同的看法。这些理论或动或静，或狭或广，从不同角度和侧面向我们展现了广告大师们对于广告创意的不同理解。虽然直至今日我们仍很难将这"百家争鸣"的局面"化为一统"，但我们也不难从中看出这些箴言的共同之处：显然，绝大多数的广告创意绝非只是"灵感突现"或者"顿悟"的产物，而应当是在科学方法指导下，经过一系列系统思考过程而产生智慧结晶，可以从以下三个方面来理解。

首先，一个好的广告创意，必须以科学的前期调研分析为基础，这一过程保证了广告创意的科学内涵。正如上文提及的詹姆斯·韦伯·扬之言："创意是商品、顾客以及人性诸事项的组合。"即广告并不是给创作者孤芳自赏的艺术品，而是牵涉到市场、商品、顾客（受众）、广告主等多种因素的结合产物。既然

① 王中义、王贤庆、黎泽潮：《广告创意思维》，合肥工业大学出版社 2005 年版，第 2 页。
② 何修猛：《现代广告学》，复旦大学出版社 2005 年版，第 47 页。
③ 王健：《广告创意教程》，北京大学出版社 2004 年版，第 7 页。
④ 丁邦清、程宇宁：《广告创意》，中南大学出版社 2003 年版，第 5 页。
⑤ 陈培爱：《广告学概论》，高等教育出版社 2004 年版，第 159 页。

如此,科学的前期调研就显得尤其重要。我们很难想象,如果一个广告设计团队在思考创意之前对当时的整个市场环境、社会文化、广告主的企业形象、广告产品的功能特色以及目标消费者的心理需求等都一无所知,他们将如何为商品设计出可以达到预期效果的创意呢?这也正是为什么社会学调查方法在当今广告业内被大量使用的重要原因。

其次,广告的商业性决定了广告创意的根本目的必须是让目标消费者产生购买的动机,这也就决定了广告创意应具有商业意识内涵。说到底,广告创意的根本任务就是突破消费者的心理防线。从目前的社会传播方式来看,尽管有营销活动、公关事件、定点体验、工业旅游等新型营销方式的存在,但媒介广告仍是大多数广告主为数不多的与目标消费者直接"交锋"的载体,所以广告主一定会想方设法利用这个机会将自己最好的形象展示在消费者的面前。这就要求广告的创意必须符合消费者的内在心理需求,在消费者接触到该广告的短时间内就能产生共鸣,并最终达到对产品和企业的认同感。故而,如果一个广告脱离了消费目标的内在心理需求,那么再好的艺术佳作,也注定只能是一个失败的广告。

最后,广告创意的结果应定位于一种新事物的产生,也就是广告创意的创新内涵。无论是选择重构或组合既有材料,还是选择另起炉灶独成一派,广告创意的最终实现都伴随着一个新概念的诞生。虽说创新并不完全是广告创意的全部,然而它却是和艺术有着千丝万缕关系的广告的魅力所在。呆板的、守旧的、一成不变的思维一定无法成为广告创意的动力源泉。广告创意的过程就是求新求异的过程,如果广告创意的结果只是一堆老旧废品,那么必然会失去其吸引力,更可怕的是,这也就意味着消费者的流失。

总之,众多广告业实践者与学者的箴言都向我们揭示了一个道理:广告创意的含义十分丰富,它并不是天马行空式的、瞬间的、无系统性的简单思维,而是一种其有科学意识、商业意识和创新意识等多种元素的思维活动。更重要的是,广告创意是广告的生命线,创意的好坏是广告成功与否的关键因素。

二、广告创意的特点

广告创意的特征在学界和业界并没有统一的说法,这与广告创意的过于丰富甚至多变的内涵有关。但总的来说,千奇百怪的广告创意仍有其规律可循,主要有以下六大特点。

1. 科学性

在高举"科学发展观"旗帜的今日中国,广告行业同样离不开科学的视野和方法。正如前文中提到的,科学的调查分析是进行广告创意基础,事实上,整个广告创意的过程中,科学的思维模式都应贯彻始终。说到科学性,我们就不得不提到罗瑟·瑞夫斯那著名的 USP(Unique Selling Proposition)理论,即"独特的销售主张"理论。USP 理论主张明确的概念、独特的主张和实效的销售。瑞夫斯在《实效的广告》一书中极力强调科学性对广告创意的重要性,提倡用实证的科学方法来进行广告创意。他认为,事实、数据、法则、测试、审核、调查、统计、图标、数字、标准这类字眼应当大量地出现在广告创意乃至整个广告运行体系中。瑞夫斯亲手创办的达彼思广告公司也凭借着他的 USP 理论成为全球著名的广告公司,并以客户的高忠诚度而闻名。虽然从现在的视角来看,瑞夫斯的理论似乎有一些理想化,但不可否认的是,科学性仍然是广告创意的第一要务,也是一个优秀的广告创意所必备的特性。

2. 艺术性

广告创意不但需要具有科学性,还需要具有一定的艺术性。不过,就像金庸名作《笑傲江湖》中所写的华山剑宗、气宗之争一样,在广告业内也曾经有过一场关于科学性与艺术性的争论。在 20 世纪 60 年代的美国广告界,出现了广告创意的科学派与艺术派之争。科学派认为广告创意应当遵从科学至上的原则,必须要有的科学分析和调研作为基础;而艺术派的观点则是,广告创意中的"怎么说"远比"说什么"重要得多,用什么样的艺术手段和方法来表现广告创意才是他们真正关心的话题。但是科学性和艺术性也许不应在广告创意中被人为隔离,而是应促使两者相互融合,相互渗透,相互影响。

比如作为艺术派代表人物的威廉·伯恩巴克,他最出名的一句话就是"千万别相信广告是科学",他主张广告应该是一门艺术,广告创意应当用感性的思维指向消费者的情感和心理,强调一种对心灵的冲击和震慑,产生共鸣。伯恩巴克本人就因他为德国大众汽车公司制作的"金龟"车系列广告而名震一时。虽然伯恩巴克认为这则"金龟"车系列广告之所以成功是因为他运用了"荒诞的"艺术表达手法,但我们仔细分析就可以发现,恰恰是因为伯恩巴克对德国大众汽车价格便宜、马力小、耗油低、结构简单而实用、质量可靠等产品特性进行了科学的审视和分析,才得以产生他最终的艺术灵感。由此可见,科学性作为广告创意的"后台"保证,而艺术性更多地承担"前台"表现的工作,或许可以成为使两者结合的方法之一。

3. 实效性

广告大师克劳德·霍普金斯曾说:"广告的唯一目的就是实现销售。"[①]虽然"唯一"一词似乎看起来有些过于绝对,但是给广告主带来实际利益,确确实实

---

① 〔美〕克劳德·霍普金斯著,邱凯生译:《我的广告生涯——科学的广告》,新华出版社 1998 年版,第 180 页。

就是一个广告的根本任务。广告主将大笔资金用于制作和发布商业广告,他们的投入百分之一百就是为了扩大商品影响力、提高销售额,以收回前期投入的资本,进而赚取利润,而广告创意的好坏很难用一个独立、客观的标准来衡量。在这样的情况下,广告的直接效果——如"广告渗透率"、"吸引使用率"这一类"看得见"的数据就成了评判广告优劣的唯一标准。这样的标准也往往会将那些看起来并不坏的创意"打入冷宫",原因很简单,就是因为设计者在广告创意的过程中忘记了实效性原则,成就了自己艺术追求的同时,却丧失了让广告作品为人们所认同的机遇。

由此可见,广告创意的实效性是广告人在进行广告创意时必须考虑的问题,因为如果忽视了经济效益,就失去了制作广告的意义。实效性同样也是广告产生的根本原因,是如今广告行业蓬勃发展的动力所在,是检验广告优劣的重要标准之一。

4. 求异性

对于属于原创性劳动范畴的广告创意来说,求新求异必然会成为其重要的特征之一。广告创意的求异性可以体现在不同的方面,比如传播手段上的创新、传播内容上的创新、表现形式上的创新、销售主张上的创新等等。

有这样一则广告作品可以体现广告创意的求异性。

播音员:此刻你站在海拔 5.5 英里高的雪域,凝望着几英里之外的天际。生活在这里变得如此简单,生存或者死亡。不能退让,不能哀叹,没有另一次机会。这里终年风暴肆虐,每一次艰难的呼吸都是胜利。这里就是世界最高峰,人称珠穆朗玛峰。昨天它还被认为是不可征服的,而这已成为历史。

客户嘉宾:当艾德蒙·希拉利从"珠峰"之巅遥望天际之时,他用来掌握时间的腕表是专为抵御世界上最暴虐的山峰而设计的。劳力士相信艾德蒙爵士定能征服世界最高峰,故特为他设计制作了劳力士探索型手表。

播音员:在每个人的生命当中,都有一座"珠峰"有待征服。在你征服了你的"珠峰"之后,就会发现你的劳力士手表在芭特菲路 65 号劳力士珠宝指定销售商店贾氏珠宝店内,耐心地等待着你光临来取走它[①]。

在这则广告中,"劳力士手表"和"珠穆朗玛峰"这一对原本看似毫无关系的物品被放在了一起,"征服珠峰"这一壮举的意义俨然被这伟大的广告创意附在了劳力士手表之上,使其品牌价值得以大大提升。更重要的是,广告的最终落脚点是在"你"这个字上,这个落脚点让劳力士手表所获得的荣誉又被转移到了所有的受众头上,这一大胆创新让消费者获得了前所未有的满足体验,也就达

---

① 饶德江:《广告策划与创意》,武汉大学出版社 2003 年版,第 285 页。

到了广告创意的效果。

也许有的人会说："如果我去模仿一个已有的成功广告案例，那是不是也会成功呢？"显然，答案是否定的。广告创意的求异性就表现在它的不可模仿和不可复制上，无论多么伟大的创意，一旦被"二次使用"，非但不会给模仿者带来更大的成功，反而会引发不满和嘲笑。比如，当百威啤酒推出那群可爱又通人性的蚂蚁之后，这一伟大的创意也就具备了不可复制的性质，你不可能再设计一群蚂蚁或者其他什么动物去对你的产品内涵作出诠释，因为这样的举动只能被人贻笑大方；同样，一句看似普普通通的"味道好极了！"却已然成为雀巢咖啡的专用，如果你期待着简单地移花接木使它能成为你的广告中为人们津津乐道的广告语，那么结果只能是另一个平淡无奇的广告的诞生。

广告创意的创新性和独特性是吸引消费者的关键所在，放弃它就等于放弃了受众。

5. 真实性

如果说广告创意犹如广告的生命线，真实性是广告创意的生命线，那么讲真话、讲实话是一个社会伦理道德的基本要求，"实事求是"也是任何一个广告创意的必守法则。在我国，对于广告的真实性有着明确的法律规定。《中华人民共和国广告法》第一章第三条规定："广告应当真实、合法、符合社会主义精神文明建设的要求。"同时，第一章第四条还规定："广告不得含有虚假的内容，不得欺骗和误导消费者。"从这两条法律规定来看，广告的真实性体现在：广告应真实客观地传播有关商品或服务的信息，对其功能、价值、特点和效果不能吹嘘夸大，不弄虚作假。这就给广告创意提出了具体的要求：广告所介绍的商品或服务真实存在；广告所提到的观点能被科学依据所证实；广告宣传的功效与产品相一致；广告中使用的艺术夸张，应能被公众接受和识别，不会使人产生误解，并且，这类夸张手法一般不宜针对产品的实质性内容。

法律法规时刻提醒着广告创意人员对广告创意真实性的把握。这看起来似乎给广告创意限制了范围套上了枷锁，实际上却是一种对消费者负责的严谨态度。事实上没有事实作为内容基石的广告，即使外表再华美也只能成为危害人民的毒瘤。

6. 适宜性

由于历史阶段和社会环境的差异，处于不同时期、生活在不同地区的人们，生活习惯也迥然相异，这也就意味着广告创意要有适宜性。广告创意如果建立在一个符合当地民俗民风的基础之上，便能与当地的文化产生共鸣，那么这样的广告创意就能起到事半功倍的效果。反之，如果广告的内容不符合，甚至违背了当地的传统文化，那么结果可能就不仅仅是事倍功半的问题了，甚至有可能导致受众对产品的强烈反感。

因为忽略适宜性而导致的错误，即使是在品牌塑造上堪称典范的耐克公司身上也发生过。2004 年冬，耐克在中国各大电视媒体投放了其"恐惧斗室"的广告，广告以美国职业篮球明星勒布朗·詹姆斯为主角，他单骑冲过了五层楼的建筑，期间突破了重重艰险阻碍，打败了所有对手取得了胜利。然而，就在播出后不久却传来了广电总局的一纸禁令——《关于立即停止播放恐惧斗室广告片的通知》。该《通知》指出："经审看，该广告违反了《广播电视广告播放管理暂行办法》第六条'广播电视广告应当维护国家尊严和利益，尊重祖国传统文化'和第七条'不得含有……亵渎民族风俗习惯的内容'的规定。"原来，在该广告中先后出现三个"亵渎民族风俗习惯"的内容：① 詹姆斯击倒身穿长袍中国人模样的老者；② 与敦煌壁画中的飞天造型极其相似的女性暧昧地向詹姆斯展开双臂，詹姆斯扣碎篮板，"飞天形象"破碎；③ 篮板旁出现了两条中国龙，它们吐出烟雾，成了阻碍詹姆斯的妖怪。

我们知道，老者、仙女、神龙都是中国民族文化中受到尊敬或崇拜的对象，但耐克公司在进行广告创意之前并没有考虑到是否适宜的问题，所以直接导致了不仅原本"鼓励年轻人勇往直前"的广告内涵没有传递到位，还落了个"亵渎民族民俗"的下场。

从耐克的案例中，我们可以清楚地看到适宜性在广告创意中的重要性。在广告创意中，除了前文提到的民俗习惯以外，还应考虑到宗教信仰、语言习惯、价值观念、审美感受和色彩偏爱等各类可能存在的文化差异。只有准确地适应并表达这些差异，才能发挥广告创意的适宜性特点，达到良好的广告传播效果。

由于广告创意与广告要求、广告背景、广告主题、广告内容、广告策划、广告设计、广告效果等多种因素息息相关，因此广告创意的具体特性也会随着这些因素的变化而受到影响。但不论怎样，广告创意者都必须寻找到广告主、广告产品和消费者三方的共同支点，求同存异，并将广告创意的基本特性作为参考和借鉴，这样才可能产生优秀的广告创意。

第二节 广告策划的原则

一个广告宣传整案的成功并不是仅靠一个惊人的创意就可以达到的，在许多世界级品牌成功的背后实际上蕴藏的是一套精密科学的策划系统。许多成功的广告实践成就了辉煌的策划理论，广告策划人员只有在这些科学的理论指导下，严格按照广告策划的基本程序进行广告策划，才能诞生更多的广告实践精品。让我们首先了解一下什么是广告策划。

一、广告策划的含义

"策划"一词最早出现在《后汉书》中，该书中有这样一句话："是以功名终申，策画复得"。这里的"画"是"划"的通假字，所以"策画"也就是我们今天所说的"策划"，"策"指谋略、计谋，而"画"（即"划"）多指安排，规划，所以"策划"二字连起来就应当解释为谋划、安排之意。

广告策划作为策划的一种，其基本含义也包含了谋划、安排之意，可由于"广告"一词是舶来词，所以与"策划"一词连用应当以今人的眼光重新进行解释。在这点上，中国有不少学者都给广告策划下过定义，其中有学者认为"广告策划，就是对于广告运动的整体计划，是为提出、实施及测定广告决策而进行的预先的研讨和规划。简言之，广告策划是广告运作的设计蓝图，是广告运作之前对于它的整体把握。"[①]还有学者认为"广告策划是指根据市场营销目标制定广告活动的基本战略方向和相关策略的过程。"[②]也有学者认为"广告策划是广告人对所要进行的广告活动在周密的调查和分析的基础上所作出的整体计划与安排，它同样显现出科学性、创造性、系统性的特点。"[③]

从上述定义可见，中国学者对于广告策划的含义理解着重体现在了"整体"、"制定"、"过程"这三个关键词上。我们可以从这样几个方面来理解广告策划的含义。

1. 注重整体性

首先，广告策划应当是一个整体方案，而不是零散的碎片。这一整体性体现在广告策划的思维应当是整体性的、全局性的；广告策划的内容应当是完整的、系统的。这就要求广告策划者不但要把握好广告运作的宏观运行，而且还要注重各个环节中的每一个细节，使得整个广告活动得以按部就班地有序推进。

2. 制定方案

也许有人会问，广告策划仅仅靠广告创意而萌发的思想灵感能否实现？事实上，仅仅只是一个创意灵感是谈不上广告策划的。广告策划最终应当形成一个有本可依的具体方案，这个方案要包含整个广告活动从头至尾的所有细节，甚至有时还需要包括其他相关的非广告信息。广告创意的灵感虽然至关重要，但充其量它也只是广告策划中的一个环节，不能包含广告策划内容的全部。

———————————

① 饶德江：《广告策划与创意》，武汉大学出版社 2003 年版，第 3—4 页。

② 丁俊杰：《广告学导论》，中南大学出版社 2003 年版，第 165 页。

③ 张金海、姚曦：《广告学教程》，上海人民出版社 2003 年版，第 131 页。

3. 策划是一个过程

我们很容易理解广告活动是一个过程的概念,因为广告活动的发生可以很清晰地被看见,这点让广告活动成为一个"事件",而"事件"的发生就需要一定的场合和时间跨度。与此对应,广告策划只不过是广告活动发生之前的一个环节而已,所以也往往被认作是一个微小因素。然而,由于任何广告策划都是有明确目的性的,所以无论一个广告策划的规模是大是小,它也都必须经历一个过程。这个过程是在一定的时间内,由一定的团队完成的。这个团队可以使用不同的策划方法来实现所需要完成的目标。

经过上述分析,我们对广告策划的含义有了基本的了解。厦门大学的陈培爱教授对广告策划含义的理解较为全面,可供读者参考:"狭义、朴素的理解是把广告策划看成是整个广告活动中的一个环节,在某种确定的条件下将广告活动方案进行排列组合和计划安排,以广告策划方案或策划书的编写为终结。广义、现代的观点认为广告策划是从广告角度对企业市场营销管理进行系统整合和策划的全过程,从市场调查开始,根据消费者需要对企业产品设计进行指导,对生产过程进行协调,并通过广告促进销售,实现既定传播任务。"①

二、广告策划的原则

广告策划是一个整体性过程,所以与广告创意一样,在对广告策划的过程中应当依据、遵循科学的方法,并作全盘考虑,这就决定了广告策划有着严密的思路和严谨的方法。同时,广告策划不仅是一项科学严密的系统工程,而且还是一种极富创造性的思维活动,这又决定了广告策划的原则应该是辩证而灵活的。我们可以从以下四个角度来阐述广告策划的原则。

1. 系统性原则

广告策划应该是一个整体,这体现在两个方面:一方面,广告活动在一个企业的运作体制中是属于宣传阵地的分支,那么它势必会受到整个企业运作和经营理念的影响,就好比一棵大树上的一根树枝,它必须与整个企业的营销完全吻合才能正常运转。另一方面,广告策划在整个广告活动中起到的是统领的作用,广告活动的各个环节都需要依靠广告策划来制定,如果没有系统的策划思路,那么广告活动也就会杂乱无章,所以系统性原则应当成为广告策划的首要原则。

2. 可行性原则

方案的可行性和有效性是对所有计划的基本要求,当然广告策划也不会例

---

① 陈培爱:《广告学概论》,高等教育出版社 2004 年版,第 127—128。

外,没有可行性的广告策划最终只能是纸上谈兵,无法达到实际的效果。对于可行性原则的实践我们需要注意以下两点:第一,要注重"点"和"面"都有可行性。有的时候广告策划人员会从宏观的角度去看待广告策划过程,认为只要大体上符合了可行性原则就可以进行广告活动的实施了。殊不知,对于广告活动来说,任何一个细节的成败都会影响到整个广告最终的效果,因此,广告策划者必须对广告创意方案、广告战略方案、广告媒体策略、广告预算方案等等各方面细节进行仔细而全面的考量后,真实全面地分析策略实施的可能性,才能算得上一份完整的可行性报告。第二,广告策划的可行性不能被简单复制。就像广告创意一样,简单地"窃取"他人的劳动果实并不能为你的广告取得良好的效果。广告策划同样遵循这个道理,不同的广告实施背景、不同的广告诉求对象、不同的广告产品、不同的广告媒介组合都会对广告效果本身产生不同的影响,所以在进行广告策划时,"具体问题具体分析"的思维需要贯穿始终。

　　3. 前瞻性原则

　　在实际的广告运作中,广告执行往往与广告策划之间会相隔一段时间,所以在进行广告策划的时候就要预先将这一因素考虑在内。这里面不仅包括了对时间提前量的把握,还包括广告实施期间市场环境、消费者心理等方面可能会产生的变化的预期,如果不把这些因素考虑在内的话,很可能会出现应变不及的情况。当然,没有人拥有未卜先知的"神力",那么这就要求广告策划者能在策划时尽量多地罗列出可能会出现的情况,并设立相应的应急预案,尽可能将发生变化后或许会带来的损失降到最低。

　　4. 灵活性原则

　　虽然我们极力强调广告策划的前瞻性原则,但有时"人算不如天算",我们不得不承认一些时候意料之外的情况会不请自来。这时就需要广告策划人员具备一定的灵活性。广告策划的灵活性可以体现在两个方面:一方面,广告策划是有一定过程的,在这个漫长的过程中广告策划者可以不断地根据情况的变化调整策划的内容;另一方面,广告策划方案本身可以有一定的灵活性,不要把所有细节全部框定,可以留有一定的空间让广告执行者灵活发挥,及时根据现实情况修正或补充广告策略。

三、广告策划的方法

　　正如上文所述,广告策划并不是一个简单的创意灵感,而是一个系统的策划过程。随着广告行业的不断发展,广告策划的流程从原先的简单经验性方法逐渐转向了系统科学性方法,尤其在传播学、社会学、统计学、心理学学科的研究方法被引入广告策划过程之后,现代广告策划的科学性和程序性被最大限度地展现了出来。一般而言，一个完整的广告策划过程主要由以下九个环节组成。

1. 广告调查，形成策划主题

在前一节针对广告创意的介绍过程中，笔者就多次提到调查分析在广告活动中的重要性。既然广告创意作为广告策划中的环节之一都需要进行调查分析，那么极富科学性和程序性的广告策划过程就更离不开广告调查的支持和帮助。正确评价广告主的背景状况；充分掌握消费者对广告主及其产品的理解、态度、意见和需求；及时收集目标受众的最新市场信息等等都是广告调查的目的所在。目前的广告调查往往都是以定量的数据为支撑依据，主要有市场环境调查、广告主经营销售状况调查、产品状况调查、公众信息调查、竞争环境调查等方面的内容。广告策划人员在收集这些信息后，对数据进行处理分析，运用科学的量表进行测量并得出结论，从中找出广告宣传的问题、优势、劣势，这样就可以大致确定广告的主题内容，为确立广告目标打下坚实的基础。

2. 决策目标

广告活动必须建立在达到一定目标的基础上，因此广告的目标就必须是可测量的，对于广告目标的控制和管理是广告策划中必不可少的步骤。广告主与广告代理公司在广告目标的确立中往往会因为考虑到各自权益而产生一场博弈，在双方相互认同和妥协的基础上，一个具有实际性和可操作性的广告目标将会最终诞生。这一目标必然是会考虑到广告主、广告代理公司的各自情况，同时也会注重符合产品本身的定位，当然也会兼顾到消费者的经济、文化水平等状况。

3. 确立广告定位

接下来的步骤就是要给广告确立独特的定位，艾·里斯和杰·屈特在20世纪80年代提出的著名的定位理论是被广泛运用的一个理论。在定位理论中，广告的定位受制于广告主的形象、广告目标受众的需求和广告产品的信息。三者之中产品信息的定位策略尤其重要，因为广告作品说到底是宣传广告产品，所以对所需宣传产品的原料、设计、性能、品种、规格、款式等各方面都需要进行全面了解。除了产品信息定位策略之外，广告定位往往还包括市场定位和观念定位。当然，广告是一个信息容量有限的载体，不可能把产品的方方面面都诉说详尽，在众多特性中选择产品的优势和特点进行集中宣传才是上策，这种明晰广告宣传作品中所要重点突出的信息的过程就是广告定位的过程。

4. 制定媒体策略

广告媒体的选择策略主要指用何种广告媒体刊播广告产品信息时会取得最佳的广告效果，并基于此对媒体所进行的事先策划。选择活动主要分两个内容：

（1）调查与分析：包括产品特性分析、广告媒体市场调查与特性分析、消费者调查与消费心理分析、同类产品广告卖点分析等等所有广告活动的调查分析。

（2）策划选择：在有针对性的调查和全面分析的基础上，根据产品特性，策划选择最佳的广告媒体来刊播该产品广告，以求获得最好的广告传播效果，为产品打入市场乃至占领市场等一系列营销活动打开一条通道。

5. 制定诉求策略

广告的诉求效果一直是广告策划人员相当注重的一点，受众对于广告诉求的反应直接影响到广告的成败。广告的诉求主要体现在如何进行广告劝服，这就要求在进行广告诉求策略的制定前必须明确广告的诉求对象。每一类商品都有它的诉求对象，比如化妆品的诉求对象往往就是女性；运动产品的主要诉求对象多为男性。在明确了诉求对象后，就需要考虑用什么样的诉求符号，什么样的诉求方式以及希望产生什么样的诉求信息，这其中就牵涉到广告形象的选择、广告信息的实体化和程序化选择，以及感性、理性和情感等方式的选择等。经过这一系列过程，诉求方式将被最终确定。

6. 创造广告意境

广告宣传的意境其实就是广告的构思创意，我们可以把它理解成为广告创意的表现。这一部分内容主要是将抽象的内容转换成具体的形象展现在目标消费者面前，在上一节的叙述中我们已经了解，广告创意并不是一个简单的过程，在这一过程中广告宣传的具体方案形成，包括了宣传的"概念"、宣传的标语、围绕宣传的定位、依据主题所确定的情节或图像以及整个广告的表现风格等内容。

7. 创作广告文案

在广告的创意完毕之后，广告文案的创作就是下一步。其实在创造广告意境的过程中就已经需要把广告文案的创作考虑在内。广告文案包括了宣传标题、标语、正文和附文。由于广告内容的有限性，广告文案应注重点到为止，不宜面面俱到，更重要的是应当符合整个广告的意境。

8. 制定广告计划

这里的广告计划包含广告的工作流程计划、广告的设计计划、广告的制作计划、广告的发布计划以及广告的整合营销传播策略与实施计划等。这些计划类似于一个个时间表，给整个广告从创制到实施设定了具体的时间节点。同时，广告计划中还必须包含经费预算与使用计划，能够列出广告所需的成本，以利于统筹安排和核对考察。

9. 撰写广告策划书

《广告项目策划书》是整个广告策划的最终步骤，也是对整个广告策划过程的总结,它应当忠实地记录了广告策划的流程和成果,把广告调查的结论、形成的策划主题、确定的广告目标、确立的广告定位、选择好的媒介策略、制定完毕的诉求策略、广告创意的成果、大体的宣传文案、包含预算在内的广告计划方案以书面策划书的形式表达出来。以下是一份《广告项目策划书》的样例:

"×××(项目)广告策划书"(或企划书)

第一部分:前言

(主要介绍广告策划项目的由来、经历的时间、指导思想、理论依据、事实依据以及《广告项目策划书》的目录内容。)

第二部分:市场分析

1．市场环境分析

(包括国家经济形势与经济策略分析、市场文化分析、市场消费状况分析、市场商品格局状况、竞争对手的广告策略及市场战略分析等内容。)

2．公众分析

(包括消费者的构成分析、消费能力分析、消费行为分析、消费时尚分析、消费态势走向分析、公众需求与商品之间的一致性分析等。)

3．产品分析

(包括产品个性特征分析、商品定位分析、服务项目分析、产品生命周期分析、品牌形象分析等。)

4．分析结论

(即立足于广告策划需要,表述分析、研究的结论。)

第三部分:广告策略

1．目标策略

(主要介绍广告目标设想、战略性方法、阶段广告工作任务。)

2．定位策略

(主要介绍企业形象和品牌形象的定位建议、市场定位、宣传的商品品质定位、宣传观念定位等。)

3．媒介策略

(主要介绍广告媒介的分配规划、组合方式以及媒介单位、选用理曰、选用方式、选用次数、日期、持续时间、媒介启用时的注意事项等。)

4．诉求策略

(主要介绍本次广告宣传的诉求对象、诉求符号、诉求信息和诉求方式等。)

5．创意说明

(主要介绍广告宣传的意境设想、意境表述、意境风格和创意的独特之处。)

6. 宣传文案

（主要介绍系列化广告宣传的主题、标题、标语、口号，广告正文以及创作思路、意图。）

7. 表现策略

（主要介绍广告的主题表述、文案表述、各种广告媒介的表现、媒介规格以及制作要求等。）

第四部分：广告计划

1. 广告工作计划

（主要介绍进行广告调查、创意、策划、设计、制作和实施的时间安排。）

2. 广告发布计划

（主要介绍广告媒介作品在各种媒介上推出的时机及其文化、心理上的象征意义，广告宣传的持续时间和终止时间等。）

3. 其他活动计划

（主要介绍配合广告宣传所策划的市场经营活动的时间安排，如公共关系活动、商务促销活动等。）

4. 经费预算与分配

（主要介绍《广告项目预算书》。）

第五部分：效果预测

（主要展望广告宣传活动的理想化效果。）①

第三节　传统媒体广告的创意与策划

以报纸、杂志、广播、电视四大媒体为主的传统媒体至今仍然占据着世界广告市场的大部分份额，比起如雨后春笋般崛起的新媒体，传统媒体的优势相对明显和稳定。对于广告主来说，在自身盈利模式都尚未定型的新媒体上投放广告是有一定风险的，所以在传统媒体上投放广告仍然是大多数广告主的首选。了解和掌握传统媒体广告的各自利弊并能够利用媒介优势进行有针对性的广告创意与策划是广告人的必备素质。

一、传统平面媒体广告的创意与策划

传统的平面广告媒体种类繁多，报纸、杂志、书籍、海报、画册、DM、票券、招贴画、电话簿、商品目录、明信片、横幅旗帜、产品包装等等都属于这一范畴。在

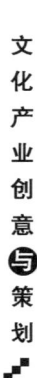

① 何修猛：《现代广告学》，复旦大学出版社 2005 年版，第 113—116 页。

这之中,报纸和杂志在现代广告中多被选择作为投放媒介,所以关注平面广告的创意与策划,我们主要关注的是报纸与杂志这两大传统媒体。

1. 报纸广告的创意与策划

（1）报纸广告的优势和劣势分析。

报纸广告通常具有以下优势:

第一,传播范围大、时效性强。报纸媒体的覆盖范围很大,可以在一定程度上覆盖到几乎地球上的各个角落,即便是在落后的乡村地区,报纸仍然作为一种媒介形式存在着。在这点上,它较之如今新兴的网络媒体就有了较大的优势,因为并不是所有人都有接触网络的机会。此外,报纸媒体的这一优点还体现在它可以被订阅这一功能上,因此它与人们的生活非常接近,有利于提高信息的"直达率",也保证了它的时效性。

第二,版面灵活。报纸媒介的信息量可以根据其版面增减,从这一点来看,报纸可以被看作是一种"柔性"较强的媒体,这有利于广告创意和策划思路的多种样式的体现。而且报纸相对较大的"版面吞吐量"也给详细的广告诉求方案提供了良好的平台。

第三,易于保存,便于查阅。这是所有纸质媒体的优势所在。许多人看完报纸并不会直接把它送进垃圾箱,而会有收集报纸的习惯,这样就提供了再次翻阅和查找的可能性,也就增加了广告信息的到达率。

第四,广告成本较低。相比于电视广告的高额广告制作费用,报纸广告的制作费用就显得相当低廉,所以在报纸上宣传的一定数量的信息的到达成本是相当低的。

报纸广告的劣势主要体现在:

第一,广告内容容易被忽略。由于报纸的阅读者对报刊是有选择性的阅读,而且事实上很少有读者是为了阅读广告而去购买报纸的,所以报纸的广告内容很容易被读者忽略,这在一定程度上影响了广告的到达率。

第二,无法立体地宣传商品。报纸广告作为一种平面纸质媒体,广告宣传被限定在了二维空间。加之其纸张质量与印刷工艺上的"先天不足"使其广告的表现形式受到了一定程度的限制,尤其是在表现三维立体空间的情况下,报纸媒介的劣势就体现得比较明显。

（2）报纸广告的创意与策划技巧。

① 图文结合创造意境。报纸广告受到报纸媒介本身的限制,造成了其表达形式的相对缺失。一般来说,报纸广告的表现形式主要以文字、图画两种为主。那么在进行广告创作时,就应当充分利用语言文字的内涵魅力以及画面的表现魅力来吸引读者。文字的表现手法可以是简洁型、寓意型、写实型、深刻型、幽

默型、浪漫型、悬念型等多种形式；画面可以是对比型、夸张型、唯美型、卡通型、抽象型、具象型等多种意境。

图片说明："盛世名门"报纸广告

上图是"盛世名门"的一则地产报纸广告，首先从广告背景图来看，整个画面给人以一种雍容华贵、高雅别致的感觉。接着，人们自然而然地会把目光转移到突出显示的四个大字："名门格调"。这四个大字恰好迎合了广告整体画面的风格，两者相辅相成，再加上别致的LOGO和线条花边，共同营造了华丽高雅的境界。可以说，这则广告虽然没有惊人的创意，却巧妙地利用了图文结合的手法，将广告所需要表达的意境完全展现了出来。

②一针见血的定位。针对报纸广告的特性，广告创意和策划中可以考虑将产品的具体信息较多地在广告中进行详细阐明，一个产品的功能、效用、材料、购买方式等大量无法在其他媒体上说尽道明的信息都可以通过报纸广告实现。但是，毕竟报纸广告由于其"非强制性"，导致了读者很可能会忽略广告内容，所以广告策划中的定位就显得尤其重要，必须设立一个明确的广告定位，才能第一时间抓住受众的视线，不然就根本谈不上更深入的具体信息诉求。

对于准确的诉求定位，2005年由天津新基业广告发展有限公司创意策划的"北斗星城"报纸广告就是一个很好的例子。广告公司在策划时将诉求策略定位为"探求·生活·高度"，这与广告所要宣传的"北斗星城"的"楼"有异曲同工之妙，"高度"这个词语就是它们的共通点。确立了广告形象的定位，那么就要思考如何表现，该广告的创意人员突出了"高"这个字，选择了"一栋楼"和"蜘蛛侠"这两个形象作为广告画面的主体，创意点就在于两者都具有"高"的特性。而更具特色的是其充分利用报纸媒介的特性，购买了《今晚报》的纵向的半个版面。从整体效果来看，"高度"这个定位被最大化地表现出来了。

③详尽的诉求表达。除了准确的定位以外，报纸广告较之其他媒体的广告来说有一个非常显著的特点——诉求性，这一点是许多广告创意策划人员十分

看重的报纸媒介的优势之一。由于报纸的相对大容量性和易存性,使得广告人员可以将自己的诉求点娓娓道来,并提供给消费者尽可能多的广告产品信息。在这一过程中,广告本身的劝服功能就得到了明显体现,有利于消费者更全面地了解广告产品。

我们再以"盛世名门"的报纸广告作为例子来分析:上文的分析已经提到,这则广告已经通过画面与标题文字的巧妙融合,体现了高雅精致的广告氛围。然而,作为一个房地产广告,受众不可能仅仅凭借着"第一感觉"就会做出购买的决定。相反,越是高档的商品,就越需要理性的诉求。对于这一点,报纸广告就提供了一个很好的舞台。从该广告中我们可以看到,文案部分对商品有着十分细致地描述,这一"具象"的过程就是帮助消费者更细致更深入地了解商品的过程。当然,更必不可少的是包括咨询电话、购买方式等在内的信息,消费者可能在分析和思考后会寻求更多的信息甚至是购买的途径,到了这个时候如果发现广告上没有他们所需要的信息,广告主就很有可能会失去这位已经到手的客户了。因此,咨询电话、购买方式、公司地址等这些信息在稍纵即逝的电视和广播媒体中可能是一种浪费,而在报纸这一可以被人们反复阅读的媒介中就显得尤为重要了。

2. 杂志广告的创意与策划

(1) 杂志广告的优势和劣势分析。

杂志广告的优势体现在:

第一,广告针对性强、读者群稳定。杂志广告有一定的专业性,因此其读者群也就相对稳定,这样会使得广告的针对性增强,提高有效到达率。

第二,宣传持续时间长。相比众多天天更新的日报,杂志一般以月刊或半月刊为主,所以杂志的重复阅读率很高,尤其是那些忠实读者(这一群体往往与广告主的目标受众重合率很高)会有更高的重复阅读率,这对诉求要求较高的广告十分有利。

第三,广告诉求对象容易理解广告内容。由于杂志的专业性和针对性很强,所以"配套的"广告诉求内容也就容易被读者所理解,不会产生重大的歧义和误解。

第四,制作精美。在中国,与报纸相对的"粗制滥造"相比,杂志的印刷工艺和纸张质量就要高得多,这样容易让广告的画面显得美观精致,使人有赏心悦目之感,会对广告效果提升有一定程度的帮助。

杂志广告的劣势在于:

第一,出版周期长。正如上文所述,杂志一般以月刊和半月刊为主,杂志所关心的并不是近两天所发生的事件和动向,而是侧重于在更加广泛的背景和时间段中对事件和现象进行分析,这就决定了杂志的生产周期比之其他广告媒体来得要长,同样也就使得广告投放的周期变长,不容易控制。

第二,容易损失部分潜在目标受众。虽然杂志读者的高对位性让杂志具有很高的广告诉求针对性,但凡事皆有两面,高对位性带来的弊端就在于利用杂志作为广告媒介容易丧失一部分非主体的、潜在的目标消费者。

（2）杂志广告的创意与策划技巧

① 精雕细琢。杂志广告因其考究的印刷工艺给读者以美好的视觉享受。在杂志广告的创意与策划中就需要广告人牢牢把握这一重要的特性,通过杂志将广告画面充分地表现出来。一般情况下,杂志广告需要有很强的审美功能,所以广告画面的色彩就显得尤为重要。色彩的运用必须能突出广告的鲜明主题,甚至有时还需要使用饱和度较高的颜色来造成炫目的效果,以引起读者的欲望。除了色彩以外,杂志对广告画面的精细度也要求很高,在报纸上能"蒙混过关"的低分辨率广告在杂志上就会显得"黯然失色",所以像奢侈品广告这类对精细度要求极高的广告会选择在杂志这一媒体上投放。

② 对媒介本身的利用。此外,也有广告创意人员在杂志这个媒体本身的介质上动起了脑筋,比如一则胸罩的广告巧妙地利用了杂志的中缝将整个胸罩左右一分为二,这正好也符合了人体的生理结构,几乎达到了平面广告立体化的效果,可见创造性地看待媒体介质本身也是在广告创意策划中的重要技巧之一。

③ 针对性投放。杂志是传统的四大媒体中分众对位性最强的一个,不论是一般性杂志还是专业性杂志都具有很高的读者对位性。一般性杂志往往都有自己明确的定位和主题,往往专注于某一个领域内的事件内容,这就使得该杂志的读者群都有共同的兴趣点,这就为广告的高有效到达率提供了一定程度的保证。比如《读者》杂志,它几乎面向所有的知识分子,读者的年龄跨度很大。然而他们也有着共同的特点——热爱文学、热爱学习。于是,与之相关的书籍、学习用具的广告主就成了《读者》杂志的常客。

而专业性杂志的分众指向就更加明显,它属于专门的一个拥有特定话语形式的群体,这一群体在主观或客观上会对某一专业杂志产生强烈的依赖感,使得这一部分读者群相当稳定,十分有利于广告的传播。例如《微型计算机》杂志是一本专业性很强的杂志,读者多为对于微机感兴趣的人,那么在这本杂志上投放电脑产品及其配件的广告就应当是一个好的媒介选择。

当然,有的时候杂志内容与广告产品也并不一定完全吻合,这就需要广告策划人员寻找相关性,例如《空中英语教室》杂志是一本面向在校学生的英语教学杂志,在这本杂志上我们可以看到许多 MP3 播放器生产厂商的广告。众所周知,对于英语学习者来说,听力训练是必不可少的,加之该杂志本就是电视广播节目的配套教材,该杂志的读者就很有可能需要 MP3 播放器之类的播放设备来进行英语学习。事实上,广告人员正是发现了学习英语与使用 MP3 播放器的内在联系,从而发现了该杂志读者与产品目标消费者的高度吻合性。

二、广播媒体广告的创意与策划

1. 广播广告的优劣势分析

广播广告的优势表现在:

第一,传播速度快。广播不需要像报纸或杂志那样经过复杂的印刷和运输流程就可以直接传达受众,其快速性和便捷性是平面媒体所无法比拟的。

第二,传播范围大。和电视不同,广播并不受到信号制式的影响,这使得广播广告具有广泛性甚至全球性。由于广播是在一定区域范围内的整体覆盖,这就使其具有很高的利用率,而且不会遗漏。相比平面媒体而言,广播广告的受众范围要来得更大,至少包含了那些有阅读障碍的人。

第三,制作程序简单。广播广告的制作程序要比复杂的电视广告简单得多,甚至有时比一个需要精心策划设计的平面广告都要容易,一般只需要拥有一个录音棚就能够制作完成。

第四,制作费用低。制作程序的简单直接导致了广播广告的低成本,科学技术的发展更让录音工作的费用降到了历史新低,加上购买广播广告时段的费用较之其他传统媒体,尤其是电视媒体来说几乎可以忽略不计,广播广告的低成本也因此获得了众多中小企业广告主的青睐。

广播广告的劣势表现在:

第一,有声无形。广播广告"有声"但"无形",只能依靠人们的想象来对产品有具体形象的猜测,这对受众对于广告商品的形象认识很不利。

第二,不易记忆。广播广告的声音稍纵即逝,许多广播听众习惯性地"边听边做",其关注点有时并不在广播节目上,加之又是广告时间,就更降低了听众对广播广告的记忆度。

第三,不易查找。有一些听众可能在收听过程中突然意识到了自己对某广告的兴趣,但有用的信息却已经播送完毕。与平面媒体不同,广播广告一旦播放就无法"倒带重来",更不易被查找,也因此影响到了广告效果。

2. 广播广告的创意与策划技巧

(1)巧妙选择表达形式。

对于广播听众来说,只要手持一台收音机就能够在任何地方收听到广播,这就意味着广告信息可以在第一时间通过电波传送到听众的耳朵里。但广播节目却是具有即时性的,广播广告是一种仅靠声音传播的媒介,它所能利用的表现因素仅有语言、音乐和各类音效等,这就要求广播广告表达方式的创意与策划必须能够有高度的悦耳性、渗透性和震撼力,如果没有以上的特性,那么一个广播广告就只能成为听众耳中的"匆匆过客"了。从广播广告的语言来看,可以依据不同诉求策略选用不同的表现形式,比如对话式的语言形式、解说式的语言形式、演唱式的语言形式等。由于广播广告的瞬时性,广告文案的创作必须力求简洁,把重点诉求说明白即可,不宜把广告产品所有信息都面面俱到,因为听众根本就不可能记忆如此大量的信息。广播广告的诉求定位信息应该贯穿整个广告始终,起到反复敲打、加深记忆的作用。而关键信息(如地址、电话、名称、品牌名称等)适宜放在广告的结尾,这样可以使那些在广告播放至一半才对广告引起关注的听众能听到最有用的信息。

(2)恰当的发音。

声音是稍纵即逝的,一般只播放一次的广播广告很容易让人"左耳进,右耳出"。因此,广播广告的语言发音的核心要求就是要吐字清晰,让所有的听众首先听清所说的内容。同时,根据广告传递信息的不同要利用适当的语音语调:或高昂、或细微、或宏大、或羸弱、或粗糙、或细腻、或紧凑、或松散、或喧闹、或宁静、或运动、或静止、或直突、或回旋、或高雅、或庸俗、或清新、或神秘、或轻盈、或沉重、或幽默、或悲怆……

以 Google 的一则广播广告为例:"天街小雨润如酥,草色遥看近却无。今天就是这样一个日子,春意盎然、生机勃勃。在这个耕耘的季节,搜索引擎 Google 扎根中国,取名'谷歌'。以谷为歌,是播种与期待之歌,也是收获与欢愉之歌。我们希望,'谷歌'能深深扎根在这片土地上,为每一个人整合全球信息,让人人能获取,使人人都受益。一条条信息就像一株株小草,鲜活而充满生命力,汇聚起来,成一片新绿,无边无际。欢迎你到 Google,'谷歌'来,让我们为你搜索,给你收获。"整个文案以韩愈的《早春》名句为开头,营造了一种春意盎然、生机勃勃的气氛。广告的朗读者带着细腻的情感和清新的声音缓缓诵读,仿佛把听众带入了 Google 扎根中国的欢愉情景之中。最后发出"欢迎你到 Google,'谷歌'来,让我们为你搜索,给你收获。"的诚挚邀请,语音真挚而温和,引人入胜。

(3)必不可少的后期制作。

虽然相对于平面媒体广告来说,广播广告已经拥有了得天独厚的声音优势,然而面对多媒体技术盛行的现代社会,广播广告的"有声无形"使许多具象的广告信息无法传递至受众,一个广播广告播报完毕,听众甚至都无法了解广告产品究竟长什么样,这一致命的弱点大大制约了其广告效果。

如今,从声音采集到混音再到加入音效,简单的几步就能够完成一则广播广告,而且随着计算机技术的不断发展,现在即使没有专业化的录音棚,利用个人电脑辅以音频处理软件也已经能够实现高质量的音频录入和处理。但是后期的混响和特殊音效的处理仍然是广播广告制作的重中之重,必要的回响效果、渐变效果、空间回旋效果等都能为广播广告增色不少。此外,配乐的选择也显得尤其重要。广播广告的配乐起到了对广告意境烘托的作用,这有助于听众对产品的形象展开联想,尽可能地弥补"有声无形"所带来的弊端。一般来说,广播广告采用人们所熟知的名曲或者与广告主题风格一致的音乐为佳。同时要注意的是,广告的配乐不易过响,不然会有"喧宾夺主"之嫌。

三、电视媒体广告的创意与策划

1. 电视广告的优劣势分析

电视广告的优势表现在:

第一,传播范围广。电视可以把千里之外的新闻事件通过电视机屏幕清晰地展现在观众面前,拉近了人与人之间的距离。拥有电视作为媒介的广告,其覆盖域也会随之扩大。

第二,影响力大。电视媒体所能承载的资讯包括了文字、画面、声音等多种信息符号,这些都要远远超过其他的传统媒体。

电视广告的劣势表现在:

第一,制作费用高。拍摄一则电视广告有一套非常复杂的程序,拍摄周期也很长,设备、人力的投入相比其他传统媒体的广告制作大得多,再加上一般电视媒介购买的费用也是各类媒介的"老大",所以制作投放一则电视广告需要花费大量资金。

第二,观众群不稳定。相对于高对位性的杂志媒介来说,电视的受众并不固定。电视属于"闯入型"媒体,观众对于电视节目的选择相对比较被动,这就可能会导致忠诚度的下降,使得整个观众群不稳定。

第三,播出时间、传递信息量有较多限制。与报纸、杂志等平面媒介不同,电视广告的播出受到时段的影响,电视观众错过了广告播出时间就不能像报纸那样再找回来翻阅。

2. 电视广告的创意与策划技巧

(1)巧妙选择表达形式。

电视已经成为了现代人获取信息和享受娱乐的主要工具之一,其原因之一就在于电视的广泛覆盖性。电视广告对观众的影响几乎是压倒性甚至是带有强迫性的,它穿插在许多电视节目之中,尤其是在你最喜欢的电视剧的关键情节之后。你会憎恨广告不适时宜地出现,然而却不知不觉地记忆了这些广告内容,这便是电视媒介所拥有的可以使观众无意中获取广告信息的能力。虽说如此,对于广告创意和策划人员来说仍应当尽可能地避免观众的这种厌恶心理的产生,毕竟这对产品的诉求是不利的。这就要求在电视广告的表达形式上要能贴近观众,寻求认同感。

图片说明:奥利奥饼干电视广告

从电视广告的表现形式来看,电视广告的表现形式可以是生活片段式的、情感感染式的、产品演绎式的、科幻技术式的、名人代言式的、歌曲戏剧演唱式的等等。无论使用哪种表现形式,广告创意和策划者都必须将其与产品特性紧紧相连。例如,一个高雅奢侈品的广告就不宜使用歌曲戏剧演唱的方式来表现;而一个生活日用品的广告若使用科幻技术式的表现手法,把产品说得神乎其神,难免会让受众产生不信任感。

这里有一个有效运用电视广告表现形式的案例——"奥利奥饼干"广告(如上图):广告讲述了一对兄弟共同成长的感人故事,整个广告的开头是哥哥正在教弟弟如何吃奥利奥饼干的场景,通过后来的一系列镜头,广告交代了弟弟是一个智障者,哥哥在他们共同成长的过程中始终关心和帮助弟弟,这个广告十分感人。最后,镜头再次回到了两兄弟一起吃奥利奥饼干的场景,把这份情感诉求融入了奥利奥的品牌之中。我们可以发现,整个广告的表达形式是情感感染式的,通过兄弟之间的情意传递出了奥利奥这个品牌的人性关怀,让观众在感动中产生一种共鸣,使广告取得了良好的效果。

（2）广告内容的选择。

电视广告的信息传播量受到广告长度的限制,要在如此短暂的几十秒钟立刻震撼观众的心灵绝非易事,这是电视广告创意与策划着力要解决的问题之一。也许有人会说,新兴的数字技术使得观看过去的电视节目成为了可能,然而观众利用这一新媒体的优势并不是为了倒回去看广告,更可能的情况是:观众使用"回放"功能观看自己喜爱的电视节目,而一旦出现了广告,观众就会使用"快进"功能跳过广告,那么广告根本就没有被受众看到。因此,在这几十秒,甚至几秒的时间内到底"说什么"是电视广告创作人员需要思考的问题。

电视媒介将人们的视听享受融为一体,给广告创意与策划搭建了一个广阔的舞台。电视广告要在极短的时间内(常见为 5 秒、10 秒、15 秒、20 秒、30 秒、45 秒、60 秒)传递广告诉求,这就要求电视广告的语言要力求简洁准确,声像结合,符合主旨,字幕清晰醒目,整体氛围明晰。

从电视广告的内容来看,商品宣传型、品牌宣传型、理念宣传型、促销宣传型、展示介绍型、对比分析型等形式比较常见。同样,对于不同产品以及品牌的不同认知程度应该注意选用不同的广告内容。比如,我们了解的耐克广告,由于其有很高的知名度,所以耐克可以大胆地采用理念宣传型的广告内容,即使广告本身不说,观众也知道耐克的产品是什么。

第四节　新媒体广告的创意与策划

随着科学技术的不断发展,"新媒体"这一概念已经被越来越多人认同和接受,然而直至今日,学者们却依然未能对"新媒体"这一新兴概念确立一个广泛认同的统一定义,可以说,新媒体技术在实践上的应用已经走在了学术研究之前。究其原因,经济全球化与信息多元化是新媒体技术普及速度如此之快的根本原因。今日世界,人们对于信息的需求已非传统媒体所能满足,新媒体在数字技术和网络技术成熟的保证下便以最快的速度进入了千家万户。随着新媒体的飞速发展,新媒体的广告也越来越受到广告主和广告经营者的重视。根据 iResearch(艾瑞市场咨询)发布的《2007 年全球广告市场研究报告》数据,2006 年中国仅网络广告的市场规模就已经达到了 46.6 亿元人民币,比 2005 年增长 48.9％,而2006 年中国广告整个市场规模为 1 573 亿元人民币,增长率仅为11.1％[①]。在本

---

① 参阅《2007 年全球广告市场研究报告》,艾瑞产业研究数据中心,2007 年 9 月 6 日。

节中,我们就把目光投向以互联网与手机广告为代表的新媒体广告。

一、新媒体的界定

在探讨新媒体广告的创意与策划的问题之前,先确定新媒体的指向和界定是十分必要的。虽然"新媒体"一词已经进入了我们的日常生活中,许多新媒体的实践也早已展开,但究竟什么样的媒体才能叫做新媒体并没有一个统一的说法。我们不妨看看专家学者们都做过哪些对新媒体的界定。

新媒体一词的首次提出要追溯到 1967 年,当时美国 CBS(哥伦比亚广播电视网)技术研究所所长 P·戈尔德马克发表了一份关于开发电子录像(EVR)商品的计划,其中第一次提出了"新媒体"(New Media)一词[①]。此后"罗斯托报告"中也多次提及"新媒体"这一词汇,让新媒体在 20 世纪 70 年代整个美国风靡起来。

近年来,把新媒体界定为网络媒体的观点比较普遍,这是在 1998 年,联合国教科文组织把"新媒体"直接定义为"网络媒体"。在国内,阳光文化网络电视控股有限公司执行主席吴征把新媒体定义为"互动式数字化复合媒体。"清华大学新媒体研究中心主任熊澄宇教授认为"新媒体是一个相对的概念。所谓'新',是相对于'旧'而言的。媒体它是不断发展的,报纸相对于图书是一种新的媒体,广播相对于报纸也是一种新的媒体,而电视、网络、手机的出现都是相对于旧的媒体而言的。所以第一个概念应该是一个相对的概念。"[②]从新媒体包含的内容来看,目前各国学者普遍公认的可以称为"新媒体"的,主要包括:光纤电缆通信网、都市型双向传播有线电视网、图文电视、电子计算机通信网、大型电脑数据库通信系统、通信卫星和卫星直播电视系统、高清晰度电视以及从 20 世纪 90 年代开始迅猛兴起的互联网(Internet)和近年来刚刚盛行的多功能媒体(Multimedia)等等[③]。

在众多对新媒体概念的界定中,蒋宏、徐剑在其所著的《新媒体导论》一书中从外延和内涵两个方面对新媒体做了比较全面的界定:"就其内涵而言,新媒体是指 20 世纪后期在世界科学技术发生巨大进步的背景下,在社会信息传播领域出现的建立在数字技术基础上的能使传播信息大大扩展、传播速度大大加快、传播方式大大丰富的、与传统媒体迥然相异的新型媒体。就其外延而言,新媒体主要包括光纤电缆通信网、都市型双向传播有线电视网、图文电视、电子计

[①] 陈刚等:《新媒体与广告》,中国轻工业出版社 2002 年版,第 1 页。

[②] 参阅《第四届"文化讲坛"实录(演讲篇)》,《解放日报》电子版,2006 年 3 月 24 日。http://www.jf-daily.com.cn/gb/node2/nodel7/nodel67/node81250/node81264/userobjectlai1271564.html.

[③] 陈刚等:《新媒体与广告》,中国轻工业出版社 2002 年版,第 2 页。

算机通信网、大型电脑数据库通信系统、通信卫星和卫星直播电视系统、高清晰度电视、互联网(Internet)、手机短信和多媒体信息的互动平台、多媒体技术以及利用数字技术播放的广播网等等。"①这一界定相对完整地解释了新媒体概念所覆盖的领域,明确了新媒体与传统媒体之间的区别,明确了我们研究新媒体的背景和逻辑起点,也明确了新媒体诞生的基本前提:数字技术的出现,这也正是我们用来区别和划分新旧媒体的一把标尺。

二、新媒体广告的基本特性

新媒体广告的类型多样,网络广告、手机广告、户外媒体广告、移动电视广告、楼宇电视广告等等都属于新媒体广告的范畴,它们看似形式多样各具特点,但共同基于数字技术基础的实质也让它们具备了一些共同的基本特性:互动化、融合化、个性化。

1. 互动化

新媒体区别于传统媒体的重要特性就体现在新媒体的互动性上,同样新媒体广告也具备了一定程度的互动性,这对于传统意义上"单向传播"的广告有着颠覆性的意义。在传统媒体中,用户几乎没有自己的选择权,所有的信息内容(包括广告在内)全部是由内容提供商来决定的。在新媒体诞生后,这一局面已经成为了历史。在使用新媒体时,受众可以选择接受或者不接受新媒体广告,甚至可以亲自参与到新媒体的广告中去,与广告主产生互动行为。

2. 融合化

随着科学技术的不断发展,"媒介融合"成了时下十分流行的词汇,不同的媒介之间已不像从前那样各自为政,泾渭分明。在这样的背景下,我们不禁要问:既然媒介形式都已经可以融合,那么广告形式是不是也可以融合呢?答案是肯定的。事实上,在广告学上影响深远的整合营销传播理论(IMC)已经反应了人们对于广告融合化的强烈需求。只是在 IMC 理论诞生的时候,媒介融合看起来还是天方夜谭,所以人们当时所能想到的就是把广告投放到不同的媒体,把不同媒体的优势集中起来达到极大化的广告效果,IMC 理论实质上就是用人为的力量使得广告具备了融合性。而如今,数字技术的出现使得新媒体这一新型平台本身就已经具有了融合性,那么投放在这一媒体上的广告也就必然具备融合性的特点。新媒体广告不可能还像传统广告那样把文字、声音、图片、影像等分类开来,而是需要多形式的多媒体广告来匹配新媒体这一媒介。

3. 个性化

以报纸、杂志、广播、电视为主的传统媒体还有另一个名字——大众媒体,

① 蒋宏、徐剑:《新媒体导论》,上海交通大学出版社 2006 年版,第 14 页。

这说明传统媒体的传播方式是"大众化"的,它所默认的受众也是大众化的统一体,然而新媒体却给用户提供了一个个性化的空间。这里的个性化可以从两个方面来理解:一方面受众有了自己的选择权。如今我们看到了一部分家庭已经用上了数字电视,数字电视与以往的模拟信号电视最大的不同之处就是实现了定制功能,用户已经可以根据自己的喜好来自由地选择所要收看的节目,而这些选择之中甚至也包括了广告,这意味着用户可以选择观看自己喜欢和感兴趣的广告节目。另一方面,许多如博客、播客、威客、楼宇电视等小众化、专业化新媒体的出现,就要求广告主投放广告时应该注意广告的针对性,设计出符合媒介内容的个性化广告信息;同时,以数字电视、手机、互联网等媒介为代表的定制信息的出现,也为广告商提供针对性的个性化广告创造了可能。

三、新媒体广告的创意与策划技巧

新媒体的种类繁多,随着科技的高速发展几乎每时每刻都可能会诞生一个新的媒体,从目前看来,在我们所关注的新媒体中,网络媒体和手机媒体是比较具有代表性的。它们一个被称为"第四媒体",一个被称为"第五媒体",可见人们对它们重要性的认识程度。那么以网络广告和手机广告为代表的新媒体广告在创意与策划上与传统媒体有什么不同呢? 又会有怎样的技巧呢?

1. 网络广告的创意与策划技巧

(1)诉求技巧。

网络广告指的是通过网络媒体作为平台发布的广告信息。近年来随着网络技术的飞速发展,网络广告逐渐被运用于广告经营活动中。与传统媒体广告相比,网络广告具有交互性强、覆盖面广、针对性强、便于统计、价格低廉等优势。

网络广告由于受到用户选择性阅读的影响,所以在创意和策划时要力求诉求内容的简洁明了,在最短的时间内抓住受众的眼球。此外,静态的网络广告几乎已经无法在当今的网络广告环境中生存,掌握动态的、拥有互动性质的网络广告(如 FLASH 广告)的设计能力也就成为了广告设计人员的必修课。

(2)表现形式的创新。

目前,网络广告比较常见的是采取"纵深式"的层层深入法,用户在浏览广告时可以选择使用什么样的"套餐"。最简单的方式就是"浏览"方式:例如用户看见了一则互联网的广告,那么第一步就是他/她"看到"这个广告,也就是所谓的"基本套餐","基本套餐"由于仍然停留在单向的声画传播,所以并不能与传统媒介广告区别。不过,接下来的步骤就是新媒体广告的专利了:一般来说,如果该用户不希望接受这个"基本套餐",他/她可以通过点击"关闭"按钮来实现,这样用户可以在不关闭所需要的内容（指网页等用户希望浏览的内容）的情况下关闭广告信息，这一点是传统媒体无法做到的。再接下来就是"附加套餐"的部分：对于传统媒体来说，广告信息对于所有用户都是统一的、单向的，然而网络媒体广告则可以步步深入。用户如果在"浏览"之后对广告内容有进一步了解的需求，那么就可以通过"点入"的方式进行进一步了解。目前最常见的点入方式是在"浏览型"广告上加入超链接至相关的产品介绍网页，这也就是"附加套餐"的表现之一，用户可以通过新跳出的页面对产品进行进一步了解。之后，广告主可以利用互联网技术加入更多的互动内容来满足受众的不同需求：例如某个受众在点入观看了详细介绍后立即产生了购买的欲望，那么聪明的广告商就会拿出早早准备好的下一个"套餐"，引导用户进入网络订购、购买或下载的通道，使用户可以选择利用网络直接进行购买行为。这样一来，网络广告实际上已经大大超越了广告宣传的意义，而达到了真正"一站式"服务的境界。在所有的步骤完成之后还有一个小技巧：从消费者心理的角度看，由于在整个一站式服务的过程中用户长时间与产品的接触会积累起一定的信赖感，广告主可以利用这个机会立即邀请用户参与相关调查以便收集信息。这样的调查往往会因为信任感的增强而使得被调查率和准确率显著提高，同时也为广告主节约了成本。

我们可以通过下面这个"宝马 3 系"轿车的网络广告来看到网络广告互动性的体现：

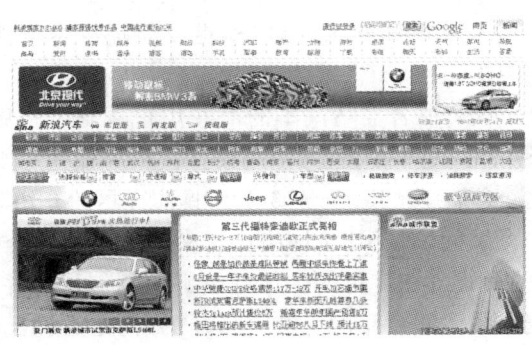

图片说明："宝马 3 系"轿车网络广告（展开前）

该广告发布于新浪网汽车频道首页，以首页 Banner 形式出现，Flash 格式。如上图可见，广告中的宝马车被遮盖起来看不清面貌，旁边有广告语："移动鼠标，解密 BMW 3 系。"看到这个画面的网民出于好奇心就会将鼠标移向该广告，也就是在这一刻，网络广告的互动性开始展现。当我们把鼠标移向广告画面，Banner随即展开如下图：

图片说明："宝马 3 系"轿车网络广告（展开后）

　　如果说在此广告展开之前它看上去与普通的平面媒体广告并没有多大区别的话，当这个广告展开之后，便真正体现了网络广告得天独厚的优势。这个展开后的广告出现了一部 BMW 3 系的车辆模型，模型左右分别有一个向左和向右的箭头标志，如果我们用鼠标点击该标志，这个车辆模型就会随之向左或向右旋转，旋转范围达到了全景式的 360 度。我们很难想象在传统的平面广告媒体中可以让受众看到如此立体直观的影像，甚至即使是电视媒介也无法做到让受众能够随意地对产品的观赏角度进行调节。

　　但是，这一切还并没有结束，我们可以注意到展开后广告的右下角有两个选项："立即驾驶"和"BMW 3 系列介绍"。正如前文所提到的，一个优秀的网络广告除了要有很强的互动性和娱乐性以外，更要能提供尽可能多的选择，以达到"一站式"服务的目的。

　　我们可以设想，如果一名宝马汽车的潜在用户看到了这则广告，通过广告的 360 度全景展现而对该产品产生了一定的兴趣，那么他/她就会希望获取更多的信息。那么这个时候，对于 BMW 3 系列具体详尽的介绍就显得尤为重要。这里可能会产生一个疑问，对于这个网络广告来说是不是适合把"BMW 3 系列介绍"直接以文案的形式放在广告的主体部分呢？我们认为并不合适。详细的信息虽然对于希望详尽了解信息的受众是必须的，但是在网民浏览网页的过程中注意到广告这区区几秒之内，如果看到的是一堆枯燥乏味的产品介绍，很可能就会直接将其关闭。而传统平面媒体广告之所以会选择将详尽的信息列出是因为它们无法进行"纵深式"的广告发布，它们只拥有单一层面的平台，不能依靠"点击进入"的方式层层递进，因此把所有的信息全盘托出也只是无奈之举，而且我们注意到这些信息在平面媒体广告中往往都处于并不引人注目的地方，这也正是网络广告与传统平面广告的不同点之一。

　　至于"立即驾驶"这个选项则更进一步体现了"一站式"服务的网络广告特

色,点击该选项后,浏览器将打开宝马公司预先设计好的网页,该网页允许网友填入一定信息后可申请在其所在地的试驾活动。我们可以发现,这一个过程本身其实已不属于广告传播的范畴,而属于营销的一个环节,甚至是购买行为的前兆。由此可见,网络广告的功能又一次被延伸了,它对消费者不但产生了心理上的影响,更直接作用于消费者的购买行为,这一点是传统媒体无法企及的。

2. 手机广告的创意与策划技巧

手机媒体广告虽然诞生时间不长,但是却借助其"无处不在"的特点迅速吸引了众多广告商的目光。短短几年,手机广告从原始的 SP 短信广告发展到如今的 WAP 广告、二维码营销、定向类无线广告、语音类广告、终端嵌入类广告、索类广告、小区短信类广告、游戏类广告等多种类型广告,让人们不得不惊叹"第五媒体"给广告业带来的巨大冲击。

(1) 言简意赅、点到为止。

虽然手机广告的类型多种多样,然而并不是所有类型的广告都能够真正到达消费者,其主要原因还在于接收终端的限制。不可否认,并不是所有人的手机都具有了 WAP 上网,接收彩信、语音信息等多媒体功能。因此就目前来看,手机短信广告仍是成为主流。手机短信广告是近几年新兴起的一种广告形式,其主要传播方式是广告商通过电信运营服务将广告信息直接发送到用户手机上来达到广告信息传递的目的。手机短信广告具有制作简单、信息传递快捷等优点。但由于手机客户端的限制,目前的广告信息一般只限于文字形式,而且用户对于这一广告形式的接受是一种被动的状态,因而较难很快形成对广告的认可。我们可以看一些手机短信广告的内容来进行分析:

"好消息:上海最大的、健身设施最齐全的华盛健身广场 9 月 15 日宏张开业! 前 100 名顾客享受特别优惠。地址……"

"中兴地产:独占小学、中学、高中学府地段。教育首选,才子家园;拥有最近,成就更远。28 日开盘起价 1 088 元。热线……"

从上面的这些短信广告来看,内容十分简洁,也包含了地址、电话等必要的因素,基本符合了短信广告的创意要求。但是我们可以感觉到这些广告的措辞较为生硬,很难让人产生共鸣。所以,在手机短信广告的创意和策划中一定要注意语言文字的措辞,关怀式的、情感式的短信广告会增加更多的信任感。例如:

"在母亲节来临之际,大连燕之屋推出燕窝现炖、现吃。电话预约,免费外送到家,让母亲轻松在家享受燕窝美食。孝心热线……"

这则广告语巧妙地结合了"母亲节"这一节日,用"让母亲轻松在家享受燕窝美食"、"孝心热线"等关怀式和情感式的语言风格来感染消费者,起到了比较好的效果。

（2）巧用手机 2.0 服务理念。

虽说目前的大多数手机广告仍旧停留在文字短信广告的阶段，不过，也许手机广告仅留于文字形式的日子不会太久了，3G 技术的发展已经让人们翘首企盼一个新纪元的到来。一旦 3G 技术成熟，那么它将极大推动具有多媒体功能手机的普及，这就给图片、影像形式的新型手机广告提供了发展空间。对于手机广告商来说，尽早熟悉 3G 技术，掌握立体化手机广告制作技术应当是一个明智之举。更吸引人的是，3G 技术的成熟让手机 2.0 的互动式服务理念得以实现。有这样一个萨博轿车广告的案例就体现了这一理念：

在该手机广告内容中，广告商给受众提供了萨博 93 运动型轿车的官方手机壁纸，另外，广告创制人员了解到很多人喜欢萨博某电视广告里面的歌曲，便提供了歌曲下载入口。此外，广告创意策划人员通过与广告主的沟通，了解到萨博在上海有一辆车，开了 18 年，性能还非常良好，萨博一直引以为豪。于是便设计了手机互动环节，提供了这款车的图片，让用户参与竞猜，究竟这辆车在上海开了多少年[①]。

从上面的例子我们可以看到：壁纸、歌曲这两项广告元素的加入大大丰富了手机广告的内容，内容基本上可以与互联网广告旗鼓相当，而手机竞猜的互动环节更是近年来十分流行的一种手机互动方式，这些无不体现了手机 2.0 互动服务时代的精髓所在。我们有理由相信，随着 3G 技术的完善和普及，手机广告有望成为继互联网广告后对传统媒体广告构成强大挑战的又一股力量。

3. 其他新媒体广告的创意与策划技巧

除了网络广告与手机广告，还有许多新媒体广告值得我们关注。

（1）楼宇电视广告。

楼宇电视的位置多在城市中的商业写字楼、办公室、酒店、高档公寓、健身中心、医院等场所的大厅、电梯间内外等处，人们在观看此类媒体广告时由于并没有其他太多的事情可以做，所以广告的实际效果会有所提高。广告创意策划人员就应当利用此机会简明而准确地介绍产品的优点特色。在介绍产品的过程中可以采用直接切入主体的方法，直截了当地点出产品的优点和亮点。

此外，在广告前期策划的过程中尤其要注意受众分析。由于楼宇的位置是相对固定的，因此完全可以根据楼宇电视的位置来大致估计可能的受众的身份，这样一来就可以细分广告的诉求目标，以达到精确传播的目的。

① 张鹤：《手机富媒体广告的典型案例》，和讯网（http://it.hexun.com/2008-01-18/103019840.html），2008 年 1 月 18 日。

文化产业创意与策划

（2）公交电视广告。

目前在我国部分城市的公交车、地铁、出租车、旅客列车等交通工具上已经安装了这一媒体。公交电视广告的播放屏幕多为液晶屏，因此在公交上播放的电视广告最好不要从一般的电视广告上直接嫁接而来，而应当经过更精良的制作后才能发布。

在创意设计这一媒体广告时，特别要考虑到播出时周围环境的嘈杂性，要认识到公交电视广告的播放环境不可能是安安静静的，所以广告策划与创意人员不应把广告创意与策划重点放在广告的语音、音乐和音效上，相反，更应该着重考虑电视画面的表现。此外，对于广告所投放的公交线路的研究也可以一定程度上判断乘客所处于的位置（中心城区、郊区、农村等地域划分），进而根据地域范围来投放不同类型的广告。

（3）"非媒介"广告。

"非媒介"这个词并不是一个既定的概念，只是在整理广告案例的过程中笔者发现了有一些广告既非传统媒体广告，又非我们所界定的以"数字技术"为评判标准的新媒体广告。于是，笔者就将这些本不是广告媒体却被人们巧妙利用成为媒体的媒介，称作"非媒介"。事实上，在我们的现实生活中它们确实存在着。

图片说明：**3M 安全玻璃广告（左），YAMAHA 摩托车广告（右）**

上面的两个广告案例可以被称作户外媒体广告，但却又似乎有别于我们传统概念中的标板式的户外广告。左图中采用的是实物广告的形式，直接将广告产品（3M 安全玻璃）展现在受众面前，同时广告设计者巧妙地利用了纸币作为了辅助工具来体现 3M 安全玻璃的安全性。这两个实物本身并不是媒体，但却起到了媒体的作用，并且达到了广告宣传的效果，可谓创意非凡。而在右图中，超市中的手推车被拿来作为广告媒介，设计者巧妙地找到了摩托车与手推车的共同点从而设计出这则富有创意的广告。从某种意义上来说，这样的"非媒体"广告效果甚至要比以"互动性"为突出特点的数字新媒体广告来得还要互动。

从上面的例子我们可以发现，对于新媒体广告概念的外延界定似乎仍有扩充和拓展的可能，因为只要拥有独特的创意就能利用任何介质来作为广告的媒体。不过，无论新媒体的界定如何演化，对于广告创意策划人员来说，能开拓创新思路，巧用各种媒介，甚至自己创造媒介，才是策划与创意的重中之重。

第十一章

休闲文化产业的创意与策划

　　中国人的休闲智慧由来已久。从孔孟到司马迁,从陶渊明到李白,从梁启超到沈从文,历代文人雅士似乎都对休闲情有独钟。李清照的"争渡,争渡,惊起一滩鸥鹭"把她那儿时的闲情与欢乐的画面重现;陶渊明的"采菊东篱下,悠然见南山"把他所经历的休闲生活场景留给了后人;而老子则用"复归于无极,朴散而为器"的美句诠释着他对休闲那份超然脱俗的理念。

　　林语堂曾说:"休闲生活并不是富有者和成功者的权利,而是一种宽怀心理的产物。这种心情是由一种达观的意识而产生。享受休闲生活是不需要金钱的,有钱人未必能真正领略休闲生活的乐趣,它必须是有丰富的心灵,爱好简朴的生活,和对生财之道不放在心头"。随着广大人民群众生活条件的日益富足和精神需求的不断增长,休闲理念和休闲精神逐渐融入了文明的进步与发展之中,同时也让休闲文化登上了当代中国文化产业的舞台。

第一节　休闲文化产业创意的特点

　　古已有之的休闲产业直至今日才被众多学者作为一门学科来研究,从社会发展背景来看,人们日益增多的闲暇时间和日益增长的休闲需求成了主要动因,这也催生了休闲文化产业。作为文化产业中的生力军,休闲文化需要被创造,休闲文化需要可创新,休闲文化需要有创意。在本节中,让我们来看看休闲文化产业的含义和它的创意特征。

一、休闲文化产业的含义

　　要了解休闲文化产业的界定范围,我们首先就要弄清楚休闲产业的范围。目前学界对于休闲产业的范围并没有达成一致性的说法。我们先来看一看我国学者都有哪些比较有影响的观点。

有"中国休闲学研究奠基人"之称的著名哲学家、经济学家于光远先生对休闲产业范围作了如下界定:"是否属于休闲,是由活动使人愉快的性质所决定的……休闲业这个产业部门的基本任务,是满足人们对休闲和消遣的需要。"[1]这个定义相对比较宽泛,涵盖了休闲产业的大体框架,但是我们很难通过于先生所述的"使人愉快的性质"来判断休闲的范围,因为"人们对休闲和消遣的需要"并非一个可以量化的尺度。较早进行休闲文化研究的马惠娣从时间的角度对休闲做了界定:"休闲是指已完成社会必要劳动之外的时间,它以缩短劳动工时为前提……"[2]我国学者梁颖认为休闲"是有计划地暂时停止日常工作,以刻意安排参加各种与本职工作完全不同或毫无关系的活动来摆脱日常工作、劳动所带来的各种精神压力,并利用这些活动与日常工作之间的极大差异性来恢复消耗的体力和精神,弥补智力磨损,获得新的知识和新的灵感,增强创造力。"[3]广西民族学院的邓崇清教授给休闲下的定义为:"一天中扣除满足正常生理需要之后所剩余的那部分不能用来获得或创造收入,甚至还要为此消耗收入的法定时间。"[4]而华东师范大学的楼嘉军教授则认为"所谓休闲是个人闲暇时间和自由活动的总称,也是人们对可自由支配时间的一种科学和合理的使用;休闲活动虽然与人们所从事的日常工作毫无关系,但与劳动并不冲突,休闲活动是人们自我发展和完善的载体。"[5]

卿前龙和胡跃红两位学者通过对国内外学者的休闲界定观点进行梳理分析后,提出了自己的观点。他们认为休闲应该定义为:"由消费者的休闲消费需求引发的、国民经济中那些生产休闲物品和休闲服务行业的总称,它广泛存在于国民经济三大产业之中。我们可以将存在于三大产业中的休闲产业部门分别称为休闲第一产业、休闲第二产业和休闲第三产业,其中休闲第一产业和休闲第二产业可以统称为休闲物品业,休闲第三产业也称为休闲服务业。在现代社会中,休闲服务业是休闲产业的主体产业部门。"[6]这一观点是从消费者的角度提出的,相对来说比较完整地包含了休闲产业的范围,也向我们展示了休闲产业的广泛覆盖性及与其他行业的高度相关性。

了解了休闲的定义,那么休闲文化又有怎样的定义呢?长年从事休闲学研究的楼嘉军教授对此有比较完整的定义:"所谓休闲文化,一般是指人们在工

①　于光远:《论普遍有闲的社会》,《自然辩证法研究》,2002 年 18 卷第 1 期,第 42—43 页。

②　马惠娣:《文化精神之域的休闲理论初探》,《齐鲁学刊》,1998 年第 3 期,第 99 页。

③　梁颖:《娱乐设施经营管理》,浙江摄影出版社 1998 年版,第 4 页。

④　邓崇清:《简论休闲与休闲消费》,《改革与战略》,2000 年第 5 期,第 1 页。

⑤　楼嘉军:《休闲新论》,立信会计出版社 2005 年版,第 46 页。

⑥　卿前龙、胡跃红:《休闲产业:国内研究述评》,《经济学家》,2006 年第 4 期,第 41—42 页。

文化产业创意与策划

作、睡眠和其他必要的社会活动时间以外,将休闲时间自由地用于自我享受、调整和发展的观念、态度、方法和手段的总和。"①"观念、态度、方法、手段",从这八个字中我们大致可以把握休闲文化的内涵。是的,休闲文化与许多产业一样,并不是一个简简单单的环节,而是一个系统的过程。如果说广告产业中的消费者行为是"刺激—行为"模式的话,那么休闲文化的实践者就应当遵循"观念—实践"的模式。由此我们也可以发现,休闲文化产业的创意与策划的特点、原则和实施方法,都应当从人们的休闲文化模式中去探寻。

二、休闲文化产业创意的特点

休闲文化产业在我国刚刚兴起,众多投身到该产业的企业大都初出茅庐,经典的休闲文化案例也是凤毛麟角。与传统产业相比,休闲文化产业创意的特色相对模糊。目前,学界对于休闲产业的研究也多从宏观的、消费者角度来看待休闲产业,即便是有部分对休闲产业的经济营销角度分析,也大多从资本投入角度来看。事实上,休闲文化产业与其他文化产业一样,需要有"创意先行"的思路,需要创出休闲文化自己的特色和风格。

1. 时尚性

考察休闲文化的历史,我们会发现休闲文化经常与当时的社会热点紧密联系。当年西方文化"大举入侵"之时,中国人的休闲文化充斥着"洋文化"的元素,肯德基麦当劳的快餐文化很快引领了以都市白领和学生为主体的青年文化,那时的人们把能吃上一顿肯德基或是麦当劳当作闲暇时光的享受。然后,当年西方公共领域文化的代表——咖啡馆、酒吧文化进入了中国,当如今的我们在酒吧尽情感受着与外国友人喝酒聊天的惬意时光时,我们发现中国的休闲文化已然把酒吧文化和咖啡馆文化接纳进来。可见,休闲文化很大程度上与社会风尚存在着千丝万缕的关系。所以许多聪明的文化产业创意者就会竞相追逐社会流行文化的风向标。于是我们便见到了这样的现象:中式快餐馆很快就在肯德基和麦当劳之后出现;诸如上海衡山路这样的酒吧一条街应运而生;成本小开不了咖啡店的也会选择红茶坊来迎合一下休闲文化的潮流。无数事实证明,这些"模仿者"虽然无法成为时尚的缔造者,但紧跟时尚步伐的他们也已经成为了休闲产业中的成功者了。

2. 大众性

随着中国全面建设小康社会步伐的加快,如今的休闲文化已不再是一部分群体的特例了,老百姓的生活富足了,就会用多出来的钱进行休闲消费。而如

---

① 楼嘉军:《休闲新论》,立信会计出版社 2005 年版,第 119 页。

果这时他们所看到的休闲项目都是诸如歌剧、音乐会这类非主流娱乐元素时，很大一部分人就会因文化素养的缺乏对高雅艺术望而却步。所以，休闲文化产业的创意必须要考虑到社会平均的文化素养和水平，必须具备创意的大众性，这样才能最大限度地保证产业有利可图。追求高品位的休闲活动固然值得鼓励，然而休闲产业本质上仍然是一个经济活动，是追求经济利益而进行的，没有了广泛的群众基础，那么再好的创意也只能是空中楼阁，让人可望而不可即。

3. 健康性

人的一生中难免会经历苦痛挣扎，当人们遇到了挫折和困难时，休闲能够成为他们调整心态，重整旗鼓，重新面对人生挑战的最好机会。因此，休闲产业的创意者们需要用他们的智慧来构建一个健康向上的休闲环境，能够使得那些需要重新补充能量而走向新的征程的人们能在休闲活动中洗尽铅华，重新寻找到生活的快乐和意义。荷兰的哲学家斯宾诺莎曾经说："个人或人类之所以能够日复一日地生活下去，便是因为可以追求愉快或避免不愉快。"[1]也许一个富有健康意义的创意只是休闲产业的缔造者们今天迸发的一个小小灵感，但也许正是这样的一个小小灵感能让成千上万的人们从中获得直面人生、不言放弃的精神勇气。这样的意义就已经不再只是休闲娱乐的意义了，而是休闲所应当带给人们的福祉。

4. 求异性

求新求异几乎是对所有创意活动的原则性要求。对于休闲文化来说，求新求异显得尤为重要。"物以稀为贵"，休闲文化只有与其他文化有所不同才能让更多的受众感觉"物有所值"，才能吸引更多的人参与到休闲活动中来。众所周知，一个人给别人的第一印象往往十分重要，因为第一印象会有"先入为主"的效果，这会决定一个人在绝大多数人心目中的形象。从休闲产业的创意角度来看，要达到所谓的求异性，着重就体现在对休闲活动形式的创新上。比如近年来流行的广场休闲文化、社区休闲文化、特色街休闲文化等都是休闲文化产业创意人员创新思维的成果。这些创意突破了以往休闲活动都在风景旅游区或是室内场馆这两个"极端"的场所界限，而选择了原来人们并不太留意的公共场所。这些场所经过创意人员的精心设计和包装突破了原先既有的功能，而被赋予了新的"休闲意义"，让人们能够从休闲活动中获得与众不同的乐趣，这也就达到了休闲文化产业的创意目标。

5. 关联性

辩证唯物主义告诉我们应当用辩证的观点来看待事物。休闲文化产业的

---

① 杨乃济：《旅游与生活文化》，旅游教育出版社1993年版，第148页。

创意有其创新求异性，也同时存在前文所述的大众普适性以及我们现在提到的融合关联性。我们再来回顾"公共场所"的例子，广场休闲文化、社区休闲文化、特色街休闲文化的出现一方面反应了休闲文化产业的创新性，从另一个角度来看也反应了它的关联性。广场、社区、街道都是人们在日常生活中常见的场所，那么也就意味着人们本身就对这些场所以及这些场所可能出现的活动形式有所预期，那么在一定的关联性基础上进行活动形式的创新就能获得比较快速的接受能力，人们到这些场所去参与休闲活动的顾虑也就会相对减少。从上面的例子我们可以看到，休闲文化的创意绝不能天马行空、不符实际，而需要注重它与人们生活的关联性与人们的接受能力。试想，如果一个创意人员现在提出要开发月球旅行的休闲产品，那么我们也就只能付之一笑了。

三、休闲文化产业创意的本质——满足休闲者的内心需求

如果我们问一名普通的劳动者："你为什么要休闲？"我想我们多半会听到这样的回答："为了放松呗。"是的，有时当我们"众里寻她千百度"却寻不到创意的真谛时，不妨试着"蓦然回首"，也许真理就在"灯火阑珊处"。对于大多数人来说，休闲说到底是一种排遣烦恼、放松身心的活动。希腊学者伯里克利就曾这样说道："我们没有忘记使疲敝了的精神获得休息。我们的生活方式是优雅的。我们日常在这些方面所感到的快乐，帮助我们排遣了忧郁。"[①]这样的事实明确无误地告诉了我们：休闲文化产业创意的根本就在于满足人们消除忧郁、放松心境的心理需求。要达到这样的目的，我们就不能一味地追求外在的物质刺激，而更需要内在的精神抚恤。在这之中，人性的关怀沟通就被提升到了一个重要的地位。

我们不妨来看一个具体的案例。太平洋上的夏威夷岛一直是许多休闲者梦寐以求的天堂，在美丽的夏威夷岛，那令人炫目的植物色彩绚丽，形状婀娜。在那里，扑面而来的热带风光，碧蓝的天空，绚丽的印花衬衫，隐隐约约花的甜香，构成一幅独特的图景；而比基尼、黄芙蓉编织的美丽花环、草裙，更是勾勒出这画面最热烈的线条。然而，如夏威夷一般美丽的热带岛屿并非仅此一处，仅有这些"硬件"并不足以让它成为人们心目中如此向往的"浪漫天堂"。在发展休闲产业的道路中，人们往往习惯性地将硬件建设放在第一位，而忽略了一个重要的环节——人。事实上，我们在夏威夷所能感受到的，却是夏威夷人所带来的热情好客。当地人笑脸脱口而出的一句"阿啰哈"（意为"你好"），让人倍感舒畅快意。试问，又有谁不愿意将自己的休闲时光放在这个能让人身心舒畅的

---

① 〔希〕修昔底德：《伯罗奔尼撒战史》，商务印书馆 1978 年版，第 38 页。

地方呢？可见，虽然我们一直要求休闲产业的创意者要学会把握"求异性"，但有时也不能因为过于拘泥于形式上的创新而忽略了休闲产业的"软实力"。

从夏威夷岛的例子中我们可以看到这种"人的力量"与美丽的环境完美地融合所散发出的魅力，让这片土地显得活跃而灵动。休闲者们被热力四射的民俗氛围所打动，心境也因此变得愉悦，那么对于休闲需求的满足也就成了一种必然。

由此可见，休闲文化创意的本质正在于对休闲者内心需求的准确把握和充分满足。

第二节　休闲文化产业策划的原则

休闲文化产业因为有了创意的火花而显得生机勃勃。然而，光有想象力和创造力是远远不够的，一个灵感只是成功的第一步，接下来让我们把目光投向科学而系统的策划原则及其方法，试着从宏观的角度去把握原则，从微观的角度去践行实施，这也正是有志于投身休闲文化产业的人们所追求的目标。

一、休闲文化产业策划的原则

新兴的休闲文化产业由于其独特的发展过程使其具有与众不同的产业特色，也导致了休闲文化产业的微观原则因其多方面的影响因素而难以总结。不过，休闲文化产业与其他产业的高度的相关性也让它具备了从宏观层面来进行策划原则把握的可能。从宏观层面看，休闲文化产业的策划实施应该注意以下几个方面的原则。

1. 构建可持续发展体系

当今，许多国家都相继提出了走可持续发展道路的口号。可持续发展的理念无疑是造福子孙后代的先进而长远的思路。然而，时至今日还有许多人担心：过多地考虑可持续发展会不会影响现代人应有的需求？事实上，我们大可不必为此担心。如果我们去追根溯源，探求可持续发展的原始概念，就可以发现，其实可持续发展无论是对于现今的"我们"来说，还是对于未来的"他们"来说都是一个"双赢"的局面。"可持续发展"概念的提出要追溯到 20 世纪 80 年代末，1987 年世界环境与发展委员会在一份名为《我们共同的未来》的报告中第一次阐述了可持续发展的概念，得到了国际社会的广泛共识：可持续发展是指既满足现代人的需求以不损害后代人满足需求的能力[1]。

文化产业创意与策划

---

[1]　高素：《论环境权的性质与主体》，《法制与社会》，2007 年第 2 期，第 50 页。

从这个定义中我们可以发现,可持续发展并非一些人想象的是需要牺牲现代人利益的一个构想,它注重的是现代人和未来人共同享有的概念。对于休闲文化产业来说,人们希望从休闲活动中满足自身的休闲需求,产业策划者们不能一味为了满足现代人的需求或是为了一己私欲而置后人的利益于不顾。如果不注重可持续发展的原则,有限的资源就很快就会被用尽,甚至在我们的有生之年都可以目睹到这曾经美丽的家园的覆灭。所以,构建可持续发展的休闲文化产业系统是一个"功在当代,利在千秋"的伟业,也是身处地球村的我们义不容辞的责任。

2. 注重局域网络构建

休闲产业是一个高相关性产业。虽然一个休闲地往往处于一个独立的区域之内,然而它的内部必然存在着相互交织的复杂关系,也必然与该区域之外的各种主体都有着相互依存相互制约的现象。面对这样的现状,休闲文化产业的策划者就要充分重视"局域网络"的构建。我们这里所指的"局域网络"构建主要有以下两个层面:

第一个层面在于"内部局域网络"的构建。有时我们会看到一些休闲产业的开发商尽管企业内部的经营管理并没有出现太大的不当,可是"外来的"麻烦却总是接踵而至。今天水利局来通知水质存在污染问题,明天工商局来查封园区内的无证商铺。其实,问题就在于规划之初没有制定周全的管理机制,没有布好这块"内部局域网络"。

另一个层面就是"外部局域网络"的构建。休闲产业是一个开放的系统,一个休闲地往往都会带动周围一定范围内的其他主体,如何与这些主体保持良好的互动关系也是策划者们必须研究的课题。

3. 把握休闲产业与国民经济的关系

有的策划者喜欢闷头做事而不顾宏观背景,这样的策划者在休闲文化产业必然会成为一个失败者。休闲活动在前工业时代并没有从生产中脱离出来,因为人们鲜有固定的闲暇时间来进行休闲活动,人们的休闲活动往往零散地分布于日常的生活工作中。然而,进入工业时代以后,人们的休闲活动逐渐独立起来并成为了一种纯粹的经济行为,这个时候休闲成为了一种商业需求,进而形成了产业。这就意味着休闲产业将与整个国民经济发展的大趋势息息相关。如果一个休闲产业的策划者不了解各个产业行业经济增长的状况,不了解消费价格的变化趋势,不了解经济增长方式的变化情况,那么他也就无法把握好休闲产业的发展动向。只有当我们把一个休闲文化产业置于中国的整体国民经济发展的大背景下,并以此为指导,才能从宏观上把握休闲文化产业前进的大方向。

二、休闲文化产业策划的方法

休闲文化产业本就是一个刚刚兴起的产业,其产业结构和营利模式并没有太多经典法则和案例可循,这就直接导致了现今中国乃至世界的休闲文化产业的策划实施都是"公说公有理,婆说婆有理"。因此,我们很难对休闲文化产业的策划制定一个标准的策划流程或是策划方法。可以说,在一个产业并没有发展成熟的背景下就对其设定规则和模式必然是以偏概全的。那么,这样一来是不是说休闲文化产业的策划就无从下手,无据可依了呢? 其实,从策划学的角度来看,任何一个产业的构建都必须从科学的角度去全面而系统地进行策划分析,有一些因素会直接影响到策划的结果。所以,虽然我们无法对策划实施的过程和方法进行严格界定,我们仍可以找到一些在休闲文化产业策划中需要注意的实施要点,供读者参考。

1. 策划团队的组建

在现代管理学中,进行任何一个项目的策划之前,第一步就是要考虑核心策划人员构建的问题。对于休闲文化产业的策划小组成员来说,他们首先必须对休闲文化有一定独到的见解和实践经验。这一点与策划团队的最终成果是有着密切联系的,一群不熟悉休闲产业"游戏规则"的"门外汉"是很难策划出优质的休闲项目的,至少,他们不能被当作策划团队的领军人物来使用。在领军人物的选择上,有管理经验的、熟悉休闲产业现状的人应当列为首选,同时对于休闲学有较深造诣的专家教授也是不错的选择。也有一种观点认为,"文商结合"会达到更好的效果。

对于策划团队其他人员的选择应当遵循"汇八方精英"的原则。这可以从两个方面来理解:一方面人才要来自"八方"。由于休闲产业本身就与其他产业有大量交集的存在,它是一个覆盖面很广泛的产业。这就决定了休闲产业策划团队的人才方略也应该是博采众长的,一个团队内有多种学科背景的人才能给团队注入不同的观念,有助于产生开拓性的思路。另一方面,人才要是"精英"。越是新兴产业的创意与策划就越需要精英的参与。由于鲜有前人的经验可以借鉴,策划团队的成员大都需要依靠自身在其他领域的所积累经验和本身所具备的高素质来应对在新产业中可能遇到的各种各样的问题。因此,不同领域的精英们是休闲文化产业策划团队的最佳人选。

2. 前期调研考察

前期的调研考察是进行策划活动的必要步骤。对于休闲文化产业的策划来说,我们这里指的前期调查主要包括了休闲地的实地调查以及先期的消费者需求调查两大主要部分。

休闲地的实地调查主要指策划团队对休闲地的选址进行先期规划,确定休闲地的位置,了解休闲地周围的生态状况、环境状况、人口状况等基本因素并给出评判,这正应了中国人古话"因地制宜"的说法。在对地形地貌和周面环境的仔细勘察之后,策划者可以根据当地的具体情况,选定出符合当地经济、地理、文化、风俗等各方面因素的休闲场所。在这之中我们特别要强调的就是关于环境保护的调研,许多休闲产业开发商毫无保护环境的概念和意识,在规划时完全不把环境因素考虑在内,最终不但对破坏了生态平衡,破坏了美丽的环境,而且对于休闲地的长远发展也相当不利。在我国建设"资源节约型、环境友好型社会"的今天,这样的行为还会受到国家法律法规的严惩。

消费者需求的调查主要是为了了解目标客户对于休闲的需求在哪些方面。可以通过消费者需求调查来为后一步的品牌定位问题进行科学依据的储备。在该项调研中,对于休闲客源的评估也是相当重要的。什么样的人,多少人会选择到某休闲地旅游观光或是以其他任何形式进行放松休闲?他们对于休闲地所需要设立的具体休闲项目有怎样的期待?消费者的平均消费额度一般又是多少?这些问题或多或少都可以通过消费者需求调查来解决。

3. 定位的确定

在科学的调研报告基础上,策划小组成员就应当把工作重点放在休闲品牌的定位问题上。我们可以从广告学的角度来理解这一问题:在第十章中我们已经向各位读者介绍了广告学上著名的定位理论,定位理论在构建一个品牌的过程中处于一个非常重要的地位,如果一个品牌没有自己区别于其他品牌的独特定位,那么这样的品牌是无法让消费者们记忆的。追求品牌效应已经成为了包括休闲文化产业在内的众多文化产业竞相追求的目标,品牌效应带来的不仅仅是看得见的金钱利益的收获,更重要的是为企业在该产业中的长远发展打下的坚实根基。之于休闲文化产业,亦复如是。

休闲文化产业的定位需要依靠科学的调查数据,之前所说的消费者需求调查就是一项重要的参考数据。我们在阐述休闲文化产业创意的本质时已经提到,休闲产业离不开对消费者心理需求的深度探究。在"顾客是上帝"的理念风靡全球的今天,谁抓住了消费者的思维和心理,谁就是最终的胜利者。一种简单的处理方法就是根据消费者需求调查的结果,分析出消费者最渴望得到的休闲满足是什么,然后结合自身的情况,评估可行性,如果可行那么就可以依此进行定位。然而实际情况往往是消费者的需求由于受到许多客观因素的影响而不能完全实现,但至少我们已经拥有了一个衡量的标尺,那么对休闲文化产业定位时就可以最大限度地满足双方共同的利益,制定相似、相近或者相关的定位。

4. 模式的确立

休闲文化产业模式的确立主要可以从两个方面来着手。

一个方面是具体的产业运作模式,在这一模式中主要包括了四个系统:市场系统、出行系统、休闲地系统和支持系统。市场系统主要由休闲者及休闲产品组成,休闲者的客源和类型以及休闲产品的特性是组成这一系统的主要元素;出行系统是指保证休闲者能够从家到达目的地这一过程中可能关联的任何因素,主要包括前期的宣传策略、咨询服务、预订服务、交通服务等;休闲地系统就是指为已经到达休闲地的休闲者提供的各项服务,如旅游、餐饮、住宿、购物、健身等;支持系统是指后勤保障等确保整体休闲模式正常有序运转的应急保护系统。明确的定位和这四个系统的确立已经可以大致勾勒出整个策划的蓝图。

休闲文化产业模式需要确立的另一个方面就是营利模式的确立,可以从先前的消费者调查中大致判断出什么样的项目是赚钱的,什么样的项目是为了赚钱而需要暂时贴钱的,又是什么样的项目并不赚钱但为了整体结构考虑又必须存在的,这些问题策划者们必须心中有数。但不管分析结果如何,确立至少一个主要的营利点和主打项目是策划者必须完成的任务。

5. 具体子项目的策划

在整体的模式规划中我们可以看到大致的框架,接下来的工作就是要考虑在这一框架中如何拼上合适的"拼图"。对于休闲文化产业来说,这些"拼图"大多存在于以下几个方面:旅游、文化传媒、体育、会展、餐饮、娱乐等,而其中的前四者是这些"拼图"中的支柱。在具体子项目的策划中,要求策划者既要注重项目的广泛包容性又要确保重点项目的突出。重点项目设立的主要依据应来自消费者需求调查的结果和整体项目的定位理念,只有共同满足这两大条件的项目才能考虑打造成重点品牌;而其他的附属项目就需要兼顾广度以满足不同休闲者的需求。

6. 制定预算

在详细制定了子项目规划之后,整个休闲文化产业的策划已经基本成型,最后的一步就应当是如何进行资金的合理分配,制定合理的资金预算方案。最简单的方法就是从企业的实际出发,以公司实际可以负担的数额为基准进行估算,然后对可能产生的利润进行考量以确认在第二次预算之时仍能有足够的新一轮的投资资金。然后,对项目进行重新评估与筛选,剔除可有可无的附属项目,在确实觉得有必要的情况下可以考虑运用融资手段进行资本积累。虽然用这样的方法来进行资金的分配规划并不是一件很容易的事情,但要比用猜测法或者不惜一切地盲目投入更科学。

第三节　文化旅游业的创意与策划

从山水甲天下的桂林胜景，到蓬勃发展的国际化大都市上海；从饱经沧桑的古镇小村，到昔日的核武器试验基地；从当年的泥腿子办旅游，到建设亚洲最大的影视外景基地……中国旅游产业展开了一幅引人入胜的历史画卷。在众多旅游类型之中，融合了人文地理、风土人情的文化旅游形式吸引了众多游客喜爱，文化旅游业的创意与策划越来越受到休闲产业开发者的关注。

一、中国旅游业的蓬勃发展

古老的中华民族，具有悠久的旅行传统，诞生了许多著名的旅行家。汉代司马迁从公元前 126 年起，漫游长城内外，大江南北；北魏地理学家郦道元游历名山大川，撰不朽巨著《水经注》；东晋僧人法显前后十五年游历了印度、斯里兰卡等三十余国，著有《佛国记》；唐朝名僧、旅行家玄奘，泛游中亚和印度历时十七年，撰有《大唐西域记》；明初郑和先后七次航海至南洋群岛和印度洋，著名旅行家徐霞客历时三十四年，行程数万里，著有《徐霞客游记》……1978 年以后，伴随着中国改革开放的历史步伐，中国旅游业走过了一段艰辛而辉煌的历程，成为中国和平崛起的一个重要方面。

根据世界旅游及旅行理事会 2006 年发布的最新报告预测，中国将在 10 年内成为世界第二大旅游和旅行经济强国。这是该理事会在中国内地、香港及澳门特别行政区调查研究后，第二次公布的旅游及旅行业对就业和国民经济的影响报告。此份报告预测，2006 年中国在旅游和旅行上的消费、投资和政府开支等，将实际增长 14.0％。预计 2007 年至 2016 年，这一数据年平均增长 8.7％。这将使中国在旅游和旅行总需求方面成为世界上发展第二快的国家，成为一个名副其实的世界旅游大国[①]。

中国旅游业不仅在企业投资和政府开支方面增长迅速，随着消费者个人收入的不断提高，消费者也更愿意把金钱投入到旅游休闲中去。尼尔森公司 2007 年 8 月发布的一项调查数据显示：超过半数（53％）的中国消费者在满足必要的生活花销后，计划把剩余的资金花在度假上面，值得注意的是：这一比例雄踞亚洲十四个被调查国家和地区之首（如下图）。

---

① 　鄂平玲：《十年内中国将成为世界第二旅游强国》，人民日报海外版，2006 年 4 月 25 日，第 2 版。

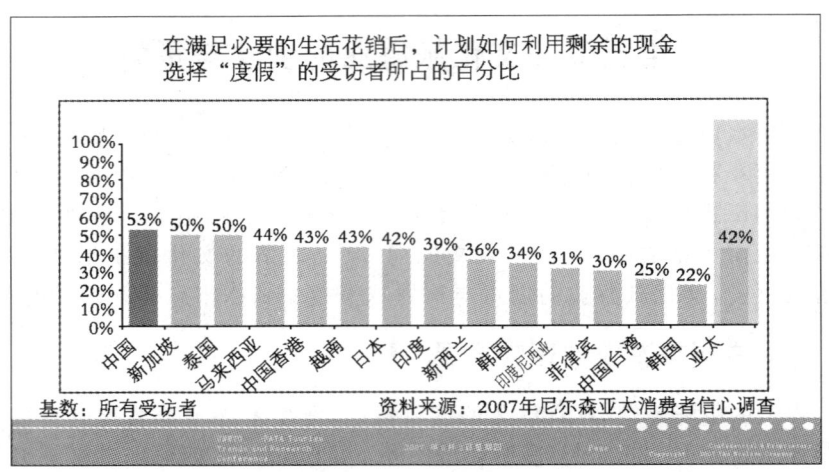

图片说明：2007 年尼尔森亚太消费者信心调查[①]

此外，尼尔森公司最近一项针对全国 3 000 名网络用户所作的在线调查表明：有近 3/4 的在线消费者在过去 12 个月（2006 年 6 月至 2007 年 5 月）的时间里曾在国内进行过一次或者以上的休闲游（至少离家一个晚上）。他们当中超过半数（53％）的人旅行了 2－3 次，有 16％的人至少旅行了四次[②]。

由此可见，中国旅游业已经展现了前所未有的发展契机，也进一步确立了其在整个休闲文化产业中不可动摇的支柱地位。

二、文化旅游业创意与策划的实质

文化旅游业的发展速度让人惊讶，那么我们如何把握文化旅游业创意与策划的本质呢？由于目前文化旅游业的发展还处于起步阶段，其创意与策划还没有显现固定的特色或流程。然而，我们可以从文化产业的共性上来预见文化旅游业创意与策划的实质。

在之前的几章讨论中我们可以发现，文化产业创意与策划实际最根本的还是要与消费者心理挂钩，这一点同样适用于文化旅游业。以我国的邻邦日本为例：日本发展文化旅游业的一个亮点在于——它的沐浴文化别具一格。日本人不论从入浴的程序，还是穿衣的讲究，都要经历繁复的过程，日常简单的事物经过日本文化的浸润其自身便也发展成为了一种文化。普通的事情若拥有了复杂的过程，就从需要变成了享受，日本的饮食文化如是，日本的温泉文化亦

---

① 资料来源：2007 年尼尔森公司亚太消费者信心调查数据。
② 黄继汇：《尼尔森公司调查显示：中国旅游族日益壮大》，中国证券报，2007 年 8 月 6 日，A05 版。

256

如是。

　　已经走过千年历史的日本温泉，不因岁月抹杀其魅力，反而随着岁月的积淀显得更有味道。现在，如果游客到日本旅游便随处可见温泉旅馆。旅馆小巧而古雅，身着传统和服的旅馆老板夫妇笑容可掬地迎客，暗色的温泉池塘安安静静，一切都显得精致而舒心。为了感受日本独特的温泉文化，体验精致的生活态度，慕名而来的游客络绎不绝。山形温泉，箱根七汤，无论是隐藏在山林深处的"秘汤"，还是在湖光山色之中泡澡，都不失为一种特别的经历。

　　事实上，日本沐浴文化旅游的成功案例可以给我们一些启示：虽然沐浴看起来只是我们日常生活中很不起眼的一个部分，然而对于整日处于高速生活节奏中的现代人来说，沐浴是一个难得的放松休闲活动。在人们心目中，沐浴很大程度上已经等同于对休闲需求的满足。这也充分证明了：把握消费者的休闲需求是在休闲产业中成功的必由之路，在沐浴文化的案例中我们看到的就是这一实质的表现。

　　除此以外，再深入思考日本沐浴文化的案例我们还可以体会到：文化与旅游的和谐共存问题同样重要。日本的沐浴文化并不是一夜而成的，它是长时间的历史和人文因素的积累和沉淀而成，因此日本具有发展沐浴文化旅游业的先决条件。如果我们莫须有地捏造出一个没有任何历史人文意义的文化特点，或者只是把别的地方的文化简单地嫁接过来，那么一定无法达到与本地环境的和谐共存。

　　综上所述，文化旅游业的创意与策划实质就是在文化与当地旅游环境和谐性的基础上，充分地利用该文化元素开发旅游项目和产品，以满足消费者休闲需求。

三、文化旅游业的创意与策划举隅

　　发扬文化中的亮点才能使旅游产业具有持久的魅力，这就是文化的价值。丽江古镇的纳西族文化是融合在丽江每一条石板路、每一间木制民居之中的；威尼斯的海港文化是融合在每一条穿梭其中的运河之中的。只有当文化与当地的旅游景观融合一体，文化的厚重感才能够让"死"的建筑和景观具有"活"的灵性和质感，这也是文化旅游产业的要义所在。下面，我们就结合一些具体的案例来寻找文化旅游产业创意与策划的"秘诀"。

　　1. 美丽富饶的马里亚纳群岛

　　当很多旅游景点还在为自己过于单一、复制者太多的文化形式而苦恼时，远在西太平洋上的马里亚纳群岛却利用起自己多元交融的各国文化做足了文章，将旅游业发展得红红火火。这个面积仅有 478 平方公里的海岛在 1521 年首次被西班牙著名的航海家麦哲伦发现,之后便直接使用了当时西班牙王后玛丽亚娜的名字命名。成为西班牙版图一部分的马里亚纳,在长期的战争中,从原来的 4 万多人到最后只剩下 1 700 多人。后来,马里亚纳经西班牙之后转至德国,又由德国转给了日本。这一段曲折的历史远没有结束,第二次世界大战太平洋战争后,马里亚纳被战胜国美国占领,直至 17 年前正式成为美国的一个联邦领土。

一段惨痛而又独特的历史,赋予了马里亚纳四个国家彼此交融相互渗透的独特文化景观。在这里,你能看到西欧风格的教堂,也能看到日军最后司令部的遗址和飞机跑道,还能看到美国二战原子弹的组装基地。此外,3 000 年前当地土著人创造的文明也能在拉提石遗址中窥见一斑。土著文化、殖民文化以及近代的战争文化在这个群岛上体现得淋漓尽致。马里亚纳的人们巧妙地将各种文化的交融突显出来,这些最后都成为了小岛别具风情和沧桑历史中的一环。

2. 萨克森安哈特——"活的教科书"

萨克森安哈特州是位于欧洲中心的德国联邦州。一千多年前,正是从这里,德国和欧洲开始书写它们的近代历史。除了当初众多的王公贵族,萨克森安哈特州还给后人留下了 72 座罗马式的教堂、寺院、行宫和钟楼等遗迹,被称为千里"罗马之路"。无论是关于人类早期的历史,还是中世纪的遗迹,无论是宗教改革还是欧洲启蒙运动,走在这条罗马之路上我们所能感受到的是历史的痕迹和沉淀……

拥有这份宝贵遗产的德国人把"罗马之路"定位成了一本"活的教科书",连绵的群山讲述着当年骑士的生活,宁静的寺院充满了中世纪的神秘色彩。厚重的城墙、坚固的城门,密集的射箭孔,中世纪教堂精美的立柱、奎德林堡的世界文化遗产……这些文化遗产在德国政府的精心呵护和包装下每年都吸引着一批又一批的旅游者。

3. "乌镇模式"的启迪

而美丽的浙江乌镇,更是在多年开发和保护旅游资源之后形成了一套特有的"乌镇模式",乌镇的开发者们提出了"修旧如旧、整旧如故"的理念。他们从"面、块、点"三个方面对乌镇镇区、保护区、重点建筑进行不同功能的科学规划,提供详尽的方案和施工意见。管线地埋、河道清淤、修旧如旧、控制过度商业化……在上一节中我们了解到休闲文化产业的策划需要细致的前期调研,这些"乌镇模式"的方案和意见,不是从其他古镇水乡照搬而来的既有模式,更不是拍拍脑袋而来的突发奇想,而是乌镇人用脚踏实地的前期调查换来的成果。在乌镇首次保护整治的前期调查中,开发者们对整治范围内的建筑结构、分布、古桥及水位等基础情况进行了详细的记录,共拍摄图片1586张,编写文字说明资料数十万字,建立了完整的保护档案。之后,又对单个对象分别制订了详细的修复与整治方案,从而使后期的工程建设得以有条不紊、高质量地展开。乌镇的开发者们就是这样,用他们保护资源的科学之眼,看清了乌镇发展的光明前景,也见证了这座江南古镇拭去尘封,大放异彩的成功之路。

图片说明:乌镇的渔民

在细致入微的前期调查后,乌镇的开发者开始思考乌镇的休闲定位。不同于其他古镇浓厚的现代商业气息,乌镇的味道就像一杯清茶,悠远而淡雅,而这一份从容就来自它最富个性的文化内涵。古镇的"总设计师"陈向宏把"深厚的文化底蕴"作为乌镇的灵魂,不但保护古建筑,更保护好了完整的生活形态和深厚的地域文化,特别把"名人文化"和"民情民俗文化"体现得淋漓尽致。读过茅盾田野三部曲《春蚕》、《秋收》、《残冬》的人都知道,它的原型和素材就在乌镇。茅盾的童年、少年时代都是在浙江乌镇度过的,青年时期也在这儿居住。他所描写的人物原形可以在这里找到,他所提到的乌篷船还在小河上缓缓划过。如今的乌镇依旧保留着江南村庄的建筑风格,尤其是西栅的老街。而在东栅的观前街有一家名为"林家铺子"的商店,吸引着游客进去看看那位谨小慎微的林掌柜是否还在做着买卖。茅盾的作品中有着乌镇的方言,乌镇的气息,乌镇的影子,而如今乌镇的开发者们也将他们引以为豪的文化底蕴提炼保护,将茅盾先生笔下的乌镇再现,寻觅到了乌镇旅游与众不同的亮点。有人说:"没有乌镇,就不可能造就一代文学大师茅盾;没有茅盾,乌镇也不会成为今天的江南历史文化名镇。"用这样一句话来概括乌镇的文化旅游产业成功之路是再合适不过了。

4. 创意型文化旅游模式的开发

我国创意型经济发展较晚,但是在文化旅游产业上,创意也已经显示出强大的生命力。各地区、各种类别、各种主题的旅游逐渐起步,正适应了我国经济发展时期旅游消费的涌现和需求多样化的潮流。从冰雪旅游到工业旅游,从探险旅游到红色旅游,从教育旅游到休闲旅游,每一种新模式的开发,都需要把市场的需求与独特的资源,有机地结合起来。

2005 年,香港迪斯尼开业,可爱的米奇开始亲自来到中国招揽顾客。然而,接下来的一年,中国旅游的主角却是北方古老的山西大院。山西大院早已存在,可为什么时至今日才能迎来如此关注?那还要感谢一部电视剧。当年,大型电视剧《乔家大院》的上演后,带来轰动效应,一年的门票,"五一黄金周"还没有结束就被抢购一空。

如果说厚重的巨商宅院是在向人们讲述入世做人的道理,那么到乡村旅游则是另一种境界。在法国普罗旺斯,一位名叫彼得·梅尔的英国人宣告隐居,书写了他诗意的乡村生活。浪漫的法国人把这位隐士的记录带向了世界,这一创新,带来了每年法国普罗旺斯游客人数的成倍增长。

众所周知,英国是工业文明的发源地和中心,蒸汽机、汽车这些现代化的大型机器就是那时候在大不列颠的国土上诞生的。英国人以工业革命的生产厂房或车间旧址为展览地开设博物馆,陈列着英国在工业革命期间的重要发明,向世界展示了工业发展的历程和成果,让前来的游客啧啧称赞。而如今,我们不必再远涉重洋到不列颠岛上去寻求我们的工业之梦了,就在我们身边,在拥有 100 多年工业发展史的中国上海,我们同样看到了许许多多这样的工业博物馆拔地而起:铁路博物馆、汽车博物馆、造船博物馆、烟草博物馆、服装博物馆……

在汽车博物馆里,上海第一辆凤凰牌轿车、第一辆上海牌轿车、20 世纪 60 年代生产的客货两用车让老上海们忆起了童年的时光。坐落在上海中山南路、鲁班路交界处的江南造船博物馆,中国第一艘机动兵轮、第一门钢炮、第一支后装线膛枪生动再现了我国近代"中国第一厂"的历史,展现了中国近代科学技术的探索和发展。

这些博物馆的建立继续了历史文脉,为文化旅游产业注入文化活力和精神动力。同时,博物馆也成为中国的本土企业向世界宣传自己的一张名片,背靠强大的文化旅游资源,企业的自身形象得以凸显。这样极具创新的方法另辟蹊径,利用文化旅游产业为自己的品牌塑造添砖加瓦,正应了"有思路才有出路,有创意才有创业"!

5. 文化旅游产业的教育意义

文化旅游与教育的深度结合,是当前国际旅游产业发展的一个重要趋势。

随着中国国际地位的提高，中国正在愈来愈成为教育旅游的重镇之一。在文化旅游的过程中，全球各界人士来到中国，除了饱览山川名胜之风景以外，同样能感受到中华文化的魅力与中国人民的热情好客；与此同时，中国人自己也能从旅游中感受到本国的文化和人类文明的成就。

作为一个老工业城市，历史遗留给中国上海的旧建筑、旧厂房、旧楼盘很多。一次，联合国的一位官员看着上海沿黄浦江的老工业建筑感叹："这是全世界硕果仅存的沿江老工业建筑群啊。"把它们全盘推倒，进行商业性的房地产开发也不是难事，难的是把它们改造成为先进生产力的集聚区、海派文化的传承区、创意产业的示范区。上海选择了自己的创新思路：创意产业集聚区的建立，首先要与区域内的人文环境相结合，用创意精神激活工业空间，用新型内容植入产业园区。上海工业的文脉和人脉就这样被传承，影响着世世代代的上海人……

如果说改造工业老区是人民政府的职责所在的话，那么对于广大旅游企业来说，为中国旅游事业传承文化、教育后代则全靠自觉。如果我们把企业的经营销售比作一种"炼金"过程，那么利用企业的知名度和美誉度来传播旅游文化则是一种"修道"。古人云："见微知著，睹始知终"，这些企业的一举一动都会对本国和别国的游客产生潜移默化的影响。对于大型旅游企业来说，这种"修道"已不单单是"独善其身"那么简单，"兼济天下"才是它们真正应尽的社会责任。

前几年，在中国的校园里掀起了一股"哈韩哈日"之风。学校处处可见年轻的学子们穿着各式各样的日韩服饰。穿在人身上的服装传达的是一个人的精神风貌和生活态度。当代中国的年轻人，他们要向世界展示的应该是一种充满活力、创意无限与奋发向上的新形象。有许多专家担心，哈韩哈日之风或许会让中国传统的服装文化丧失殆尽，外国游客来到中国将看到会是满眼的"日本人"和"韩国人"。就在这时，2004、2005连续两年被评为"中国青年最喜爱的服装品牌"的美特斯邦威集团站了出来。虽然美特斯邦威集团并不是一个旅游企业，但这个起步于浙江温州的中国企业，却斥资数千万人民币建成了一座服饰博物馆。

图片说明：美特斯邦威服饰博物馆内景

美特斯邦威服饰有限公司总裁周成建在回忆起当初筹建服饰博物馆的动因:"也是一次偶然的机会,我在英国和我老师在一起参加一次学术活动,去了英国,发现英国很多庄园有很多中国的东西,特别是丘吉尔庄园里面大部分的藏品都来自中国,所以也是突发奇想,我能在自己的平台上做一些什么事情。"①正是这一个"突发奇想"诞生了我国第一家民间服饰博物馆。这座收录汉族、彝族、壮族、纳西族等 30 多个民族,共 5 000 多件的服装、织绣等物品的博物馆,用自己的努力,抢救和保护了中华民族服饰文化瑰宝。它在弘扬民族精神,给后人留下民族记忆的同时,也已然成了树立在我国广大青少年面前的标杆,用自己的影响力引导当代人的服装文化,让世界各地的游客领略到中国服饰文化的精髓所在。

从工业建筑到创意园区,从物质收入到精神享受,从制作服装到酿造文化,这既是历史的机遇,也是文化旅游产业的终极目标。旅游并不仅仅是用眼睛看历史的遗物,而更应该是透过这些实物用心灵体悟文化的流动。

第四节　演出娱乐业的创意与策划

每天世界各地都有数以万计的演出不断上演,台上的演员们展现着他们的迷人风姿,台下的观众们享受着观看演出而带来的愉悦和乐趣。演出娱乐业作为休闲文化产业的重要组成部分,在今天已经成为人们日常休闲的主要选择之一。与此同时,演出企业的成功与失败也同样在每一天上演。是什么让成功的企业焕发活力? 又是什么让失败的企业濒临淘汰? 在本节中我们就来关注不断发展的演出娱乐业的创意与策划。

一、演出娱乐业创意的特点

在计划经济的时代,国营的演出公司或艺术团体并不需要考虑演出市场的问题,它们只要从艺术创作的角度来思考演出节目的内容就可以了。如今,市场经济的体制让现今的演出公司不得不考虑自身经营的问题,没有好的创意就没有观众前来观看,所以创意在演出娱乐业中占据着十分重要的地位。它主要有以下特点。

1. 娱乐性

消费者接受演出娱乐的服务,并不是为了给自己增加痛苦,他们需要通过娱乐得到精神上的释放与满足,所以演出娱乐业的创意首要就是要注意娱乐性

① 引自新华社 2007 年大型文献性纪录片《龙行天下——走向旅游强国》。

这一特点。

2. 休闲性

看演出、听音乐会等活动并不是人们日常工作学习中的一部分,而是利用闲暇时间来进行的一项休闲活动。演出娱乐业类属于休闲文化产业,因此相应的演出娱乐业的创意也必然要具有休闲性质。消费者在进行演出娱乐类的消费过程中,实际上就是在消费自己的休闲时间,因此不能给消费者提供休闲需求的创意肯定是无法成功的。

3. 文化性

与所有的文化产业创意的特性一样,演出娱乐业同样要注重对文化差异的把握。特定的环境、风俗、民俗会给不同地域的演出娱乐业创意有所限定,演出娱乐业的创意者必须了解当地的社会文化,贴近当地的民风民俗才能使创意得到人们的认同,人们才会愿意使用他们的闲暇时光和金钱进行演出娱乐消费。

4. 教益性

教益性是演出娱乐业区别于其他休闲文化产业的重要特性之一。一般来说,人们进行休闲并不会把主要的目的放在"受教育"上。然而,由于文化演出必然会涉及一定的情节和内容,而这些情节和内容往往是对人们平时的日常生活、工作、学习的提炼,观众在欣赏演出节目的同时便会受到节目内容的感染而自觉地或不自觉地与自己的实际生活进行联系。这样的情况就要求演出娱乐业的创意人员在演出节目的把握中注意节目的教益性,引导一种乐观的、积极的生活态度。当然,目前也存在着部分观众排斥教益性节目的"逆反情绪",这就需要创意者根据不同的目标受众来设定创意方针或在"寓教于乐"的创意上下工夫。

二、演出娱乐业的策划方法

在演出娱乐业的创意过程中同样需要系统性的策划过程,即使是再小的演出项目都需要事先精心地策划和包装才能最终登上舞台。演出娱乐业的策划实施过程可以参考以下七个实施要点。

1. 市场环境和消费者需求调研

进行市场环境和消费者需求的排摸是许多策划的必备步骤,演出娱乐业当然也不会例外。对于整体市场环境的调研有助于企业了解当前市场大环境的背景,了解竞争对手的生存状况以明确自身的优势和不足;对于消费者需求的调研有助于企业制定演出项目的定位和具体演出节目的编排方针,所以前期调研是进行演出娱乐业策划的根本保证。

2. 确立演出项目定位

"众口难调"是人们在长期的社会实践过程中总结出的经验,演出的编排者很难在一台演出中满足所有观众的需求。因此,既然不能"求全",就要"求精",策划人员应当根据市场情况的排摸结果,了解当前的社会文化的大致取向;结合消费者调查的结果,选取消费者相对比较集中的需求作为参数;最终再根据企业的自身优势和劣势,扬长避短,制定出鲜明的演出项目定位,作为整个演出的基调和衡量标准。

3. 设定符合各类需求的演出节目

接下来就要进行节目的大体框架搭建。在这一步中我们可以尽可能地弥补"求精"所带来的弊端,巧妙地穿插部分并非与整体定位一致的节目以满足少部分观众的需求。当然,在整个节目框架中要注意结构的篇章分布,与整体定位不一致的节目要尽量少出现甚至不出现。在满足消费者需求的基础上,节目设定还需要考虑到企业自身的特点,不能因为观众喜欢看什么节目就一定要演什么节目,如果企业实力并不能达到要求也不应勉强。此外,对于整体市场环境和政策环境的把握也十分必要,不然在演出过程中可能会出现不必要的麻烦。

4. 筹集演出资金

在商业模式下,筹集足够的演出资金是演出得以顺利进行的保障。演出资金的筹集可以包括企业本身已经拥有的资产,可称为"自有资金";也可以包括通过合作经营的方式来筹集"合作资金";还可以通过向政府申报获得"政府财政支持";当然也可以采用相对风险较高的"借贷资金"的方式。不管使用何种方式,预先的详细规划和信用度的考评都是必要的,不然企业就可能会面临血本无归的惨痛后果。

5. 演出节目创作

在资金到位的前提下就可以进行演出节目的创作了。演出节目的创作应当在严格按照先期的节目框架的大前提下进行。创作过程中,可以根据导演、编导和其他创作人员的艺术要求进行小范围内的调整。在这一期间,节目的主创人员需要进行充分的沟通和协调,求同存异,确保节目创作的有序推进。同时,要特别注重知识产权的问题,绝不能实施抄袭和剽窃艺术创作的行为,如果一旦引起诉讼,不但所有的收益会一夜皆空,而且对企业的声誉会产生严重的不良影响。

6. 节目排练制作与评估

节目排练过程中要注意对演员的管理,这就需要有高素质的组织者,组织者要能够了解前期策划的所有过程和精神,并有很强的号召力,以便顺利做到"上传下达"。节目排练一段时间后可以进行试演,并邀请部分专家或者普通观众观看,根据试演的效果和专家、观众的意见对节目进行调整。这里要注意的是,此时的节目调整力度不宜过大,不然会引起演员或编导人员的不满情绪,不利于演出的推进,因此应限于一定范围内的微调。

7. 衍生产品的开发

对于演出娱乐业的策划者们来说,节目的公演并不是终点。在节目成功或者不成功的演出后,节目的策划团队都应当进行及时的总结分析,可以对节目进行进一步的改进。同时,对于成功的项目来说,趁热打铁推出衍生产品是一个不错的选择。因此,尽快尽早地推出相关的衍生产品是扩大演出规模、创立品牌的后续步骤。

三、演出娱乐业的创意与策划举隅

近年来,在演出娱乐业高速发展的背景下,尽管没有形成完整的策划理论体系,但许多值得借鉴的案例已经浮出水面。从这些案例中我们可以看到优秀的创意策划者们的思维结晶,也可以从中举一反三,总结规律,为实际的创意策划工作提供参考。

1. 纳西古乐的复苏

云南丽江,在这块被称作"人间仙境"的地方,人们在古桥流水边悠闲度日,看阳光灿烂照耀生命的年轮,用雪山圣水洗涤灵魂的尘埃。如今的丽江是旅行者的天堂,而在 19 世纪 80 年代之前,它还是一个名不见经传的偏远小城。丽江的改变在于它看到了自己所拥有的财富,那就是深厚的文化底蕴。丽江的成功得益于城中众多的文物古迹,得益于灿烂神秘的纳西东巴文化,得益于有如仙乐一般的音乐瑰宝——纳西古乐。

纳西古乐曾濒临灭绝,是一位老人挽救它于危难之中,他就是滇西传奇人物宣科。在老艺人相助之下,发掘出大约十几支曲子,大研古乐会就这样被重建了。至今,世界各地的观众不远万里赶到丽江,就是为了聆听这美丽的天籁之音。在丽江的月夜,音乐随风飘舞,仿佛把人们带回到了那段峥嵘岁月。

细细想来,纳西古乐缔造的奇迹并不是偶然的成功,而正是人们认识到了纳西古乐的这一份珍贵,也正是丽江深厚的文化底蕴吸引了世界各地的人们奔赴丽江,享受这样一场古文化的盛宴。

2. "给我一天,还你千年!"

这八个大字是杭州宋城喊出的响亮口号。也许有的人会嘲笑宋城人的狂妄自大,也许有些人对他们那些仿古的景致还质疑不断,然而宋城在经营上的实实在在的成功却是有目共睹的,而在这之中《宋城千古情》这一出大戏是成就宋城集团品牌的支柱之一。

有人把《宋城千古情》的成功归结为创作者对宋朝文化的精确把握。然而,

图片说明:大型歌舞《宋城千古情》演出现场

看过《宋城千古情》的观众大都会被那变幻莫测的舞台布景而深深吸引,而这也正是《宋城千古情》区别于其他大型歌舞剧的重点所在。即使对于还没有看过《宋城千古情》的读者来说,下面这则数据可以提供足够的参考:在宋城仅有的一块 500 多平方米的舞台上,竟然暗藏着多达 200 多个可移动的机械设备!单凭这一点就已经足以让人惊叹。移动舞台、移动座位、旋转摇臂、移动瀑布、舞台喷泉、喷洒龙头、弥漫香气、升降灯笼、升降宝塔、升降吊桥、时光隧道、杂技飞杠……这些贯穿始终的舞台效果和道具调动了全场观众的视觉、听觉、触觉、嗅觉和想象力,大大增强了演出所带给观众的震撼力,真正把现场观众融入演出的意境之中。因此,《宋城千古情》的成功很大程度上得益于其在创意和策划的过程中充分应用了舞台效果,这样的"创意舞台"值得众多演出娱乐界的创意策划人员学习和借鉴。

3.《印象·刘三姐》的奇迹

2004 年的春天,背枕着迷人的漓江水色,由源远流长的刘三姐民歌演变而来的大型山水剧《印象·刘三姐》在阳朔的漓江山水之中上演。"全景式,大舞台,总调度"的思想在整场演出中贯穿始终。演出中有山、有水、有景、有天;有精美的服饰、有明亮的歌声、有动人的乐曲、有优美的舞蹈;有绚烂的光芒、有美丽的姑娘、有展翅的雄鹰、有静谧的浮岛……这些仿佛只有在仙境之中才能看到的景象却在一片小小的舞台上上演着。

《印象·刘三姐》公演之后,引来了如潮水一般的观众,演出的第一年就接待了 30 万人次的观众,在之后的三年,一共接待了从世界各地慕名而来的游客160 万人次,门票收入达到了 1 亿 2 千多万人民币。如此辉煌的经营业绩称得上演出娱乐业的历史上的一座里程碑。

那么,究竟是什么让《印象·刘三姐》获得如此成功呢?事实上,整个演出的亮点正在于那 300 多个当地的村民和渔民的演出，"红绸"、"渔火"、"牧歌"这本只能在乡郊野外才得以见到的景象就这样被那些来自演出地附近五个村庄的农民生动地演绎了出来。也许他们并没有那么扎实的演出功底，也许他们还并不太懂得舞台艺术，然而他们却用他们那份质朴的乡情吸引了一批又一批旅客的驻足留恋。

在多少人眼里是"下里巴人"的农村文化却被广西的文化产业创意者们演绎成了一幅唯美的画卷，这难道还不能引起我们的深思吗？《印象·刘三姐》的例子充分说明了，演出娱乐业的比拼并不一定是名人大腕儿的比拼，而是对休闲文化产业整体意义的把握和创新以及对市场需求的深入挖掘。

第十二章

会展产业的创意与策划

　　会展作为一个行业在世界上兴起已经有一段时间的历史了,其起源是工业产品的展销。19 世纪前半叶,欧洲各国举办了很多工业博览会,特别是英国和法国,都举办了多届有影响的工业产品博览会,以此来推广本国的工业生产技术并宣传新产品。1851 年英国伦敦举办的首届博览会被称为近代国际会展业的开端,吸引了 10 个国家参展。从此国际会展业发展迅速,经历了产业化、市场化、主题多元化的阶段。由于取得了巨大的经济效益,会展产业越来越被人们重视,据统计,现在全球每年国际性会展总销达 2 800 多亿美元,而利润率大约在 20％—25％之间,会展业的产值对世界 GNP 的贡献率接近于 1％,这种趋势仍在逐渐上升。

第一节　会展产业概述

　　会展的英文简称 MICE,是 Meeting(会议)、Incentive(激励活动)、Convention(大会)、Exhibition(展览)的英文首字母缩写的合成,这个术语还没在全球范围内被使用,但已经被很多国家所采用。

一、会展产业定义及构成

　　会展的定义有很多种,从不同的角度就会有不同的看法。有人对会展是这样界定的:"会展是指在一定地域空间,由许多人聚集在一起定期或不定期的,制度或非制度的,传递与交流信息的社会活动。它包括各种类型的会议、展览展销活动、体育竞技运动、大规模商品交易活动等。其中会议和展览是会展的重要组成部分。"①这段话概括了会展的定义,并给出了会展的外延。也有人认为:"会展是指在特定的空间、时间内多人集聚,围绕特定主题进行的交流活动。狭义的会展即指展览和会议,广义的会展包括展览会、会议和大型节事活动。"②笔者认为会展是会议、激励活动、大会、展览等活动的集合,指在一定空间、一定时间为了特定的目标而开展的交流活动。

在美国学术界,基本上没有"会展业"(Convention & Exhibition Industry)和"MICE Industry"之说,而是将其大致分为两派,一派倡导将相关行业分开,如展览业、会议业、体育业、旅游业等;另一派则倾向于事件产业(Events Industry)的提法,并把会议、展览会、体育赛事、旅游节庆等都包括在事件内。这一点可以从美国的专业会展协会设计上窥见一斑。目前美国会展行业内最具影响的专业协会有美国国际展览与事件协会(IAEE)、美国专业会议管理者协会(PCMA)、国际会议专家协会(MPI)和国际特殊事件协会(ISES)等。然而,目前我国学术界和企业界提得更多的是会展业,而且大多数城市更看重展览业,这样会展业的产业内涵就人为变窄了,在会议、节庆、体育赛事等活动领域的潜力还远未开发出来③。

二、中国会展业的发展现状及趋势

1. 中国会展业的发展现状

我国的会展业尽管开始得比较晚,但目前正呈现出迅速发展的趋势。1951年我国参加了"莱比锡春季博览会",这标志着我国会展业的开端。改革开放以来,我国会展业的举办以年均约 20% 的速度递增,会展的规模变大,种类增多,会展的策划也越来越专业。据最新资料统计,近年来我国会展业总规模继续保持近 20% 的增长速度,我国已有大中型展览场馆 150 多座,室内展览面积超过了 300 万平方米,每年举办的各类展览会有 3 000 多个。从展览的场馆面积、会展活动的数量来看,我国会展业具备了一定的实力,我国正在进入世界会展大国的行列。

2. 中国会展业的发展趋势

会展业的长足发展离不开高级专业人才的支撑,而培养专业人才的最好手段就是教育。但必须指出的是,在编制会展业发展总体规划的基础上,中国各城市可根据未来会展业发展对人才的需求状况,有计划地发展会展专业教育,尤其是高等教育。另外,为了满足市场对专业人才的需要,各城市的会展行业

① 镇剑虹等著:《会展策划与实务》,上海交通大学出版社 2005 年版,第 3 页。
② 俞华等著:《会展学原理》,机械工业出版社 2005 年版,第 15 页。
③ 王春雷:《第四次浪潮——中国会展业的选择与明天》,中国旅游出版社 2008 年版,第 13 页。

协会等有关部门应适时组织一些培训活动。这种培训十分必要,一是因为高等院校会展专业的学生从现在起至少3年才能学完所有课程,这对当前的中国会展业来说是远水解不了近渴;其次,现已从事会展工作的人员大多具有实践经验但缺乏系统的理论知识和先进的会展管理手段,若能参加合适的短期培训,可达到立竿见影的效果。因此,中国会展界迫切需要规范培训市场,以切实保证培训的效果。

第一,全球化趋势。随着中国在加入世界贸易组织后与全球的联动越来越频繁,经济上与世界其他各国的关系越来越密切,大批的国外参展商希望利用国内的展会推广自己的产品、服务或企业形象。同时不少国外会展商也瞄准了中国这个广阔的而尚未完全开发的市场。竞争的压力将逼迫国内的会展企业在理念和技术层面上不断创新不断进取,而国内会展管理部门也应相应地调整调控水平,提高监管服务质量。面临入世所带来的机遇和挑战,中国会展业应做好两方面的准备,即对内抓紧制定行业法规,对外尽快熟悉国际规则。

第二,专业化趋势。在过去相当长一段时间内,我国会展业追求的都是"全都有"的规格,想要一个会展能够包罗万象,而这在实际运作中往往会面临很多的困难,如经费、组织、管理等等,结果造成展览会特色不鲜明、规模普遍小、吸引力不强。专业化是中国会展业发展的必然选择。专业化的会展发展之路能够在千军万马挤独木桥中另辟蹊径,以专业的精神和专业化的诉求吸引参展商和参观者。专业化的会展业又可分为三类,即:展会内容的专题化,展会必须有明确的主题定位,否则就吸引不了特定的参展商和观众;场馆功能的主导化,在很多会展发达国家,一些国际性的品牌展会总是固定在某个或几个场馆举行,这样既便于会展公司和场馆之间开展长期合作,又有利于培育会展品牌;活动组织的专业化,在入世后,随着与国外同行业人士交流的增多,我国会展企业在展会策划、场馆布置、配套服务等方面走上了一个新台阶,会展专业人才越来越多,专业化、高水平的会展指日可待。

第三,创新化趋势。会展作为一个协助参展商推销产品、服务或企业形象的活动,首先必须得到企业界的认可,只有先把自己推销出去才能更好地帮助推销别人的东西。而千篇一律的会展组织、布置、服务只会让参展商和参观者感到厌倦。要想在竞争日益激烈的国内会展市场中站稳脚跟,会展企业就必须在创新性上动脑筋。一场会展应该是一个具有个性的展示,要做到让人印象深刻,回味无穷,而不断地创新无疑为这一目的提供了可能性。在今后的一段时间里,推进创新将成为我国各主要城市发展会展业必须坚持的一项重要原则。

第四,多元化趋势。从整体上看,世界会展业正在向多元化方向发展,具体包括产品类型的多行业化、活动内容的多样化和经营领域的多元化。凭借多元化,会展企业可以有效规避风险,在竞争中占得先机。

第五,品牌化趋势。品牌是会展业发展的灵魂,也是中国会展业在 21 世纪实现可持续发展的关键。综观世界上所有会展业发达国家,几乎都拥有自己的品牌会展和会展名城,如德国慕尼黑。中国会展企业目前迫切需要借助品牌的力量来发展壮大自己,以在同国外会展商竞争中处于主动地位。在这一思路的指导下,我国已经出现了几家比较有名的会展,如北京国际会展中心、上海国际会议中心等,我们希望中国会展的品牌企业能够越来越多,形成规模,为将来实现集团化发展提供条件。

第六,成立展览行业协会的趋势。推进行业自律,在法律法规之外形成会展的又一道监督管理防线,以防止在会展中出现有损国家和社会利益的情况;同时,通过行业协会,会展企业可以有效地相互沟通,便于企业协调管理,并为政府制定相关会展法律提供决策依据。

第二节　会展创意的特点

文化创意产业既有设计、研究开发、网络与计算机服务、咨询、会展策划、印刷包装等生产性服务的内容,也有信息、文化艺术、时尚消费和娱乐等消费性服务的内容。2006 年 12 月 13 日北京市统计局、国家统计局北京调查总队联合制定了《北京市文化创意产业分类标准》。这是我国大陆地区公布的第一个文化创意产业分类标准。《标准》依据国民经济行业分类,并根据文化创意活动的特点,对相关类别进行了重新组合,将国民经济行业分类中的 82 个行业小类和 6 个行业中类纳入北京市文化创意产业范围,将文化创意产业分为:文化艺术,新闻出版,广播、电视、电影,软件、网络及计算机服务,广告会展,艺术品交易,设计服务,旅游、休闲娱乐,其他辅助服务 9 个大类。会展产业的创意也属于其中。

一、会展产业创意的主要类型

所谓"创意"就是人们常说的"主意"、"点子"或者"想法",这些一般都是源于个人对某一事物的灵感而产生的创造力。创意是在人类生产、生活中所提炼出来的智慧,它作用于各个领域,并且能够对这些领域产生一定的价值。如果将这些创意经产业化后形成更多的价值,也就产生了创意产业。1998 年,英国创意产业专责小组首次对创意产业进行了如下定义:"源于个人创造力与技能及才华、通过知识产权的生成和取用、具有创造财富并增加就业潜力的产业"。

会展产业创意作为一个新兴的产业,根据其各方的利益相关体(会展主办者、参展商、观众和服务商),主要分为以下几种类型:会展项目创意、展台设计创意、场馆设计创意。其中最主要的创意都集中在会展项目创意里,它又可分为主题创意、营销创意、运营创意(现场管理)三类。各方的创意都希望达到整体利益最大化的目标,实现双赢甚至多赢。

二、会展产业创意的常用方法

模仿创造法在人类的创造历史上占有很重要的地位。有人把人类的创造活动分为两个阶段:第一阶段称为初期创造活动,主要依赖于模仿,因此称为模仿创造阶段;第二阶段称为后期创造活动,即在模仿创造的前提下进行再创造,而创造是由模仿开始,然后再进入独创。在日常生活中,人们只要稍加注意自己身边的事物,勤于思考,就能通过模仿来进行创造发明。在会展创意中,模拟创造法的运用是非常广泛的,大部分会展创意都是在前人创意的基础上吸收有用的部分和元素,进行再创造,而且也只有通过模仿才能达到会展基本理念思路大体上的传承,才不至于发生某一届会展与前一届会展相比在理念和观点上大相径庭的现象。

逆向思维法是对常规思维的"背离",即反其道而行之,对那些现成的观点进行结论,进而逆向推理。逆向思维的方法又有三种:换位思考、换角度思考和发散性逆向思考。换位思考,就是将事件或现象正反两方面的特征全部或部分换位后进行思考。换角度思考是指我们对事物在从常规的角度思考之后,再另辟蹊径,从其他角度去思考。发散性思维,就是由一点到多点,由点及面,由此及彼,进行多向思维,而发散性逆向思考就是常规思维的发散性思考。逆向思维法在会展创意中同样占据着重要的位置,会展创意人员经常会从逆向的角度进行思考,比如,通过想象参观者观看了某装饰或陈列后的反应和情绪做出更符合参观者预期心理的策划。

移植嫁接法是指照搬、嫁接、改造类似的创意,提出新的创意。在会展策划中,策划人员经常把其他领域如广告、艺术品中的创意元素借鉴到会展中来,这就丰富了会展的形式,也有助于会展内容的多元化。

同质异化法是从新的角度或运用新方法"处理"一些早已熟悉的事物,从而提出新的设想,即把熟悉的事物当成陌生的事物看待。以前的创意不是不可再借鉴的,也不是那些一味追求新颖的创意策划人员的禁区,策划人员应该积极从以前熟悉的东西中提炼出对现在的策划有用的元素,从新的角度以新的方式对会展作出新的策划。这样有利于大脑思维的延续,从而有利于更好更有价值的创意的出现,节约了创意的时间。

三、从经典案例看会展的创意

1851 年英国伦敦举办的万国工业博览会是第一届真正意义上的世界博览会，也被认为是近代国际会展业的开端。

19 世纪前半叶，欧洲工业革命正如火如荼地进行，科学技术的飞速发展，使人类生活发生了巨大的变化。自维多利亚女王登基后，当时的英国在世界工业中一马当先。同时因为资本的高度聚集和高速运作，英国也成为当时的欧洲金融中心。这些因素加上频频举办的工业博览会使英国决定举办一次由各国参与的博览会以证明自己世界霸主的地位。

在世博会展馆的设计竞标中，园艺工约瑟夫·帕克斯顿以他的新颖别致、优雅美观的策划中标，而这个策划的创意来自于从圭亚那带回来的睡莲。睡莲背面的茎脉是他创意的最初来源，帕克斯顿发现睡莲粗壮的茎脉纵横呈环形交错，构成既美观又可以负担巨大承重力的整体，这顿时给了他灵感，一种新的建筑理念在他脑中形成。在他为王室建造查丝华斯温室时，就用铁栏和木制拱肋为结构，用玻璃作墙面，首创了新颖的温室。帕克斯顿发现这种类型的建筑除了简洁明快之外，建筑构件还可以预先制造，不同构件可以根据建筑大小需要组合装配，这样建筑成本大大降低，施工速度大大加快。这一创意在当时可谓是大胆新颖。

帕克斯顿的建筑策划方案最终被敲定后，记者在报上将它称之为"水晶宫"，这个名称一直流传至今。在所有世博会参展作品中，最受赞誉的就是水晶宫，人们赞美这座通体透明，庞大雄伟的建筑。在水晶宫内，各种工艺品、艺术雕塑琳琅满目、目不暇接，中间不乏设计理念超前、创意独特的发明。参观者最感兴趣的还有不同的机器发明。人们目瞪口呆地看着各种机器工作，有开槽机，钻孔机，拉线机，纺纱机，造币机，抽水机等等，这些不同的机器又通过特别建造的锅炉房产生的蒸汽一起驱动，这一创造性的展品展示方法给每一个参观者都留下了深刻的印象，让人领悟到工业革命给世界带来的变化。笼罩在这些展品外面的水晶宫，原本是为世博会展品提供展示的一个场馆，不经意间却凭借其令人激动的、划时代的创意成了第一届世博会中最成功的作品和展品，那些正式的参展展品都因与它相比而显得暗淡无光。水晶宫因此成为世博会的标志，睡莲也因此化作了"水晶宫"[①]。当会展的某一方面创意成功时，也可使整个会展获得意外的成功。

---

① 参阅《水晶宫的魅力——1851 年英国伦敦第一届世博会纪实》，中广网（http://www.cnr.cn/l），2007 年 7 月 20 日。

1851 年世博会开幕式的油画作品

水晶宫展厅内景

第三节 会展策划的原则

一、会展策划的含义

所谓会展策划,就是围绕会展活动的目标,在充分占有并全面、深入分析会展信息的基础上运用科学的策划方法,制定会展活动最佳方案的过程[①]。会展策划不仅可以使某项会展活动具有最佳的实施方案,为会展提供总体的指导思想,也可以节约会展的成本,提高经济效益,使会展的运作更科学、合理和规范,有利于塑造会展的品牌形象。

一般来说,一份完整的会展策划,基本上包括策划者、策划对象、策划依据、策划方案和策划效果评估等要素。

策划者在会展的过程中起着"智囊"的作用,策划者的素质直接影响会展成果的质量水平;策划对象既可以是某些整体会展活动,也可以是会展诸要素中某一要素(如会展设计);策划依据包括策划者的知识结构、信息储存以及有关策划对象的专业信息;策划方案是策划者为实现策划目标,针对策划对象而设计创意的一套策略、方法和步骤;策划效果评估是对实施策划方案可能产生的效果进行预先的判断和评估。

会展策划诸要素之间互相影响、互相制约,构成一个完整的体系[②]。

① 向国敏:《会展实务》,上海财经大学出版社 2005 年版,第 71 页。
② 许传宏:《会展策划》,复旦大学出版社 2005 年版,第 4—5 页。

文化产业创意与策划

274

二、会展策划的主要原则

1. 目的性原则

会展策划必须遵循市场经济的规律来制定,追寻利益是会展的最终目标,会展策划活动的实质就是获取特定的利益。任何一项会展活动都是需要一定的资本投入,包括时间、人力、会展地点等,而投入这些资本的同时必须首先估量出会展活动所产生的利益。策划者在策划会展时明确地知道所要追求的利益,分析各项活动所带来的收益,并为利益的实现合理配置资源,以通过此次会展活动达到一定的目标。有些会展是以盈利为目标的,也有些会展是以公益为目标的,在策划会展时有不同的要求。

2. 可行性原则

由于会展是一项非常复杂的工程,因此会展策划应该根据自身情况以及外部环境的变化来制定,量力而行,不可在条件尚未具备的情况下强行上马,以免损害声誉以及参展商的利益。另外,会展策划还要具备变通渠道,保证可随时根据环境和情况的变化作出适当调整。

3. 可控性原则

会展作为事关参展企业和社会的公共活动,应该在事前策划中考虑到控制的手段,建立实际的、科学的会展动态检测系统,时时刻刻密切注意会展进展情况,一旦发生可能有损参展商利益或社会公益的事情,必须立即解决,将整个会展置于主办方可掌握的状态之中。

4. 整体性原则

贝塔朗菲最先创立的系统论告诉我们,任何事物都是个有机的整体,都是一个系统,而每个系统都是由小的子系统组成的,子系统又是由更小的子子系统构成,以此类推,循环往复。会展策划的整体性原则就是要求在策划过程中要把会展看作是一个有机联系的整体,从整体从全局的角度出发考虑会展涉及的方方面面的问题,如会展之前的筹备、会展期间的组织与管理、会展结束后的评估总结等等,这些以及包含于其中的更小的环节都需要统筹安排,不可人为地撕裂中间的联系,以争取更高效地做好会展策划工作。

5. 规范性原则

随着世界经济一体化的形成,国内会展也加快了与国外高水平会展接轨的速度,但同时也面临着国外会展组织商更激烈的竞争。要想在竞争中求得生存和发展,国内会展必须首先完善自身的规范性,如使会展更透明更符合市场要求等。具体来说,会展策划的规范性原则,要求会展主办方必须遵守以下三点:第一,遵守相关法律法规,在法律法规允许的范围内从事会展策划。在现阶段,国内会展商及会展策划人员必须遵守的法律发规有:《商品展览会管理办法》、《展览会的章程与海关对展览品的监管办法》等等。第二,尊重民族及当地的风俗礼仪禁忌,尊重基本社会价值规范,在不违背人们道德基础的条件下开展策划业务。第三,遵循会展业业内规范,不以一己私利损害全行业的利益,确保会展做到规范、合理、公平、有序。

6. 创新性原则

创新是会展取得成功、让参展商与参观者留下深刻印象的不二法门,同时也是会展策划所追求的目标。在现代市场中,各种会展令人眼花缭乱,目不暇接,在这种情况下,要达到万商云集的高知名度,会展的形式和内容必须做到新颖独特,而策划在追求"新"的过程中必不可少。会展策划的创新性主要体现在五个方面,即:会展理念创新、会展设计创新、会展组织形式创新、会展参展目标选择及布置创新、会展宣传创新等。会展要想吸引更多的参展者和参观者,获得更好的经济和社会效应,就必须在以上五大创新上下工夫。

第四节 会展活动的策划

现今我国的会展业发展主要由会议和展览会两个部分组成,所以关于会展策划的方法,本书分为会议和展览会两个部分重点介绍。

一、会议

会议的历史由来已久,恩格斯在其《家庭、私有制和国家的起源》一书中提到"氏族有议事会,它是氏族的一切成年男女享有平等表决权的民主集会"。会议自古以来就被人们所利用作为交流的渠道。

会议是指一定数量的人围绕特定目标约定一个特定的时间、地点聚集在一起,进行交流和讨论,以达成基本共识或形成对某一问题的解决办法的活动。

1. 会议的类型

根据不同的标准可以对会议进行分类。

(1)按与会者的地域范围分类。

· 地区性会议是指与会者来自同一地区或代表同一地区。

· 全国性会议是指与会者来自或代表同一国家的不同地区。

· 国际性会议是指会议的与会者来自或代表不同的国家。

· 世界上目前主要的国际会议分为以下几种:联合国及其所属机构的会议(如联合国大会)、重要国际性会议(如亚太经济合作组织领导人非正式会议)、国际组织的重要会议(如国际货币基金组织会议)、重大地区性会议(如东南亚国家首脑会议)、专业性会议(如万国邮政会议)、国家和国际组织举办的论坛(如亚洲经济论坛)。

(2)按会议形式分类主要分为以下几种。

·大会。大会是指一个协会、俱乐部、组织或公司的正式全体会议。参加者以其成员为主,其目的是决定立法方向、政策、内部选择、同意预算、财务计划等。所以,大会通常是在固定的时间及地点举行,也有一定的会议程序[①]。

·年会。年会是指就某一特定的主题而展开的讨论。年会包括一次全体会议和多个小组会议。大部分都是周期性的,通常是指一年一次。

·代表会议。代表会议是指与会者通过一定的规则或者程序而产生的,代表一定的人群、组织或区域。代表会议的与会者人数是由会议的性质决定的,所以与会者的数量因各种会议性质不同,数量差别可能也会很大。

·论坛。论坛是指由专题演讲者或专门小组组长主持并进行许多反复深入的讨论。它的特征是可以有许多听众参与,通常提出各式的问题,然后由"论坛"专门小组成员和听众就问题的各方面发表意见和看法,讲演者可能持相反的观点,对听众发表讲演而不是互相讲给对方听。主持人主持讨论会并总结双方观点做出结论,在这过程中允许听众提问。

·座谈会。座谈会比论坛的形式更加的正式。由一个主持人主持,然后由一些专家就某一问题提出观点,再由小组成员或听众进行讨论,一般要请论坛会议领域专家作为讲演者。座谈会可以是大型会议组成部分。

·研讨会。研讨会是指具有共同兴趣的不同领域的专家,开展一系列的聚会,通过互相交流、研讨、对话来达到学习或者训练的目的。这种研讨会具有很强的参与性,所以一般适用于小型的团体。

·讲座。讲座是比较正式的,而且组织比较严密。通常是由某一位在某方面比较有见解的专家就其所研究的某一问题进行讲演,观众也可以在讲演结束之后,对专家提出问题,并得到回答。

(3)按会议的周期分类。

·定期性会议。定期性会议指会议的周期是固定的,这些会议通常都有固定的主题或者固定的与会者,经过一定的周期后,对这段时间所发生的事件进行交流和讨论。如联合国大会都是在每年9月的第二周的星期二这一固定时间开幕。

·不定期性会议。不定期性会议是指会议的周期是不固定的,这些会议多数是根据工作安排的需要进行的,也可以在紧急的状况下临时召开。如世界妇

---

① 镇剑虹等著:《会展策划与实务》,上海交通大学出版社2005年版,第66页。

女大会就是不定期举行的。

（4）按会议举办机构分类。

·协会会议。协会会议的主办者多是遍布全球的各类协会，与会者都是协会的成员，为了共同的目标而进行的会议。

·公司会议。公司会议是以公司为主办者，与会者是公司的成员或是利益相关者。对公司的业务进行讨论的会议。

·非营利性组织会议。非营利性组织会议是指主办者是非营利机构，如政府机关或公众团体。

（5）按会议的地点分类。

·实地会议。实地会议是指召开会议时具有实地的会场，可以将所有与会者集中在一个或多个会场，进行面对面的交流。这种会议的方式是常见的，也是最初的发展形式。

·虚拟会议。随着科技的不断进步，会议的形式也不断的发展，网络计算机技术的兴起使得虚拟会议得以产生。通过这种方式与会者不用聚集在某一个会场，可以在任意的地方，通过电话、电视电话或电脑就可以进行交流。虚拟会议不仅可以在最快的速度内进行交流，同时也节约了成本，是未来的一种发展趋势。

以上的会议是从不同角度进行的分类，这些分类并不是绝对的，在实际的运用中，有时候会有些交叉。所以会议的形式也不应该固定，可以根据会议的目的，灵活地运用。

2. 会议活动策划

召开一次会议首先需要三方面的构成要素：主办者、承办者和与会者。主办者一般是指会议的出资者，会议的目标也是由主办者所决定的；当主办者确定了要举办某一会议时，通常会把会议交给某一负责人或是某一具体单位来筹办，这一方就是承办者；而所有参加此次会议的就是与会者，这三方面要素缺一不可。会议策划主要是由承办者来进行的。

（1）会议的准备阶段。

·确定会议目标。会议目标要做到以下三点：

第一，要明确会议各目标之间的关系。会议目标是会议开展的灵魂，在策划会议时首先应明确会议的目标是什么，每个会议在开展的时候可能有一个或几个期望达到的目的，得先明确什么是最重要的，按照重要的程度一一排列出来。

第二，明确会议目标是否可行。要确定目标是可实现的，防止为了不可实现的目标而浪费资源。这是整个会议工作中最重要的一步，如果不能明确会议目标的话,可能会造成会议失控或不良的后果等。

第三,会议举办的时机是否成熟。会议需要完成一定的目标,那么在举办会议之前必须考察好一个成熟的时机,能最大可能地将目标完成得更好。

· 确定会议的议题。要注意以下四个方面:

第一,议题要服从于目标 。会议的目标决定了会议的议题,所有的会议目标都需要通过议题来表现,议题通常是和会议的目标一起确定的,会议的策划者可以在会议的过程中根据会议的目标来补充或者修正原来的议题。

第二,处理好主题与议题的关系。主题是议题的集中表现,能够概括地表达出议题。所以,主题应该在议题之上,议题应该围绕主题转,表现出主题的思想,具有针对性和讨论性。

第三,议题本身要有一定要求。会议是有一定时间限制的,所有的议题都是应该有其重要性的,不能无谓的浪费会议的时间,而且议题的数量是有限的,如果讨论的议题过多,反而会可能导致会议的效率下降。在会议进行时,一定要分清议题的主次性,能够让与会者把主要的精力都放在重要的议题上,更好地思考这些重要的议题。在准备议题时一定要足够充分,在讨论的时候能够给出与议题相关的背景材料,必要的时候提供几个备选方案,在讨论的时候可以参考。这样可以节省会议的时间也可以提高会议的质量。

第四,议题的表述要准确清晰。议题的表述要准确清晰,让与会者一看就明白,如果议题本身存在歧义,就无法进行准确的讨论,也可能带来错误的决策。

· 选择召开会议的类型和形式。会议分为不同的类型,承办者可以根据不同的目标和实际情况选择适当的类型。会议的形式则是服从于会议的类型的,选定了会议的类型再策划相应的形式。

· 确定会议参加对象。确定了会议的目的,议题,类型之后,紧接着邀请会议的参加者。根据会议的性质来确定标准。标准一般有:

第一,有利于议题的讨论。会议的目标之一是确保议题经与会人员讨论而达成结论,所以,在与会者名单的确定方面,要挑选出那些与讨论题目有直接关联的人。不同的会议由于其专业性情况各不相同,因而,选择确定的专业以及具有独家信息的人参加会议有利于议题讨论的顺利进行[1]。

第二,有利于会议的成本最小化。会议召开需要进行成本控制,在达到会议目标的同时,会议的成本越小越好,所以在邀请会议参加者时要考虑到成本的因素。

---

① 许传宏:《会展策划》,复旦大学出版社 2005 年版,第 80 页。

第三,有利于实现会议举办方的意愿。会议举办方的意愿在邀请会议参加者时是个重点考虑的因素,这直接关系到会议目标的实现。所以在邀请会议参加者时要充分考虑到这点。

第四,有利于会议顺利召开。邀请会议参加者时要考虑有谁可能缺席,在确定人员时要尽可能排除这些人员。一些必不可少的人员也一定要在会议邀请参加者名单上。

·确定会议时间。会议离不开科学、合理的时间安排,在确定会议时间时要综合考虑各方面的因素,这是个比较复杂的过程。会议的时间主要包括会议的起始时间和会期。

一般来说,必须考虑到与会者的具体情况,找一个最能满足大多数与会者的时间。其次,要根据会议的类型来确定会期的长短,如果是法定会议则要根据议事日程和章程来决定。

·确定会议的地点。会议地点的选择是组织会议的重要内容之一。一些会议的地点是确定的,不需要进行讨论,还有一些国际性的会议是有特定安排的。对于没有特定地点安排的会议在确定地点时要考虑到交通、环境、会场设施与服务和地点本身的意义等因素。

会场最好设置在交通便利的地方,便于与会者方便地到达;会场的环境比较优美会更有利于会议的顺利召开,能够给与会者留下一个良好的印象,营造一个良好的氛围;会场的设施和服务是考虑的重要因素,要根据会议的规模、与会者人数以及会议的特征来选择会场,例如有些会议需要同声翻译;会场选择可能会超越会议本身的意义,很多国际性会议召开时要达到宣传举办地的效果,所以选择时要考虑到政治和经济因素。

（2）会议宣传与广告策划。

会议的宣传与广告是会议成功的重要保证,不仅可以提高会议知名度,也可以创立出自己的会议品牌,带来经济效益。

会议宣传和广告分为会前、会中和会后三个阶段。会前宣传和广告是为了吸引参与者,获得各方的支持,提高会议的影响力;会中宣传和广告是为了及时报道会议进展情况;会后宣传和广告是为了公布会议的成果,提升会议举办方的形象。

在进行宣传和广告时要利用各种媒体,进行新闻宣传,在策划时也要设计出好的"主题标语"和"海报",吸引更多观众的眼球。

（3）会议的流程策划。

会议的流程策划主要包括议程、日程和程序的策划。

会议的议程是指会议主要活动的安排顺序,由会议的领导者和主办方确定,会议中由主持人掌握。

会议的日程是指会议各项活动(包括辅助活动)的时间安排,一般要落实到单位时间。

会议议程是整个会议议题性活动顺序的总体安排,不包括会议期间的仪式性、辅助性活动,应该概括明了,一旦确定不得任意改动;会议日程是各项会议活动的时间安排,凡会期满一天(两个单位时间)的会议都应制定会议日程,半天的只需制定议程①。

会议议程的策划是会议策划的核心内容之一,分为几个部分,一是开场白和基本情况的介绍,是会议开始的首要部分,要介绍一些重要的与会者,此次会议的议题所要解决的问题,以及会议的目标,再由一些主要的与会者根据此次会议的主题介绍他们的研究情况。二是自由讨论时间,与会者可以就议题发表自己的看法,进行讨论。自由讨论也可以事前做些安排,防止冷场。三是得出结论,经过自由讨论,可能会对议题形成几种不同的看法,最后由主持人将这些意见整合,融合多个与会者的观点,最终得出一个统一的意见。以下附录是2001 年 APEC 的会议议程。

2001APEC 会议议程②

时 间	会议名称	地 点
2 月 9 日至 10 日	APEC 电子商务和无纸贸易研讨会 *	北京
2 月 11 日至 19 日	第一次高官会及相关会议	北京
5 月 14 日至 16 日	APEC 人力资源建设峰会	北京
5 月 18 日至 20 日	APEC 研究中心联席会议 *	天津
5 月 26 日至 6 月 3 日	第二次高官会及相关会议	深圳
6 月 6 日至 7 日	贸易部长会议	上海
6 月 9 日至 15 日	第二届 APEC 投资博览会 *	烟台
7 月 9 日至 14 日	APEC 青年节 *	北京
8 月 16 日至 24 日	第三次高官会及相关会议	大连
8 月 22 日至 25 日	妇女领导人网络会议 *	北京
8 月 26 日至 31 日	中小企业部长会议	上海
9 月 6 日至 9 日	财政部长会议	苏州
9 月 21 日至 25 日	APEC 技术博览会 *	苏州
10 月 15 日至 16 日	第四次高官会及相关会议	上海

---

① 刘大可:《会展的策划与管理》,高等教育出版社 2006 年版,第 193 页。

② 《2001APEC 会议议程》,杭州网(http://www.hangzhou.com.cn/20010825.htm),2001 年 8 月 25 日。

时 间	会议名称	地 点
10月17日至18日	外交、外贸双部长会议	上海
10月18日至20日	工商领导人峰会	上海
10月18日至21日	工商咨询理事会会议	上海
10月20日至21日	领导人非正式会议	上海

二、展览会策划的方法

1. 展览会的概念

展览会是一种在固定场所和相对日期举办的通过物品或图片的展示吸引观众,向观众传达信息,进行交易或达到宣传目的的活动。不同的利益相关者对于展览看法的角度也不相同。展览主办者主要是为参展商和观众提供一个中介服务,所以主办者对整个展览会的质量负责,要同时使参展商和观众满意。作为参展商是需要希望通过展览会这个平台,吸引观众,与观众互动交流,实现贸易或宣传的目的。作为观众是通过参加展览会获取各种信息,并可能与参展商达成交易。服务商是与展览主办者签订合同,向展览主办者、参展商和观众提供服务并收取费用的一方。

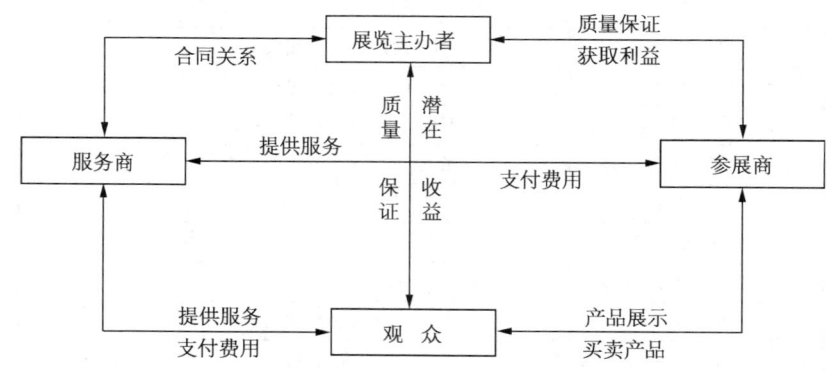

展览会各方利益相关者的关系

2. 展览会的种类

展览会的类型是随着社会的发展不断演变的,目前,根据不同的标准,可以划分出不同类型的展览会。

第一,依据地域范围划分,可以将展览会分为地区、全国、国际三个层次。地区性展览会的规模一般比较小,主要面向本地区的企业和市民。全国性展览会则面向全国范围。国际性展览会的参展商和观众是来自世界各地,规模也较

文化产业创意与策划

前两者更大。

第二,依据时间划分,可以分为定期和不定期两种。定期的展览会是事前确定好两次展览会的周期,不定期的根据实际情况来确定。

第三,依据内容划分,国际博览会联盟(UFI)将展览会分为三类,包括综合性展览会,专业性展览会和消费展览会。综合性展览会可以涉及多个行业,一般规模都很大,通常根据行业来划分展区,如上海工业博览。专业性展览会展出的是一个行业或某一类型的产品,具有鲜明的主题,其经济效益要高于综合性展览会,如汽车展。消费展览会展出的产品都是消费品,目的就是直接销售消费品。

第四,依据展览会场地划分,可以分为实地展览会和虚拟展览会两种。实地展览会通常展出的都是实物,虚拟展览会是伴随国际互联网技术和电子商务发展起来的,通过互联网进行展品的展览,之后直接在网上进行交易,这种展览会的方式既节约了时间,也节约了成本,是未来展览会发展的一个趋势。

3. 展览会的策划

展览策划就是通过对展览的全过程进行预先的考虑和设计,达到实现展览目标的活动,是展览目标具体化的过程。

要成功地举办一次展览会,策划是其中的重要组成部分,只有拥有了好的策划才能使展览的目标得以顺利实现。展览策划内容很多,以下将策划过程分为三个部分来介绍,包括展览会的立项策划、营销策划和活动策划。

(1) 展览会的立项策划。

立项策划是展览会策划的首要部分,只有确立了一个展览会项目才能接着进行其他的策划。立项策划也是最难的部分,必须先提出一个项目,然后进行可行性分析,再进行实证部分。立项策划有以下四部分。

• 展览会市场信息分析。

展览会主题的确定非常重要,它关系到整个展览项目的最终收益。所以在进行主题策划之前,首先应对整个展览市场的信息进行收集、整理和分析,这就需要调查和研究当前市场,对整个市场进行分析,选择适合的目标市场。随着市场竞争的加剧,在选择目标市场时不能再盲目揣测,而是要利用科学的方法去分析整个行业的发展现状。要对展览举办地的经济结构和产业结构进行分析,优先考虑一些有潜力的产业、优势产业、主导产业、重点发展行业和高技术含量的产业,这些产业能吸引更多的参展商和观众,有助于扩大展览的规模。

其次,要研究行业市场的供求关系。明确所要选择的产业是买方市场还是卖方市场,供求关系是会直接影响市场的竞争状况的。如果所选择的行业是买方市场,企业的产品供大于求,一般采用企业参展的方式向消费者推荐和宣传产品。研究了行业市场的供求关系可以使企业获得更理想的经济效益。

其三,对其余展览竞争者进行研究,分析同行业对此项目的反应,主要竞争对手的竞争能力及市场占有率和同期、同区域是否有类似的展会,使展览公司对自身有一个很好的市场定位,能够制定出有效的竞争策略。

其四,对办展资源进行分析。举办一个展览会是需要在付出一定成本的基础上才能获得收益的,在市场信息分析的过程中一定要考虑到办展资源这个因素。办展资源主要包括资金、人力、物力、技术实力、信息资源、社会关系资源。经过对办展资源的综合分析,能更大地节约成本,更好地完成展览会。

· 主题的选定与策划。

在对展览会市场信息分析之后,选择出适合的目标市场,再制定准确的展会目标。展会目标是展览主办者根据自身的市场定位,希望通过展览会获得的最终收益。展览会目标的考虑除了经济因素之外,也可能包括政治因素和社会公益因素,大型的展览会的目标一般比较复杂,是考虑各种因素的结合体。有了明确的展览会的目标之后接下来就是主题的选定与策划,展览会的主题是展览会主办者对题材的选定,直接表现就是展览会的名称,它是贯穿整个展览的中心思想。通过展览会主题,受众可以了解到展览主办者的意图以及展览的特点,可能会成为参展商或观众。主题是指整个展览会的概括反应,应该要反映行业的发展趋势和方向。

选择展览会主题通常有四种方法,即新立主题、分列主题、拓展主题和合并主题。

新立主题是指展览会主办者通过对各种市场信息的分析来选定一个从来没有涉足过的产业作为树立展览会主题的办法。选择一个全新的产业对于展览会主办者来说既是一个挑战也是一个机遇,如果选择得当,可能会使展览会主办者开发出新的业务范围、拓展新的投资空间,还能有效地避开激烈的竞争,获得可观的效益。这种方法特别适合新的、实力较弱的办展机构。但是新立主题也有自身的缺陷,展览会主办者可能会对这个行业的信息缺乏了解,不利于准备工作,削弱市场号召力。

分列主题是指展览会主办者在已有的展览会主题的基础上,从大的题材里细分出小题材,将这些小题材举办成独立展览会主题的办法。分列主题必须在满足了一定条件并拥有足够的市场信息的情况下才可以进行。分列主题可以使原有展会的其他题材获得更大的发展空间,通常分列出来的主题必须是在行业中发展迅速而且是原行业的重要部分,这样在分列出来之后才会有更好的发展空间。分列主题还必须选择适合的时机,否则,不仅新的展会很难成功,对原有的展会也会造成冲击。

拓展主题是指将与现在展览会主题密切相关的题材,或者现有展览会尚未包括的细分题材列入展览会中,形成一个更全面主题的方法。拓展主题是完善展会的一种方法,展览会主办者可以通过这种方法扩大展会的规模,拓展展会的发展空间,也可使展会主题更完整、更专业、更具行业代表性,但如果处理不当,会影响主题的专业性和展会的性质。

　　合并主题是指将两个或两个以上具有相同或相关联主题的展览会合并成一个展览会,或者是将这些主题合并在一个展览会里展出。合并主题是小型展览会常用的方法,在合并时一定要注意主题的关联性,并充分估计合并可能产生的影响,制定能降低不利影响的策略,选择适合的合并时机。

　　·项目内容策划。

　　项目内容是立项策划的主要组成部分,包括了展览会名称、举办地点、举办时间、办展频率、办展机构、展览会规模六个方面。

　　第一,展览会名称是展览会主题的集中表现,是人们对展览会的一个直观的印象,所以名称在策划时一定要便于传播与记忆。展览会的名称是由三个部分组成:

　　基本部分是用于表明展览会的性质和特征,常用的字眼有"展览会"、"展销会"、"博览会"、"交易会"、"节"等。业界人士多用"展览会"来命名,其专业性程度比较高。

　　限定部分是用来表明展览会的举办时间、地点和规模。展览会的举办时间通常用"届"、"年"、"季"来表示。举办地点通常用所在城市、省份、国家或区域表示。规模通常用"国际"、"全国"、"地区"来表示。如"第四届上海国际工业博览会"中,"届"表示时间,"上海"表示地点,"国际"表示规模。

　　行业标志是用来表明展览题材和展品范围的,是展览会名称的核心部分。如上述"第四届上海国际工业博览会"中"工业"就是用来表示行业标志的。现在还有很多的展览会的名称中没有行业标志,往往都用"博览会"来命名·这些展览会包括了很多题材。

　　第二,策划选择展览会的举办地点,要先选择城市,然后选择展馆。地点的选择是离不开展览会主题、目标及定位的。选择城市时要考虑到区域的市场规模,而选择展馆时则要考虑展览会的具体要求、成本以及展馆的设施、服务水平等。要尽量选择交通比较便利、展览所涉及行业的生产和销售比较集中的地方。

　　第三,策划举办展览会的时间,包括具体的开展时间、筹展时间(参展商安排布置会场的时间)、撤展时间(会展结束后参展商撤出展馆的时间)和公众的开放时间(指展览会面向公众开放的时间)。办展时间的四个方面密切相关,必须统筹兼顾，一方面时间的不合理也会影响其他方面。展览会的举办时间要注意展览题材的行业特征，若是季节性特征明显的行业，要考虑到季节性因素。在展览会举办时可能因为各种因素，采用分期举办的方式。

第四，办展频率是由展览题材所在行业产品的生命周期决定的，是指展览会多长时间举办一次。如果一个产品生命周期越长，更新换代的速度就越慢，该产业的办展频率就不应过高，反之，该产业的办展频率则应该更高些。产品的生命周期包括投入期、成长期、饱和期和滞销期，在投入期和成长期时是办展的好时机，而饱和期和滞销期，企业没有过多参展的欲望，不适宜举办展览会。

第五，办展机构是负责展会策划、组织、招展和招商等事宜的有关单位，主要分为：主办单位、承办单位、协办单位和支持单位。

主办单位是拥有会展的所有权并对会展承担主要法律责任的办展单位，有三种形式：一是拥有展览会并且承担主要法律责任，同时也要参与展会的策划、运作和管理的单位。二是拥有展览会并且承担主要法律责任，但并不参与展会的策划、运作和管理的单位。三是只是名义上拥有展览会的赞助单位，既不承担法律责任也不参与策划、运作和管理。

承办单位是直接负责展览会策划、操作和管理的单位，对整个展会承担主要财务责任，是整个办展机构的核心，还要承担招商、宣传和广告任务。

协办单位是协助主办单位和承办单位进行展会的策划、运作和管理的单位，通常会承担一部分的招展、招商、宣传和广告工作，但不承担财务责任。

支持单位是对主办单位和承办单位作支持工作的单位，一般参与一些工作，但不会承担招展工作，也不会承担财务责任。

第六，展览会规模包括展出面积、参展商的数量、参展观众数量这三个衡量的标准。策划人员必须综合这三方面的标准来设计一个展览会的规模。展会的展出面积有实际使用面积和毛面积两种，相对于毛面积，实际使用面积更能准确地反映展览会的规模。而参展商和参展观众的数量是展会质量的保证。

· 项目的可行性分析。

项目的可行性分析是展会策划的基础部分，具体包括展览会的环境分析、执行方案分析、财务分析、风险控制分析、可行性研究报告的撰写等五个部分。

展览会的环境分析是对展览会项目进行综合的考虑，一要分析市场环境，明确展会项目可以利用的机会和可能遇到的风险，制定出适合的策略。二要分析行业环境，对行业的市场规模和发展前景、现有和潜在竞争者以及办展城市的行业发展状况都要进行分析。

执行方案分析是分析办展过程中的各个环节和相应的执行计划是否完备，以判断该方案能否保证展览会按预期的目标顺利进行。所要分析的对象是展览会的基本框架、资金的筹集状况、招展和招商方案、人员安排计划、展览会进度计划、现场管理计划和展后计划等。

财务分析是为了分析展会的经济可行性，结合市场环境，科学预测各项财务数据，再根据这些数据进行合理的资金筹集和分配工作，包括了收入成本分析（大致预算可获得的收入以及展览会所需的各种成本和费用）、盈亏平衡点分析（展会吸引参展商的数量达到不亏本的状况）和现金流量分析（判断展览项目是否值得开发）三部分。

风险控制分析是对可能导致项目不确定性的因素进行分析，对这些因素进行控制分析，可以最大限度地保证项目的顺利进行。

可行性研究报告是对项目进行可行性分析之后用报告的形式表示出来，是展览会主办者决定是否继续进行此项展览会项目的依据，也是为展览会项目立项策划的执行方案提供改进意见的依据。

（2）展览会的营销策划。

展览会的营销策划的成功与否是展览会目标实现的直接因素，当立项策划结束后，就是对整个展览会项目进行营销策划，分为市场营销调研、招展策划、宣传策划三部分。

· 营销调研。

会展市场营销调研是指运用科学的方法，有针对性、有计划、系统地收集、整理和分析有关会展营销活动方面的信息，以了解会展营销环境与市场状况，为会展项目经营决策提供依据的活动[①]。

其常用的方法有问卷调查法、访谈调查法、数据分析调研法、实验法四种，根据实际的情况选择适合的营销调研方法。

展览会营销调研的主要内容包括：市场潜力分析、市场占有率分析、展览会优劣势分析、参展商和与会者需求分析。市场潜力分析首先要预测整个市场的需求，然后采取一定的策略，选出目标市场，制定出相应的营销策略，分析市场可能的潜力所在，深度挖掘，保证展览营销的创新性和区别性。市场占有率分析是为了使展览主办者能更明确了解自身的市场定位，能够了解主要竞争对手的市场占有率，进行相应的对策，扩大自己的市场占有率，在竞争中取得优势。展览会优劣势分析是为了使展览主办者能够抓住自身的优势条件，来面对竞争，采取更好的方式去弥补劣势。参展商和与会者分析主要是分析他们的购买力和他们的购买需求，帮助展览会主办者制定出正确的经营决策。

制订营销计划是在拥有对市场充分的营销调研的基础上，将展览会主办者

① 刘松萍等著：《会展营销与策划》，首都经济贸易大学出版社 2006 年版，第 28 页。

的营销策略落实到实际的一种指导。营销计划应该有这些内容:展览会营销环境的分析、营销目标、市场营销策划方案和营销策划方案实施过程的控制手段。

根据制定的营销计划来进行具体实施是一个需要更多投入的过程,不管计划制定得有多么周全和详细,都可能在实施过程中碰到一些突发的情况,面对和解决这些问题才是营销计划实施过程的重点。首先要对整个营销计划拥有一个良好的控制系统,在面对问题时要及时更正或改进,让营销计划符合现实状况。其次,面对不同的区域或是不同的参展商、观众,要灵活地运用营销计划,不能盲目套用。最后,在实施营销计划时要考虑到效率的因素,要保证计划执行的有效性。

・招展策划

展览会的利益相关体:展览会主办者、参展商和观众三方的利益是相互关联且相互制约的,作为展览会的主办者来说,招展工作是获得直接经济效益的途径,而参展商则是吸引观众的主要因素,只有参展商具备一定的实力,能够带来有价值的产品,才能吸引更多、质量更好的观众。招展策划应该分为以下几个步骤进行。

第一,建立一个目标参展商数据库。

所谓目标参展商数据库,就是按照一定的规律,对所有潜在参展商的有关信息加以分类整理、准确输入以供今后利用的数据库。潜在参展商数据库的建立和管理是招展策划过程中的一项重要工作,建立好该数据库对以后的招展工作大有帮助[①]。

要通过以下这些渠道来收集参展商的信息,如行业协会、商会、专业报刊、政府主管部门、电话黄页、网站、行业企业目录等。在建立数据库时首先要对数据进行分类,选择与展览会主题相关的企业或单位作为目标参展商。其次,确定数据库的基本字段,将不同种类的行业定义成不同的字段。其三,选择合适的软件,既要考虑安全性,也要考虑效率,成本等因素。

第二,划分展区,分配展位,确定招展价格。

划分展区、分配展位,这是一个重要的准备工作,展区可以按展品类别、地区、展馆的场地特征、人流流动规律来划分,在实际的策划中不会仅仅依据其中一项来划分,而是考虑多方面的需求。展区的划分会影响到各项活动和整体效果,也会影响到参展商的满意程度。划分完展区之后,要分配展位,总的要求来说要做到公平合理,但在实际的操作中确实是很困难的。面对所有的参展商,既要最大限度保证每个参展商的利益,又要尽可能地使每个参展商满意。所以

文化产业创意与策划

---

① 王春雷:《展览会策划与管理》,中国旅游出版社 2006 年版,第 138 页。

在安排时可以采取以下几种方法：一是预订法。在举行展会之前，让参展商根据预先绘制的展位平面图进行预订。二是先到先挑法。按照参展商的报名顺序进行挑选。三是打分法。由展览主办者根据参展商的各种情况进行综合考虑之后安排。四是竞标法。将展位以公开竞争的方式，由参展商出价来购买，价高者得之。每种方法都可能会引起一些参展商的不满，所以在实际工作中要尽量避免这种误解。

确定展位的价格是个很复杂的工作，通常可以采用成本导向定价法、需求导向定价法和盈亏平衡定价法。要考虑到展会的现实阶段、竞争实力、展会的目标收益、不同展位的差异程度以及参展商的发展现状等因素。在进行价格促销时，可以采用价格折扣手段和简化交易程序的方法。

第三，建立一个目标观众数据库。

展会不仅需要好的参展商也需要好的观众，这是个互利的过程。因此，建立一个目标观众数据库是一个必要的措施。一个目标观众数据库的数据通常都是专业观众，专业观众是对展会的展品更为了解，更有潜力进行交易的观众，采集这些观众信息时可以通过登记表登记、网络注册和客户软件等方式。

第四，招展进度控制策划。

招展进度策划是保证招展工作顺利进行的保证，在招展工作开始之前就对效果进行分工协调，统筹安排。有了招展进度控制的策划书，就能对整个招展活动进行控制和监督，在发现问题时，能及时制定策略去解决，还有一些应急程序的设计，可以保证展会的成功举办。

· 宣传策划。

展览会的宣传与广告策划主要是：为了提升展会的知名度，有利于更好的招展；为了扩大展会的认知度，创造展会的竞争优势；为了努力形成品牌形象，让参展商和观众更认可展会；为了对员工进行指导，促使员工的工作质量得以提升。

宣传的内容有：开展时间、地点、展览会主题等一系列相关的介绍；参展要求及登记渠道；相关活动的特色介绍以及参展和参观的接待事宜等。

展会的宣传手段是多种多样的，展览会主办者要根据展会的特征选择适当的手段，通常包括三种：

第一，广告。

这是宣传最常用的方法，也是覆盖最广的宣传方式，可以包含已知的和未知的所有参观者。主要可以利用的媒体有：电视、广播、互联网、报纸、杂志和一些流动媒体。这种方法是单向传播，不能及时得到反馈。

第二，新闻宣传。

新闻宣传的成本比较低,通常可以采用新闻发布会的方式,能够通过媒体免费宣传展会的情况,进行持续报道。新闻发布会可以用鲜明的主题和新颖的形式来增加记者的印象。

第三,人员推广。

由展会的工作人员采用拜访、电话、邮件等方式与各机构和客户进行直接沟通,宣传展会,但是这种方式的效率比较低。

第四,公关活动。

为了扩大展会的影响和社会公众沟通感情,展览会主办者通常也会采用会议、评奖等公关活动来进行宣传。

（3）展览会的活动策划。

展览会的活动策划是对展览会各项活动的安排以及活动举办时准备工作的策划,所以在策划时细节是很重要的。展览会的活动策划包括场地、展台的设计;接待的策划;相关活动的策划;撤展管理的策划四部分。

· 场地展台设计。

场地和展台的设计涉及人员众多,包括展览会主办者、参展商、展馆业主、展位承建商等,他们是相互独立的,但是为了同一个目标,必须相互合作。参展商为了在展会上显示与众不同,可以将展位布置得更有特色,而展览会主办者为了协调整个展会,要把展会的主题凸显出来也要对场地进行精心的布置。展台要做到特色装饰,可以选用微缩模型、巨幅照片、全景图、动画造型、花卉植物和各色的横幅等。在展品陈列时也要很讲究,将最能吸引观众的展品放在最显眼的地方;展品不宜过多;在摆放展品时尽可能是实物,更能给观众直观的印象;要注意展品的装饰性和趣味性。

· 接待的策划。

参加展会的不仅仅是参展商,也包括贵宾、观众和媒体机构等,在展会开始之前一定要制定一个完善的接待策划方案。

在接待之前,要先做好周到的安排,首先安排好入住的酒店,对酒店的房号最好进行编排,特别是贵宾接待时要考虑到氛围,在接待之前还要安排好餐饮地点以及在展会开幕时的座位和专门接待人员。

对于媒体机构要事先安排好一定的区域让媒体机构进行现场报道,还要配备齐全的设备,准备专人对展会的情况进行介绍。整个接待的策划决定了接待工作是否能顺利完成,接待工作做得好,也会成为展会宣传的间接手段。

· 相关活动的策划。

相关活动的策划是展会活动策划的重点,主要有开幕式策划、产品发布会策划、表演策划和评奖活动策划。

开幕式是展览会的重要仪式，可以提高展览会的吸引力和知名度，宣告展会的正式开始。在举办开幕式之前，先将开幕式的现场布置好，要能符合展会的定位。开幕式的策划有以下三项内容：

第一，时间和地点。开幕式时间地点的选择要充分考虑到交通、气候、习惯等因素，可以选择在展馆前面的广场上，也可以进行一些表演活动来烘托气氛。

第二，开幕方式。展会的开幕方式有很多种，展览主办者可以根据条件来选择，可以是嘉宾剪彩、领导讲话等。无论是哪种开幕方式都要安排妥当。

第三，出席的主要嘉宾。展览会主办者都会邀请有一定名气或社会地位的人来当嘉宾出席开幕式。在开幕式之前，一定要核对所有到场嘉宾的名单，事先安排好位置。

第四，讲话稿和新闻稿。展会开幕式的讲话稿和新闻稿可以让社会公众了解本次展会的基本情况，所以要认真准备。讲话稿一定要有气势，言简意赅；新闻稿的基调要客观，包括对展会全面和系统的介绍，以及对整个行业发展的意义所在。

产品发布会策划是针对参展商而言的，但在实际的工作中大多是由展览会主办者和参展商共同协作完成的。产品发布会是向公众传达最新的产品信息和技术更新情况，让公众可以及时了解产品的动态。

表演策划是为了调动现场气氛，吸引观众所进行的活动策划方式。在策划时应先确定表演的性质，这也是与展会的整体设计相吻合的。再选择适合的场地，安排在一个公众场所，让更多的人观看。接着邀请适合的表演嘉宾，对现场的协调也要到位。

评奖活动是为了提高参展商和观众的积极性而进行的活动。在评奖策划时要选择评委、制定活动方案、发布奖品及奖项情况、最后要公布评奖的结果。

这些相关活动都是为了使展会活动能更好地进行，所以在选择时依据具体的情况，综合地运用。

· 撤展管理策划。

展览会的撤展管理要事先做好策划，以保证展览会顺利地结束，提高展览的效率，节约成本，尽量减少物品损失。

撤展工作包括了展台的拆除、租用展具的退还、展品的处理、展馆的清洁等工作。在撤展期间，展览会主办者应该为参展商提供配套服务，根据制定的撤展管理策划书，有序、有效地进行撤展工作，这也标志着一次展览会的圆满结束。

第四届上海国际工业博览会总体策划方案①

上海国际工业博览会(简称"上海工博会")是中国唯一的以高新技术装备为交易、展示为主体的国际级大型工业博览会,每年11月份在上海举办。"上海工博会"以"信息化带动工业化"为主题,立足于"用高新技术和国际先进技术改造我国传统工业,加快提升我国工业的整体素质和国际竞争力"的基本宗旨,努力将信息化和工业化、国际化和工业化结合起来。

一、举办时间、地点与组织机构

举办时间:2002年11月22日—27日

举办地点:上海新国际博览中心

主办单位:国家经济贸易委员会

　　　　　对外贸易经济合作部

　　　　　科学技术部

　　　　　信息产业部

　　　　　教育部

　　　　　中国科学院

　　　　　中国国际贸易促进委员会

　　　　　上海市人民政府

承办单位:东浩集团上海外经贸商务展览有限公司

二、展览主题设计

以信息化带动产业化为主题,突出现代装备和工程技术,努力将信息化和工业化结合起来,充分发挥产品交易、产权交易和技术交易"三位一体"的交易功能,使"上海工博会"成为高新技术和用高新技术改造传统工业的展示中心、交易中心和评估中心。

三、展馆和展区设计

第四届"上海工博会"将主要依据高新技术和工业产品的分类,设立9个专业展区,并综合考虑各种技术或产品的展示需要,分别安排在浦东新国际博览中心的五个展馆。

1. 电子信息与网络展区

2. 电气装备展区

3. 工业自动化展区

4. 汽车与零部件展区

5. 家用电器展区

---

① 资料来源:上海国际工业博览会网站(http://www.sif-expo.com)和中国展网(http://www.ChinaEshow.net)。

6. 环保与能源展区

7. 新材料展区

8. 生物工程与医药展区

9. 科技创新展区

对于上述每一个展区,都要分 8 个部分进行论述,这 8 个部分分别为行业前景、展品大类、历届参展商、2001 年"工博会"回顾、部分参展产品、2002 年"工博会"介绍、观众组织和专业观众来源。

四、宣传推介计划

1. 网络宣传

2. 广告

3. 境外宣传推介

五、日程安排

1. 特装修、搭建布展:

11 月 19 日—11 月 21 日:9:00—17:00

11 月 21 日:9:00—14:00

2. 封馆检查:

11 月 21 日中午 14:00 开始

3. 开幕式:

11 月 22 日 9:30—10:30 开幕式

4. 开馆及观众参观时间:

11 月 22 日:10:30—17:00

11 月 23 日—26 日:9:30—17:00

11 月 27 日:9:30—16:00

5. 撤展时间:

11 月 27 日:16:00—20:00(参展企业撤展)

11 月 28 日:9:00—17:00

六、参展费用

七、展览服务

八、参展手册

九、展品运输

十、展品评奖

十一、参展须知

十二、布展须知

十三、参展人员登记表

十四、展具租赁

十五、参展商及主要客户

参 考 文 献

柏拉图著：《柏拉图文艺对话集》，朱光潜译，人民文学出版社 1980 年版。

克雷奇等著：《心理学纲要》，周先庚、林传鼎等译，文化教育出版社 1981 年版。

恩伯：《文化的变异——现代文化人类学通论》，辽宁人民出版社 1988 年版。

梁漱溟：《中国人：社会与人生》，中国文联出版公司 1996 年版。

天海翔：《中国文化产业》，中央编译出版社 2006 年版。

欧阳友权：《文化产业通论》，湖南人民出版社 2006 年版。

周培玉：《商务策划管理教程》，中国经济出版社 2006 年版。

熊澄宇等著：《文化产业研究：战略与对策》，清华大学出版社 2006 年版。

李贺林、曹振刚：《社会主义文化市场概论》，北京出版社 1998 年版。

〔美〕菲利普·科特勒等著，郭国庆等译：《市场营销管理》，中国人民大学出版社 2002 年版。

佛朗索瓦·科尔伯特著：《文化产业营销与管理》，高福进等译，上海人民出版社 2002 年版。

郭国庆：《市场营销学通论》，中国人民大学出版社 2007 年版。

蔡嘉清：《文化产业营销》，清华大学出版社 2007 年版。

方明光：《文化市场营销学》，上海交通大学出版社 1996 年版。

〔英〕保罗·斯图伯特编，尹英等译：《品牌的力量》，中信出版社 2000 年版。

韩光军：《品牌策划》，经济管理出版社 1997 年版。

叶明海：《品牌创新与品牌营销》，河北人民出版社 2001 年版。

向勇、喻文益：《区域文化产业研究》，海天出版社 2007 年版。

董天策：《中国报业的产业化运作》，四川人民出版社 2002 年版。

盘剑：《影视艺术学》，浙江大学出版社 2004 年版。

唐榕、邵培仁：《电影经营管理》，浙江大学出版社 2005 年版。

谭天、王甫：《电视策划学》，中国国际广播出版社 2001 年版。

李东著：《广播节目创优论》，中国广播电视出版社 2003 年版。

李稚田：《电影电视制片管理教程》，北京师范大学出版社 2002 年版。

蔡雯：《新闻报道策划与新闻资源开发》，中国人民大学出版社 2004 年版。

刘轶、张琰：《中国新时期动漫产业与动漫营销》，北京：中国戏剧出版社 2005 年版。

乔治·E·贝尔奇、麦克尔·A·贝尔奇著:《广告与促促销——整合营销传播展望》,张红霞、李志红译,东北财经大学出版社 2000 年版。

〔美〕克劳德·霍普金斯著:《我的广告生涯——科学的广告》,邱凯生译,新华出版社 1998 年版。

陈培爱:《广告学概论》,高等教育出版社 2004 年版。

何修猛:《现代广告学》,复旦大学出版社 2005 年版。

吴满意:《广告文化》,中国经济出版社 1995 年版。

倪宁、陈绚:《广告精点——创意策略导引》,中国建材工业出版社 1996 年版。

卫军英:《现代广告策划》,首都经济贸易大学出版社 2004 年版。

饶德江:《广告策划与创意》,武汉大学出版社 2003 年版。

刘永炬、冯斐:《广告策划与创意——锁定目标与攻击方法》,企业管理出版社 2001 年版。

王中义、王贤庆、黎泽潮:《广告创意思维》,合肥工业大学出版社 2005 年版。

王健:《广告创意教程》,北京大学出版社 2004 年版。

蒋宏、徐剑:《新媒体导论》,上海交通大学出版社 2006 年版。

陈刚等:《新媒体与广告》,中国轻工业出版社 2002 年版。

梁颖:《娱乐设施经营管理》,浙江摄影出版社 1998 年版。

楼嘉军:《休闲新论》,立信会计出版社 2005 年版。

杨乃济:《旅游与生活文化》,旅游教育出版社 1993 年版。

马克·莫尔:《迪斯尼传》,长江文艺出版社 1996 年版。

俞华等著:《会展学原理》,机械工业出版社 2005 年版。

镇剑虹等著:《会展策划与实务》,上海交通大学出版社 2005 年版。

刘松萍等著:《会展营销与策划》,首都经济贸易大学出版社 2006 年版。

王春雷:《第四次浪潮——中国会展业的选择与明天》,中国旅游出版社 2008 年版。

丁邦清、程宇宁:《广告创意》,中南大学出版社 2003 年版。

张金海、姚曦:《广告学教程》,上海人民出版社 2003 年版。

丁俊杰:《广告学导论》,中南大学出版社 2003 年版。

何国敏:《会展实务》,上海财经大学出版社 2005 年版。

许传宏:《会展策划》,复旦大学出版社 2005 年版。

刘大可:《会展的策划与管理》,高等教育出版社 2006 年版。

王春雷:《展览会策划与管理》,中国旅游出版社 2006 年版。

参考文献

后　　记

　　文化产业的快速发展和激烈竞争，促使人们比过去更加重视创意和策划。国内外文化产业发展的实践表明，文化产业创意与策划已经成为文化产业发展的先导，成为保持文化产业发展活力的保证。文化产业创意不仅体现在对文化产品设计方面的灵感和创造力，更重要的是对本民族文化资源利用的巧思新意，以文化创意来激发全民族的文化创造力；文化产业策划是文化产业市场化运作中极为重要的前期工作，策划的好坏，直接关系到文化企业能否真正把握市场机会、规避投资风险、取得理想的经济效益和文化传播效果。因此，文化产业的创意与策划要贯穿于文化产业发展的全过程，包括文化项目的开发、文化活动的构想、文化产品的设计，也包括文化内容、文化服务、文化产业经营方式的创新等。

　　在今天的文化产业领域，成功的创意和策划各呈异彩，各具特色，同时总体上又具有一些共同特点，把握这些特点和规律是保障文化产业顺利运作的基础，也是文化产业从业者的基本素质要求。文化产业创意与策划是一门实践性很强的新兴学科，认真学习这方面的知识和理论，对于认识我国文化产业创意与策划领域的现状，借鉴国内外文化产业创意与策划的经验和方法，总结当前文化产业运作的得失，制定文化产业发展的市场战略规划和具体运作策略，增强文化产业主体在信息传播和产品营销方面的竞争力，有效地实现文化产业的市场经济效益和社会效益，提高文化产业经营者的综合素质，都具有重要的理论意义和现实意义。

　　正是基于这一认识，我们经过两年的努力，终于完成这本书的撰写工作。

　　本书吸取了不少专家、学者在这方面的最新的研究成果，在此，向他们表示衷心的感谢！

　　感谢复旦大学出版社的领导和编辑，特别是章永宏老师，他们为本书的出版做了许多卓有成效的工作；在撰写过程中，还得到了华东师范大学继续教育学院孙院长和俞老师、传播学院党总支书记徐静华的支持和帮助，在此，向这些领导和老师致以深深的谢意！

　　参加本书撰写工作的成员主要是华东师范大学传播学院教师、研究生和山东师范大学传播学院青年教师。他们各自的分工是：

　　严三九负责组织撰写工作，对全书稿件进行修改；

王虎撰写第一、二、三、四、五章并对全书稿件进行修改；

刘旻嘈撰写第六章；

沈晓思撰写第七章；

王欣撰写第八章；

钱艳丽撰写第九章；

李维益撰写第十、十一章；

翟茜撰写第十二章。

由于我们水平有限，书中疏漏和错误之处在所难免，真诚地希望读者批评指正。

严三九

2007 年 12 月 28 日

图书在版编目(CIP)数据

文化产业创意与策划/严三九、王虎编著. —上海:复旦大学出版社,2008.6(2024.7重印)
(新闻传播学通用教材)
ISBN 978-7-309-06011-9

Ⅰ.文… Ⅱ.①严…②王… Ⅲ.文化-产业-研究 Ⅳ.G114

中国版本图书馆 CIP 数据核字(2008)第 048297 号

文化产业创意与策划
严三九 王 虎 编著
责任编辑/章永宏

复旦大学出版社有限公司出版发行
上海市国权路 579 号 邮编:200433
网址:fupnet@ fudanpress.com http://www.fudanpress.com
门市零售:86-21-65102580 团体订购:86-21-65104505
出版部电话:86-21-65642845
上海新艺印刷有限公司

开本 787 毫米×960 毫米 1/16 印张 18.75 字数 346 千字
2024 年 7 月第 1 版第 15 次印刷
印数 44 301—45 900

ISBN 978-7-309-06011-9/G·745
定价:38.00 元